2018年河北大学一流大学建设应用经济学项目资助出版

国家社会科学基金青年项目（批准号：12CJL046）"金融危机冲击、贸易结构变迁与中国产业结构调整研究"最终研究成果

WAIBU CHONGJI XIA DE
ZHONGGUO CHANYE JIEGOU
FAZHAN QUSHI BIANQIAN

外部冲击下的
中国产业结构
发展趋势变迁

王立军◎著

人民出版社

目 录

前　言

　　本书是王立军副教授承担的 2012 年国家社会科学基金项目"金融危机冲击、贸易结构变迁与中国产业结构调整研究"（12CJL046）的最终研究成果之一。该项目历经五年时间，课题组成员在对外部冲击的识别界定、传播机理、非均衡性影响及其对经济发展趋势的改变等方面做了大量的研究和探讨，并就亚洲金融危机和全球金融危机这两次外部冲击对中国经济增长趋势、产业结构发展趋势以及各地区产业结构发展趋势的改变情况，进行了一系列论证分析，以期最终可对今后此类外部冲击的预测与应对给出一些有裨益的思路和方法。

一、外部冲击的界定

　　目前关于外部冲击的定义较为繁杂，还没有形成一个统一权威的定义，结合国内外相关研究成果和具体研究内容，本书对外部冲击的界定主要是基于亚洲金融危机和全球金融危机此类具有突发性、波动剧烈、持续时长、影响深远，且来自中国外部经济环境的各类冲击。本书对外部冲击的具体定义可总结为：在开放条件下，由外部环境局部地区或局部行业问题所引发的经济持续剧烈波动，并通过各种经贸渠道得以快速传播，对世界各国经济产生持续、剧烈、长期影响的突发事件或变故。①

　　外部冲击可以是经济方面的也可以是非经济方面的，既可以是金融

_____

① 关于外部冲击的进一步界定和定义，请参照本书第二章相关内容。

危机冲击、各类经济危机，也可以是能源危机或政治危机等各类外部环境发生的冲击。在本书相关实证分析中，外部冲击特指1997年亚洲金融危机和2008年全球金融危机，这两次金融危机均具有难以预测、突发性、政府无法控制、爆发程度持续剧烈并对中国经济产生了显著影响等特点。

外部冲击的爆发具有内在必然原因。从1973年爆发的石油危机、1989年日本金融危机、1997年亚洲金融危机和2008年全球金融危机的爆发情况来看，不难发现：冲击是由于国家或地区在一段时间的发展过程中，各类矛盾不断积累一朝爆发，并迅速引起周边地区和国家产生连锁反应的事件或变故；其中内在矛盾积累是冲击爆发的必然原因，但冲击在哪个时间点爆发和以什么形式爆发，则具有一定不确定性，因而冲击的预测预防具有较大的难度。

外部冲击的影响具有非均衡性特点。外部冲击发生后，将会通过各种经济、贸易甚至政治与文化渠道迅速传播给其他地区和产业，但由于与冲击源（外部冲击爆发的地区或者行业）关联程度以及对冲击敏感程度的差异，不同地区或不同产业受冲击影响的时序与程度具有明显的差异性，即外部冲击的影响在地区和产业层面具有非均衡性特征。[①]

外部冲击的影响还具有长期持续的特点，即外部冲击过后其影响还会长期存在，导致原有经济发展趋势发生改变。本书的相关理论与实证研究均表明，在内外部经济环境均处于相对的稳定状态下，经济发展将保持持续稳定的发展趋势，而当外部冲击的影响程度足够大时，则会打破这一发展趋势，且在冲击过后进入到一个新的发展趋势，即经济发展趋势的变迁。

二、外部冲击对经济发展趋势的影响

本书关于外部冲击对一国或地区经济发展趋势影响的分析，主要集

---

① 具体相关内容的进一步解释和分析，请参照本书第三章相关内容。

中在对宏观经济增长趋势的长期持续性检验和行业增长趋势非均衡性变化检验两个方面，并采用了由宏观到中观、由增长趋势改变到产业结构发展趋势改变的分析视角，分别从各国经济增长趋势改变、中国经济增长趋势改变、中国工业产业结构发展趋势和中国出口贸易结构发展趋势的变化情况，实证分析外部冲击对经济发展的影响。

外部冲击对国家宏观经济增长趋势的改变，即外部冲击对宏观经济的长期持续影响，导致国家或地区的宏观经济增长趋势发生了改变。本书对1997年亚洲金融危机和2008年全球金融危机两次外部冲击影响的分析表明，两次金融危机对世界主要国家宏观经济增长趋势的影响较为显著，且二者影响差异较为明显：一方面，两次冲击对世界主要国家的宏观经济增长趋势产生显著的影响，在冲击爆发期间，经济增长趋势有明显的变化，当金融危机过后部分国家的经济增长趋势发生了显著性改变；另一方面，亚洲金融危机只影响到了部分亚洲国家的经济增长趋势，而全球金融危机的影响范围则相对较大，大多数国家的经济增长趋势均发生了较明显的改变。

外部冲击对中国产业结构发展趋势的改变，即由于外部冲击对中国各行业增长趋势影响的非均衡性，导致整个产业结构脱离了原有的发展趋势而进入到一个新的发展趋势。2008年全球金融危机爆发后，中国产业结构变化趋势发生较为明显的改变：冲击爆发前，各行业均保持稳定的增长趋势，产业结构呈现出稳定持续的发展趋势；冲击爆发后，各行业增长趋势发生非均衡性（在不同时点和不同程度）改变，原有的产业结构发展趋势随之发生明显变化；在冲击过后，由于冲击持续影响的存在，各行业增长趋势并没有恢复到冲击前的水平，导致产业结构发展趋势并没有恢复到冲击前的原有水平，在冲击过后进入到一个新的发展趋势。

三、外部冲击预测与应对问题

由于外部冲击爆发和影响特征难以预测，其影响也更为剧烈，其应对也更为不易，故而本书利用外部冲击爆发的必然性及其影响的非均衡性特点，以期提高对外部冲击的预测与应对效率，是本书最终和未来的研究目标。

根据外部冲击爆发必然性与周期性，可大致估测出新一轮外部冲击爆发的时间区间段。自 1973 年爆发全球石油危机以来，世界几乎每十年就会爆发一次较大范围和程度的冲击，这也是世界经济矛盾经过一段时间积累一朝爆发的必然规律，因而结合与上一轮外部冲击爆发的时间间隔，根据世界各国经济发展状况以及矛盾积累程度，可大致预测新一轮世界范围冲击爆发的可能时间段。

根据外部冲击影响的长期与非均衡性，可较准确地预测冲击爆发时间和影响路径。考虑到冲击对不同地区、不同行业影响在时序性和程度上所具有的显著差异性，可以通过时时检测各国各行业经济增长趋势变化情况，预先得到冲击将要爆发的可能程度，加以预警预测；同时根据冲击影响的地区与行业非均衡性特点，大体估测出冲击爆发后，各地区各行业受冲击影响的时序和程度情况，予以必要应对。

总体来看，本书对外部冲击的预测还停留在大致时间段的判断与历史经验的借鉴层面上，同时由于未来新一轮外部冲击会在何时以及以何种形式爆发存在很大的不确定性，因而相关预测还需要更深入的探析和更多数据信息的支持。

第一章　外部冲击与中国经济发展趋势变化情况

第一节　问题的提出

2008年全球金融危机虽早已过去，但它对世界经济发展的影响以及由此而产生的思考和争论却远远没有消失。对于此类由局部地区"事件"引发并迅速扩散为全球范围的突发性外部冲击，人们并没有事先"洞察到"全球金融危机的爆发时间、影响范围和作用程度，但随着其影响不断扩散和加强，世界各国的金融、贸易和整体经济发展趋势均受到了不同程度的影响，时至今日大部分国家或地区的经济仍未能恢复到2008年之前的发展水平。

就中国经济发展情况来看，改革开放后外部冲击已逐渐成为影响经济持续稳定发展的重要因素，尤其是1997年亚洲金融危机和2008年全球金融危机均对中国的经济增长趋势产生了明显的冲击和影响。结合世界与中国的经济发展情况，可将中国受冲击影响的变化特征总结为以下两个方面：

一方面，中国整体经济受冲击影响的阶段性变化特征较为明显。自1949年新中国成立以来，全国经济呈现出长期波动性高速增长趋势，同时经济波动幅度也逐渐趋于平缓，且导致经济较高幅度波动的冲击类型也有较大的变化。借助图1-1所给出的数据，不难发现中国经济发展趋势变化呈现出下列几个特点：首先，中国经济呈现出长期波动性高速增长的趋势，1954—2014年期间中国年均经济增长率高达8.5%，远高于同期世界经济增长的平均水平；其次，随着中国抗击突发性冲击影响能力的不断增强，其经济增长波动幅度不断减小的趋势渐进平稳，且引起经济发生大幅度波动的冲击类型也有所变化，从过去六十多年的发展情况来看，中国经济几乎每10年即出现一次较大幅度的波动，在1958—1962年、1966—1969年、1974—1977年、1989—1991年、1997—1999年、2008—2011年期间中国经济均出现较大幅度的波动，但波动的幅度不断趋于平缓，波动的原因也由国内政治因素（例如"大跃进"运动以及"文化大革命"）和自然灾害，转变为主要受外部冲击的影响（亚洲金融危机和全球金融危机）；最后，冲击影响的另一个可观测但难以证明的特点是，随着中国对外开放程度不断加强，一些外部冲击的影响可能会具有长期持续性，即冲击过后对经济发展深层次的影响并不会随之快速消失而是在很长一段时间内仍会存在，例如2008年全球金融危机冲击过后世界和中国经济并没有快速恢复到冲击爆发前的水平，而是依然保持着较低速的发展趋势。

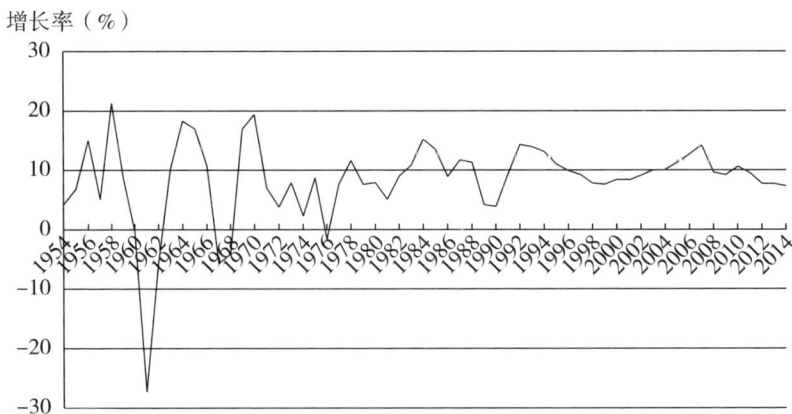

图1-1　1954—2014年中国历年国内生产总值年增长率

资料来源：笔者根据《中国统计年鉴2015》相关数据整理而得。

另一方面，全球金融危机在引起中国宏观经济发展趋势产生大幅度波动变化的同时，还对地区和产业层面的经济发展产生了显著非均衡性影响。表1-1的数据，可基本说明中国各地区在1997年亚洲金融危机和2008年全球金融危机冲击前后各阶段经济增长率均值与均差变化情况。

表1-1 中国各省、自治区和直辖市在两次金融危机前后阶段经济增长率情况

指标	1993—1996年		1997—1999年		2000—2007年		2008—2010年		2011—2014年	
	均值	均方差	均值	均方差	均值	均方差	均值	均方差	均值	均方差
北京	11.75	1.98	10.17	0.70	12.30	1.27	9.87	0.67	7.70	0.33
天津	13.90	1.23	10.47	1.46	13.84	1.79	16.80	0.52	13.18	2.67
河北	15.00	1.89	10.77	1.70	11.46	1.91	10.77	1.24	8.90	2.04
山西	11.80	1.15	9.50	2.03	12.85	2.38	9.27	4.30	9.23	3.36
内蒙古	11.85	1.83	10.10	1.13	16.76	4.74	16.57	1.43	10.65	2.88
辽宁	10.45	3.42	8.47	0.38	11.69	2.21	13.57	0.57	9.05	2.63
吉林	11.40	1.99	8.77	0.49	11.70	2.67	14.47	1.33	10.15	3.34
黑龙江	8.80	1.19	8.60	1.28	10.65	1.41	11.97	0.67	8.98	2.85
上海	14.25	0.84	11.17	1.42	12.20	1.66	9.40	1.08	7.60	0.50
江苏	15.98	3.14	11.03	0.95	13.15	2.01	12.60	0.17	9.85	0.96
浙江	17.88	4.06	10.43	0.59	13.06	1.62	10.30	1.51	8.20	0.59
安徽	15.03	2.52	9.70	1.78	11.03	2.26	13.40	1.04	11.30	1.89
福建	17.70	4.46	11.57	2.15	11.46	2.13	13.07	0.80	11.15	0.99
江西	10.25	3.06	9.07	2.82	11.48	2.10	13.43	0.49	10.83	1.24
山东	15.68	3.57	10.63	0.57	13.11	2.17	12.17	0.15	9.75	0.90
河南	14.58	0.93	9.10	1.18	11.91	2.45	11.83	0.83	9.98	1.39
湖北	12.88	0.90	9.43	2.17	10.80	2.08	13.90	0.78	11.23	1.85
湖南	11.35	1.05	9.17	1.24	10.93	2.16	14.07	0.47	10.93	1.46
广东	17.40	5.07	10.70	0.56	13.35	1.68	10.83	1.40	8.63	0.96
广西	13.30	4.37	8.67	1.15	11.33	2.55	13.63	0.74	10.58	1.63
海南	10.10	7.76	7.93	0.98	10.94	2.26	12.67	2.97	9.88	1.53
重庆	13.20	1.82	9.20	1.78	11.38	2.30	15.50	1.40	13.30	2.34

续表

指标	1993—1996 年		1997—1999 年		2000—2007 年		2008—2010 年		2011—2014 年	
	均值	均方差	均值	均方差	均值	均方差	均值	均方差	均值	均方差
四川	11.43	1.16	8.93	2.06	11.53	2.13	13.53	2.21	11.53	2.87
贵州	8.80	1.21	8.77	0.25	10.71	2.09	11.83	0.84	12.98	1.77
云南	11.53	0.53	8.37	1.22	9.56	2.02	11.67	0.93	11.73	2.50
西藏	15.58	1.92	12.07	0.25	12.45	1.08	11.60	1.30	11.85	0.79
陕西	10.50	1.45	10.87	0.67	12.14	1.86	14.87	1.42	11.88	1.88
甘肃	11.20	0.73	9.27	0.38	10.89	1.00	10.73	0.93	11.20	1.74
青海	8.63	0.78	8.67	0.49	11.85	1.31	12.97	2.64	11.45	1.86
宁夏	9.60	1.39	8.60	0.62	11.31	1.16	12.67	0.80	10.35	1.84
新疆	9.48	2.34	7.77	0.55	10.28	1.53	9.90	1.57	11.25	

注：表中数据单位均为%；按照1997年亚洲金融危机和2008年全球金融危机发生前、发生期间以及发生后的顺序将1993—2014年划分为5个阶段以便于考察不同阶段经济增长趋势变化情况。

资料来源：笔者根据"中国统计局网站数据库"相关数据整理而得。

首先，从总体变化情况来看，各地区受两次金融危机冲击影响情况较为显著。1997年亚洲金融危机爆发前和爆发期间两阶段，在31个省、自治区和直辖市中有29个经济增长率有较为明显的下降趋势，且整体经济增长率均值下降了3个百分点；2008年全球经济危机爆发前和爆发期间两阶段，在31个省、自治区和直辖市中部分经济增长趋势有了明显下降，在全球金融危机过后期经济增长趋势则进一步出现大幅度下降情况，与1997年亚洲金融危机的影响相比，全球金融危机对中国区域经济影响的范围更广、程度更强、持续时间更长。

其次，从31个省、自治区和直辖市受冲击影响的非均衡程度来看，不同地区受冲击影响经济增长率波动程度以及受冲击影响先后顺序差异性也较为明显。各省、自治区和直辖市受两次金融危机冲击阶段性经济增长水平波动幅度差异性较为明显：1997年亚洲金融危机爆发期间（1997—1999）经济增长率变化幅度最大的为浙江省，冲击爆发前和爆发期间两阶段经济增长水平下降了 7.45 个百分点,而陕西省变化幅度相对较小仅上升了 0.37 个百分点,其他 29 个省、自治区和直辖市两阶段经济增长趋势变化程度基本在 -6—0.6 个百分点之间波动;2008 年全球金融危机的影响相对比较复杂,从冲击爆发前和爆发期间经济增长趋势变化比较情况来看,地区间差异性也十分明显,两阶段经济增长率均值增长幅度最高的为重庆市(增长了 4.12 个百分点),下降幅度最大的是山西省(下降了 3.58 个百分点),同时与亚洲金融危机冲击情况不同的一点是,全球金融危机过后各省、自治区和直辖市经济增长趋势并没有恢复到冲击前的发展水平,而是表现出大幅度下降趋势,充分体现了全球金融危机冲击影响的长期持续性。

　　两次金融危机冲击对中国产业层面的影响,同样具有明显的非均衡性特征。表 1-2 为中国农林牧渔业、工业、建筑业、金融业和房地产业在 1990—2014 年间经济增长趋势变化情况,清晰表明在两次金融危机冲击前后各阶段也均表现出较为明显的趋势变化。

表 1-2　中国各产业在 1990—2014 年增长率变化情况

年份	农林牧渔业（%）	工业增长率（%）	建筑业（%）	金融业（%）	房地产业（%）
1990	7.3	3.4	1.2	2.2	6.2
1991	2.4	14.4	9.6	2.8	12
1992	4.7	21.2	21	6.5	26.6
1993	4.7	20.1	18	11.3	10.8
1994	4	18.9	13.7	9.7	12
1995	5	14	12.4	8.8	12.4
1996	5.1	12.5	8.5	7.9	4
1997	3.5	11.3	2.6	9	4.1
1998	3.5	8.9	9	5.1	7.7
1999	2.8	8.5	4.3	5.4	5.9
2000	2.4	9.8	5.7	7	7.1

续表

年份	农林牧渔业 （%）	工业增长率 （%）	建筑业 （%）	金融业 （%）	房地产业 （%）
2001	2.8	8.7	6.8	7	11
2002	2.9	10	8.8	7.5	9.9
2003	2.5	12.8	12.1	7.4	9.8
2004	6.3	11.5	8.1	4.7	5.9
2005	5.2	11.6	16	14.1	12.2
2006	5	12.9	17.2	23.7	15.5
2007	3.7	14.9	16.2	25.8	24.4
2008	5.4	9.9	9.5	12.1	1
2009	4.2	8.8	18.9	16.4	11.8
2010	4.3	12.6	13.9	8.9	7.5
2011	4.2	10.8	9.8	7.7	7.4
2012	4.5	7.9	9.8	9.4	4.7
2013	4	7.6	9.7	10.6	7.2
2014	4.2	6.9	9.1	9.9	2

资料来源：笔者根据"中国统计局网站数据库"相关数据整理而得。

　　首先，从总体变化情况来看，5 个产业经济增长率均表现出大体相同的变化趋势：在金融危机冲击爆发前各产业经济都保持相对高速平稳的发展趋势，冲击爆发期间则呈现出震荡波动性变化趋势，而在冲击过后则重新进入到一个相对平稳的变化趋势。在 5 个产业中，农林牧渔业经济增长趋势在亚洲金融危机爆发期间呈现出较大幅度的波动，在 1997 年经济增长率迅速从 5% 下降到 3.5%，之后一直保持低速平稳增长趋势；其他 4 个产业受两次金融危机冲击影响的波动幅度相对较大，房地产业下降幅度要明显高于其他几个产业，工业、建筑业与金融业也均表现出明显的大幅度下降趋势。

　　其次，不同产业受金融危机冲击影响程度的差异性较为明显，冲击爆发前后各阶段增长趋势波动程度和持续时长均具有较为明显的差异性。

一方面，从经济增长趋势变化程度来看，5 个产业间差异性比较明显。在两次金融危机冲击过程中，房地产业受冲击影响经济增长波动幅度均明显高于其他四个产业，1997 年亚洲金融危机冲击爆发前（1990—1996）年均经济增长率为 12%、冲击爆发期间（1997—1999）年均增长水平迅速下降为 5.9%、冲击过后期（2000—2007）迅速恢复到 11.98%，2008 年全球金融危机冲击爆发期间（2008—2010）年均经济增长率则下降到 6.77%、冲击过后期（2010—2014）为 5.33%；其他 4 个产业在各阶段经济增长水平变化程度则相对要较小，农林牧渔业经济发展趋势相对比较稳定，经济波动幅度也最小，五个阶段的年均经济增长水平分别为 4.74%、3.27%、3.85%、4.63% 和 4.23%。

另一方面，各行业受冲击影响经济增长趋势发生显著性波动性变化的起始时间也具有显著的差异性。1997 年亚洲金融危机爆发前后，5 个产业经济增长趋势明显发生变化的时间分别为 1997 年（农林牧渔业）、1997 年（工业）、1998 年（建筑业）、1997 年（金融业）和 1996 年（房地产业），其中房地产业受冲击影响最早，而建筑业则相对较晚；2008 年全球金融危机爆发后 5 个产业基本都在 2008 年经济增长趋势表现出较为明显的波动，这与亚洲金融危机情况有所不同，当然更细致深入的结论还有待更进一步的论证分析。

自 1997 年亚洲金融危机发生之后，国内外学者进一步加强了对外部冲击发生机理、对外传播途径、影响及应对的研究。[①]但从区域和产业层面分析论证外部冲击影响的非均衡性和持续性的文献却相对较少，到目前为止仍缺少一个专门测算外部冲击对不同产业或地区影响的时序性与程度差异及其原理的研究体系。

---

① 杜晓蓉：《1997 年和 2008 年金融危机对东亚的传染性比较研究》，《经济经纬》2009 年第 3 期；张一、惠晓峰、吴宝秀：《宏观经济信息发布对国际金融危机传染效应的影响研究》，《管理评论》2017 年第 4 期；Peek, Joe and E. S. Rosengren, "The International Transmission of Financial Shocks: The Case of Japan", *American Economic Review*, No.4, 1997; Amiti Mary, D. E. Weinstein, "Exports and Financial Shocks", *Quarterly Journal of Economics*, No.4, 2011.

第二节　研究方法和定位

为了能够全面深入地论证分析全球金融危机作为一种突发性外部冲击对中国影响的非均衡与持续性特征，本书在充分借鉴国内外相关研究方法和思想的基础上，综合了国际贸易理论和产业结构理论，从理论层面剖析了外部冲击影响的作用机理、传播途径、影响非均衡性和持续性，并通过实证检验方法检验了外部冲击影响的产业与地区层面非均衡性特征，试图构建一个能够考察外部冲击在中微观层面产生、扩散和传播的分析体系。

第一，通过构建理论模型，论证分析外部冲击对不同产业影响的非均衡性机理。本书基于新凯恩斯经济学理论模型和投入产出模型分析框架，结合发展中国家受外部冲击影响的特殊性，通过借鉴经济周期与真实经济周期理论的相关思想和方法，将产业异质性理论和动态经济学分析方法引入到传统一般均衡模型中来，从产业层面分析外部冲击对生产、出口和消费的非均衡性影响。

第二，结合理论模型推导结果构建实证模型，并通过滚动趋势突变检验方法，检测产业和地区受外部冲击影响的非均衡性和长期持续性。首先，根据本书理论模型分析结果，构建经济增长趋势的一阶自回归时间序列模型，实证检验在冲击爆发前后两阶段经济增长趋势稳定性；其次，通过两阶段趋势突变检验方法，实证检验冲击前后两阶段的发展趋势的异同，以判断受冲击影响的长期持续性；然后，再通过拓展传统邹氏趋势突变的检验方法，构建向前向后滚动趋势突变检验方法以检验发展趋势突变的起始时间、结束时间和受冲击影响的持续时长，判断分析行业和地区受冲击影响的时序性和程度差异的非均衡性特征。

第三，构建结构变化测度判断指标体系，进一步论证分析外部冲击对产业发展趋势影响的非均衡性以及产业结构变化特征。本书通过构建结构变化指数、结构变化相关系数、阶段结构向差度和绝对结构向差度四项指标，分别从结构变化程度、结构变化方向以及结构变化的绝对和相对偏离度，测度在外部冲击爆发前后各阶段产业结构变化程度及方向情况，以此判断出外部冲击是否改变了产业结构的固有变化趋势。

本书的研究定位是将金融危机作为一种特殊的外部冲击，通过理论实证分析方法探析其发生、传播和影响的特性，本书的研究主要定位在四个方面：一是理论分析冲击传播扩散机理与影响特点，二是实证检验冲击影响的长期持续性，三是实证检验冲击影响在产业和地区层面的非均衡性，四是根据冲击影响的非均衡性预测预防今后类似突发性外部冲击。

第三节　研究思路和结构安排

一、研究思路

在对现有研究文献进行梳理和借鉴的基础上，本书拓展了传统凯恩斯理论模型，提出了一个分析冲击传播扩散引起产业发展趋势非均衡性变化的理论框架——包含外部冲击、贸易与产业结构变迁的一般均衡模型，并在此基础上对世界各国宏观层面和中国中观层面受金融危机冲击影响情况进行了实证检验分析。

本书理论模型中关于冲击的传播扩散思想有些类似于"中医病理"分析思路：各国经济发展体系均具有一定的自我稳定功能，在内外经济发展环境均处于相对稳定的发展状态下，国内各地和产业处于一个相对稳定的发展态势，只有在受到较大程度冲击后固有发展趋势才会发生改变，而当冲击过后内外部经济会重新进入到一个新的相对平稳发展状态；当局部受到冲击的影响足够大到能够通过产业关联逐次引起大多数产业趋势发生改变，才会引发整体经济趋势的变化；冲击的影响、传播具有明显的非均衡性特征，由于产业间关联度和产业特征的不同，局部产业受到冲击发生趋势改变对不同产业所带来的影响具有时序性和程度上的差异性，因而冲击传播扩散具有非均衡性。

本书在理论模型具体构建过程中，针对发展中国家具体实际发展特点，结合 1997 年亚洲金融危机和 2008 年全球金融危机冲击给出相关基本假设，将投入产出和动态经济学相关分析方法引入到传统经济学分析体系中来，论证分析某一部门或产业受到冲击后如何通过产业间投入产出关联向其他产业扩散传播，并相应引起其他产业发展趋势的变化。

本书实证分析则是从冲击影响的长期持续性、时序非均衡性和结构变化趋势阶段性变化三个层面，对冲击影响的非均衡性展开论证分析。

首先，检验在内外部环境没有较大程度冲击影响的情况下，各地区各产业经济发展趋势是否处于相对稳定的状态。本书根据冲击爆发前后的经济发展特点，设定平稳的冲击潜伏期（冲击还在酝酿期，整体经济处于稳定的发展时期）、震荡的冲击爆发期（冲击爆发并引起经济发展趋势的震荡变化）、相对平稳的冲击过后期（冲击过去，经济发展趋势重新进入到稳定发展状态）；利用一阶自回归时间序列变系数面板数据回归模型进行实证分析，检验地区或产业经济增长趋势的平稳性，判断在冲击潜伏期和冲击过后期，经济增长趋势是否处于相对稳定的发展状态；利用两阶段趋势突变检验方法，检测各地区或产业经济增长趋势在冲击潜伏期与冲击过后期是否相同，从而判断出冲击影响的长期持续性。

其次，通过向前、向后滚动趋势突变检验方法检测不同行业受冲击影响的先后顺序和程度的差异性。由于冲击是从局部爆发，逐步向其他产业（行业）或地区传播扩散，因而与冲击产生产业或地区关联度紧密的往往受冲击影响较早且程度也较大。基于此，本书通过向后滚动趋势突变检验方法检测出固有平稳经济发展趋势突变时间点，判断出受冲击影响起始期；通过向前滚动趋势突变检验方法检测新的稳定发展趋势开始期，判断出受冲击影响的结束期，并进而论证分析不同行业受冲击影响的起始期、结束期和持续时长。

最后，从金融危机冲击的阶段性特征出发，比较分析金融危机前期、爆发期和后期出口及产业结构趋势性变化程度，更进一步判断冲击对产业结构变化趋势的影响。如果冲击对不同产业影响起始、结束时间和程度也不相同，则冲击过后各行业发展趋势改变的程度也不同，因而产业结构原有变化趋势也将会发生改变，即冲击的影响会改变产业出口结构和产出结构固有变化趋势。

二、研究结构及内容安排

根据研究思路，本书的具体研究结构分为四部分共九章，其中第一部分包含第一章和第二章，第二部分包含第三章，第三部分包含第四章至第八章，第四部分包含第九章。图1-2总结了各章逻辑关系。

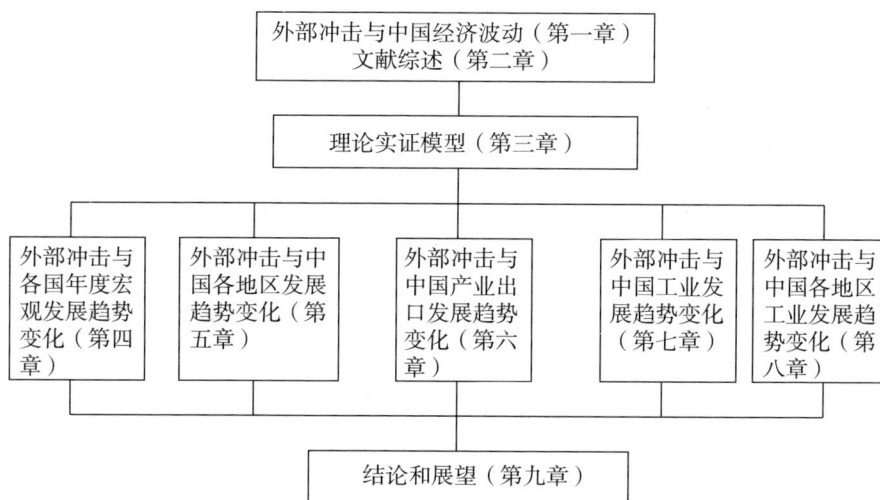

图1-2　各章逻辑结构

第四节　研究特点

在研究视角上，本书重点论证分析外部冲击对中国地区和产业经济发展趋势影响的作用机制和机理，探析在开放条件下，中国受外部冲击影响的长期持续性以及地区和产业间的非均衡性特征。一方面，本书的研究更加注重金融危机冲击的长期性、非平衡性及潜在性等特点，力求为今后预测及预防突发性外部冲击提供一个新的分析思路；另一方面，本书从一国内部地区和产业层面的经济发展趋势突变角度入手，分析外部冲击对出口和产出的长期与非均衡性影响，注重探讨外需结构、内需结构以及产业结构三者之间变化发展的内在逻辑关系，有利于国家制定持续协调的产业发展政策。

在理论模型构建上，本书发展了一个通过产业关联进行冲击传播扩散的两国多部门一般动态均衡模型，分析局部冲击如何引起经济体系发展趋势的非均衡性变化。通过将投入产出理论模型思想和动态经济学分析方法引入到传统经济模型中，充分考虑到冲击在产业间传播的特点，力图突破传统的研究模式，建立一种全新的分析框架。

在实证分析方法上，本书从四个层面递进检验分析了外部冲击影响的非均衡性和长期持续性：其一，通过构建各阶段变系数一阶自回归时间序列面板数据模型，检测冲击发生前后两个阶段经济发展趋势的阶段稳定性；其二，通过两阶段趋势突变检验方法，检测冲击前后两个阶段经济发展趋势的异同，从而判断出冲击影响的持续性；其三，通过构建向前向后滚动趋势突变检验方法判断受冲击影响的起始和结束时间，以分析论证冲击对不同地区或产业（行业）影响的非均衡性；其四，通过构建产业结构测算体系，进一步分析出口和产出结构变化趋势的阶段性变化特征。

本书的理论实证研究结果，能够很好地解释和回答下列三个问题：其一，当一国或地区稳定的经济发展环境受外部强烈持续性冲击而进入到另一种新状态后，其贸易结构、需求结构及产业结构的固有发展趋势也会发生相应改变，并在冲击过后重新进入到另一个稳定发展阶段；其二，外部冲击对不同地区和不同产业的影响具有明显的时序差异性，即不同地区或产业受冲击影响而发生明显趋势改变的起始时间、结束时间、持续时长和变化程度均具有明显差异；其三，根据冲击对地区和行业影响的非均衡性特征，有可能提前预测突发性冲击的发生，并预知冲击传播路径和影响程度，从而为有效的预测预防类似于 2008 年全球金融危机的突发性冲击提供一个新的研究思路和视角。

第二章　文献综述

随着世界经济开放性、紧密性的不断加强，由局部地区（国家）经济问题所引发的频繁、强烈外部冲击（External Shock），正成为各国（尤其是新兴发展中国家）经济非稳定性波动的重要原因，诸如 1997 年的亚洲金融危机和 2008 年的全球金融危机此类的高强度剧烈冲击给世界经济稳定持续发展带来了长期持续的影响，并进一步引发了人们关于外部冲击产生、传播、影响及相关预防预测和应对等多方面的深入思考。

第一节　外部冲击定义及传导机制研究

一、对外部冲击的定义

从目前国内外研究情况来看，关于外部冲击的定义或解释方法较多，在具体概念和内涵界定上也有所差异，但大部分研究文献基本上都将其定义为一种能够引发经济大幅度波动、突发性、难以预期和控制的事件。

国内关于外部冲击的界定方法较多，可具体归结为两类：第一类界定方法是从经济系统内外两个角度加以定义，将经济冲击分为内部性冲击（经济系统内部发生的冲击）和外部性冲击（经济系统外部的冲击），内部性冲击主要会对经济系统内部因素产生影响，而外部性冲击对经济系统具有一定转移和渗透作用。①第二类界定方法则是从外部冲击发生和影响特征

---

① 刘金全：《现代宏观经济冲击理论》，吉林大学出版社 2000 年版，第 26 页。

出发，将外部冲击定义为"在经济全球化、一体化背景下，一种来自外部的、突发性、不可预测、不可预期、且不为一国政府或一个经济体所控制可对该国经济产生影响的某种事件或者力量"，这种外部冲击既可以是来源于经济方面的因素，例如贸易冲突、能源危机、利率或者汇率的波动，也可以是来自非经济方面的事件，例如技术革命、自然灾害、政治政策变化以及恐怖袭击等，同时外部冲击可能带有正效应，也可能具有负效应。[①]

本书在借鉴国内外相关界定方法和思想的基础上，结合本书的研究内容和特点，将外部冲击界定为：在开放条件下，来自外部经济环境突发的、难以确定的、政府难以控制的、且对一国经济发展影响巨大的事件或变故，这种冲击既可以是经济方面的也可以是非经济方面的。在本书相关实证分析中，外部冲击主要是指1997年亚洲金融危机和2008年全球金融危机，这两次金融危机均为无法预测且各国政府难以控制的突发性事件，对中国经济发展产生了较为明显的影响，符合外部冲击的基本特征。

二、外部冲击传播渠道和机制研究

2008年之后，国内外关于外部冲击的传播机理和渠道主要还是集中在金融危机层面上，而关于其他类型外部冲击的作用机理和传播机制的研究则相对较少。

（一）外部冲击——金融危机冲击的传播机理

金融危机作为一种外部冲击，首先是从局部——金融等虚拟经济部门内部爆发，然后逐步扩散到实体经济部门，并最终引发整体经济波动。国内一些学者通过总结梳理金融危机的产生和传播特点发现，金融危机最初均在虚拟经济层面爆发，之后通过财富效应传导到实体经济层面，进而对整个宏观经济产生波浪式冲击。[②]例如，2008年全球金融危机冲击源于美国"次贷"危机，并慢慢引发了美国整个金融部门经济发展的剧

---

① 鞠国华：《"外部冲击"的国内研究综述》，《经济学动态》2009年第5期。
② 鞠国华：《"外部冲击"的国内研究综述》，《经济学动态》2009年第5期。

烈波动，之后进一步扩散到全球金融部门，受全球金融市场产生的冲击效应，各国股市和汇市大幅度震荡、金融资产大幅度下降、大量财富蒸发缩水，并迅速传递到实体经济部门，导致消费锐减、生产水平下降、失业增加，最终引发了全球经济的波动和衰退。

（二）外部冲击——金融危机冲击的传播机制和渠道

关于金融危机冲击传播渠道的早期研究，主要集中在金融危机直接传播机制上，又称为"狭义的金融危机传导"，即通过双边贸易以及国际投资渠道，金融危机源起国将金融危机逐次传导给其他国家；然而后来的研究则表明，即使和金融危机源起国或地区没有较直接的贸易和金融关联的国家或地区，也同样会受到十分显著的影响，所以又开始从产业关联性和"羊群效应"的角度分析金融危机的传播机制和途径。

20世纪80年代以后，随着金融危机的频繁爆发，由区域性金融危机引发全球性金融危机甚至世界范围的经济衰退现象引起人们的普遍关注，许多专家学者开始进一步展开了对金融危机传播机制的相关研究，以期能够从传播途径上寻找预防或者弱化全球性金融危机影响的方法，发现诸如金融危机此类外部冲击的传播渠道主要有国际贸易、国际金融、"羊群效应"以及产业结构调整持续影响他国经济发展。[1] 之后国内相关学者的研究，更进一步验证了这一论断。[2]

三、中国受金融危机冲击影响的渠道和特点

从1997年亚洲金融危机和2008年全球金融危机冲击的影响情况来

---

[1] Bai J., Perron P., "Computation and Analysis of Multiple Structural Change Models", *Journal of Applied Econometrics*, No.1, 2003；Gong S.C., Lee T.P., Chen Y.M., "Crisis Transmission: Some Evidence from the Asian Financial Crisis", *International Review of Financial Analysis*, No.4, 2004；朱波、范方志：《金融危机理论与模型综述》，《世界经济研究》2005年第6期。

[2] 李猛：《金融危机下中国经济系统的内外部冲击影响——基于虚实两部门一般均衡模型的研究及模拟测》，《财经研究》2009年第10期；陈华、赵俊燕：《美国金融危机传导过程、机制与路径研究》，《经济与管理研究》2009年第2期。

看，中国作为转型发展中国家，由于金融业发展水平相对落后，国际金融市场波动对中国造成的直接影响较小，金融危机的影响更多地表现在外部经济波动引发的需求和投资水平的下降。[①]

可以将中国受金融危机冲击影响渠道总结为四个。[②]其一，外需渠道。金融危机发生后，受冲击影响各国消费水平开始持续下降，外部需求市场规模缩小，导致中国出口增长水平的大幅度下降，进而引起经济增长放缓。其二，对外投资渠道。一方面，为了应对金融危机冲击的影响实现内外支出平衡，各国往往会通过减少对外投资或者回流国外投资，以缓解国内经济衰退，实现国际收支平衡，因而导致中国流入 FDI 增长水平的下降；另一方面，由于各国经济增长放缓，中国对外投资也会相应受到影响，最终导致中国流入流出 FDI 增长水平甚至绝对规模的下降。其三，金融危机爆发后，随着外部经济发展的放缓，国内相应投资与消费预期的下降，实际投资和消费增长水平也会相应下降，并进一步导致国内经济增长水平的下降。其四，贸易和生产结构的变化，金融危机冲击还会引致国际和国内需求结构和投资结构的变化，相应地，结构变化与调整也会导致中国经济增长水平的下降。

从中国受金融危机影响的情况来看，区域非均衡性和产业非均衡性特征比较明显。首先，由于中国区域经济发展水平存在较大程度的差异，因而不同地区间对外经贸开放程度与经济发展水平非均衡性较为明显，所以受外部市场需求和投资波动影响程度也不相同，导致中国受金融危机的影响具有显著的区域特征，与中西部地区相比，中国东部沿海地区大多开放程度和经济发展水平较高，全国超过 70%以上的进出口贸易以及流入 FDI 均集中在这些地区，因而东部各地区受到外部冲击影响的时

[①]　王立军、张伯伟：《外部冲击与中国区域经济非稳定性增长——基于全球金融危机的视角》，《世界经济研究》2010 年第 8 期。

[②]　朱波、范方志：《金融危机理论与模型综述》，《世界经济研究》2005 年第 6 期；陈华、赵俊燕：《美国金融危机传导过程、机制与路径研究》，《经济与管理研究》2009 年第 2 期。

间会相对较早、程度也相对较强，中西部地区受外部冲击的影响则相对较弱较晚。[①]

第二节　外部冲击对经济发展的影响

关于外部冲击影响研究的视角相对较多，主要集中在三个方面。[②]一是从受影响研究对象分类来看，外部冲击影响的视角一般分为国家宏观层面、产业或国内地区中观层面以及企业微观层面；二是从冲击影响的时长分类，将冲击的影响分为短期冲击影响、中期冲击影响和长期冲击应影响；三是经济开放进程中金融危机冲击的比较研究，包括不同国家受同一金融危机冲击，以及同一国家受不同金融危机冲击经济所受影响的异同性。为了便于阐述逻辑性和条理性，本书主要从冲击影响的宏观、中观和微观角度加以论述。

一、宏观层面的影响

从外部冲击对宏观经济影响情况来看，现有研究表明：一方面，外部冲击不仅会对一国总体经济稳定性和经济增长水平产生显著的影响；另一方面，外部冲击还会对各国或地区实体经济、进出口贸易和国际投资产生一系列影响。

（一）对总体经济发展的影响

1. 外部冲击对宏观经济发展具有显著的影响

在开放经济条件下，外部冲击可以通过国际贸易和国际金融两种渠

---

① 魏后凯：《金融危机对中国区域经济的影响以及应对策略》，《经济与管理研究》2009 年第 4 期；王立军、马文秀：《全球金融危机下的中国经济增长竞争力——基于地区层面的分析》，《当代财经》2010 年第 3 期。

② 黄梅波、吕朝凤：《金融危机的外部冲击对东南亚国家产出的中期影响：基于日本、美国金融危机冲击的研究》，《国际贸易问题》2010 年第 41 期；周健、李斌：《我国应对金融危机的财政政策研究综述》，《区域金融研究》2011 年第 3 期。

道对一国的宏观经济稳定产生显著的影响。国内的相关研究表明：一方面，美国经济冲击主要通过金融市场传导机制对中国实体经济增长产生影响，而全球流动性扩张的外部冲击则通过扩大出口和增加外商直接投资两种渠道直接拉动中国经济增长；[①]另一方面，从目前情况看，外部金融冲击是驱动中国经济产生周期性波动的最主要力量，在解释产出增长、投资增长、债务增长、工资增长和就业增长等主要经济指标波动方面体现出非常重要的作用。[②]

2. 外部冲击的影响具有明显的持续性和滞后性

从外部冲击对中国经济发展的影响特征来看，外部冲击对中国宏观经济增长具有显著的持续性和一定滞后性。马宇和王竹芹（2014）实证研究表明，外部冲击是中国经济波动的重要原因，且外部冲击对中国经济的影响具有较强的持续性，同时外部冲击对中国经济增长的影响主要表现在滞后1期和2期，国家通过实施适宜的货币政策和财政政策以刺激需求，达到稳定宏观经济发展的目的。[③]

3. 对通货膨胀的影响

大部分研究结果均表明外部冲击是通货膨胀的重要原因，但在其对通货膨胀的影响和作用程度上仍存在一些争议。中国经济增长与宏观稳定课题组（2008）的经验研究结果表明：从短期来看，国际食品价格和利率变动是导致中国国内物价上涨的主要因素；但从中长期看，外部冲击只是导致通胀的因素之一，经济增长率仍是影响物价的最主要因素。[④]汪川（2013）指出外部冲击与通货膨胀动态特征密切相关，外部冲击的

① 贾俊雪、郭庆旺：《经济开放、外部冲击与宏观经济稳定——基于美国经济冲击的影响分析》，《中国人民大学学报》2006年第6期；张会清、王剑：《全球流动性冲击对中国经济影响的实证研究》，《金融研究》2011年第3期。

② 王国静、田国强：《金融冲击和中国经济波动》，《经济研究》2014年第3期。

③ 马宇、王竹芹：《外部冲击、需求管理与经济增长——基于中国数据的实证研究》，《统计与信息论坛》2014年第1期。

④ 中国经济增长与宏观稳定课题组：《外部冲击与中国的通货膨胀》，《经济研究》2008年第5期。

影响是构成中国通货膨胀特征的重要因素，然而由于目前国内的相关文献并没有将外部冲击与通胀动态特征有机地结合起来，因而在建立理论或实证模型来分析外部冲击对国内通货膨胀影响时，并没有充分揭示不完全汇率传递效应在外部冲击在通胀影响方面的作用机制。①

4. 不同国家受冲击影响的差异性

外部冲击尤其是来自美、日、欧等发达国家或地区的冲击，对新兴经济体国家的影响较为显著。林跃勤（2009）通过分析2008年全球金融危机爆发过程中"金砖四国"宏观经济层面巨大震荡性波动现象，发现对于这些外向型新兴经济体，由于对外部市场的依赖程度较高，因而受到外部冲击的影响更为直接、程度也相对较高。②石红莲（2010）的研究表明，由美国次贷危机引发的全球金融危机，不仅造成了西方发达国家空前严重的经济衰退，也给新兴市场国家带来了严重影响。③毕玉江（2015）使用全球向量自回归模型实证方法分析了主要发达经济体宏观经济波动对中国外贸进出口产生的影响，研究结果表明，从单个经济体宏观变量波动对其他国家的影响来看，美国和日本GDP波动对中国外贸进出口的影响要高于欧盟，同时美国金融市场变量冲击对中国外贸进出口也产生了显著复杂的影响。④

（二）对进出口贸易的影响

1. 对贸易的整体影响

外部冲击是引起贸易增长水平大幅度波动与急剧下降的重要原因，但在外部冲击的主要影响途径上略有争议，大部分研究文献均肯定金融途径是主要影响渠道，而也有部分文献更加强调收入需求途径

① 汪川：《外部冲击对通货膨胀的影响：述评与进展》，《金融评论》2013年第2期。
② 林跃勤：《外部冲击与新兴经济稳定持续发展——基于"金砖四国"的分析》，《经济与管理研究》2009年第7期。
③ 石红莲：《国际金融危机对我国对外贸易的传导效应》，《国际贸易问题》2010年第1期。
④ 毕玉江：《世界经济冲击与中国外贸波动——基于多国VAR模型的实证研究》，《世界经济研究》2015年第11期。

的影响。

戴翔（2011）指出由于历年来贸易波动的幅度均明显高于经济波动幅度，同时贸易收入弹性值有逐步增大的趋势，而危机冲击时期贸易收入弹性值呈现明显的"放大性"并有出现负值的可能，因此很难从收入需求角度解释危机冲击下的贸易大幅度波动。[①]戴翔和张二震（2011）利用 2007 年 1 月—2010 年 12 月跨国面板数据构建误差修正模型，实证检验结果表明，2008 年全球金融危机下汇率波动加剧是造成全球贸易崩溃的主要原因之一。[②]金洪飞等（2011）的研究也同样表明，国际金融危机可以通过收入途径和汇率途径影响中国的对外出口，但却发现人民币汇率实际升值对于中国出口造成的影响不大，而贸易伙伴国经济衰退所带来的外需下降对中国出口造成的影响更为显著。[③]

2. 对国际贸易影响的非均衡性特征

目前国内外关于外部冲击对贸易非均衡性影响的研究相对较少且仍处于探索阶段。张建清和魏伟（2011）的研究表明，由于中国各地区对外贸易发展的水平与结构上存在差异，因而对收入效应导致的外需变化和汇率变动导致的价格效应反应程度也不同，不同地区的贸易波动情况差异程度十分明显，东部地区更易受到外部冲击的影响。[④]戴翔和张二震（2012）的研究结果则更进一步说明，金融危机冲击的收入效应和价格效应对进出口两种贸易模式的影响不同，出口所受金融危机冲击影响较进口更强。[⑤]陈守东和刘琳琳（2012）从贸易模式的角度说明，一般贸易

①　戴翔：《危机冲击与全球贸易波动的经验分析》，《世界经济研究》2011 年第 9 期。

②　戴翔、张二震：《危机冲击、汇率波动与出口绩效——基于跨国面板数据的实证分析》，《金融研究》2011 年第 8 期。

③　金洪飞、万兰兰、张翅：《国际金融危机对中国出口贸易的影响》，《国际金融研究》2011 年第 9 期。

④　张建清、魏伟：《国际金融危机对我国各地区出口贸易的影响分析——基于贸易结构的视角》，《国际贸易问题》2011 年第 2 期。

⑤　戴翔、张二震：《危机冲击与中国贸易"超调式"震荡的经验分析》，《国际贸易问题》2012 年第 1 期。

对外需的变动较为敏感，而加工贸易对汇率的变动较为敏感。[①]孙一平等
（2013）通过分析金融危机背景下中国出口二元边际变动情况，也发现中
间产品的出口更易受外部冲击的影响。[②]

（三）其他相关层面的影响

王朝明和丁志帆（2012）利用中国 1985—2010 年城镇居民七等分收
入组和美国城市居民五等分收入组数据，从不同收入群体在经济波动中
蒙受的福利损失视角研究了外部冲击的影响，结果表明就中国城镇居民
情况而言，高等收入群体受经济波动影响的福利损失最高，低收入群体
次之，中等收入群体福利成本最小；同时与美国情况相比，中国中低收
入群体在经济波动中承受的福利损失要比美国相对应收入群体福利损失
低，高收入群体的福利损失则呈现出相对较大的波动性。[③]

从比较的研究角度来看，1997 年亚洲金融危机和 2008 年全球金融
危机对中国进出口贸易影响具有一定的差异性。刘琳琳（2015）从收入
效应和价格效应的视角，就亚洲金融危机与全球金融危机对中国进出口
贸易的影响实证研究发现，在亚洲金融危机期间中国进出口贸易的价格
效应显著而收入效应不显著，但在全球金融危机爆发期间中国进出口贸
易价格效应和收入效应都很显著；同时，从两次金融危机冲击影响的比
较分析来看，价格效应对中国进出口贸易影响的程度明显高于收入效应，
这也表明在两次金融危机冲击过程中汇率波动是影响中国进出口贸易的
重要因素。[④]

① 陈守东、刘琳琳：《国际金融危机对我国进出口贸易的冲击——基于贸易方式视角的实证研究》，《吉林大学社会科学学报》2012 年第 4 期。

② 孙一平、王翠竹、张小军：《金融危机、垂直专业化与出口增长的二元边际——基于中国 HS-6 位数出口产品的分析》，《宏观经济研究》2013 年第 5 期。

③ 王朝明、丁志帆：《经济波动对不同收入群体的福利影响差异分析——基于中美两国消费数据的实证研究》，《中国经济问题》2012 年第 3 期。

④ 刘琳琳：《亚洲金融危机与美国次贷危机对我国进出口贸易影响的比较实证研究》，《数量经济研究》2015 年第 1 期。

二、外部冲击对中微观层面的影响

相对于宏观层面，从中观层面分析论证外部冲击影响的文献要相对较少，目前大多数研究主要集中在外部冲击对产业和地区层面的影响。

首先，外部冲击对产业层面的影响具有显著产业或行业差异特征，即由于资源型、替代性较高和奢侈型产品消费，易于受到外部经济波动的影响，所以那些以能源产品、初级产品、旅游业为主要收入的国家或地区受到的影响也相对较大。[①] 郭凯等（2011）以实际贸易为出发点对外部冲击对我国物价的传导效应进行了实证分析，研究结果表明外部冲击能通过进口价格效应传导到国内价格体系，其中对国际大宗商品价格冲击最大，同时外部冲击对国内物价的传导路径存在中下游价格倒逼上游价格的现象。[②] 王晓芳等（2014）的研究则发现，通货膨胀与国际能源价格冲击对通货膨胀的预期影响较大，进口中间品价格对通胀预期存在显著的正向价格传导效应，而本国中间品价格与通胀预期之间却存在明显的"倒挂"。[③] 受全球金融危机冲击的影响，全球农产品价格在2006—2008 年上半年大幅上涨，大豆、玉米和小麦期货价格均创 30 年来新高，同期国内大豆、豆粕和豆油价格涨幅也均超过75%。[④] 高小红等（2015）通过建立了 SVAR 模型，实证检验了外部冲击对中国价格的传导效应，表明外部冲击对中国股市价格的影响较为显著，对 CPI 和房价的影响微弱。[⑤]

其次，外部冲击从2008 年全球金融危机影响的区域体征也十分显著，

---

① 王立军、张伯伟：《外部冲击与中国区域经济非稳定性增长——基于全球金融危机的视角》，《世界经济研究》2010 年第 8 期。

② 郭凯、邢天才、谷富强：《外部冲击、输入型通胀与国内物价——基于实际贸易角度的实证分析》，《财政研究》2011 年第 10 期。

③ 王晓芳、赵卫滨、杨克贲：《开放经济下中国通胀预期的决定因素研究——基于国际垂直生产结构下的价格传导效应模型》，《北京理工大学学报》（社会科学版）2014 年第 5 期。

④ 李显戈、周应恒：《外部冲击对国内农产品价格波动影响分析》，《技术经济与管理研究》2013 年第 4 期。

⑤ 高小红、王萌、董思远：《金融深化改革背景下外部冲击的价格传导效应研究》，《上海经济研究》2015 年第 1 期。

中国国内各地区受冲击影响具有显著性和非均衡性。这主要是由于国内金融业发展相对落后，并且购买国际金融投资产品规模较小，金融业受到的直接冲击相对较小，经济发展受到的影响主要是由于外部市场需求减小、流入 FDI 规模下降，以及国内消费投资预期下降导致经济增长率下降，因而外向型相对较高的地区受冲击影响也相应较严重。[①]

最后，企业受外部冲击影响十分显著。按照企业性质来看，各种类型企业均会受到外部冲击的影响，但相比较而言国有外贸企业受外部冲击的影响十分巨大。[②]同时，通过"产出就业"系统在外部冲击下的反应，表明外部冲击对失业率影响的持久性要短于外部冲击对产出影响的持久性；[③]从产业链的视角研究外部冲击对农产品价格波动的影响来看，外部冲击对产业链中农产品的价格波动有重要影响，短期内可使初级农产品价格波动幅度扩大3—5倍，但对产业链中不同环节的影响存在差异。[④]

三、外部冲击影响的实证检验方法

（一）突变点检验与阶段划分

有时为了分析外部冲击的具体影响程度，需要确定冲击前后各阶段发展趋势变化情况，因而需要利用趋势突变检验方法找到冲击引起的突变点和持续时长。最早关于外部冲击影响的研究大部分都是提前设定突变点，考虑到提前预设突变点的主观性以及存在的误差，可能会使检验结果带来较大的差异，因而又提出了基于内生结构突变检验思想的变协整检验方法，通过"搜寻"单序列或多序列之间最可能发生结构突变，

①　肖炼：《世界金融危机发展趋势——对中国经济的挑战与机遇》，《国际贸易》2009 年第 5 期；王立军、马文秀：《全球金融危机下的中国经济增长竞争力——基于地区层面的分析》，《当代财经》2010 年第 3 期。

②　唐衍伟：《我国国有外贸企业应对外部冲击的战略分析》，《财经问题研究》2003 年第 5 期。

③　昌忠泽、王俊：《寻求"产出—就业"系统在外部冲击下的非线性反应机制——基于非线性动态理论的经济学方法》，《数量经济技术经济研究》2006 年第 11 期。

④　张利庠、张喜才：《外部冲击对我国农产品价格波动的影响研究——基于农业产业链视角》，《管理世界》2011 年第 1 期。

以及检验突变点前后序列是否发生的显著变化，确定出外部冲击影响的起始阶段和时间。[①]之后，基于内生结构变化的检验方法被广泛应用于测算外部冲击对贸易增长的影响，一些研究结果表明在石油价格剧烈波动、金融危机和贸易政策调整等冲击下，大多数贸易额均在一个或多个时间点发生了显著的结构变化。[②]

（二）GVAR 检验方法

全球自向量回归模型（Global Vector Autoregressive Models，以下内容中简称"GVAR"）是将经典的向量自回归模型（Vector Autoregressive Models，以下内容中简称"VAR"）加以扩展，可以对世界各国或地区间经济关联展开分析。卡基尔和卡本迪（Çakır Mustafa Yavuz and Kabundi Alain）利用 GVAR 方法分析和比较了流动性紧缩和风险偏好崩溃对全球金融危机传播的影响，发现流动性冲击对发达经济体的影响程度较重，而风险偏好下降则对新兴市场经济体的影响相对较严重，金融环境的紧缩是发达经济体受冲击影响的主要传播渠道，新兴市场国家则主要是通过对实体经济影响进行传播。[③]德瓦尔和艾登（De Waal and Van Eyden）同样利用 GVA 方法分析了过去 20 年里南非主要经济体贸易模式的变化，研究发现由于 20 世纪 90 年代中期以来，中国与南非贸易关系的持续增强，与 1995 年相比 2009 年中国 GDP 波动冲击对南非 GDP 影响程度要明显变强，同时美国经济对南非经济重要程度持续下降，这也是南非受

---

①　Gong S. C., Lee T. P., Chen Y. M., "Crisis Transmission: Some Evidence from the Asian Financial Crisis", *International Review of Financial Analysis*, No.4, 2004; James Davidson, Andrea Monticini, "Tests for Cointegration with Structural Breaks Based on Subsamples", *Computational Statistics and Data Analysis*, No.11, 2010.

②　K.Jayanthakumaran,M.Pahlavani, "Australia and New Zealand CER Agreement and Breakpoints in Bilateral Trade:An Application of the Wald-Type Test", *Applied Econometrics and International Development*, No.2, 2006; Pahlavani M., Harvie C., "Multiple Structural Breaks in Korea's Macroeconomic Data: An Application of the Lumsdaine and Papell Test", *The Journal of the Korean Economy*, No.3, 2008.

③　Çakir M.Y., Kabundi A., "Trade Shocks from BRIC to South Africa: A Global VAR Analysis", *Economic Modelling*, No.32, 2013.

全球金融危机冲击影响要明显小于其他发达经济体的原因之一。[1]毕玉江（2015）同样利用 GVAR 模型，分析了主要发达经济体宏观经济波动对中国外贸进出口产生的影响，研究结果发现，从单个经济体宏观变量波动的影响程度来看，美日两国 GDP 波动对中国进出口贸易的影响要高于欧盟，美国金融市场冲击对中国进出口贸易具有显著而复杂的影响，以一般贸易为主的贸易结构更容易受到外部冲击的影响。[2]

（三）投入—产出分析方法

目前通过投入—产出模型分析外部冲击对一国经济、产业或者地区的影响的文献相对较少。张海亮和邹平（2010）根据 OECD 公布的历年投入产出表，分析了 1995 年以来价格变化对国民经济需求系数的影响情况，研究结果表明，价格波动对中间需求系数的影响较大，而进口价格波动则不利于投入产出效率的提高。[3]邵朝对（2012）利用与进出口价格相关联的投入产出模型，分析了国际能源价格冲击对中国贸易结构的传递效应，结果表明，能源价格冲击提高了货物出口和进口比重，加大了货物、服务出口比例的不合理性，虽然从短期来看能源价格冲击恶化了出口结构而优化了进口结构，但从长期来看则是利大于弊。[4]

第三节　对现有文献的总体评述

从现有国内外研究情况来看，显然已为全面研究中国经济受各类外部冲击的影响提供了基本框架和分析思路，但考虑到外部冲击影响的突

---

[1]　De Waal A., van Eyden R., "The Impact of Economic Shocks in the Rest of the World on South Africa: Evidence from a Global VAR", *Emerging Markets Finance and Trade*, No.3, 2016.

[2]　毕玉江：《世界经济冲击与中国外贸波动——基于多国 VAR 模型的实证研究》，《世界经济研究》2015 年第 11 期。

[3]　张海亮、邹平：《价格变化、外部冲击与提高国民经济安全性》，《工业技术经济》2010年第 5 期。

[4]　邵朝对：《能源价格冲击对中国贸易结构的传递效应——基于投入产出法的实证研究》，《上海经济研究》2012 年第 7 期。

发性、持续性和非均衡性，目前研究仍有不足之处。

第一，虽然目前关于外部冲击在宏观层面的传播机制、影响程度以及持续性等各方面的研究已经相对比较丰富，但就其对中微观层面影响的研究还有明显不足。在 2008 年之前，大多数关于外部冲击的研究主要集中在供给冲击、需求冲击、汇率波动、技术革新、自然灾害或政策变动等各类冲击对经济发展带来的影响，而就金融危机的研究也大多数停留在危机传播机理以及对各国宏观层面的影响上，随着全球金融危机的爆发，由一国或地区局部金融危机引发的全球金融危机对世界经济造成了巨大冲击和影响，人们才开始重视外部冲击对中微观层面的影响。一方面，现有的研究还不能系统科学解释外部冲击在中观层面的影响及其非均衡性，诸如全球金融危机此类的突发性、高强度、长期性的外部冲击，会给一国内部不同产业、不同地区的产出、出口、金融增长趋势带来怎样的影响，同时这种影响在时序和程度上的差异又如何，目前的相关研究还相对较少；另一方面，从微观层面对不同国家（地区）、不同行业、不同性质的企业，受外部冲击影响差异性的研究也相对较少，虽然有些研究表明企业受冲击影响程度与预期外贸强度、金融信用、企业隶属行业有关，但目前还没有一套相对完善的研究体系，能够系统说明企业特征与受冲击影响程度的内在机理及其非均衡性程度。

第二，从研究框架来看，目前的研究大多仍以实证研究为主，还缺乏专门针对新兴发展中国家发展特点，分析开放条件下发展中国家受外部冲击持续非均衡性影响的理论模型支持。在真实经济周期理论中，将技术进步冲击设定为引起经济周期性波动的主要因素，而一些研究文献中也将冲击过程设定一个随机游走过程，显然这样的研究体系已经不能适应全面客观分析诸如金融危机此类外部冲击影响的长期持续性。另外，对于大部分新兴经济体来说，由于经济、金融发展水平相对较低，且对外经贸依赖程度较高，受冲击影响程度与发达国家及其他发展中国家均会有所不同，因而根据新兴经济体国家具体发展特征和受冲击影响的实际情况，构建相对应的理论模型分析框架十分必要。

第三，从研究内容与深度来看，尽管对于突发性外部冲击所带来的中短期影响已深有了解，但关于其可长期潜在性影响的研究还相对较少。不同于一般性短期小范围程度的冲击，1973年世界石油危机、1997年的亚洲金融危机和2008年全球金融危机对世界经济发展的影响都是长期持续的，并且当冲击过后一些国家或地区经济发展趋势甚至模式也有了相应的改变，尤其是2008年全球金融危机的影响时至今日还未完全消失，世界经济增长水平以及贸易发展趋势并没有恢复到冲击爆发前的水平，至于更进一步的各国、各地区内部的产业与贸易趋势和结构的变化也有待做更深入细致的研究，因而科学全面分析外部冲击潜在影响的程度以及持续时长很有理论实践价值。

第四，缺乏科学系统的论证方法以解释和判断金融危机冲击能否以及如何通过贸易结构的变化来改变中国产业结构变化趋势的机制和机理。外部冲击在一国内部地区和产业层面的影响具有显著的非均衡性，但如何从外部冲击传播机理和渠道的角度，分析这种非均衡性特征还有待于进一步展开。一般来说，外部冲击的影响主要是通过收入需求效应、汇率波动、投资效应、预期效应等几条主要渠道进行传播的，现有实证研究虽然能说明对于不同地区、不同产业受到的影响具有明显的差异性，但造成这种差异性的机理研究还仍待进一步完善和发展。

结合现有研究基础，本书就外部冲击对一国地区和产业层面影响的研究做了两方面的拓展：一方面，在理论模型构建上，结合目前现有文献研究基础，在充分考虑到中国新兴国家发展特点的基础上，本书采用随机动态经济学研究方法，通过拓展投入产出模型，构建了一个分析外部冲击如何通过需求变化影响各产业投入产出规模增长趋势，进而改变一国产业结构持续稳定性发展的理论分析框架，并就冲击爆发前、爆发中和爆发后三个阶段产业增长趋势、贸易增长趋势的变化情况进行了相应的论证分析。

另一方面，在实证检验方面，本书就外部冲击的非均衡性做了系统深入的论证分析：其一，通过检验外部冲击发生前后行业出口发展趋势的变化以检测外部冲击影响的持续性，即测度外部冲击能否打破各行业固有出口发展趋势，并在过后形成新的发展趋势；其二，测度外部冲击对行业出口影响在时间维度上的差异性，即测度各行业出口受外部冲击影响在起始时间、结束时间和持续时间上存在的差异，为今后预测预防类似外部冲击提供理论经验支持；其三，测度各行业出口受冲击影响在程度上的差异性，即测度外部冲击爆发前后，各行业新旧两种发展趋势差异程度的情况，为今后应对外部冲击制定最优的产业、经贸发展应对策略提供必要的帮助。

第三章　外部冲击与产业结构发展趋势变迁理论模型

如第二章所论述，从宏观层面论证分析外部冲击对经济影响的传播途径和机理的研究已经相对比较完善，但能够更进一步从产业受非均衡性影响角度展开分析的却相对较少，尤其像中国这样一个日趋开放的经济大国，外部经济冲击到底会给国内各行业的生产、需求及出口带来怎样的长期持续非均衡性影响，还鲜有人展开深入全面的研究。本书结合改革开放 40 年来，中国所遭受外部冲击影响的特点，借鉴传统凯恩斯理论模型、引力模型理论、实际经济周期理论、企业异质性理论与动态随机经济学理论方法及相关思想，从产业层面的视角，分析冲击的产生、传播和影响的非均衡性特征，从而全面探析外部冲击对中国经济发展的长期非均衡性影响。

第一节　模型基本假设

本章理论模型主要是基于新凯恩斯经济学框架，将产业异质性理论和动态经济学理论（思想）引入模型的构建中来，从中观层面分析外部冲击对产业产品生产、出口和消费的影响。同时考虑到对于大多数外向型发展中国家来说，由于金融业发展程度相对较低，外部冲击的传播主要是通过贸易渠道，所以模型设定国际贸易作为外部冲击的传播渠道。

模型基本假设主要包括以下几个方面：（1）假设在开放条件下，世界上存在两个国家——本国和外国，N 个只生产一种产品的生产部门（行业），三种基本生产要素——技术 A、资本 K 和劳动力 L，N 类中间投入品；（2）资本和劳动不能在国际间流动，两国通过国际贸易进行产品的交易和流通，而两国间贸易往来规模和模式受两国的国民产出规模、相对技术水平以及其他综合因素的影响，即两国贸易模式可由贸易引力模型表示；（3）经济发展趋势具有相对稳定性的特点：即在内外发展环境均相对稳定的状态下，经济增长将呈现出相对稳定的周期性波动变化趋势，而当内部或者外部经济发展受到较大程度的突发性冲击后，故有发展趋势将会被打破，并在短期内进入到一个震荡变化阶段，之后趋于平稳进入到一个新的相对平稳发展阶段；（4）有限理性预期假设：从长期来看人们很难精确预测未来经济的长期增长率变化程度，只能根据目前发展水平大致予以估测，并给出相应的消费、投资和生产策略，因而当社会经济发展从一种稳定状态进入到另一种稳定状态的情况下，人们会相应调整经济行为和习惯；（5）生产技术与人口规模均处于一个长期持续稳定增长的趋势，即生产技术水平与人口规模长期保持持续稳定的增长。

一、开放条件下的动态生产函数

将列昂惕夫投入—产出模型构建思想引入到传统柯布道格拉斯生产函数中，即在开放条件下，结合传统的投入产出函数与柯布道格拉斯生产函数，从各行业产品和最终产品的生产情况，考虑中间投入品和基本生产要素在总产值以及增加值生产过程中的作用和影响。

（一）总产出函数

考虑到从生产要素搜集、生产产品到产品生产完成需要一个长期持续的过程，因而对传统投入—产出函数进行动态化拓展，设定各行业产品从开始生产到最终产品完成，均具有一个生产周期 T，因而 i 行业总产品的动态投入—产出函数可表示为式（3–1）：

$$Z_{it} = \sum_{j=1}^{N} B_{ij}(Z_{j(t-T_i)} + M_{j(t-T_i)} - X_{i(t-T_i)}) + Y_{it} \qquad (3-1)$$

由于在产品生产过程中，中间投入品是保证产品能够顺利生产出来的必不可缺的环节和条件，它虽然不能够额外增加行业最终产品的价值，但却可以通过影响投入要素的生产效率，对行业最终产出规模产生影响，因而有中间投入品参与的最终产品的投入—产出函数可表示为式（3-2）：

$$Y_{it} = Z_{it} - \sum_{j=1}^{N} B_{ij}(Z_{j(t-T_i)} + M_{j(t-T_i)} - X_{i(t-T_i)}) \qquad (3-2)$$

式（3-1）和式（3-2）表明，从行业层面来看，中间投入品参与总产品的生产，并将价值转移到总产品中，最终产品的价值则为总产出减去中间投入品的价值，显然行业增加值为基本生产要素在生产过程中所创造的部分。

（二）最终产品生产函数

考虑到最终产品产值或增加值，主要为基本生产要素——资本和劳动在一定的技术水平下，借助中间投入品，通过特定的生产过程所产生出的新价值，而中间投入虽然是实现劳动和资本等生产要素物质化的必要条件，但本身并不直接创造出新的价值，只是实现了价值转移的过程，为生产过程中实现的一个必要条件，故而设定行业最终产品产值——行业增加值的生产函数符合传统柯布道格拉斯生产函数模式；同时，假设技术和人口增长率为常量，具体情况如式（3-3）所示：

$$\begin{cases} Y_{it} = A_{it}K_{it}^{\alpha_i}L_{it}^{1-\alpha_i}, 0 \leq \alpha_i \leq 1 \\ g_t^A = \dfrac{\dot{A}}{A} = g^A, g_t^L = \dfrac{\dot{L}}{L} = g^L \end{cases} \qquad (3-3)$$

全国最终产品的总产值可通过行业加总得到式（3-4）：

$$Y_t = \sum_{i=1}^{N} Y_{it} = \sum_{i=1}^{N} A_{it}K_{it}^{\alpha_i}L_{it}^{1-\alpha_i} = A_t K_t^{\alpha} L_t^{1-\alpha}, 0 \leq \alpha \leq 1 \qquad (3-4)$$

式（3-3）符合传统柯布道格拉斯生产模式，表明各行业最终产品产出最终取决于生产技术水平、资本投入和劳动投入规模；式（3-4）为全国最终产品投入产出函数，由各行业增加值汇总而得。

（三）资本变化函数

根据新古典增长模型的设定方法，各行业资本量为当期资本加上当期投资减去资本折旧，计量函数为式（3-5）：

$$\dot{K}_i = I_i - \delta_i K_i \qquad (3-5)$$

全国总投资增长计量函数可表示为式（3-6）：

$$\dot{K} = \sum_{i=1}^{N} \dot{K}_i = \sum_{i=1}^{N} I_i - \sum_{i=1}^{N} \delta_i K_i = I_t - \delta K_{(t-1)} \qquad (3-6)$$

行业增加值率 D_i 为最终产品与总产量的比值，可以表示为式（3-7）：

$$D_{it} = Y_{it} / Z_{it} = 1 - \frac{1}{Z_{it}} \sum_{j=1}^{N} B_{ij}(Z_{j(t-T_i)} + M_{j(t-T_i)} - X_{i(t-T_i)}) \qquad (3-7)$$

其中：Z_t、Y_t、A_t、K_t、L_t、I_t、T_i 分别表示 t 期全国产品总产值、最终产品产值、生产技术水平、资本量、劳动力投入数量、资本投资规模以及行业投入产出的生产周期；Z_{it}、Y_{it}、A_{it}、K_{it}、L_{it}、I_{it}、δ_i、X_{it}、M_{it} 分别表示 t 期 i 行业总产值、最终产品产值、生产技术水平、资本量、劳动力投入数量、投资规模、资本折旧率、出口规模和进口规模；B_{ij} 为 i 行业生产过程中所需要 j 行业投入系数矩阵；α_t、α_{it} 分别为全国和 i 行业 t 期资本投入产出弹性；g_t^A、g_t^L 分别为 t 期技术和劳动增长率；g^A、g^L 分别表示技术和劳动长期均衡增长率；$\delta = \sum_{i=1}^{N} \frac{\delta_i K_{i(t-1)}}{K_{t-1}} = \sum_{i=1}^{N} \delta_i s_{i(t-1)}^k$ 为 t 期资本加权平均折旧率，即总资本折旧率，$s_{i(t-1)}^k$ 为 $t-1$ 期 i 行业资本占社会总资本比重；D_i 为假设为常量的 i 行业增加值率。

二、开放条件下的需求与进口函数

将传统凯恩斯需求函数和消费函数拓展到行业层面，并采用贸易引力模型形式的进出口函数，从而得到开放条件下行业层面的需求、消费、投资和贸易函数。

（一）支出法决定的国民收入决定函数

根据传统国民收入核算方法，在不考虑政府收支的情况下，一国国民收入由投资、消费和进出口共同组成，因而拓展到行业层面的国民收入核算方法如式（3-8）所示：

$$Y_t = \sum_{i=1}^{N} Y_{it} = \sum_{i=1}^{N} (I_{it} + C_{it} + X_{it} - M_{it}) = I_t + C_t + X_t - M_t \qquad （3-8）$$

其中：X_t、M_t、X_{it}、M_{it} 分别表示 t 时期全国出口、全国进口、i 行业出口和 i 行业进口。式（3-8）采用支出法核算方法，从投资、消费和进出口三个方面测算全国和各行业的国民收入水平。

（二）消费函数与平均消费倾向

依照凯恩斯传统消费函数，消费为自发消费和国民收入的函数，但考虑到由于目前各国总体消费和收入水平都相对较高，自发消费规模均相对较小，因而设定消费为国民收入与平均消费倾向的乘积，具体计量方法如式（3-9）所示：

$$C_t = \beta_t Y_t \qquad （3-9）$$

式（3-9）与传统凯恩斯消费函数的区别在于，略去了自发消费部分，直接定义消费为国民收入与平均消费倾向的函数。同时考虑到平均消费倾向从长期来看，同样具有持续变化的特点，因而设定平均消费倾向为一相对稳定变量，为收入水平、收入波动水平以及预期经济增长率的函数，具体情况如式（3-10）所示：

$$\beta_t = \beta_t(y_t, g_t^y, \pi_t^y, \tau_t) \qquad （3-10）$$

其中：β_t 为 t 期国民平均消费倾向，由于该值在短期具有一定的稳定性，有时常常被当作常量进行处理；y_t、g_t^y、π_t^y、τ_t 分别表示人均国民收入、经济增长率、经济波动率和其他综合影响因素。式（3-10）表明平均消费倾向由国民平均收入水平、经济增长率、经济增长率波动水平以及其他综合因素共同决定。式（3-10）设定依据主要是结合现有研究文献研究成果，并考虑到以下三个方面的问题：首先，平均消费倾向是一个相对稳定的变量，观察近五十年来中国、日本、美国、欧盟地区以及其他发达国家的消费倾向均表明其具有长期持续变化的特征；其次，收入水平、预期收入水平是决定国民最终消费规模和消费模式的因素；最后，经济波动水平对国民消费规模和模式也会产生一定的影响。

（三）投资函数

在经济处于长期均衡发展状态下，进口等于出口，因而将式（3-10）代入式（3-8）可得到长期均衡状态下的投资函数式（3-11）：

$$I_t = (1-\beta_t)Y_t \qquad (3-11)$$

与传统凯恩斯模型中关于投资定义相比，式（3-11）更注重平均消费倾向和国民收入规模对投资的决定作用，而忽略了资本利率对投资的影响。

（四）进口函数与进口倾向

传统凯恩斯理论认为进口主要取决于本国的自发进口、进口倾向和国民收入，但考虑到本国和外国产出规模及产品品质均会对各国出口规模产生显著的影响，因而借鉴贸易引力模型思想，设定本国从外国进口主要取决于两国国民收入水平、相对全员劳动率以及由其综合因素决定的变量，具体表达式如式（3-12）所示：

$$M_{it} = W_{it} \frac{Y_{it}^{\phi_i} Y_{it}'^{\varphi_i}}{[(Y_{it}/L_{it})/(Y_{it}'/L_{it}')]^{\zeta_i}} \qquad (3-12)$$

对式（3-12）做进一步简单处理，可得到一个相对更加直观的表达式（3-13）：

$$M_{it} = W_{it} Y_{it}^{\phi_i} Y_{it}'^{\varphi_i} L_{it}^{\psi_i} L_{it}^{\zeta_i} \qquad (3-13)$$

式（3-12）表明本国各行业从外国进口规模由两国产出规模、技术水平以及地理距离、文化制度等、历史关系等综合因素系数共同决定的，该函数符合一般贸易引力模型思想。进行简单数据处理，可得到本国行业产品平均进口倾向函数表达式（3-14）：

$$\gamma_{it} = M_{it} / Y_t = s_{it}^Y W_{it} Y_{it}^{\phi_i - 1} Y_{it}'^{\varphi_i} L_{it}^{\psi_i} L_{it}'^{\zeta_i} \qquad (3-14)$$

考虑到综合系数 W 是由空间距离、文化差异、历史经贸关系等多种相对比较稳定的因素共同决定的，因而它是一个相对稳定的变量，在短期内可以视为常量，因而有式（3-15）：

$$W_{it} = W_i \qquad (3-15)$$

其中：γ_{it}、w_{it} 分别表示 t 期 i 产品平均进口倾向和进口综合影响因素系数；Y_{it}'、L_{it}' 分别表示外国 t 期 i 行业增加值和劳动力投入数量；ϕ、φ、ψ、ζ 分别表示 t 期 i 行业本国国民收入、外国国民收入、本国劳动投入和外国劳动力投入的进口弹性。

三、个人收入与效用函数

根据式（3-1）一式（3-13）相关设定，可得到单位劳动的收入与资本函数（3-16）：

$$
\begin{cases}
k = K / L \\
c = C / L \\
y = Y / L = A(K/L)^\alpha = Ak^\alpha \\
y = c + i + (X - M) / L \\
\dot{k} = y - c - \omega k \qquad 其中：\omega = g^L + \delta
\end{cases} \qquad (3-16)
$$

设定代表性劳动者或者单位劳动的效用函数符合柯布道格拉斯效用函数模式：

$$
\begin{cases}
u(c) = \prod_{i=1}^N x_i^{\lambda_i} & 其中：0 \leq \lambda_i, \sum_{i=1}^N \lambda_i \leq 1 \\
c = \sum_{i=1}^N x_i & 其中：0 \leq x_i \leq c
\end{cases} \qquad (3-17)
$$

根据消费效用最大化条件，可得出代表性消费者各种消费占总消费的比重如式（3-18）所示：

$$x_i = \lambda_i c / \sum_{i=1}^{N} \lambda_i \qquad (3\text{-}18)$$

同时考虑到随着消费品种类与质量的不断提升，产品效用弹性之和将趋近于一个常量，因而有式（3-19）：

$$\lim_{N \to \infty} \sum_{i=1}^{N} \lambda_i = \theta \qquad 其中：0 \leqslant \theta \leqslant 1 \qquad (3\text{-}19)$$

则式（3-18）又可以进一步表示为式（3-20）：

$$x_i = \lambda_i c / \theta = \beta \lambda_i y / \theta \qquad 其中：0 \leqslant \lambda_i \leqslant \theta \qquad (3\text{-}20)$$

将式（3-20）代入到式（3-17）中进行简单数学处理，可得到一个更为简单的消费者效用函数（3-21）：

$$u(c) = \theta^{-\theta} c^{\theta} \prod_{i=1}^{N} \lambda_i^{\lambda_i} = \eta c^{\theta} \qquad 其中：\eta = \theta^{-\theta} \prod_{i=1}^{N} \lambda_i^{\lambda_i} \qquad (3\text{-}21)$$

此时经济最优化增长则为政府选择最优消费策略，使得本国总效用达到最大水平，全国总效用可用式（3-22）表示：

$$u(c)L_t = u(c)L_0 e^{g^L t} = \eta c^{\theta} L_0 e^{g^L t} \qquad (3\text{-}22)$$

如果略去给定常数 L_0（基期人口数量）即设定其为单位值的话，则贴现率为 ρ 的社会总效用贴现值如式（3-23）所示：

$$J(c) = \int_0^{\infty} u(c) e^{(g^L - \rho)t} dt = \int_0^{\infty} \eta c^{\theta} e^{\sigma t} dt \qquad 其中：\sigma = g^L - \rho \quad (3\text{-}23)$$

其中：$u(c)$ 与 c 为代表性消费者效用函数和消费函数；x_i 与 λ_i 分别表示消费者对第 i 类产品消费规模和效用弹性；k、y、c 分别代表人均资本、人均国民收入和人均消费；θ、ρ、ω 分别表示产品效用总值常数、长期效用贴现率和人均资本折旧。

四、经济发展稳定性与突发冲击

经济发展的实践表明，经济周期性变化的特征不可否认，但关于引起经济周期波动性变化的原因依然有争议：依照经济周期理论，由于经济发展自身存在周期性变化因素，导致经济增长在运行过程中会围绕经济总体发展趋势呈现出周期性波动的特点，一般一个经济周期可分为四个阶段，即繁荣、衰退、萧条和复苏；而真实经济周期理论则认为，由于市场机制是完备的，它可以自发实现经济充分就业的均衡，因而经济周期源于经营体系之外的一些因素，例如技术进步的冲击、能源危机，等等。

从近二十年来发生的较大程度金融危机（1997 年亚洲金融危机和2008 年全球金融危机）爆发和传播过程来看，二者具有以下几个明显的特点：由局部问题引发，经过长期酝酿积累达到某个临界点之后突然爆发，并快速传播至其他行业和地区。两次金融危机均是由局部问题长期积累爆发，然后逐次向其他行业和地区不断扩散的过程。例如，1997 年的亚洲金融危机由泰国泰铢贬值引起，迅速扩散到新加坡、马来西亚、日本和韩国，引起这些国家或地区货币、股票和其他资产价格发生较大程度波动，并进而影响到世界范围的贸易与经济增长；而 2008 年全球金融危机则起因于美国的"次贷危机"，在 2007 年 8 月就开始浮现直至2008 年 9 月爆发，并快速席卷多国（地区）的金融业，继而向实体经济部门扩散，最终引发了全球范围的经济衰退。[①]

借鉴经济周期理论和真实经济周期理论的思想，结合世界经济近几十年来的发展实践情况，给出如下几个方面的假设或推论。

（一）经济增长趋势具有相对稳定性

在经济发展过程中，由于经济活动参与方是理性的，且自发理性地追求经济效益最大化，同时市场机制相对比较完善，因而一般情况下经济处于相对比较稳定的发展趋势，直至有较大程度的突发性冲击发生以打破这一固有经济发展趋势。

推论 3.1　经济增长的相对稳定性假设：当内外经济发展环境处于相

① 王春满、梅丽、王立军：《各国应对全球金融危机的救助政策比较》，《经济理论与经济管理》2009 年第 7 期。

对稳定的条件下，经济增长将会呈现出平稳的变化趋势，即使有较小程度的波动，也常常是可控、可防和可预测的正常波动。

由于现实经济发展过程中，经济发展机制所具有的自我调节功能和各国政府的有效管理，随着技术、资本和劳动投入持续稳定增长，从长期来看，经济总是具有较为平稳的发展趋势，即使偶尔有一定程度的变化，但由于经济体系自我调节功能的存在，也属于可控、可防和可预测的正常波动。

推论 3.2　突发性冲击会引起经济发展趋势的周期性变化：当内外部环境有较大程度的突发性剧烈冲击发生后，会打破固有经济发展趋势，并引起经济发展的震荡和波动，随着时间的推移其影响逐步弱化，并在世界经济发展机制自我调节的作用下趋于平稳，形成一个新的平稳发展趋势。

从近几十年来的经济危机或者金融危机所引发的世界范围内的周期性变化情况来看，突发性冲击经常发生在某一个行业或者局部地区，并借助金融、贸易等各种渠道向其他行业或者地区扩散，最终引发大范围的经济波动，之后各国通过采取积极应对策略，冲击的影响慢慢减弱直至消失，世界经济再次进入到一个新的相对平稳的发展阶段。

推论 3.3　突发性冲击具有在局部产生向整体扩散的特点：突发性冲击往往先产生于某一个行业或地区，逐步向其他行业和地区扩散，并最终引发整体经济的周期性波动变化。

不论是能源危机还是金融危机所引发世界范围内的经济危机，均先产生于某一个地区某些行业，之后再向其他行业和其他地区扩散，并最终形成大范围的经济下滑。例如，2008 年全球金融危机，最初于 2006 年由美国"次贷危机"引发到美国整个金融业，之后向美国其他行业以及全球各国扩散，并于 2008 年形成席卷世界范围的经济震荡。

（二）突发性冲击阶段划分

结合近几十年来突发性冲击所引发的金融危机的特点，将冲击所引发的周期性变化划分为下列三个阶段：

第一阶段：稳定的冲击潜伏期。在该阶段突发性冲击属于酝酿的阶段，内外部经济发展处于相对稳定的发展趋势。

第二阶段：震荡的冲击爆发期。外部冲击在局部爆发后，迅速引起局部经济的震荡与波动，之后逐步向其他行业扩散，从而引发整体经济震荡性变化，之后随着时间的推移，冲击的影响不断弱化慢慢消失。

第三阶段：稳定的冲击过后期。随着时间冲击影响的不断弱化慢慢消失，内外部经济重新趋于平稳，经济发展重新进入到一个新的平稳发展趋势。

（三）突发性冲击传播特征和主要研究方面

依照相关研究文献以及近期经济危机和金融危机的爆发特点，设定本书外部冲击定义为：由局部问题爆发所引起，通过行业间需求或者国际贸易渠道传播扩散，导致整体经济的大幅度波动，之后影响不断弱化逐渐消失的过程。

第一，设定冲击是由局部问题引发产生的。从目前经验和理论分析来看，冲击有可能来源于某一个方面局部的问题积累爆发所致，也可能是由于全局同时遭遇到影响所致，为了便于考察和预测金融危机对产业层面的影响，这里重点考察那些由局部问题引发的冲击。

第二，设定冲击的传播渠道主要集中在产品供求层面。从目前研究文献情况来看，金融危机传播途径主要包括贸易渠道和投资渠道，但考虑到中国受外部冲击影响具体情况，只重点考虑产品贸易渠道。

第三，冲击影响非均衡性的分析主要集中在受冲击影响的时序先后长短和受影响程度的高低两个层面。受冲击影响时序性差异包括受冲击影响产生明显趋势变化的先后顺序和持续时长；受冲击影响程度则为冲击前和冲击过后，行业经济增长率和贸易平均倾向发展趋势变化程度的大小。

第二节　平稳状态下的经济发展

按照本章第一节分析推理结论以及金融危机或者经济危机爆发实际情况来看，当较大程度的突发性冲击爆发后，首先会导致爆发行业或地区经济增长率的大幅度震荡，之后逐步向相关行业和地区扩散，并引发整体经济的震荡和波动性变化，随着各国积极采取应对策略突发性冲击的影响会逐渐消失，经济再次进入到持续稳定发展阶段。本节理论推导的目的也是在于从理论模型中，推理和检验这一观察结论，并找到背后的经济学规律和解释。

当经济处于稳定的发展状态下，即没有较大程度的内外部冲击发生，经济保持固有发展趋势，此时可用一般均衡理论来推导和解释经济稳定发展趋势。界定内外部经济处于稳定发展趋势的条件有以下几条：（1）各行业技术水平和人口均处于稳定持续的自然变化态势，没有较大程度的技术创新和人口规模变化；（2）生产要素处于充分就业状态，资本和劳动不存在闲置现象；（3）外部经济发展水平相对稳定，投资、贸易和就业处于相对平稳发展趋势。

一、稳定状态下的均衡经济增长率

在内外经济发展环境均保持持续稳定的状态下，由于生产要素的充分就业，在市场机制的作用下生产要素有效地分配到各个行业，消费者也会根据自己效用最大化条件按比例消费各类产品，各国经济将处于相对比较平稳的增长过程。

在生产要素充分就业的状态下，本国经济增长水平最终由生产要素和技术水平共同决定，此时全国国民生产、消费和投资符合下列最优化问题式（3-24）：

$$\begin{cases} Y_t = A_t K_t^{\alpha} L_t^{1-\alpha} \\ C_t = \beta_t Y_t \\ \dot{K}_t = I_t - \delta_t K_t \\ g_t^A = g^A, g_t^L = g^L \end{cases} \tag{3-24}$$

则最优化经济增长问题是政府选择消费策略 $c(t)$ 来实现全国总效用最大化，因而相对应最优化问题则如式（3-25）所示：

$$\text{Max} J(c) = \int_0^{\infty} u(c) e^{\sigma t} dt = \int_0^{\infty} \eta c(t)^{\theta} e^{\sigma t} dt$$
$$\text{s.t.} \quad \dot{k} = A_0 e^{g^A t} k^{\alpha} - c - \omega k \tag{3-25}$$
$$k(0) = k_0, \lim_{t \to \infty} \kappa(t) k(t) = 0$$

构造哈密顿函数（3-26）：

$$H = \eta c^{\theta} + \kappa (A_0 e^{g^A t} k^{\alpha} - c - \omega k) \tag{3-26}$$

其必要条件为式（3-27）：

$$\frac{\partial H}{\partial c} = \eta \theta c^{\theta-1} - \kappa = 0 \Rightarrow c = \left(\frac{\eta \theta}{\kappa} \right)^{\frac{1}{1-\theta}} \tag{3-27}$$

将式（3-27）代入正则方程式（3-28）：

$$\begin{cases} \dot{k} = A_0 e^{g^A t} k^{\alpha} - c - \omega k \\ \dot{\kappa} = -\partial H / \partial k = \kappa (\omega - A_0 \alpha e^{g^A t} k^{\alpha-1}) \end{cases} \tag{3-28}$$

从式（3-27）又可以得到式（3-29）：

$$\kappa = \eta \theta c^{\theta-1} \tag{3-29}$$

等式两边分别对 t 求导得式（3-30）：

$$\dot{\kappa} = \eta \theta (\theta-1) c^{\theta-2} \dot{c} \tag{3-30}$$

将其代入式（3-28）中第二个方程可得式（3-31）：

$$\dot{c} = (\omega - A_0 \alpha e^{g^A t} k^{\alpha-1}) c / (\theta-1) \tag{3-31}$$

则 c 和 k 满足下列微分方程式（3-32）：

$$\begin{cases} \dot{k} = A_0 e^{g^A t} k^{\alpha} - c - \omega k \\ \dot{c} = (\omega - A_0 \alpha e^{g^A t} k^{\alpha-1}) c / (\theta - 1) \end{cases} \quad （3\text{-}32）$$

由于存在技术进步所带来的经济持续稳定增长，因而在稳定状态下，设定资本和消费均保持一个不小于零的长期持续稳定的增长趋势，其长期持续增长率分别用 v 和 w 表示，据此给出进一步的设定条件式（3-33）：

$$\begin{cases} \dfrac{\dot{k}}{k} = A_0 e^{g^A t} k^{\alpha-1} - \dfrac{c}{k} - \omega = v \\ \dfrac{\dot{c}}{c} = (\omega - A_0 \alpha e^{g^A t} k^{\alpha-1}) / (\theta - 1) = w \end{cases} \quad （3\text{-}33）$$

经过相关数学处理，进一步可以得出方程解式（3-34）：

$$\begin{cases} c = (A_0 e^{g^A t} k^{\alpha-1} - \omega - v) k \\ k = \left(\dfrac{A_0 \alpha e^{g^A t}}{w(1-\theta) + \omega} \right)^{\frac{1}{1-\alpha}} \end{cases} \quad （3\text{-}34）$$

在 v 和 w 均取常数的情况下，由式（3-34）第二个方程可以得到式（3-35）：

$$\begin{cases} g^k = v = g^A / (1-\alpha) \\ g^K = v + g^L = g^A / (1-\alpha) + g^L \\ g^y = g^A + \alpha v = g^A / (1-\alpha) \\ g^Y = g^A + \alpha(v + g^L) + (1-\alpha)g^L = g^A / (1-\alpha) + g^L \end{cases} \quad （3\text{-}35）$$

其中：g^A、g^y、g^Y、g^k、g^K、g^L 分别表示长期最优经济增长状态下技术、人均产出、总产出、人均资本、总资本和劳动力均衡增长率。式（3-35）结论表明，从长期最优发展策略选择来看，一个追求全民效用最大化的经济体系应该保持投资和经济产出的长期持续稳定增长，进而可以得出下列推导结论：

结论 3.1　在一个内外经济均保持稳定的发展环境，经济将保持长期稳定的增长态势，增长率的高低主要取决于技术进步和劳动力投入增长水平。

二、消费结构和平均消费倾向

从式（3-20）所给出的消费效用最优化条件来看，在经济处于稳定持续发展的趋势下，消费者需求结构也处于相对稳定的状态，每一类消费品在总消费中所占比重也处于一个相对比较稳定的份额，具体计量方法如式（3-36）所示：

$$s_i^x = \frac{x_i}{c} = \lambda_i / \theta \qquad \text{其中：} 0 \leq \lambda_i \leq \theta \qquad （3-36）$$

根据凯恩斯定理，消费者对一种产品消费量将随着收入增加呈现倒"V"形或倒"U"形变化趋势，反映商品需求随收入变化的恩格尔曲线如图 3-1 所示。结合产品生命周期理论，给出如下推断：在其他条件既定的情况下，当一种新产品产生后，属于奢侈品，产品价格相对比较昂贵，此时消费者会以较高的价格购买少量产品，收入消费弹性相对较低；随着时间的推移，消费者收入水平不断提高，产品价格趋于下降，产品逐渐转变为正常品，消费者需求不断增加，收入消费弹性趋于增强；当消费者收入水平达到一定程度，产品逐渐变为劣等品，人们消费规模不断下降，收入消费弹性不断下降直至为负值，最后产品逐渐消失。

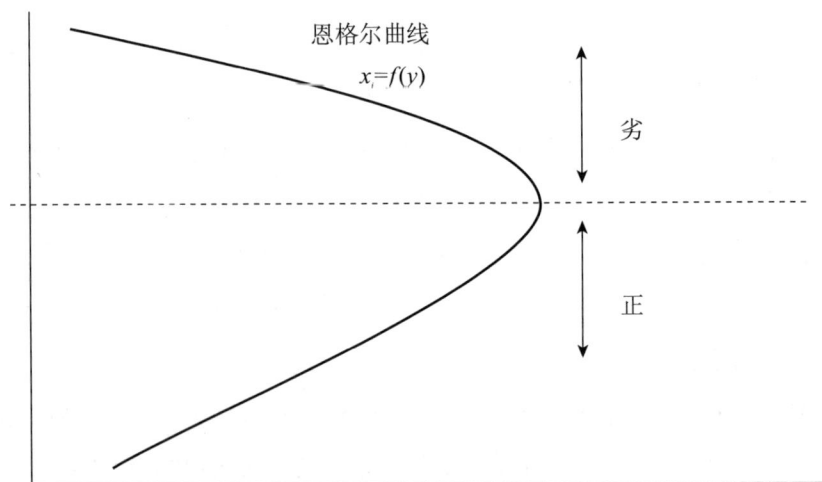

图 3-1　恩格尔曲线

基于以上的分析和传统经济学相关理论，设定消费效用弹性为收入水平、收入增长率、收入波动程度以及其他综合因素的函数，具体函数模式如式（3-37）所示：

$$\lambda_i = \lambda_i(y_t, g_t^y, \pi_t^y, \tau_t) \tag{3-37}$$

对方程式（3-37）两边关于 t 求导，即可以得出产品效用弹性变化函数式（3-38）：

$$\frac{d\lambda_i}{dt} = \frac{\partial \lambda_i}{\partial y} \cdot \frac{dy}{dt} + \frac{\partial \lambda_i}{\partial g^y} \cdot \frac{dg^y}{dt} + \frac{\partial \lambda_i}{\partial \pi^y} \cdot \frac{d\pi^y}{dt} + \frac{\partial \lambda_i}{\partial \tau} \cdot \frac{d\tau}{dt} \tag{3-38}$$

当经济环境处于均衡稳定发展趋势时，由于收入增长率、收入波动程度以及其他综合指标变化程度非常小可近似视为常量，则可以进一步得到式（3-39）：

$$\begin{cases} \lambda_i \approx \lambda_i(y_t) \\ \frac{d\lambda_i}{dt} \approx \frac{\partial \lambda_i}{\partial y} \cdot \frac{dy}{dt} = yg^y \frac{\partial \lambda_i}{\partial y} \end{cases} \tag{3-39}$$

同时由于 $\lambda_i = x_i \cdot \theta/(\beta y)$，并在假设短期为常量的基础上，可得到式（3-40）：

$$\frac{\partial \lambda_i}{\partial y} = \theta \frac{y dx_i/dy - x_i}{\beta y^2} \begin{cases} \geq 0 & \text{如果 } dx_i/dy \geq x_i/y \\ < 0 & \text{如果 } dx_i/dy < x_i/y \end{cases} \tag{3-40}$$

因而式（3-39）又可以写为式（3-41）：

$$\frac{d\lambda_i}{dt} \approx \frac{\partial \lambda_i}{\partial y} \cdot \frac{dy}{dt} = \theta g^y \frac{y \cdot dx_i/dy - x_i}{\beta y} \tag{3-41}$$

如果进一步设定消费者对产品 i 的消费服从最简单的一元二次方程式（3-42）：

$$x_i = a_i y^2 + b_i y + e_i \quad \text{其中：} a_i \leq 0, \ b_i \geq 0 \tag{3-42}$$

则可以得到产品效用弹性关于收入水平的函数式（3-43）：

$$\lambda_i = \frac{\theta}{\beta}\left(a_i y + b_i + \frac{e_i}{y}\right) = \frac{\theta}{\beta}\left(a_i y_{t_0} \cdot e^{y t} + b_i + \frac{e_i}{y_{t_0}} \cdot e^{-g^y t}\right) \qquad （3-43）$$

函数式 (3-39) 表明：在一个持续稳定的经济发展环境下，产品消费效用弹性主要由收入水平决定；式（3-40）则表明：从产品消费效用弹性变化情况来看，存在某一个门槛值，当收入水平低于该值时，随着收入水平的提升，产品消费效用也随之增长，而当收入水平高于该值时，产品消费效用的弹性却会随着收入水平的上升而下降；式（3-43）表明：给定一元二次方程形式的消费收入函数，产品消费效用可简化为收入增长率的函数，即收入增长率决定产品的消费效用弹性和消费比重。

结论 3.2　在内外部经济均处于持续稳定的发展环境下，产品消费效用弹性及其在总消费中所占比重主要由收入水平决定，同时还存在一个门槛值，当收入水平高于该值时，消费效用弹性随收入水平的提升而增长，而当收入水平高于该值时，则会下降。

三、贸易结构和平均贸易倾向

为了论证在稳定均衡的经济发展环境下，产品平均进口倾向和贸易结构变化是否均具有持续稳定变化的特点，对第一节所论证的进口贸易函数做进一步的分析。考虑到在一个稳定均衡发展经济体系，不仅需要整体经济保持稳定持续的增长，且各行业也均具有较为稳定的增长水平，同时在短期内由于行业结构变化较小，因而根据式 (3-14) 和式（3-15）可得到在经济发展环境处于稳定状态下的产品平均出口倾向动态方程式（3-44）：

$$\gamma_{it} \approx e^{(\phi_i - 1)g_{it}^Y + \varphi_i g_{it}^{\prime Y} + \psi_i g_{it}^L + \zeta_i g_{it}^{\prime L} - g^Y} \gamma_{i(t-1)} = e^{(\phi_i - 1)g_i^Y + \varphi_i g_i^{\prime Y} + \psi_i g_i^L + \zeta_i g_i^{\prime L} - g^Y} \gamma_{i(t-1)} \qquad （3-44）$$

对式（3-44）做更进一步的处理，可得到更一般化的函数式（3-45）：

$$\gamma_{it} = o_i + p_i \gamma_{i(t-1)} \quad 其中：p_i = e^{(\phi_i - 1)g_i^Y + \varphi_i g_i^{\prime Y} + \psi_i g_i^L + \zeta_i g_i^{\prime L} - g^Y} \qquad （3-45）$$

其中：g_{it}^{Y}、$g_{it}^{\prime Y}$、g_{it}^{L}、$g_{it}^{\prime L}$ 分别表示 t 期 i 行业本国增加值增长率、外国增加值增长率、本国劳动投入增长率和外国劳动投入增长率；g_{i}^{Y}、$g_{i}^{\prime Y}$、g_{i}^{L}、$g_{i}^{\prime L}$ 分别表示稳态下 i 行业本国增加值固定增长率、外国增加值固定增长率、本国劳动力投入固定增长率和外国劳动力投入固定增长率；o_i、p_i 分别表示 i 行业平均进口倾向自回归过程中非零漂移项——截距项和系数项。

该方程表明：在经济保持持续稳定的发展情况下，平均进口倾向的发展趋势类似于一阶自回归过程模式，同时也证明平均进口倾向具有稳定变化的特点。

结论 3.3　在内外部经济均处于持续稳定的发展环境下，行业平均进口倾向将会保持类似于一阶自回归过程的变化模式。

第三节　突发性冲击、需求结构和贸易结构发展趋势变化

第一节和第二节的理论模型分析表明，在经济处于稳定状态下，各国经济、需求和进口均会保持稳定持续的变化趋势。如果在国内或者外部经济环境突然发生全局或者局部的冲击，将导致经济发生较大程度的波动，固有的稳定均衡发展趋势将会被打破，经济发展进入到较大的波动程度，而当冲击影响慢慢消失后，经济将会重新进入到一个均衡稳定的发展阶段，本节的分析也主要是集中在分析比较冲击爆发前后三个阶段的经济增长率、需求平均倾向和贸易平均倾向的变化情况。

一、突发性冲击特点及其机理分析

（一）冲击作用方式及机理说明

1. 冲击函数设定

从目前理论实证分析来看，一般都将冲击作为一个随机游走过程（例

如在真实经济周期理论和随机动态经济学理论模型中）或给定单位冲击
（例如在 Var 模型中的脉冲分析）来展开分析论证，考虑到冲击具有从强
到弱的变化过程，设定冲击为一阶平稳的自回归过程，具体形式如式
（3-46）所示：

$$\varepsilon_t = q\varepsilon_{(t-1)} + v_t \qquad\qquad (3\text{-}46)$$

　　其中：q 为自回归方程系数，且 $q<1$；v 为随机扰动项，为一白噪声
过程。式（3-46）表明突发性冲击影响的总体趋势具有持续弱化的特点，
这比较符合金融危机影响的特点。

　　2. 冲击传播途径和机理

　　根据模型设定以及相关文献研究成果和现实发展经验来看，冲击传
播途径和机理为：

　　第一，冲击发生带来源起行业生产规模的大幅度下降，并对相关行
业产生显著影响。冲击源起行业，在冲击发生后行业生产规模开始大幅
度下降，并进而对其他行业中间投入品需求量的下降，同时本行业作为
其他行业中间投入品的供给方也会相应减少对其他行业中间投入品的
供给。

　　第二，国内外相关行业受源起行业冲击影响，生产规模产生大幅度
波动。由于冲击发生后，源起行业对各行业中间投入品需求和供给的大
幅度下降，导致各行业相关行业生产规模开始发生较大程度的波动。

　　第三，整体经济进入下滑期。当大部分行业均受到冲击影响的时候，
导致整体生产规模的下降，从而从生产层面导致经济增长水平整体大幅
度下降。

　　第四，需求发生较大程度的波动。由于各行业产出下降以及总体收
入水平的下降，导致需求发生大幅度波动。

　　（二）冲击影响的非均衡性分析

　　冲击影响非均衡性主要体现在时序与程度上的差异，这主要是由于
不同行业间，生产周期以及与冲击源起行业生产紧密关联度不同，同时

还由于冲击对消费者产品需求的影响同样具有差异性，因而产业受影响的时序性和程度也有所不同。

1. 受冲击影响先后顺序的差异性

将 N 类行业按照每一个生产周期持续时长从小到大排序，如果 i 行业为冲击源起行业，在 t 期有冲击产生，因而理论上第一轮可能受到的影响先后顺序应该为生产周期的从小到大的顺序，其受到影响的时刻应该为：$t+T_i$。如果进一步考虑到某行业具有一定的稳定性，即较小的外部冲击并不一定会导致行业发生较大波动，而只有当冲击积累效应达到一定程度时，或者说大部分行业均受到冲击影响并同时减少对该行业的中间投入品需求规模，才会对该行业产生显著的影响，因而行业受影响的起始时间可能会较晚，其具体表达式（3-47）：

$$t_i \in [t, t + \mathrm{Max}(T_1, T_2, \cdots, T_N) + T_i] \qquad （3\text{-}47）$$

其中：t、t_i、T_i 分别表示冲击源起行业受冲击影响的时间、i 行业受冲击影响的时间和 i 行业产品生产周期时长。式（3-47）说明，由于生产周期不同，与冲击源起行业生产关联度不同，各行业首轮受冲击影响的时间也不同。

2. 受冲击影响持续时长的差异性

如果考虑到各行业受冲击影响的差异性，在源起行业所受到冲击影响逐渐消失后，各个行业所受影响会逐渐趋于下降，如果假设 t' 时刻源起行业受冲击影响开始消失，则 i 行业受冲击影响的结束时间则应为式（3-48）：

$$t_i' \in [t', t' + \mathrm{Max}(T_1, T_2, \cdots, T_N) + T_i] \qquad （3\text{-}48）$$

其中：t'、t_i' 分别表示源起行业冲击影响消失起始时刻和 i 行业冲击影响消失时刻。式（3-48）表明：冲击影响在行业层面的消失，具有逐次弱化消失的特点，即随着其他行业受冲击影响消失，各行业受到外部冲击的影响也趋于下降，并在一定的时间内逐渐消失。

3. 行业层面冲击影响的非均衡性

为了能够清晰表示各行业受冲击影响的程度，用实际经济增长率与理论预期经济增长率之间的比值作为测算冲击影响的变量，因而 i 行业受冲击影响实际测算方法为式（3-49）：

$$Y_{it} = Y_{i(t-1)} e^{g_{it}^A - \varepsilon_{it}} = \overline{Y}_{it} e^{-\varepsilon_{it}} \qquad （3-49）$$

由于行业增加值率相对比较稳定，在一个相对比较短的作为常数进行处理，因而行业总产值受冲击影响程度，同样可以表示为式（3-50）：

$$Z_{it} = Y_{it} / D_i = Y_{i(t-1)} e^{g_{it}^A - \varepsilon_{it}} / D_i = \overline{Z}_{it} e^{-\varepsilon_{it}} \qquad （3-50）$$

如果 t 时刻国内和国外 i 行业受冲击影响的程度分别为 ε_{it} 和 ε'_{it}，则根据投入产出函数，可得该行业所受冲击影响为中间投入品减少带来总产值的减少（其中包括从国外进口的中间投入品），结合式（3-2）可得出式（3-51）：

$$Y_{it} = \sum_{j=1}^{N} B_{ij} (Z_{j(t-T_i)} + M_{j(t-T_i)} - X_{i(t-T_i)}) / (1 - D_i) \qquad （3-51）$$

进一步测算由于各行业总产出规模下降而导致的 i 行业受冲击影响的程度为式（3-52）：

$$e^{-\varepsilon_{it}} = \frac{\sum_{j=1}^{N} B_{ij} \left(\overline{Z}_{j(t-T_i)} e^{-\varepsilon_{j(t-T_i)}} + \overline{M}_{j(t-T_i)} e^{-\phi_i \varepsilon_{j(t-T_i)} - \varphi_i \varepsilon'_{j(t-T_i)}} - \overline{X}_{i(t-T_i)} e^{-\varphi_i \varepsilon_{j(t-T_i)} - \phi_i \varepsilon_{j(t-T_i)}} \right)}{(1 - D_i) Y_{it}}$$

$$（3-52）$$

其中：ε_{it} 和 ε'_{it} 分别表示受冲击影响程度测算指标；$\overline{Y}_{it}$、Z_{it}、M_{it}、$\overline{X}_{it}$ 分别表示 i 行业理论预期增加值、总产出、进口和出口。式（3-52）说明，当冲击发生后，由于各行业生产规模的减小，导致对其他行业中间投入品供给量的减少，从而从投入产出环节影响到其他行业生产规模。

（三）具有持续影响冲击阶段性变化情况分析方法说明

1. 按阶段分析方法说明

由于外部冲击爆发期间在产业层面传播影响所具有的复杂性，同时也考虑到研究方法的可行性和必要性，因而本书的研究重点并不在于分析爆发期各行业生产、消费和贸易的具体波动情况，而是主要集中在分析冲击对行业发展的长期持续影响，即重点考察冲击发生前和冲击过后的经济发展状况——经济发展趋势的变化情况。

首先，比较分析冲击对经济总体发展趋势的影响，即通过理论模型论证分析冲击发生前后，经济增长趋势以及经济波动程度的变化情况；其次，比较分析冲击对各行业发展趋势的影响，即通过理论模型论证分析冲击发生前后，行业增长率与产出波动程度的变化；最后，比较分析冲击对消费倾向、贸易倾向和产业结构的影响，即通过理论模型论证分析冲击前后，消费结构、产业结构与贸易结构的固有发展趋势是否发生了较大程度的改变。

2. 冲击后续影响的长期持续性

冲击过后，当经济重新进入到一个新的稳态发展趋势，但这个新的稳态发展趋势是否与冲击前的固有问题发展趋势相同，还有待于更进一步的分析和论证。

第一，如果冲击的后续影响不具有长期性，则经过一段时间的发展后，经济发展趋势或者模式会慢慢恢复到冲击发生前的状态。一方面，依照本章第二节的分析结果，最终决定经济发展水平的依然是技术和劳动投入增长水平，因而当一国的技术进步和劳动投入水平保持稳定的增长水平的情况下，即使受到冲击的影响，也必然会在不久后恢复到固有的发展轨迹上来；另一方面，由于在冲击爆发期间，整体产业结构、贸易结构和消费结构均受到较大冲击并发生了一定程度的改变，因而即使技术和劳动投入依然保持冲击前的增长水平，但也需要一段时间的调整才能最终恢复到以前的固有发展状况。

第二，如果冲击的后续影响具有永久持续性，例如改变了整体的投入产出模式、产业结构的变化趋势或者技术与劳动投入的增长水平，则在新的稳定均衡状态下，国家的经济增长水平、消费模式、生产模式和贸易模式都会发生相应的改变。

第三，冲击过后期影响长期持续性的界定，主要集中在对技术进步率、劳动力投入增长率、投入产出系数、消费模式以及贸易模式的影响，即受到较大程度冲击后，会导致冲击前固有的生产模式、经济增长模式以及消费模式发生较大程度的改变，并最终体现在经济发展水平、消费倾向和贸易倾向等趋势的变化。

3. 冲击后续影响的长期持续性分析方法说明

由于目前还没有很好的方法，从理论层面详细解释"冲击改变社会经济发展模式内在作用机理"，因而本书给了一个相对比较变通的解决方法：在假设冲击对经济发展具有长期持续性的前提下，利用实证检验手段，通过事后验伪的方法，分析冲击对经济发展影响的长期性和具体特征。同时考虑到，不论是生产模式、消费模式和贸易模式变化，最终均会集中体现在经济增长率的变化层面上来，因而给出以下一个较为合理的推论：

结论3.4　　由于冲击影响的长期持续性最终将体现在经济增长率的长期变化上，因而通过测算比较冲击发生前后两期的经济发展趋势变化，可以有效测算冲击影响持续性的真伪和程度。

二、冲击过后期经济发展趋势变化

冲击爆发后，由于行业间所受影响的非均衡性，固有的生产模式和经济增长模式将会打破，当冲击过后世界经济则将会重新进入到稳定均衡的发展状态，而冲击前后两种发展状态或者发展趋势是否相同，则依赖于冲击影响是否具有长期持续性。

（一）冲击爆发期经济增长率变化情况

从冲击爆发前和冲击结束两个时间点来看冲击过后两阶段变化情况，由于冲击爆发期间行业受影响的非均衡性，导致产业结构偏离了冲击前固有发展趋势，因而冲击结束后，即使技术和劳动投入增长率恢复到冲击前的水平，总体经济增长率也很难重新恢复到固有水平。

1. 冲击爆发期的经济增长率

如果以 t_0、t_1、t_2、T 分别表示基期、冲击爆发起始期、冲击过后期起始期和冲击爆发时长，则冲击前后的经济增长率可以表示为式（3-53）：

$$\begin{cases} g_t^y = g^y - \varepsilon_t = g^A /(1-\alpha) - \varepsilon_t & t \in (t_1, t_2] \\ g_t^Y = g^Y - \varepsilon_t = g^A /(1-\alpha) + g^L - \varepsilon_t & t \in (t_1, t_2] \end{cases} \quad （3-53）$$

冲击起始期到冲击过后期的增加值可表示为式（3-54）：

$$\begin{cases} y_{t_1+T} = y_{t_1} e^{Tg^A/(1-\alpha) - T\varepsilon_t} \\ Y_{t_1+T} = Y_{t_1} e^{Tg^A/(1-\alpha) + Tg^L - T\varepsilon_t} \end{cases} \quad （3-54）$$

冲击过后能否再回归到冲击前的稳定均衡的经济增长水平，不仅取决于技术和劳动力投入增长水平，同时也取决于产业结构、消费结构和贸易结构变化带来的影响和作用。

2. 行业产出增长率及其比重变化情况

在冲击爆发期，i 行业增加值稳态下均衡增长率与实际经济增长率为式（3-55）：

$$g_{it}^Y = \overline{g}_{it}^Y - \varepsilon_t \quad t \in (t_1, t_2] \quad （3-55）$$

到了冲击过后期，行业增加值实际产出与稳态均衡增加值为式（3-56）：

$$\begin{cases} \overline{Y}_{i(t_1+T)} = Y_{it} e^{\int_{t_1}^{t_1+T} \overline{g}_{it}^Y dt} \\ Y_{i(t_1+T)} = Y_{it} e^{\int_{t_1}^{t_1+T} (\overline{g}_{it}^Y - \varepsilon_t) dt} = \overline{Y}_{it} e^{-\int_t^{t+T} \varepsilon_t dt} \end{cases} \quad （3-56）$$

结合式（3-54）和式（3-56），可得到 i 行业工业增加值占到总体经济的比重的实际值和理论值的关系为式（3-57）：

$$\begin{cases} \overline{s}_{i(t_1+T)}^Y = s_{it_1}^Y e^{T(g_i^A - g^A)/(1-\alpha) + T(g_i^L - g^L)} \\ s_{i(t_1+T)}^Y = s_{it_1}^Y e^{T(g_i^A - g^A)/(1-\alpha) + T(g_i^L - g^L) - \int_t^{t+T} (\varepsilon_{it} - \varepsilon_t) dt} \end{cases} \Rightarrow \frac{s_{i(t_1+T)}^Y}{\overline{s}_{i(t_1+T)}^Y} = e^{\int_{t_1}^{t_1+T} (\varepsilon_t - \varepsilon_{it}) dt} \quad （3-57）$$

式（3-57）表明，当行业在冲击爆发期间受到的累计冲击程度小于总体经济所受影响时，在冲击过后期行业所占比重的实际值就会高于理论预期值，否则就会低于理论预期值。

3. 消费结构变化情况

在冲击爆发期，由于经济波动程度和预期经济增长率不再是稳定不变了，因而从消费结构来看，对各类产品的消费规模及其在总消费中所占比重不再是相对稳定的变量。

第一，从消费效用弹性变化程度来看，其变化趋势不再单一由收入水平决定。根据式（3-38），可得到一个不同于式（3-39）所给出的结果，如式（3-58）所示：

$$\begin{cases} \lambda_i = \lambda_i(y_t, \pi, \tau) \\ \dfrac{d\lambda_i}{dt} = \dfrac{\partial \lambda_i}{\partial y} \cdot \dfrac{dy}{dt} + \dfrac{\partial \lambda_i}{\partial g^y} \cdot \dfrac{dg^y}{dt} + \dfrac{\partial \lambda_i}{\partial \pi^y} \cdot \dfrac{d\pi^y}{dt} + \dfrac{\partial \lambda_i}{\partial \tau^y} \cdot \dfrac{d\tau^y}{dt} \neq \dfrac{\partial \lambda_i}{\partial y} \cdot \dfrac{dy}{dt} \end{cases} \quad (3-58)$$

函数式（3-58）表明：消费效用弹性的变化同样受预期收入水平变化程度、收入水平变化程度的影响，而不再单独由收入水平的变化唯一决定了，消费效用弹性变化趋势相对比较复杂起来。

第二，由于某类消费在总消费中所占比重与其消费效用弹性成正比例关系，因而受到收入水平与生产模式变化的影响，不同种类产品的生产规模和消费规模将随着冲击的发生产生不同于冲击前固有趋势的变化情况。

（二）冲击过后期的稳态均衡发展趋势

当冲击结束后，经济将重新进入到一个相对稳定的均衡发展状态，如果冲击的影响具有长期持续性的话，即在冲击爆发期所产生的影响将长期存在而不会消失，新稳态下的长期均衡发展趋势将不再与冲击发生前的固有发展趋势相同。

1. 冲击可能导致的不可恢复因素

由于技术进步水平、劳动投入增长率以及生产模式，是三个最终决定生产发展水平与结构的主要因素，因而也只有这三个因素中的一个或多个发生改变后才可能影响到经济发展的长期趋势。比较冲击潜伏期和冲击过后期两阶段发展情况，给出下列设定方法，如式（3-59）所示：

$$\begin{cases} g_t^A = g^A \\ g_t^L = g^L \quad t \in [t_0, t_1] \\ \alpha_t = \alpha \end{cases} \rightarrow \begin{cases} g_t^A = g^{A'} \\ g_t^L = g^{L'} \quad t \in [t_2, \infty) \\ \alpha_t = \alpha' \end{cases} \qquad （3-59）$$

则两阶段长期均衡经济增长率变化情况如式（3-60）所示：

$$\begin{cases} g^k = g^A / (1-\alpha) \\ g^K = g^A / (1-\alpha) + g^L \\ g^y = g^A / (1-\alpha) \quad t \in [t_0, t_1] \\ g^Y = g^A / (1-\alpha) + g^L \end{cases} \rightarrow \begin{cases} g^{k'} = g^{A'} / (1-\alpha') \\ g^{K'} = g^{A'} / (1-\alpha') + g^{L'} \\ g^{y'} = g^{A'} / (1-\alpha') \quad t \in [t_2, \infty) \\ g^{Y'} = g^{A'} / (1-\alpha') + g^{L'} \end{cases}$$

$$（3-60）$$

其中：$g^{A'}$、$g^{L'}$、α'、$g^{k'}$、$g^{K'}$、$g^{y'}$、$g^{Y'}$分别表示冲击过后期技术水平、劳动力投入、资本产出弹性、人均资本、投资、人均增加值和总增加值的增长率。式（3-59）和式（3-60）表明，如果冲击所造成的影响具有持久性的话，则在冲击过后期，技术进步水平、劳动力投入增长率和资本投入产出弹性就有可能发生不可逆转的改变，并最终影响新稳态下的资本增长率和经济增长率，社会进入到一个新均衡发展状态。如果冲击带来影响是正向的（即导致技术进步加快、劳动投入增长率提升和资本产出弹性变小），则新稳态的均衡增长就会加速，否则就会导致新稳态下的经济增长水平的下降。

2. 冲击过后期消费结构变化

在冲击过后期，由技术水平增长率、劳动投入增长率以及资本投入产出弹性改变所引起的资本和产出增长水平的变化，还会进一步导致消费结构发展趋势的改变，结合式（3-43）和式（3-60）可以得到冲击潜伏期和冲击过后期两阶段，消费效用弹性的变化情况如式（3-61）所示：

$$\begin{cases} \lambda_i = \dfrac{a_i y_{t_0}}{\theta\beta} e^{tg^y} + \dfrac{b_i}{\theta\beta} + \dfrac{e_i}{\theta\beta y_{t_0}} e^{-tg^y} & t \in [t_0, t_1] \\[4mm] \lambda_i = \dfrac{a_i y_{t_2}}{\theta\beta} e^{g^y t} + \dfrac{b_i}{\theta\beta} + \dfrac{e_i}{\theta\beta y_{t_2}} e^{-g^y t} & t \in [t_2, \infty) \end{cases} \quad (3\text{-}61)$$

式（3-61）表明，在冲击潜伏期和冲击过后期两个稳定的经济发展环境下，由于经济增长水平发生了变化，消费效用弹性发展趋势也会发生相应的变化。进一步根据式（3-36）给出的分析结果，同样可以发现，冲击发生前后两阶段消费结构的变化趋势也产生了类似的变化，具体测算方法如式（3-62）所示：

$$\begin{cases} s_i^x = \lambda_i / \theta = \dfrac{a_i y_0}{\theta^2\beta} e^{tg^y} + \dfrac{b_i}{\theta^2\beta} + \dfrac{e_i}{\theta^2\beta y_0} e^{-tg^y} & t \in [t_0, t_1] \\[4mm] s_i^x = \lambda_i / \theta = \dfrac{a_i y_{t_2}}{\theta^2\beta} e^{g^y t} + \dfrac{b_i}{\theta^2\beta} + \dfrac{e_i}{\theta^2\beta y_{t_2}} e^{-g^y t} & t \in [t_2, \infty) \end{cases} \quad (3\text{-}62)$$

式（3-61）和式（3-62）共同表明，冲击爆发前后两阶段的消费效用弹性和消费结构都会随着经济增长水平的变化而发生相应的改变：

结论 3.5　冲击打破了固有的发展趋势，但当冲击过后经济重新进入到稳定发展状态时，固有发展的趋势并不一定能够得以恢复，这主要取决于冲击所造成的影响是否具有持久性。

（三）消费倾向和行业经济增长率变化情况

根据式（3-10）可以得出产品 i 的消费倾向函数式（3-63）：

$$\beta_{it} = \lambda_i \beta_t(y_t, g_t^y, \pi_t^y, \tau_t) / \theta \quad (3\text{-}63)$$

在冲击过后期新稳态环境下，由于预期增长率、经济波动程度以及综合影响系数均可以视为常量，因而结合式（3-43）可以进一步表示为式（3-64）：

$$\beta_{it} = \dfrac{a_i y_{t_2} e^{g^y t}}{\theta^2} + \dfrac{b_i}{\theta^2} + \dfrac{e_i e^{-g^y t}}{\theta^2 y_{t_2}} \quad \text{其中：} t \in [t_2, \infty) \quad (3\text{-}64)$$

式（3-64）表明，产品 i 占到收入比重的变化程度由人均收入增长率唯一决定，在人均收入水平增长率相对稳定的情况下，各产品消费倾向也会保持相对稳定的变化规律。

三、两国贸易发展趋势变化情况

在冲击过后期，如果经济增长水平以及生产模式均发生了变化，则出口状况也会发生相应的改变，具体情况分析如下。

（一）冲击过后期本国贸易发展趋势变化情况

根据式（3-44）所提供本国贸易倾向函数式，可进一步得到冲击过后期本国的平均贸易倾向函数式（3-65）：

$$\gamma_{it} = e^{(\phi_i - 1)g_{it}^Y + \varphi_i g_{it}^{\prime Y} + \psi_i g_{it}^L + \zeta_i g_{it}^{\prime L} - g^Y} \gamma_{i(t-1)} \quad \text{其中：} t \in [t_2, \infty) \quad (3-65)$$

进而得出冲击过后期的动态方程式（3-66）：

$$\gamma_{it} = o_i' + p_i' \gamma_{i(t-1)} \quad \text{其中：} p_i = e^{(\phi_i - 1)g_i^Y + \varphi_i g_i^{\prime Y} + \psi_i g_i^L + \zeta_i g_i^{\prime L} - g^Y}, t \in [t_2, \infty) \quad (3-66)$$

该方程表明：在经济保持持续稳定的发展情况下，平均进口倾向的发展趋势类似于一阶自回归过程模式，同时也证明平均进口倾向具有稳定变化的特点。

结论 3.6 在内外部经济均处于持续稳定的发展环境下，本国行业平均进口倾向将会保持类似于一阶自回归过程的持续稳定变化模式。

（二）外国出口倾向的变化

由于本国的进口即为外国的出口，因而由式（3-13）可同样得到外国出口函数式（3-67）：

$$X_{it}' = M_{it} = W_i Y_{it}^{\phi_i} Y_{it}^{\prime \varphi_i} L_{it}^{\psi_i} L_{it}^{\zeta_i} \quad (3-67)$$

亦可得到外国 i 行业产品平均出口倾向函数式（3-68）：

$$\upsilon_{it} = M_{it} / Y_t' = s_{it}^{\prime Y} W_i Y_{it}^{\phi_i} Y_{it}^{\prime \varphi_i - 1} L_{it}^{\psi_i} L_{it}^{\zeta_i} \quad (3-68)$$

进一步可得到外国在冲击潜伏期和冲击过后期的平均出口倾向的动态方程式（3-69）：

$$\begin{cases} \upsilon_{it} = h_i + r_i \upsilon_{i(t-1)} & \text{其中：} r_i = e^{g_i^{Y'} + (\varphi_i - 1)g_i^{Y'} + \psi_i g_i^{L'} + \zeta_i g_i^{L'} - g'^{Y'}}, t \in [t_0, t_1] \\ \upsilon_{it} = h_i' + r_i' \upsilon_{i(t-1)} & \text{其中：} r_i' = e^{g_i'^{Y'} + (\varphi_i - 1)g_i'^{Y'} + \psi_i g_i'^{L'} + \zeta_i g_i'^{L'} - g'^{Y'}}, t \in [t_2, \infty) \end{cases} \quad (3\text{--}69)$$

其中：$g_i'^{Y'}$、$g_i'^{L'}$ 分别表示外国冲击潜伏期 t 时刻 i 行业增加值均衡增长率和行业劳动投入均衡增长率；o_i'、p_i' 分别表示冲击过后期本国平均出口倾向动态方程的截距项和系数；υ_{it} 表示外国 t 期 i 行业的平均出口倾向；h_i、r_i、h_i'、r' 分别表示外国 i 行业平均出口倾向动态方程中的截距项（冲击潜伏期）、系数值（冲击潜伏期）、截距项（冲击过后期）和系数值（冲击过后期）。从式（3-69）得出的方程来看，在冲击潜伏期和冲击过后期，外国对本国的平均出口倾向均具有稳定的变化趋势，但两时期的变化趋势将有所不同。

（三）外部冲击、贸易结构与出口趋势变化分析

按照本章分析方法，如果一国内部发展环境产生了较强的冲击，则会引起本国贸易结构、产业结构、需求结构以及经济增长变化趋势的改变，而当冲击过后经济发展环境重新进入到一个稳定状态时，固有的经济发展趋势却并不一定得以恢复。同时，一国冲击也会通过贸易渠道迅速传播到其他国家或地区，并引起这些国家或地区经济发展出现一系列的相应变化。因而当一国受到外部冲击影响的时候，冲击传播机制和作用机理将会与冲击源起国有所差异。

如果外国局部发生较大程度的冲击，则对于本国来说，最早受到影响的与外国产生冲击行业联系最紧密最相关的行业，并进而将这种影响通过行业间投入产出关联以及外国进口需求变化渠道，迅速扩展到整个生产层面，引起整体经济发展水平与模式的变化。当冲击过后，随着经济进入冲击过后期，国内外经济发展环境会重新进入到一个稳定状态，冲击发生国和受冲击影响国的经济发展趋势均有可能会有较大变化。因而借鉴式（3-69）所给出函数，可以进一步推导出外部冲击对一国贸易结构和出口趋势的影响情况。

　　第一，外部冲击的爆发打破了固有出口趋势，但在冲击过后这一趋势并不一定会得以恢复。在稳定的冲击潜伏期，由于经济保持均衡稳定的发展趋势，各行业平均出口倾向表示的出口发展趋势将保持稳定一元线性动态发展趋势，而当冲击爆发后，各行业固有出口发展趋势被打破，表现出非均衡的波动性变化趋势，当冲击过后，经济环境重新进入到稳定发展状态后，以平均出口倾向表示的出口变化趋势又会展现出稳定一阶自回归过程发展模式，但两阶段的发展趋势却有所差异。

　　第二，从贸易结构来看，外部冲击所造成的持久影响会改变贸易结构发展趋势。由于在冲击爆发过程中，各行业受到的影响差异性较大，因而其后续影响也将会有较大的不同，所以对于那些后续负面影响较高的行业，其所占比重具有持续下降的趋势；而对于那些后续影响较小甚至是促进的行业，所占比重还会有增加的趋势，而至于更深层次的结论则需要实证分析中做进一步深入的讨论分析。

第四章　外部冲击下世界各国经济增长趋势变化

　　为了进一步推导和检验内外部冲击下的经济、消费和贸易增长趋势变化情况，本章将从国家年度宏观层面，对包括澳大利亚、加拿大、中国、印度、意大利和美国等 14 个国家在过去 24 年的经济、消费和贸易增长趋势变化展开实证分析，以探析 1997 年亚洲金融危机冲击和 2008 年全球金融危机冲击对各国经贸发展趋势的影响和作用。

第一节　主要研究方法和数据选取说明

　　本章实证分析方法主要包括三个方面：第一，从各国经济长期增长趋势变化情况着手，通过构建回归方程和滚动结构突变检测方法，分析其内在稳定性和受冲击影响后的变化情况；第二，从平均消费倾向长期变化情况着手，判断冲击对趋势变化的长期影响，从而分析冲击带来的消费模式的变化情况；第三，从平均出口趋势变化情况着手，逐次检验出口趋势在冲击前后的突变情况，分析冲击对贸易发展趋势的影响程度。

一、主要研究内容和思路

　　结合第三章的理论模型分析方法和结果，本书的研究思路主要集中在三个层面：第一，通过实证方法检验宏观经济增长趋势变化情况，分析经济发展趋势的长期稳定性；第二，在验证冲击对经济发展趋势稳定性影响的基础上，进一步分析冲击对平均消费倾向发展趋势的影响；第三，进一步考察冲击对出口趋势长期持续影响，从而判断出冲击对各国出口趋势影响的程度和差异性。

（一）宏观经济增长趋势变化

本章对宏观经济增长趋势变化的研究，主要集中在各国经济增长率趋势变化的阶段特征及其变化规律层面上：

第一，各国经济增长率的长期趋势性变化特征分析。首先，测算各国经济增长的总体趋势，判断各国经济增长是否具有长期持续性变化趋势；其次，分析经济增长的周期性变化规律和特征，判断冲击对趋势变化的长期持续影响；最后，根据不同国家受冲击影响程度和阶段变化特征，分析冲击影响的阶段性特征和国家差异性。

第二，通过对经济增长率的进一步分解，从技术、资本和劳动力投入的变化视角测算整体经济增长的趋势性变化特征。首先，将经济增长率分解为技术、资本和劳动力投入增长率的加权和；其次，分别从技术、资本和劳动力投入增长率的长期变化趋势分析长期稳定性和趋势变化特征；最后，根据不同国家在不同时期经济发展趋势的变化情况，分析冲击对经济影响的国家和阶段性特征。

第三，比较分析技术、资本和劳动力投入增长率的周期性规律变化特点，判断冲击对经济影响的非均衡性和差异性。首先，从趋势变化的长期稳定性，比较分析三者稳定性变化特征；其次，从三者趋势变化程度分析其内在机理和主要原因；最后，比较分析不同国家在不同时期，技术、资本和劳动投入受冲击影响程度的异同和内在机理。

（二）消费趋势变化

消费趋势的变化，一方面会体现在量的变化上，即消费总量和其占总收入比重的改变；另一方面还会体现在质的变化上，即消费结构的变化。本章则重点分析以平均消费倾向表示的相对量的改变层面上，通过分析平均消费倾向的长期持续稳定性和趋势性变化特征，实证分析冲击对国民宏观消费模式影响的长期持续性。

第一，分析判断影响平均消费倾向长期变化的决定因素。根据第二章理论模型分析方法和结果，构建平均消费倾向实证分析模型，通过实证检验判断分析影响平均消费倾向长期变化的决定因素，从而推断出平均消费倾向的未来变化趋势。

第二，根据实证检验结果，进一步分析平均消费倾向趋势变化的长期稳定持续性。构建一阶线性自回归方程，实证检验分析平均消费倾向趋势的长期持续性变化特征，从而判断消费倾向所具有的长期稳定性。

第三，利用滚动突变点检验方法，测算平均出口倾向趋势变化的突变点和原因。通过滚动突变点检验方法，测算出历次消费倾向趋势变化的时间点以及趋势变化程度的大小，并依照相关分析方法推断出变化原因。

（三）出口发展趋势变化

类似于消费模式的变化情况，出口发展趋势的变化也体现在量和质两个方面，而本章关于出口发展趋势变化实证分析，则主要集中在出口相对量——平均出口倾向的变化，即通过分析平均出口倾向的长期持续稳定性和趋势性变化特征，实证分析冲击对各国出口增长趋势影响的特征和长期持续性。

第一，实证分析平均出口倾向长期变化的决定因素。根据第二章理论模型分析方法和结果，构建平均出口倾向实证分析模型，分析检验理论模型的合理性，并进一步得出影响各国长期出口发展模式的主要因素及其作用程度的大小。

第二，根据实证检验结果，判断平均出口倾向变化趋势的长期稳定性。从平均出口倾向趋势长期变化特征的视角，通过实证检验方法判断分析其是否具有长期稳定性及其变化特征，以进一步测算平均出口倾向从而得出国民消费倾向的长期变化特征。

第三，利用滚动突变点检验方法，测算平均出口倾向突变点及其变化原因。通过滚动突变点检验方法，测算推导出历次平均出口倾向趋势变化的时间，并通过相关指标评估分析其变化的程度和原因。

二、实证分析方法和模型构建说明

关于宏观经济发展模式受冲击影响的实证分析方法，主要集中在下面几个方面：一是经济增长率计算、分解和趋势变化测算分析；二是利用滚动突变点检验方法测算经济增长率、平均消费倾向和平均出口倾向发展趋势的突变情况；三是通过实证分析模型和滚动突变点检验方法，测算分析消费模式和出口发展趋势的变化情况。

（一）资本存量的测算方法

为了能够全面分析判断经济增长率趋势变化的总体特征，需要测算出资本存量以便于对经济增长率进行分解。借鉴陈昌兵（2014）资本存量的计算方法，分别对各国资本存量展开测算和计量，该方法主要分为三步：第一步，先估测出各国资本折旧率，以便于为下两步提供相应的测算参数；第二步，通过计量方法，测算出原始资本存量；第三步，根据资本计量公式，测算出各国历年资本存量。

1. 资本折旧率的计算

如第三章理论模型中所示以不变价格测算的真实资本存量和投资函数如式（4-1）所示：

$$K = K_{-1}(1-\delta)+I \qquad (4-1)$$

同时由于资本品的相对效率随着使用年限的增长而等比例递减，则 t 年后资本品使用效率下降为式（4-2）：

$$v_t = (1-\delta)^t \qquad (4-2)$$

则如果资本品使用年限为 T，法定残值率为 S，则资本品折旧率与其使用年限 T 和残值率的关系可表示为式（4-3）：

$$\delta = 1 - S^{\frac{1}{T}} \tag{4-3}$$

由于我国相应法规规定，内资企业的固定资产残值率不低于 5%，外资企业固定资产残值率不低于 10%，考虑到外资企业在国民经济中所占比重相对较小，因而设定全国资本品平均残值率不低于 6%，资本品平均使用年限为 25 年，则根据式（4-3）可得到我国资本折旧率为 10.64%，这基本上也与近年来国内相关计算结果相一致。

考虑到各国发展水平不同，其资本品使用平均年限和残值率也有所差异，如何确定各国的资本品和残值率难度相对比较大，基于此，借鉴国内相关折旧率设置方法和思想，可以给出如下较为合理的设定方法：如果各国规定的资本品残值率相对固定，则技术水平越高的国家其资本品折旧率也越高，因而可以根据其相应的发展水平设定其资本品平均折旧率。假设人均产出水平最低的国家其资本品平均折旧率也最低，技术发展水平最高即人均产出最高的国际其资本品平均折旧率也最低，基于中国实际发展经验，更进一步地假设各国资本平均折旧率最低值为 5%（资本品残值率不低于 5%，平均使用最长周期为 30 年），最高值为 14%（资本品残值率不低于 5%，平均使用最长周期为 20 年），则 i 国的资本折旧率可用式（4-4）予以计算：

$$\delta_i = \begin{cases} 5\% + 5.64\% \times \dfrac{y_{i2010} - y_{2010}}{y_{c2010} - y_{2010}} & \text{当 } y_{i2010} \leqslant y_{c2010} \\[2mm] 10.64\% + 3.36\% \times \dfrac{y'_{2010} - y_{i2010}}{y'_{2010} - y_{c2010}} & \text{当 } y_{i2010} \geqslant y_{c2010} \end{cases} \tag{4-4}$$

式（4-4）表明：世界各国资本折旧率分别在 5%—14% 之间，经济发达水平越高则其资本折旧率也相应越高，以中国资本品折旧率 10.64% 为参照，如果 i 国 2005 年经济发展水平低于中国的话，其资本折旧率计算方法按照式（4-4）中第一个公式计算，否则按照第二个公式计算（14 国资本折旧率和 1980 年资本存量具体结果见表 4-1）。

表 4-1　各国资本折旧率和 1980 年资本存量

国家	资本折旧率	资本存量（亿美元）	国家	资本折旧率	资本存量（亿美元）
澳大利亚	0.12	4105.03	日本	0.12	44994.01
加拿大	0.12	6464.27	韩国	0.12	1652.08
中国	0.11	4395.03	马来西亚	0.11	430.84
德国	0.12	32903.61	新加坡	0.12	459.54
法国	0.12	20903.03	泰国	0.11	1007.08
英国	0.12	13888.73	美国	0.13	69597.10
印度	0.07	3897.84	世界	0.11	379080.05
意大利	0.12	17063.86			

注：资本存量为以 2005 年价格表示的实际值，单位为亿美元。

资料来源：笔者根据世界银行网站所提供 WDI 数据库根据式（4-3）和式（4-4）计算而得。

2. 初始资本存量的估测

目前初始资本存量的计算方法，主要有增长率法和计量法，考虑到两种方法在数据的可获得性和精确度方面的需要，本章采用增长率法计算初始资本存量，这样做主要是因为：一方面，从目前测算方法和结果来看，使用增长率法的仍居大多数，且两种方法所获结果的差异性也并非十分显著；另一方面，将初始年份设定在 1961 年，随着时间的推移，原始资本存量计量结果高低或低估的影响会逐渐减弱，到了 1980 年之后其影响已非常小，可近似忽略。初始资本存量的增长率法测算公式为式（4-5）：

$$K_0 = I_0(1+g_0^K)/(g_0^K+\delta) \tag{4-5}$$

其中 g 为初始投资增长率，表示近十年的投资平均增长率，计算公式为式（4-6）：

$$g_0^K = (I_0/I_{-10})^{0.1}-1 \tag{4-6}$$

3. 资本存量的测算

资本存量的计算，可先用式（4-4）—式（4-6）分别计算出各国资本折旧率、初始投资增长率和原始资本存量，再以式（4-1）为计量公式得出各国各年份的资本存量。具体计量结果见附表 1 相关数据。

其中：K_t、I_t、K_0、I_0、I_{-10} 分别表示 t 期资本存量、t 期投资、初始期资本存量、初始期投资和初始期前 10 期投资量；δ、g 分别表示资本折旧率和距初始期前 10 年内的投资平均增长率 y_{i2010}、y_{c2010}、y_{2010}、y'_{2010} 分别表示 2010 年 i 国人均产出、中国人均产出、各国最低人均产出和各国最高人均产出（各国 1980 年初始资本存量结果见附表 1）。

（二）经济增长率变化趋势和劳动投入测算

1. 经济增长率分解方法

根据第二章理论模型的分析方法，同样设定各国总生产函数服从传统的柯布道格拉斯生产模式，其具体形式为式（4-7）：

$$Y = AK^\alpha L^{(1-\alpha)} \tag{4-7}$$

通过数据处理可得到经济增长率分解方程式（4-8）：

$$g_t^Y = g_t^A + \alpha g_t^K + (1-\alpha)g_t^L \tag{4-8}$$

如同第三章的设定，式（4-8）将经济增长分解为技术、资本和劳动力投入增长率加权之和，以便于对经济增长率趋势性变化展开更进一步的分析。

2. 长期增长趋势设定

结合式（4-8）设定经济增长率的增长趋势符合下列形式的时间序列模型，如式（4-9）所示：

$$g_t = \alpha + \rho g_{t-1} + \varepsilon_{it} \tag{4-9}$$

式（4-9）为经济增长率变化趋势方程，在稳定的经济发展趋势下，经济增长率将保持平稳的变化趋势。其中：α、ρ、ε_{it} 分别表示时间序列回归方程中的非零漂移项、一阶自回归方程系数和随机误差项。

3. 劳动力投入测算方法说明

关于劳动力投入测算方法，传统的方法采用劳动者数量的计量法，但由于这种计量方法忽略了劳动质量的变化差异而无法真实反映出劳动投入规模的变化和波动情况，但考虑到数据的可获得性，本书的实证分析仍以传统的计量方法为主，即以各国公布的劳动者数量作为劳动投入规模。

（三）趋势突变检测方法

根据邹氏突变点检测方法，构建滚动趋势突变检测方法，以有效检测发展趋势的突变点以及趋势变化情况，与本章实证分析内容相对应的滚动趋势突变检测方法可以分为三类：第一，后向滚动趋势突变点检测，即检测一个时间序列在进入到特定时间段内是否发生了趋势突变；第二，前向滚动趋势突变检测，即检测一个给定时间段与其后续时间序列的发展趋势是否相同；第三，阶段趋势突变点检测方法，即检测两个阶段的发展趋势是否相同。

1. 后向趋势突变检测方法说明

根据邹氏突变点检测方法：第一步，给出稳定的发展趋势初始时间段 $[t_0, t_1]$，并通过回归得出其发展趋势方程以及相对应的残差平方和；第二步，给出检测时间段 $[t_0, t_1+n]$，通过实证分析方法得出其回归方程和相对应的残差平方和，然后作如式（4-10）的 F 检验；第三步，如果通过 F 检验，则表明 t_1+n 时间段与 $[t_0, t_1]$ 时间段的发展趋势相同，否则不相同。具体 F 检验方程式（4-10）为：

$$F_i = \frac{[(RSS_2 - RSS_1)]/n}{RSS_1/(T-2k)} \sim F(n, T-2k) \qquad （4-10）$$

其中：T 为样本容量，k 表示回归模型中被估测的参数个数，n 为加入点个数；RSS_1 和 RSS_2 分别为和初始时间段和检测时间段样本相对应的回归模型的残差平方和。若用样本容量计算的 $F \leq F_a(n, T-2k)$，则表明两个时间段上的回归系数无显著性变化，即新增加一个时期的样本经济发展趋势没有显著性变化，否则表明新增加时期的发展趋势与原有时间段的发展趋势不同。

2. 前向趋势突变检测方法说明

该方法与后向趋势突变检测方法相类似，不同之处仅在于检测时间段的设定上，具体检验步骤如下：第一步，给出稳定的发展趋势初始时间段 $[t_2, t_3]$，并通过回归得出其发展趋势方程和相对应的残差平方和。第二步，给出检测时间段 $[t_2-n, t_3]$，通过实证分析方法得出其回归方程和残差平方和，然后作如式（4-10）的 F 检验。第三步，如果通过 F 检验，则表明向前拓展的时间段发展变化趋势与初始阶段的相同，没有发生趋势突变；如果没有通过趋势检验，则表明向前新加入时间段和初始时间段的发展变化趋势相同。具体 F 检验方程如式（4-11）所示：

$$F_i = \frac{[(RSS_2 - RSS_1)]/n}{RSS_1/(T-2k)} \sim F(n, T-2k) \qquad (4-11)$$

其中：T 为样本容量；RSS_1 和 RSS_2 分别为和初始时间段和检测时间段样本相对应的回归模型的残差平方和。若用样本容量计算的 $F \leqslant F_a(n, T-2k)$，则表明两个时间段上的回归系数无显著性变化，即向前新增加一个时期段的样本经济发展趋势没有显著性变化；否则表明新增加一个时期后，回归系数有显著性变化，即新增加时间点的发展趋势与初始阶段不同。

3. 两阶段发展趋势异同性的检验

为了判断冲击是否改变了固有的经济发展趋势，需要对平稳冲击潜伏期和冲击过后期两个阶段的经济发展趋势突变性展开检测，因而结合邹氏突变点检测方法，给出滚动阶段趋势突变检测方法：第一步，分别对冲击潜伏期和冲击过后期两个平稳阶段的样本进行实证分析，并得出回归方程和相对应的残差平方和，然后将两期样本合并为一期样本做实证分析并得出回归方程和相对应的残差平方和；第二步，将三期残差平方和代入式（4-12）中做趋势异同性（突变性）检验，并根据检验结果给出趋势变化情况。

$$F = \frac{[RSS_3 - (RSS_1 + RSS_2)]/k}{(RSS_1 + RSS_2)/(T-2k)} \sim F(k, T-2k) \qquad (4-12)$$

其中：T 为两期合期样本容量；RSS_{i1}、RSS_{i2} 和 RSS_{i3} 分别为冲击潜

伏期、冲击过后期和两期合期回归方程相对应的残差平方和。若用样本计算的 $F \leqslant F_a\ (k,\ T-2k)$，则表明回归系数无显著性变化，即两阶段平均出口倾向的发展趋势相同；否则表明两阶段的回归系数有显著性变化，即两阶段平均出口倾向发展趋势不相同，有显著性变化。

（四）消费与出口增长趋势性变化

结合本书第二章理论模型相关分析结果，可以得出在经济稳定发展阶段，平均消费倾向和平均出口倾向也同样具有稳定的发展趋势，为了能够实证检验这些结论并得出更进一步的结论和判断，本章关于消费和出口发展趋势实证检验主要集中在以下几个方面：

首先，通过实证检验方法，分析影响平均消费倾向和平均出口倾向的因素，从而分析经济发展对该两项指标的影响和作用；其次，通过实证检验方法，分析在冲击影响下，消费和出口增长趋势平稳性变化情况；最后，根据不同阶段不同冲击对发展趋势影响的特征，给出冲击对消费和出口增长趋势影响的一般规律。

1. 消费与出口回归模型

根据第二章理论模型中相关分析的结论和内容，分别设定各国平均消费倾向和平均出口倾向回归方程为式（4-13）和式（4-14）：

$$\beta_{it} = a_{i0} + a_{i1}y_{it} + a_{i2}g_{it}^y + a_{i3}\sigma_{it} + u_{it} \qquad (4\text{-}13)$$

$$\gamma_{it} = b_{i0} + b_{i0}y_{it} + b_{i0}y_t' + b_{i0}L_{it} + b_{i0}L_t' + v_{it} \qquad (4\text{-}14)$$

其中：β_{it}、y_{it}、g_{it}^y、σ_{it} 分别表示 i 国 t 期平均消费倾向、人均产出、人均产出增长率和人均产出增长率波动幅度；a_{i0}、a_{i1}、a_{i2}、a_{i3}、u_{it} 分别为平均消费倾向回归方程的常数项、人均产出变量回归系数、人均产出增长率回归系数、人均产出增长率波动幅度变量回归系数和随机误差项；γ、y'、L、L' 分别表示 t 期 i 国平均出口倾向、世界人均产出、i 国劳动力投入和世界劳动力投入；b_{i0}、b_{i1}、b_{i2}、b_{i3}、v_{it} 分别表示平均出口倾向回归方程中的截距项、i 国人均产出变量回归系数、世界人均产出变量回归系数、i 国劳动投入变量回归系数、世界劳动投入变量回归系数和随机误差项。

2. 趋势稳定性和突变性判断

设定消费倾向和平均出口倾向趋势变化实证模型符合下列形式的时间序列模型，如式（4-15）和式（4-16）所示：

$$\beta_{it} = \rho_{i0} + \rho_{i1}\beta_{t-1} + \varepsilon_{it} \qquad (4-15)$$

$$\gamma_{it} = \phi_{i0} + \phi_{i1}\beta_{t-1} + \mu_{it} \qquad (4-16)$$

其中：ρ_{i0}、ρ_{i1}、ε_{it} 分别为平均消费倾向时间序列模型中截距项、自回归系数和随机误差；ϕ_{i0}、ϕ_{i1}、μ_{it} 分别为平均出口倾向时间序列回归模型中截距项、自回归系数和随机误差。

3. 趋势突变判断方法

平均消费倾向和平均出口倾向趋势变化判断和检验方法，主要分为三个方面：

第一，冲击爆发起始点的判断。根据后向滚动趋势突变点检测方法，初步测算出在平稳冲击潜伏期的结束时刻点和冲击爆发期的起始点。

第二，冲击爆发结束点的判断。根据前向滚动趋势突变点检测方法，初步找到平稳冲击过后期的起始点，该点可以初步设定为冲击爆发的结束点；同时为了确保结果的准确性，亦可以进一步检验该时间点前 1 期和前 2 期是否同样也是突变点，如果"是"则可以进一步表明该点是冲击爆发的结束点和平稳冲击过后期的起始点。

第三，冲击潜伏期和冲击过后期发展趋势异同性判断。根据两阶段发展趋势异同性的检验方法，判断冲击潜伏期和冲击过后期的平均消费倾向和平均出口倾向趋势是否相同，如果相同则表明冲击过后对消费和贸易发展趋势的影响是短暂的且不具有持久性，否则表明冲击改变了消费和出口发展的长期趋势。

三、数据选取与处理说明

本章宏观层面数据主要来自世界银行的 WDI 数据库，该数据库囊括了世界大多数国家或地区从 1960 年至今的 1345 个宏观经济发展指标数据，能很好地满足关于各国宏观经济发展趋势变化实证分析的需要，同时该数据库还提供了季度层面的宏观数据，从而可以保证全面深入地实证分析。

（一）国家的选取

在国家选取上，选取了包括澳大利亚、加拿大、中国、意大利、印度、日本等 14 个国家在 1980—2014 年这 35 年共 490 个样本作为研究对象，之所以选择这些国家，主要原因有四点：第一，该 14 国包括了大部分代表性发达国家和发展中国家，且均与中国保持长期紧密的合作关系，这既保证了样本选取的典型代表性，同时也保证了较强的研究价值；第二，该 14 国在世界总体经济中占有重要地位，GDP、消费、出口和进口总量分别占到世界总量的 69.78%、70.39%、56.76% 和 57.85%，研究该 14 国的经济发展趋势变化可以很好地反映出世界总体发展趋势变化情况；第三，从该 14 国经济增长水平、消费水平、进出口贸易平均倾向分布情况来看，差异层次性较为明显，适于展开全面系统的比较分析；第四，从数据获得性来看，该 14 国数据比较完备和全面，适于展开长期发展趋势的实证分析。具体情况见表 4-2，该表给出了该 14 国在 2010 年主要宏观经济指标。

表 4-2　2010 年各国主要经济发展情况

国家	GDP（亿美元）	消费（亿美元）	平均消费倾向	出口（亿美元）	平均出口倾向	进口（亿美元）	平均进口倾向	人均国民产出（美元）
澳大利亚	7970	6060	0.73	1480	0.195	2010	0.204	36200
加拿大	12400	9920	0.79	3890	0.291	4300	0.31	36500
中国	38700	18900	0.50	15800	0.262	12600	0.232	2890
德国	30400	22800	0.75	13300	0.423	11500	0.371	37100
法国	22900	18500	0.80	6130	0.26	6580	0.279	35200
英国	24800	20900	0.86	6770	0.287	7180	0.311	39500

续表

国家	GDP (亿美元)	消费 (亿美元)	平均消费 倾向	出口 (亿美元)	平均出口 倾向	进口 (亿美元)	平均进口 倾向	人均国民 产出 (美元)
印度	12400	8590	0.68	2680	0.22	3410	0.263	1010
意大利	18300	14800	0.81	4660	0.252	4920	0.271	30800
日本	46500	36100	0.79	7480	0.152	5930	0.140	36300
韩国	11000	7020	0.65	5040	0.494	4370	0.462	22200
马来西亚	1790	1090	0.60	1800	0.933	1540	0.763	6350
新加坡	1760	767	0.46	3950	1.990	3420	1.730	34800
泰国	2100	1400	0.67	1610	0.713	1480	0.639	3150
美国	136000	114000	0.85	16800	0.124	21000	0.158	44000
世界总体	526000	399000	0.76	161000	0.280	156000	0.280	7600

注：GDP、消费、出口、进口和人均国民产出均为 2005 年价格表示的实际值。

资料来源：笔者根据世界银行所提供 WID 数据库数据整理而得；

（二）主要指标说明

本章的宏观实证分析指标主要包括各国 GDP（国内生产总值）、国民总消费、出口、进口和人均产出规模，该五项指标均为以 2005 年美元价格表示的实际值，单位为亿美元或美元，为了便于计量模型过程中数据统一处理，在具体计量分析中本书将 GDP 等同于国民收入水平、人均 GDP 等同于人均国民收入；各国平均消费倾向、平均出口倾向和平均进口倾向，分别为各国消费、出口和进口规模占到 GDP 的比重；各国劳动投入和人口规模，单位均为亿人；资本存量和投资单位均为以 2005 年美元价格表示的实际值，单位为亿美元；预期人均经济增长率，为过去三年人均经济增长率平均值；人均经济增长率波动程度，为过去三年人均经济增长率均差。各项指标变量符号、指标名称和衡量单位具体情况如表 4-3 所示。

表 4-3　变量说明

变量	指标名称	单位
Y	国内生产总值	2005 年美元价格表示的实际值　单位：亿美元
y	人均 GDP	2005 年美元价格表示的实际值　单位：美元
$\bar{g}_t$	人均 GDP 预期增长率	过去三年人均 GDP 增长率　单位：%
σ	人均 GDP 增长率波动幅度	过去三年人均 GDP 标准差
A	全要素生产率	
K	资本存量	2005 年美元价格表示的实际值　单位：亿美元
L	劳动投入	2005 年美元价格表示的实际值　单位：美元
C	消费支出	2005 年美元价格表示的实际值　单位：亿美元
c	人均消费支出	2005 年美元价格表示的实际值　单位：美元
β	平均消费倾向	
X	出口	2005 年美元价格表示的实际值　单位：亿美元
γ'	平均出口倾向	
M	进口	2005 年美元价格表示的实际值　单位：亿美元
γ	平均进口倾向	

（三）数据处理说明

由于 WDI 数据库提供了大多数指标数据，因而需要处理的数据指标只有三类：一是资本存量、技术和劳动投入 P 增长率的计量；二是人均 GDP 长期增长趋势和增长率波动程度的计量；三是 GDP 增长率的阶段性平均波动幅度的计量。

第一，增长率计量方法。指标 X 的增长率可以同式（4-17）展开计算：

$$g_t^X = \frac{X_t - X_{t-1}}{X_t} \times 100\% \tag{4-17}$$

第二，HP 滤波法。时间序列可通过 HP 滤波法获得长期变化趋势和波动程度。HP 滤波法的具体方法是（以人均 GDP 分解为例）首先将 t 期人均 GDP 年增长率 g_t^y 分解为长期趋势项 hg_t 和波动项 hw_t。具体方法如式（4-18）所示：

$$g_t^y = hg_t + hw_t \tag{4-18}$$

长期趋势项为式（4-19）的解：

$$\min\left\{\sum_{t=1}^{n}(g_t^y - hg_t)^2 + 100\sum_{t=1}^{n}[(hg_{t+1} - hg_t) - (hg_t - hg_{t-1})]^2\right\} \tag{4-19}$$

其中：g_t^y、hg_t、hw_t分别为 t 期人均 GDP 实际经济增长率、长期增长趋势和经济波动幅度。

第三，GDP 增长率的阶段性平均波动幅度（为了描述方便在以下内容中简称：波率）计量方法，为实际经济增长率与均值差的绝对值之和，具体计算方法如式（4-20）所示：

$$Lg = \frac{1}{T}\sum_{t=1}^{T}\left|g_t^Y - \bar{g}_T^Y\right| / \left|\bar{g}_T^Y\right| \tag{4-20}$$

其中：Lg、T、$\bar{g}_T^Y$分别表示 GDP 增长率阶段性波动幅度、阶段时长和 GDP 增长率均值；为了计量需要当$\bar{g}_T^Y = 0$时，强令$\bar{g}_T^Y = 1$，由于该值只在个别时间段可能为 0，因而并不会对整体结果产生明显的影响。与标准离差和标准差等衡量指标相比，式（4-20）更侧重于衡量增长率在某一时间段震荡幅度的高低，即在该时间段上经济增长率偏离平均增长水平的相对程度的高低，可用来判断经济增长率的平稳性，即波率值越小，则表明该阶段经济增长率偏离平均水平的程度越小，经济增长趋势也越平稳；如果波率值越高，则表明该阶段经济增长率离平均水平的程度越高，经济增长趋势相应地也越不平稳。

第二节　经济增长趋势及其变化

本节将通过对过去 25 年 14 个国家的宏观经济增长趋势变化情况进行分析，初步判断出 1997 年亚洲金融危机和 2008 年全球金融危机对这些国家经济发展趋势的影响。

一、经济增长率趋势变化情况

为了便于更好地论证说明各国经济宏观发展趋势受冲击影响的强弱程度，将 1990—2014 年分为 5 个发展阶段：1990—1996 年为第一阶段——亚洲金融危机潜伏期、1997—1999 年为第二阶段——亚洲金融危机爆发期、2000—2007 年为第三阶段——亚洲金融危机的过后期（同时也是全球金融危机的潜伏期）、2008—2010 年为第四阶段——全球金融危机爆发期、2011—2014 年为第五阶段——全球金融危机过后期。借助式（4-20）给出的计算方法，可得出 1990—2014 年期间世界 14 个主要国家各阶段的人均 GDP 增长率均值和波率变化情况，具体情况如表 4-4 所示。

表 4-4　各国 1990—2014 年经济增长率阶段性变化情况

单位：%

国家	1990—1996 年		1997—1999 年		2000—2007 年		2008—2010 年		2011—2014 年	
	均值	波率	均值	波率	均值	波率	均值	波率	均值	波率
澳大利亚	2.77	0.17	3.14	0.21	3.34	0.08	1.23	0.52	2.18	0.17
加拿大	1.49	0.32	4.46	0.08	2.32	0.12	0.61	1.40	1.61	0.27
中国	10.77	0.06	8.23	0.06	10.68	0.04	9.82	0.04	5.70	0.14
德国	2.32	0.21	1.93	0.08	1.36	0.28	-0.17	6.62	0.52	1.04
法国	1.54	0.22	3.10	0.13	1.65	0.18	-0.26	2.99	0.25	1.51
英国	1.66	0.28	3.07	0.11	2.49	0.12	-0.91	0.95	1.22	0.34
印度	5.51	0.08	6.36	0.12	7.08	0.07	7.56	0.12	4.85	0.13
意大利	1.41	0.25	1.67	0.12	0.89	0.36	-1.61	0.58	-1.22	0.44
日本	2.18	0.21	-0.20	3.17	1.10	0.31	-0.64	1.69	0.81	0.61
韩国	8.00	0.05	3.59	0.40	4.65	0.08	3.35	0.25	2.13	0.23
马来西亚	9.48	0.02	2.03	0.71	5.06	0.08	3.58	0.30	4.10	0.14
新加坡	8.68	0.06	4.05	0.29	5.56	0.11	5.46	0.27	2.69	0.23
泰国	8.60	0.04	-2.47	0.54	4.77	0.08	2.65	0.40	2.52	0.29

续表

国家	1990—1996 年		1997—1999 年		2000—2007 年		2008—2010 年		2011—2014 年	
	均值	波率	均值	波率	均值	波率	均值	波率	均值	波率
美国	2.67	0.14	4.54	0.04	2.11	0.17	−0.18	4.30	1.73	0.20
世界	2.46	0.13	3.20	0.12	3.00	0.12	1.16	0.73	1.76	0.24

　　注：增长率均值，为各阶段增长率的平均值；波率，指人均 GDP 阶段性平均波动率。

　　资料来源：笔者根据世界银行提供的 WDI 数据整理计算而得。

（一）亚洲金融危机对各国经济发展的影响

　　为了进一步了解 1997 年亚洲金融危机对世界各国经济发展的影响，对 14 国在 1990—2014 年 24 年间的各阶段经济发展特征展开分析，表 4-4 为各国在 1990—2014 年期间各阶段经济增长均值和波率情况，从该表所给出的数据可以发现，在过去 24 年间 14 国经济发展趋势有以下几个特点：

　　第一，亚洲金融危机爆发期间，世界经济总体发展趋势并没有明显的变化。从亚洲金融危机冲击前后的三阶段发展特征来看：首先，经济发展趋势变化并不明显，1990—1996 年、1997—1999 年和 2000—2007 年三个阶段，世界经济年均增长率分别为 2.46%、3.20% 和 3.00%，表明冲击前后世界经济增长水平并没有体现出十分明显的下降趋势；其次，经济发展趋势相对平稳，在亚洲金融危机爆发前后的三个阶段期间，世界经济增长的波率分别为 0.13、0.12 和 0.12，表明经济增长率在冲击前后均保持平稳的变化趋势。因而总体来看，不论是经济增长水平的变化，还是波动幅度的变化，均表明在 1990—2007 年期间，世界经济增长水平并没有明显的大幅度波动，1997 年的亚洲金融危机对世界总体经济发展趋势的影响并不十分显著。

　　第二，受亚洲金融危机冲击影响，亚洲国家经济发展趋势变化情况较为显著而其他国家受影响程度相对较小。从亚洲金融危机爆发前后亚洲主要国家的阶段性发展变化情况来看，经济波动阶段性变化程度较为明显。

首先，从经济增长率均值阶段性变化情况来看，中国、印度、日本、韩国、马来西亚、新加坡和泰国等 7 个主要亚洲国家中，有 6 个国家的经济增长平均水平阶段性变化程度较为明显：一方面，7 个亚洲国家平均经济增长率均值分别从冲击前的 10.77%、5.51%、2.18%、8.00%、9.48%、8.68% 和 8.60%，变为冲击爆发期的 8.23%、6.36%、−0.20%、3.59%、2.03%、4.05% 和 −2.47%。除了印度外，其余 6 国经济平均增长率具有较为明显的下降，其中泰国下降程度最高，经济增长率均值下降了 11 个百分点；其次是马来西亚、新加坡、韩国、中国、日本，经济增长率也分别下降了 7.4、4.6、4、2.4 和 2.39 个百分点，其中泰国、日本和韩国作为亚洲外向型程度较高的国家，受影响的相对程度最高。另一方面，从 2000—2007 年的冲击过后期经济增长率均值变化情况来看，各国受影响差异较为明显，中国和印度经济在冲击过后即基本恢复或超过冲击爆发前的增长水平，经济增长率均值分别高达 10.68 个和 7.08 个百分点，而其他 5 国经济平均增长率均明显低于亚洲金融危机爆发前的水平，日本、韩国、马来西亚、新加坡和泰国经济增长率均值分别为 1.1%、4.65%、5.06%、5.56% 和 4.77%，较冲击爆发前均具有较大幅度的下降。

其次，从三阶段经济增长率波动幅度来看，7 国经济增长趋势均经历了一个从平稳到震荡再到平稳的发展阶段：在冲击爆发前，7 国波率除了日本达到 0.21 外，其他 6 国均低于 0.08，表明各国经济增长具有较强的平稳性；而在冲击爆发期间，除了中国其他 6 国经济增长均呈现出较强程度的波动和震荡，其中日本、马来西亚和泰国震荡幅度最大，波率分别达到了 3.17、0.71 和 0.54；在冲击过后期，除了日本和新加坡两国波率稍高于冲击爆发前水平外（分别达到了 0.31 和 0.11），其他 5 国经济增长波率均基本恢复到了冲击爆发前的水平。

最后，从 7 国在冲击前后三阶段的经济增长率均值和波率变化总体情况来看，表现出如下两个特点：

其一，大部分国家经济增长水平均在亚洲金融危机爆发前后表现出明显阶段性变化特征。冲击爆发前均保持平稳的经济增长水平、冲击爆发期间经济进入震荡的下降期、当冲击过后经济则又重新进入到平稳的增长期，表明受冲击影响的周期变化特征十分明显。

其二，各国经济增长率在冲击前后期间变化程度差异性较大。首先，在其他 6 国经济增长趋势均有较大幅度下降的同时，印度经济一直保持长期增长趋势，并没有因为亚洲金融危机的爆发而显现出较明显的下降趋势；其次，中国和印度两国在冲击过后，即快速恢复到了冲击爆发前的快速平稳经济增长趋势，而其他 5 国在冲击爆发过后期，经济增长率水平均有显著程度的下降；最后，在冲击过后期，各国又重新进入到稳定持续的发展阶段，但不论从经济增长率均值还是波率情况来看，冲击爆发前后两个平稳发展趋势仍有所不同，表明对于日本、韩国、马来西亚、新加坡和泰国，冲击后续影响可能存在长期持续性。

第三，从亚洲金融危机爆发前后欧美等发达国家发展趋势变化情况来看，各国受冲击影响程度并不十分明显。

首先，从各国在冲击爆发前后三阶段经济增长率均值情况来看，并没有表现出明显的下降趋势。1990—1996 年期间，澳大利亚、加拿大、德国、法国、英国、意大利和美国等 7 国经济增长率均值分别为 2.77%、1.49%、2.32%、1.54%、1.66%、1.41% 和 2.67%，在冲击爆发期间 7 国并没有向大多数亚洲国家那样表现出明显的下降趋势，反而均表现出较高的增长态势；在 1997—1999 年亚洲金融危机爆发期间 7 国经济增长均值分别达到 3.14%、4.46%、1.93%、3.10%、3.07%、1.67% 和 4.54%，均明显高于冲击爆发前的增长水平；在冲击过后期，7 国经济发展趋势仅表现出小幅下调趋势，且总体发展水平基本与冲击爆发前保持一致。

其次，从各国在冲击爆发前后三阶段经济增长率波动情况来看，7 国经济平稳程度并没有太大的变化，且在亚洲金融危机爆发期的经济增长波动程度要明显低于爆发前后的两个阶段。在 1997—1999 年的三年

里，7 国经济增长率的波率分别为 0.21、0.08、0.08、0.13、0.11、0.12
和 0.04，除了澳大利亚外，其他 6 国的波率均要小于 1990—1996 年和
2000—2007 年的平均水平，导致这种现象的原因可能有两点：一方面是
由于波动期为 3 年，而其他两期均为 7 年，在统计上会有所差异；另一
方面也表明，亚洲金融危机冲击对 7 国经济稳定性冲击并不明显，并没
有引起这些国家经济发展趋势的显著性变化。

最后，从欧美 7 国在亚洲金融危机冲击爆发前后三期的经济发展趋
势变化情况来看，伴随着冲击的爆发，7 国经济增长水平和稳定性并没有
表现出较强烈的变化，亦即亚洲金融危机冲击对欧美等发达国家的影响
并不十分明显，至少没有在短期内表现出来。

（二）全球金融危机对各国经济发展的影响

从 2008 年爆发的全球金融危机情况来看，与 1997 年爆发的亚洲金
融危机相比，其影响程度和范围均要高得多，不论是亚洲 7 国还是欧美 7
国，均表现出较强的经济增长率波动与大幅度下降。

第一，从世界整体情况来看，在全球金融危机爆发期间，世界整
体经济表现出了明显的震荡性下降趋势：在 2000—2007 年的冲击潜
伏期阶段世界经济平均增长率为 3.00%，在 2008—2010 年的爆发期
则迅速下降到 1.16%，而在全球金融危机冲过后期并没有快速恢复到
冲击前的平均增长水平，而只是稍有增长，仅达到 1.76%；从经济增
长率波动情况来看，全球金融危机爆发前后三个阶段，经济增长率的
波率分别为 0.12、0.73 和 0.24，表明世界整体经济在冲击潜伏期一直
保持高速持续稳定增长趋势，在冲击爆发期则进入一个动荡增速快速
下降的波动期，而在金融危机冲击过后期则进入到一个相对稳定缓速
增长的发展期。

因而综合来看，在 2008 年全球金融危机期间，世界经济经历了一个
从稳定持续增长，进入到大幅度波动快速下降的震荡期，然后再恢复到
一个相对稳定发展期的过程；同时，虽然观察期相对较短，但就目前情

况依然可以大致判断出，全球金融危机过后，世界经济并没有快速恢复
到冲击前的高速平稳发展趋势。

第二，从各国在冲击爆发前后经济增长率均值变化情况来看，除了
个别国家，各国在冲击爆发期间均表现出大幅度下降的趋势，且各国所
受影响差异性与非均衡性较为明显。

首先，从冲击潜伏期和冲击爆发期两个时间段，各国经济增长率均
值变化情况来看，几乎所有国家经济增长水平均有大幅度下降，但下降
幅度差异性也比较大：澳大利亚、加拿大、中国、德国、法国、英国、印
度、意大利、日本、韩国、马来西亚、新加坡、泰国和美国，经济增长率
均值在冲击潜伏期要比冲击爆发期高出 2.11%、1.71%、0.86%、1.53%、
1.91%、3.4%、−0.48%、2.5%、1.74%、1.3%、1.48%、0.1%、2.12% 和
2.29%。其中，除了印度经济增长率在冲击爆发期略有上升之外，其他 13
国均表现出明显的下降趋势，其中英国下降幅度最高，达到 3.4%，然后
是美国、泰国和澳大利亚，分别下降了 2.29%、2.12% 和 2.11%，同时德
国、法国、英国、意大利和日本经济均进入了负增长阶段。

其次，从冲击潜伏期和冲击过后期两阶段的经济增长率均值比较情
况来看，14 国经济增长率均值依照次序分别下降了 1.16、0.71、4.98、
0.84、1.4、1.27、2.23、2.11、0.29、2.52、0.96、2.87、2.25 和 0.38 个百
分点，中国下降幅度最大，为 4.98 个百分点，其次是新加坡，为 2.87 个
百分点、韩国为 2.52 个百分点；14 国中经济下降绝对幅度最小的是日本、
美国和加拿大，相对下降幅度最大的是意大利、马来西亚和美国，表明
各国受冲击影响的差异程度十分明显。

最后，从三阶段经济增长率均值变化的原因来看，各国在冲击前后
经济增长率所表现出来的差异性与各国发展模式及其与冲击源起国的经
贸关系有所联系：其一，从印度情况来看，经济增长率均值虽然在冲击
爆发期并没有较强的下降，但在冲击过后期则表现出较为明显的下降趋
势，这可能源于印度发展与开放程度相对较低，在冲击爆发初期并没有

立刻受到金融危机的影响，其后随着周边各国经济持续放缓，经济增长速度也相应降低；其二，从中国、新加坡和韩国发展期刊来看，由于中国、新加坡和韩国是欧美地区最大贸易伙伴国之一，欧美地区爆发金融危机之后，其影响通过贸易渠道迅速传播到这些国家并引发经济大幅度下滑，即使在冲击过去后，其影响还将长期存在；其三，从美国、加拿大和英国等国来看，作为全球金融危机源起国和最接近地区，在全球金融危机爆发之初即受到了直接影响，经济增长率表现出大幅度下降趋势，因而在冲击过后仍难以在短期内恢复。

第三，从各国在冲击爆发前后各阶段经济增长率波率情况来看，阶段性特征较为明显，且各国所受影响程度也有所不同，从三阶段变化情况来看，大体表现出了一个从稳定到震荡再到稳定的发展过程：在金融危机爆发前，各国经济增长率波动幅度较小，虽然欧美各国波率总体情况要高于亚洲各国，除了德国、意大利和日本，其他10国波率均在0.20以下，尤其是中国、印度等国均表现出平稳的经济发展趋势；全球金融危机冲击爆发后，除了中国，各国经济增长率均表现出大幅度的波动情况，尤其是德国、法国、日本和美国，其波率均远远高于1，表现出了较强的经济震荡趋势；到了2011年以后，随着金融危机冲击直接影响的逐渐消失，各国经济增长率波动幅度有所下降，其中德国、日本和美国经济平稳性大幅度增强。

综合来看，在全球金融危机冲击前后各阶段经济增长趋势变化较为明显。在2000—2007年的冲击潜伏期，各国经济均呈现出平稳持续发展趋势，金融危机爆发后大多数国家的经济均进入大幅震荡阶段，到了2011年以后，随着金融危机冲击的结束，大多数国家的经济又重新进入到相对比较稳定的发展阶段；同时，从长期发展趋势来看，2008年爆发的全球金融危机虽然已经结束，但其存留的后续影响还有可能长期存在，这体现在2011年以后各国经济增长水平较全球金融危机爆发前有不同程度的下降，且稳定性也明显低于爆发以前的水平。

二、经济增长率趋势变化实证分析

为了能够进一步论证分析各国在冲击爆发前后各阶段的经济增长率情况，通过式（4-7）和式（4-8）构建实证分析模型展开相关实证检验。

（一）经济增长回归方程

对式（4-7）两边取对数，并通过数学整理得到了以下形式的生产函数：

$$\ln y_{it} = \ln A_{it} + \alpha_i \ln k_{it} \tag{4-21}$$

考虑到各国生产模式可能存在差异，即各国资本和劳动的产出弹性不完全相同，因而采用个体固定效应面板数据模型对 14 国在 1990—2014 年期间的生产函数做实证检验分析，实证分析模型如式（4-22）所示：

$$\ln y_{it} = c_{it} + \alpha \ln k_{it} + \varepsilon_{it} \tag{4-22}$$

根据实证回归模型，对 14 国在 1990—2014 年期间共 350 个样本做个体固定效用面板数据模型检验分析，得到资本产出弹性回归值。同时，为了能够进一步比较冲击前后不同阶段的生产模式变化情况，对两次金融危机冲击期间 5 个阶段的样本分别做相应的面板数据模型分析，各项检验指标均表明结果比较理想，具有一定可信度和准确性（具体结果如表 4-5 所示），从 6 次实证检验结果所给出的各阶段资本产出弹性值变化情况来看，有以下几个主要特点：

第一，从总体情况来看，1990—2014 年 14 国 350 个样本回归结果表明，资本产出弹性值高达 0.75，要明显高于目前大多数实证回归结果的 0.5—0.6 间的取值，这一方面是由于数据选取和计量中所存在的瑕疵和不足，另一方面也在于面板实证分析包含国家较多模型跨越时间段较长的原因，但从总体情况和各项检验指标所显示的结果来看，仍具有较强的可信度。

第二，从 5 阶段资本产出弹性值变化情况来看，总体呈下降趋势，但在冲击爆发期间资本产出弹性则会快速提升。在亚洲金融危机冲击潜伏期，即在 1990—1996 年期间资本产出弹性值为 0.72，而在全球金融危机潜伏期,即在 2000—2007 年期间资本产出弹性下降为 0.52,在亚洲金融危机冲击爆发期间资本产出弹性也要明显高于全球金融危机冲击爆发期的水平,表明从总体趋势来看,资本产出弹性值下降趋势比较明显;虽然在全球金融危机过后期资本产出弹性为 0.65,要明显高于冲击潜伏期水平,主要原因也可能是全球金融危机冲击的后续影响所带来的。

第三,与平稳的冲击潜伏期和冲击过后期相比,冲击爆发期的资本产出弹性要高得多,表明在冲击爆发期各国生产模式均会有较大程度的变化。亚洲金融危机冲击爆发期间,资本产出弹性值迅速增高至 0.96,远远高于冲击爆发前的 0.72,全球金融危机冲击爆发期资本产出弹性值也从冲击前的 0.52 快速提升至 0.81,之后到了冲击过后期也仍高达 0.65,并没有恢复到冲击潜伏期的 0.52,因而 5 阶段资本产出弹性的变化趋势说明,随着冲击爆发固有的生产模式可能会被打破,并在冲击过后不一定能恢复到冲击前的生产模式。

当然,仅仅由表 4-5 所给出的数据,并不能完全证明冲击对各国经济发展模式具有长期持久的作用和影响,至于更深入的分析论证将会在本书后续内容中逐步展开,表 4-5 所给出的数据可初步得出下列结论:伴随着冲击爆发,各国经济发展模式也会发生较大程度的变化,且在冲击过后并不能快速恢复到冲击前的发展模式。

表 4-5　各时间段生产函数实证检验结果

时间段（年）	资本产出弹性 α 值	t 值	AR^2	样本容量	检验模型类别
1990—2014	0.75***	38.23	0.99	350	个体固定效应模型
1990—1996	0.72***	17.67	0.99	98	个体固定效应模型
1997—1999	0.96***	7.37	0.99	42	个体固定效应模型
2000—2007	0.52***	9.19	0.99	98	个体固定效应模型
2008—2010	0.81***	10.21	0.99	42	个体固定效应模型

续表

时间段（年）	资本产出弹性α 值	t 值	AR²	样本容量	检验模型类别
2011—2014	0.65***	12.36	0.99	56	个体固定效应模型

注：表中 *** 表示实证检验结果在 1% 显著水平上通过了 t 检验。

（二）经济增长率分解

将表 4-5 给出的计量结果代入式（4-7）给出的生产函数中，可得出历年各国全要素生产率相关数据（具体情况见附表 2）。同时考虑到，如果将 1990—2015 年资本产出弹性取值为 0.75，则有可能将两次金融危机冲击爆发期间对生产模式的影响带入到整个分析阶段中，且由于本书重点考察的是平稳的冲击潜伏期和过后期生产模式的变化情况，结合现有研究文献的研究结果，将资本产出弹性设定为 0.65，以此来计算全要素生产要素值。则经济增长率分解式（4-8）可改写为式（4-23）：

$$g_t^Y = g_t^A + 0.65 g_t^K + 0.35 g_t^L \qquad (4-23)$$

式（4-23）即为经济增长率分解模型，根据该式可得出各时期各国技术进步、资本以及劳动力投入增长对经济增长的贡献度情况。

（三）各阶段各国经济增长率分解情况

根据式（4-23）所提供的方法，对 14 国在 1990—2014 年的 24 年间 5 个发展阶段情况展开计算，其具体结果如表 4-6 和表 4-7 所示。综合来看，过去 24 年间 14 国经济增长情况主要有以下几个特点：

表 4-6　14 国各阶段各指标年均增长率变化情况

单位：%

国家	1990—2014 年年均增长率			1990—1996 年年均增长率			1997—1999 年年均增长率		
	GDP	劳动力	资本	GDP	劳动力	资本	GDP	劳动力	资本
澳大利亚	3.10	1.59	4.57	2.63	1.24	2.56	4.71	1.08	5.09

国家	1990—2014 年年均增长率			1990—1996 年年均增长率			1997—1999 年年均增长率		
	GDP	劳动力	资本	GDP	劳动力	资本	GDP	劳动力	资本
加拿大	2.37	1.23	3.51	1.69	0.56	1.85	4.60	1.93	3.87
中国	10.06	1.00	11.24	11.96	1.46	11.79	7.67	1.13	9.52
德国	1.42	0.53	1.20	1.81	1.21	2.42	2.10	0.12	1.99
法国	1.50	0.61	1.99	1.27	0.57	1.43	3.23	0.93	2.64
英国	1.98	0.51	2.88	1.83	−0.29	3.26	3.40	0.52	4.97
印度	6.54	1.74	7.85	5.51	2.25	5.35	7.49	2.07	7.31
意大利	0.64	0.35	1.39	1.29	−0.64	1.78	1.80	0.65	2.23
日本	0.91	0.14	0.77	1.62	0.92	3.51	−1.17	−0.07	0.62
韩国	5.07	1.34	6.97	7.79	2.14	11.79	2.21	−0.22	2.26
马来西亚	5.77	2.68	6.17	9.56	3.14	13.39	−0.47	3.25	0.92
新加坡	6.08	2.96	5.56	8.47	3.09	7.13	1.84	2.85	4.09
泰国	4.08	0.93	3.83	8.12	0.26	12.02	−3.27	0.45	−3.15
美国	2.47	0.96	3.11	2.77	1.38	3.10	4.32	1.41	5.86
世界	2.67	1.56	3.05	2.39	1.71	2.76	2.94	1.69	3.17

国家	2000—2007 年年均增长率			2008—2010 年年均增长率			2011—2014 年年均增长率		
	GDP	劳动	资本	GDP	劳动	资本	GDP	劳动	资本
澳大利亚	3.28	1.95	5.20	1.87	1.75	5.36	2.90	1.39	5.19
加拿大	2.45	1.76	4.68	0.41	0.80	2.46	2.04	1.04	3.49
中国	10.85	0.82	10.90	9.97	0.32	13.41	7.60	0.76	11.08
德国	1.38	0.52	0.53	−0.81	0.00	−0.26	0.63	−0.08	0.28
法国	1.86	0.91	2.88	−0.43	0.68	0.69	0.28	0.22	0.98
英国	2.88	0.85	3.26	−1.19	0.47	0.04	1.56	0.93	1.80
印度	7.49	2.11	9.34	9.19	0.11	10.89	6.35	1.60	7.27
意大利	1.17	0.72	2.64	−1.86	−0.40	−0.21	−1.66	1.74	−1.99
日本	1.40	−0.15	−0.01	−0.53	−0.07	−1.85	1.07	0.15	−0.47
韩国	4.89	1.10	7.13	3.85	0.81	3.42	2.84	1.30	3.11

续表

国家	2000—2007 年年均增长率			2008—2010 年年均增长率			2011—2014 年年均增长率		
	GDP	劳动	资本	GDP	劳动	资本	GDP	劳动	资本
马来西亚	5.06	2.17	2.66	2.92	2.13	3.14	5.38	2.38	6.20
新加坡	6.06	2.62	2.02	6.90	3.35	6.63	3.61	2.36	6.99
泰国	5.06	1.53	1.46	2.47	0.13	0.83	3.38	0.76	3.02
美国	2.41	0.85	3.92	0.00	0.00	-0.38	2.36	0.63	1.53
世界	3.21	1.62	3.43	0.87	1.11	2.12	2.41	1.42	2.82

注：指标阶段年均增长率与表 4-4 的指标阶段平均增长率在数值上有所不同，因为前者计量的是指标在阶段内的年平均增长率，而后者则计量的是阶段时间内各年增长率的平均值。

资料来源：笔者根据世界银行提供的 WDI 数据整理计算而得。

表 4-7　14 国各阶段各生产要素增长对经济增长的贡献度

单位：%

国家	1990—2014 年			1990—1996 年			1997—1999 年		
	劳动力	资本	技术	劳动力	资本	技术	劳动力	资本	技术
澳大利亚	17.90	95.81	-12.94	16.44	63.36	19.86	8.02	70.28	21.29
加拿大	18.13	96.34	-13.84	11.57	70.96	17.33	14.69	54.75	29.71
中国	3.46	72.64	23.27	4.28	64.07	30.18	5.16	80.68	14.24
德国	12.98	54.97	31.78	23.49	86.86	-10.05	2.06	61.45	36.20
法国	14.31	86.03	-0.19	15.71	73.01	11.22	10.11	53.19	36.06
英国	9.02	94.60	-3.24	-5.47	115.77	-9.34	5.31	94.99	0.33
印度	9.34	78.08	12.50	14.28	63.06	21.91	9.66	63.47	25.86
意大利	19.23	140.23	-58.66	-17.36	89.56	28.05	12.68	80.31	7.05
日本	5.22	54.98	39.63	19.84	140.69	-58.55	2.21	-34.63	131.87
韩国	9.22	89.27	2.09	9.61	98.34	-6.16	-3.56	66.60	36.77
马来西亚	16.25	69.55	13.76	11.50	91.03	-1.25			
新加坡	17.02	59.41	22.63	12.75	54.67	31.02	54.31	144.61	-95.35
泰国	7.97	61.07	30.33	1.11	96.26	4.15	-4.79	62.70	42.44

续表

国家	1990—2014 年			1990—1996 年			1997—1999 年		
	劳动力	资本	技术	劳动力	资本	技术	劳动力	资本	技术
美国	13.61	81.85	4.64	17.46	72.63	9.78	11.42	88.20	0.85
世界	20.45	74.33	5.18	25.01	75.01	0.04	20.14	70.22	9.48

国家	2000—2007 年			2008—2010 年			2011—2014 年		
	劳动力	资本	技术	劳动力	资本	技术	劳动力	资本	技术
澳大利亚	20.77	103.00	−22.50	32.83	186.12	−113.55	16.80	116.54	−31.58
加拿大	25.11	124.39	−47.38	69.30	393.90	−355.77	17.83	111.13	−27.90
中国	2.65	65.29	30.83	1.13	87.40	12.25	3.48	94.72	3.09
德国	13.24	24.94	61.49	0.00	21.19	78.94	−4.27	28.46	75.72
法国	17.15	100.63	−17.18	−54.70	−102.70	255.65	27.50	224.63	−150.82
英国	10.32	73.49	16.03	−13.91	−2.11	115.77	20.74	74.77	4.48
印度	9.87	80.98	9.27	0.40	76.97	22.43	8.83	74.32	16.53
意大利	21.56	146.63	−66.53	7.61	7.29	85.33	−36.73	78.12	58.06
日本	−3.72	−0.58	104.36	4.91	226.04	−133.28	5.01	−28.74	124.09
韩国	7.84	94.71	−1.65	7.37	57.85	34.13	16.01	71.14	12.67
马来西亚	15.02	34.26	49.49	25.59	70.06	4.27	15.49	74.96	9.39
新加坡	15.09	21.65	61.88	17.00	62.41	19.68	22.86	125.82	−45.59
泰国	10.60	18.73	69.64	1.82	21.81	75.95	7.87	58.10	33.45
美国	12.40	106.05	−17.52				9.35	42.17	47.94
世界	17.67	69.38	12.70	44.91	159.29	−102.25	20.70	76.11	3.20

资料来源：笔者根据表4-6所提供的数据，依照式（4-23）所提供的方法整理计算而得；其中空缺部分为由于计量问题而无法得到符合经济学发展规律的数据。

第一，从各国在1990—2014年总体发展情况来看，各国经济年均增长率虽然差异性较大，但各国经济增长来源主要是投资的增长，其次才是劳动和技术进步。首先，从各国情况来看，增长率最高的依次为中国、印度、韩国、新加坡和马来西亚等亚洲国家，经济年均增长率分别达到了 10.06%、6.54%、5.07%、6.08% 和 5.77%，其他国家年均增长率要明显低于这几个国家，14 国年均增长率差异性较为明显；其次，从各国劳动和资本投入年均增长率情况来看，各国劳动投入增长水平均明显低于资本增长水平，中国资本年均增长率高达 11.24%，而劳动投入年均增长率仅为 1.00%，其他 13 国的资本投入年均增长率也明显高于劳动投入增长率；最后，从经济增长率分解情况来看，资本投入增长对经济增长贡献率最高，其次才是劳动和生产技术的增长，根据表 4-7 所提供数据，1990—2014 年期间，各国资本增长对经济增长贡献度均超过了 50%，有的甚至超过了 100%，而技术增长所带来的经济增长却相对较少，除了个别国家技术增长贡献度达到了 30% 以上，大部分国家技术进步所导致的经济增长依旧较低。

这样的经济总体发展趋势显然与日常认知有悖，且与本书第三章理论模型假设前提和分析结果有所差异，之所以会产生这样的结果，一方面，可能是由于资本存量计量和生产函数实证分析结果存在一定的瑕疵；另一方面，主要在于过去二十多年来，世界整体经济增速缓慢，技术进步，尤其是发达国家的技术进步水平偏低，在两次较大程度的金融危机冲击下，世界经济更多地依赖于投资增长，而非技术进步和劳动投入增长。

第二，从冲击前后各阶段经济年均增长率情况来看，受到冲击影响的国家，在冲击爆发期经济年均增长率要明显低于冲击潜伏期增长水平，而在冲击过后期是否能够恢复到冲击潜伏期的水平则依赖于受冲击影响的程度。

首先，从 1990—2014 年的 5 个阶段 7 个亚洲国家在经济、劳动和资本增长率变化情况来看，在亚洲金融危机爆发之前，大部分国家均保持持续稳定高速经济增长，在 1997—1999 年亚洲金融危机冲击爆发期间，除了印度各国经济均表现出较大程度的震荡和波动，而在亚洲金融危机过后，各国经济增长水平均要略低于冲击前的增长水平；2008 年全球

金融危机爆发，除了印度其他 6 个国家经济均表现出明显的下滑，到了
2011—2014 年期间，7 个国家经济增长率水平均低于全球金融危机爆发
前，尤其是中国和新加坡分别下降了 3.2 和 2.5 个百分点。5 阶段中，就
资本和劳动投入变化情况来看，资本增长率波动程度要远高于劳动投入，
在亚洲金融危机爆发期间，冲击潜伏期和冲击爆发期资本波动程度较为
明显，其中泰国、马来西亚和韩国下降程度最为明显，资本年均增长率
分别下降了 15.17、12.47 和 9.53 个百分点；全球金融危机爆发后，资本
年均增长率下降幅度要小于亚洲金融危机爆发期的下降程度，全球金融
危机过后期，亚洲 7 国资本增长率也并没有恢复到全球金融危机爆发前
的水平。

其次，从欧美 7 国 1990—2014 年的 5 个阶段，经济、劳动投入和资
本增长率变化情况来看，与亚洲 7 国差异性比较大，一方面，在亚洲金
融危机爆发前后，欧美 7 国并没有明显表现出经济、劳动投入与资本增
长幅度的震荡；另一方面，从全球金融危机冲击期间的趋势性变化程度
来看，要大于亚洲 7 国的波动程度，全球金融危机爆发期间，与冲击潜
伏期相比，7 国阶段性经济年均增长率下降幅度在 1.4%—4% 之间，且
除了澳大利亚外，其他 6 国资本下降幅度要明显高于劳动投入下降幅度，
而在全球金融危机过后，经济增长速度较冲击潜伏期也有较为明显的下
降，大多数国家资本年均增长速度下降程度要高于经济下降程度。

第三，从各阶段经济增长率贡献度变化情况来看，阶段性变化特征
同样较为明显。首先，冲击潜伏期和冲击过后期的资本贡献度较高，表
明金融危机冲击过后资本的快速增长对经济恢复和发展具有较明显的正
向作用；其次，从两次冲击对比情况来看，亚洲金融危机冲击爆发期经
济增长模式的变化要弱于全球金融危机带来的变化，在亚洲金融危机爆
发期间大多数国家资本增长对经济增长贡献度在 50%—80% 之间，而
在全球金融危机期间各国资本增长对经济增长的贡献度差异性较大；最
后，从冲击对劳动就业情况来看，各国表现差异程度也较大，超过一半

的国家劳动投入增长对经济增长的贡献度较为稳定，但有少数国家则表现出较强的波动性，例如德国和意大利在 2000—2007 年和 2011—2014 年两阶段，劳动投入增长对经济增长贡献度分别从 13.24% 和 21.56% 变为 -4.2% 和 -36.73%。

综合来看，在冲击爆发前后，各国经济增长速度和模式均有一定程度的变化，且不同阶段不同国家变化差异性也较大：首先，从两次冲击对各国影响程度来看，亚洲金融危机对亚洲 7 国影响程度要明显高于欧美 7 国的影响，而全球金融危机在爆发期间对欧美 7 国的影响要明显高于亚洲 7 国；其次，从 5 阶段变化情况来看，各国在不同阶段经济、劳动投入和资本增长率变化趋势具有一定的共性，即在冲击爆发期间大部分国家各指标增长幅度都会有所下降，而在冲击过后期则会有所提升；最后，从冲击对各国经济增长趋势变化影响的非均衡性来看，主要有三个特点：一是与冲击源起国所处地理位置越近或经贸关系越紧密的国家所受影响程度也相应越高，二是经济开放程度较低的国家受冲击影响也相对滞后且程度也较低，三是冲击过后各国恢复程度也有所差异，至于进一步的分析则会在以后的内容中展开。

三、分解增长率变化趋势改变情况

利用 1990—2014 年期间 14 国经济、劳动力投入和资本经费增长数据，对各国在两次金融危机冲击过程中经济增长模式与变化趋势展开进一步分析论证。实证分析共分为三部分，通过建立增长趋势面板数据模型分别判断不同时间段各国经济、劳动投入和资本的趋势变化情况。

（一）实证检验模型说明

为了检验各阶段各指标增长趋势变化情况，构建面板数据回归模型如式（4-24）所示：

$$g_{it} = \alpha_{it} + (\beta_0 + \beta_1 D_1 + \beta_2 D_2 + \beta_3 D_3 + \beta_4 D_4)g_{i(t-1)} + \omega_{it} \qquad (4\text{-}24)$$

其中：D_j 为虚拟变量，取值方法如式（4-25）所示：

$$D_j = \begin{cases} 0 & \text{当} \quad t \notin (T_j, T_{j+1}] \\ 1 & \text{当} \quad t \in (T_j, T_{j+1}] \end{cases} \quad （4-25）$$

其中：g 表示被解释变量；T_1=1996、T_2=1999、T_3=2007、T_4=2010、T_5=2014 分别表示时间段节点。式（4-24）所表示的面板数据模型主要用来判断，在 1990—2014 年 5 阶段各项指标增长率，是否具有不同的发展趋势。

（二）经济增长率趋势变化实证分析结果

根据式（4-24）给出的实证模型，利用 Eviws7.2 统计软件对 14 国在 1990—2014 年期间经济增长趋势展开实证分析，具体结果如表 4-8 所示，从各项检验指标来看，结果较理想且有一定的可信度。从各阶段经济增长趋势的总体变化特征来看，主要体现在以下两个方面：

表 4-8　经济增长趋势变化面板数据模型实证分析结果

解释变量	g_t^y	t 值	Prob.
g_{t-1}^y	0.53	7.87	0.00
$D_1 g_{t-1}^y$	−0.57	−5.66	0.00
$D_2 g_{t-1}^y$	−0.25	−2.79	0.01
$D_3 g_{t-1}^y$	−0.26	−2.61	0.01
$D_4 g_{t-1}^y$	−0.41	−3.87	0.00
AR^2	0.70		
DW	2.11		
样本容量	336		
模型类型	个体固定效应模型		

注：面板数据模型类型已通过了 F 检验和 Hausman 检验确定为个体固定效应模型。

第一，从各阶段解释变量的系数变化情况来看，经济增长率时间序列的变化趋势随阶段性变化特征比较明显：从虚拟变量系数回归结果来看，五个阶段的自回归系数值均具有显著的差异，这表明不同阶段的经济增长率时间序列具有不同的变化趋势，伴随着冲击的爆发，固有发展趋势被打破，并在冲击过后没能得以恢复。

第二，从 5 阶段自变量回归系数值的大小来看，差异性程度较为显著，亚洲金融危机冲击潜伏期该值最高，而在全球金融危机冲击过后期最低，在 1990—1996 年期间的最高为 0.53，1997—1999 年的亚洲金融危机冲击爆发期最低为 -0.04，2000—2007 年期间值为 0.28，2008—2010 年全球金融危机期间值为 0.27，2011—2014 年全球金融危机过后期为 0.12。

从实证分析结果来看，伴随着冲击的爆发，经济增长率变化趋势也会有相应的改变，同时冲击爆发前后两阶段的趋势也不相同，这表明冲击会影响经济增长趋势，且该影响可能具有长期持续性。

（三）资本投入增长率趋势变化实证分析结果

同样利用计量模型式（4-24）按照经济增长率趋势变化判断方法，对资本投资增长率趋势变化展开实证分析，由于在第一个检验模型中虚拟变量 3 回归结果没有通过 t 检验，因而将其从模型删去，进行第二次回归，两次回归的结果如表 4-9 所示。从各项检验指标情况来看，第二次回归模型结果比较理想具有一定的可信性，可以用来分析资本投入增长率趋势变化情况。依照实证检验结果，在过去 24 年间各国资本增长趋势变化具有下列三个特点。

表 4-9　资本增长趋势变化面板数据模型实证分析结果

解释变量	第一次回归结果			第二次回归结果		
	g_t^k	t 值	Prob.	g_t^k	t 值	Prob.
g_{t-1}^K	0.91	23.08	0.00	0.89	25.44	0.00
$D_1 g_{t-1}^K$	−0.42	−6.26	0.00	−0.40	−6.20	0.00
$D_2 g_{t-1}^K$	−0.15	−2.51	0.01	−0.12	−2.24	0.03
$D_3 g_{t-1}^K$	−0.08	−1.15	0.25			
$D_4 g_{t-1}^K$	−0.18	−2.91	0.00	−0.15	−2.68	0.01
AR^2	0.88			0.88		

续表

解释变量	第一次回归结果			第二次回归结果		
	g_t^k	t 值	Prob.	g_t^k	t 值	Prob.
DW	2.09			2.10		
样本容量	336			336		
模型类型	个体固定效应模型			个体固定效应模型		

注：面板数据模型类型已通过了 F 检验和 Hausman 检验确定为个体固定效应模型。

第一，实证检验结果表明各阶段自回归变量系数存在明显的差异性，说明冲击爆发前后各阶段资本增长趋势变化程度较为明显。从表 4-9 右侧所给出的第二个实证模型结果来看，第一阶段、第二阶段、第三阶段和第五阶段的自回归变量系数均不相同，表明在冲击爆发前后，资本增长率变化趋势存在明显不同。

第二，从自回归变量系数值的高低来看，第一阶段即 1990—1996 年期间值最高为 0.89，第二阶段即 1997—1999 年期间值最低为 0.54，第三阶段即在 2000—2007 年期间值为 0.77，第四阶段和第一阶段系数值相同均为 0.89，第五阶段即 2011—2014 年期间值为 0.74，表明不同阶段资本增长趋势具有一定的差异程度。

综合来看，实证检验模型阶段可以初步表明在冲击爆发前后阶段，资本增长趋势具有较为明显的变化，且如同经济增长率趋势变化一样冲击过后并不能恢复到冲击前的变化趋势。

（四）劳动投入增长率趋势变化实证分析结果

利用个体固定效用面板数据模型对 14 国在 1990—2014 年共 24 年间样本做实证分析，结果如表 4-10 所示，各项检验指标均表明模型检验结果比较理性，具有一定的参考价值和可信度。分析过去 24 年间各国劳动投入增长趋势变化情况，主要有以下两个特点：

第一，自回归系数总体变化程度较为明显。伴随着两次金融危机冲击的爆发，各国劳动投入增长率趋势变化较为明显，但与经济增长率和资本增长率趋势变化特征不同，全球金融危机冲击对自回归变量系数值影响程度较小，表明全球金融危机爆发前后劳动投入增长趋势变化程度相对较小。

第二，自回归系数值阶段性变化特征明显。第一阶段、第二阶段和第五阶段的自回归系数值相同，而与第三阶段和第四阶段自回归变量系数值互不相同，因而可以初步说明，亚洲金融危机过后 14 国总体劳动投入增长趋势发生了改变，金融危机冲击爆发期间劳动增长率趋势也发生了改变，至于其他两个阶段，由于回归方程中截距项同样发生了变化，因而变化趋势也有了一定的改变。

表 4-10　资本投入增长率趋势变化面板数据模型实证分析结果

解释变量	g_t^L	t 值	Prob.
g_{t-1}^L	0.07	0.04	1.84
$D_1 g_{t-1}^L$	0.60		
$D_2 g_{t-1}^L$	0.00	0.28	3.20
$D_3 g_{t-1}^L$	0.00	0.43	3.80
$D_4 g_{t-1}^L$	0.36		
AR^2	0.44		
样本容量	336		
模型类型	时点个体固定效应模型		

注：面板数据模型类型已通过了 F 检验和 Hausman 检验确定为时点个体固定效应模型。

综合来看，在两次金融危机冲击发生前后，各国劳动投入增长率趋势变化较为明显，且就目前实证检验情况来看，其变化程度与经济增长率和资本增长率趋势变化有所不同，至于能否表明全球金融危机冲击过后，各国劳动投入增长率变化趋势又恢复到亚洲金融危机冲击前的水平，还有待于更深入的分析判断。

第三节　消费增长趋势变化实证分析

为了分析过去 24 年间各国消费水平以及消费发展趋势变化情况，本节将进一步根据世界银行提供的 WDI 数据，通过计算各国历年人均消费水平、平均消费倾向、平均消费倾向长期趋势以及波动的变化情况（具体数据见附表 3、表 4-11 和表 4-12 相关数据），分析两次金融危机冲击对各国消费趋势的影响和作用。

表 4-11　各国各阶段消费支出与人均消费支出年均增长率情况

单位：%

国家	1990—2014 年		1990—1996 年		1997—1999 年		2000—2007 年		2008—2010 年		2011—2014 年	
	消费	人均消费	消费	人均消费	消费	人均消费	消费	人均消费	消费	人均消费	消费	人均消费
澳大利亚	3.21	1.84	2.68	1.53	4.91	3.88	3.80	2.55	1.61	-0.26	2.18	0.47
加拿大	2.42	1.38	1.21	0.11	3.01	2.06	3.20	2.26	2.19	0.95	1.94	0.88
中国	8.41	7.59	9.40	8.07	8.29	7.45	7.75	7.05	9.03	8.34	7.86	7.36
德国	1.31	1.24	2.35	1.83	1.72	1.50	0.53	0.53	0.89	0.90	0.85	1.25
法国	1.59	1.08	1.48	1.13	2.76	2.61	1.98	1.28	1.10	0.54	0.71	0.33
英国	2.30	1.80	2.12	1.84	4.59	4.24	3.27	2.72	-0.94	-1.72	1.57	1.00
印度	5.99	4.27	4.46	2.43	7.33	5.45	6.24	4.56	8.33	6.95	6.20	5.22
意大利	0.58	0.23	0.54	0.47	2.28	2.19	0.89	0.49	0.00	-0.50	-1.84	-2.83
日本	1.44	1.31	2.24	1.91	0.63	0.47	1.27	1.13	1.27	1.26	2.08	2.29
韩国	4.10	3.40	7.29	6.16	-0.98	-2.06	4.29	3.77	2.74	1.97	2.12	1.70
马来西亚	6.40	4.23	7.69	4.92	-2.47	-5.17	7.58	5.60	3.88	2.07	7.11	5.56
新加坡	5.17	2.63	7.13	3.82	3.79	1.70	4.21	2.29	3.36	1.14	3.20	1.31

续表

国家	1990—2014 年		1990—1996 年		1997—1999 年		2000—2007 年		2008—2010 年		2011—2014 年	
	消费	人均消费	消费	人均消费	消费	人均消费	消费	人均消费	消费	人均消费	消费	人均消费
泰国	3.75	2.98	7.28	6.35	-2.92	-4.06	4.56	3.75	2.60	2.60	2.74	2.36
美国	2.45	1.41	2.50	1.23	4.82	3.93	2.81	1.90	0.44	-0.57	1.43	0.63
世界	2.59	1.23	2.53	0.95	3.34	1.97	2.99	1.70	1.41	0.27	2.10	0.84

资料来源：笔者根据世界银行所提供 WDI 数据库数据整理而得。

表 4-12　各国历年人均消费水平

单位：美元

国家	1990 年	1995 年	2000 年	2005 年	2010 年	2011 年	2012 年	2013 年	2014 年
澳大利亚	18363	19669	22552	25588	27545	28161	28458	28355	28488
加拿大	21691	21667	23929	26409	29176	29446	29598	29830	30133
中国	332	494	692	931	1410	1560	1681	1794	1926
德国	21914	24113	25912	26424	27873	28362	29104	29280	29435
法国	22222	23361	25616	27215	28462	28484	28506	28528	28742
英国	22203	24138	28862	33775	33280	33017	33281	33541	34011
印度	318	350	424	506	698	748	779	813	868
意大利	21517	22007	24605	25172	24958	24916	24034	23256	22800
日本	22097	24400	25512	27188	28203	28359	28906	29764	30377
韩国	6830	9268	10319	12225	14211	14498	14760	15020	15256
马来西亚	1797	2333	2389	3097	3879	4126	4379	4610	4858
新加坡	8459	10227	12829	14707	15098	15212	15217	15722	15863
泰国	1125	1536	1506	1851	2099	2123	2247	2267	2277
美国	27080	28647	33014	36486	36893	37179	37261	37658	37946
世界	4451	4641	5065	5484	5766	5820	5867	5927	5979

注：人均消费支出价格为以 2005 年价格表示的实际值，单位为美元。

资料来源：笔者者根据世界银行所提供 WDI 数据库数据整理而得。

一、各国总体消费发展趋势变化情况

在 1990—2014 年期间，世界总体和各国消费水平和消费倾向均发生了显著的变化，通过对消费水平与消费倾向变化情况展开分析，发现在过去的 24 年间各国消费趋势变化受两次冲击影响较为明显，同时各国受影响的差异性也较为明显。

（一）各国消费支出增长率变化情况

利用世界银行 WDI 数据库所提供的数据，对 1990—2014 年间 14 国消费支出情况展开论证分析，具体情况如表 4-11 所示。分析 24 年间各国消费支出增长率变化情况，有以下几个主要特点：

第一，从长期发展趋势来看，各国消费支出基本上均保持较为稳定的增长。一方面，从各国消费支出的年均增长率来看，24 年间世界总体年均消费支出增长率为 2.59 个百分点，澳大利亚、加拿大、中国、德国、法国、英国、印度、意大利、日本、韩国、马来西亚、新加坡、泰国和美国分别为 3.21、2.42、8.41、1.31、1.59、2.30、5.99、0.58、1.44、4.10、6.40、5.17、3.75 和 2.45 个百分点，除了德国、法国、意大利和日本等几个国家之外，大多数国家的消费支出均超过了 2% 的年均增长水平，其中中国、印度、马来西亚和新加坡年均增长速率均超过了 5%；另一方面，从各阶段变化情况来看，除了少数几个国家在两次金融危机冲击爆发过程中，消费支出为负增长之外，大多数国家在各阶段消费支出均保持较高水平的增长。

第二，从阶段性变化情况来看，各国受两次冲击影响的波动幅度较为明显。一方面，从 1997 年的亚洲金融危机冲击来看，1997—1999 年期间亚洲 7 国消费支出增长率较 1990—1996 年期间下降幅度较为明显，有些国家甚至从高速正增长转变为负增长，其中泰国和韩国均从 7% 以上的正增长进入到负增长，中国、日本、印度等国家也有较大幅度的下降；另一方面，从 1998—2010 年全球金融危机爆发情况来看，表 4-11 所提供的数据显示，除了中国等个别国家各国消费支出增长水平均有较

大幅度下降，其中英国和美国分别从冲击爆发前的 3.27% 和 2.81% 下降
到 -0.94% 和 0.44%，而中国也在全球金融危机冲击过后消费支出增长出
现较大幅度下降。

第三，从各阶段各国受冲击影响的情况来看，非均衡性特征比较明
显。首先，在亚洲金融危机冲击期间，亚洲国家受影响程度要明显高于
欧美 7 国所受影响，同时冲击源起地区或与之经贸关系较紧密地区受影
响的程度也要明显高于亚洲其他国家，例如泰国、韩国、马来西亚和新
加坡消费支出增长率下降程度要远高于同期的中国、印度等其他几个国
家；其次，从全球金融危机爆发期间情况来看，欧美 7 国受影响情况要
明显高于亚洲 7 国，尤其是冲击源起国美国和与其经贸关系较为紧密的
英国，在所有国家中受影响程度最高，而亚洲国家中日本和韩国受影响
程度也明显较高。

综合来看，14 国和世界总体在两次金融危机冲击过程中变化情况可
以初步得出下列一些经验性的判断：首先，冲击会对各国消费增长趋势
产生较为明显的影响，严重的甚至会带来消费增长水平的大幅度下降；
其次，依照与冲击源起地区的地理和经贸关系紧密程度，受影响程度也
会有所不同，与源起地区地理距离较近或者经贸关系较为紧密的国家或
地区受到的影响也可能相对比较严重；最后，从受影响的时序性来看，
虽然目前还没有充分证据表明各国受影响具有明显的时序差异性，但就
目前给出情况来看，至少表明各国在冲击过程中受影响具有一定先后顺
序性。

（二）各国人均消费情况

从表 4-11 和表 4-12 所提供的数据来看，各国人均消费水平变化情
况有以下几个特征：

第一，总体呈现出持续增长的趋势，且各国之间差异性也较为明显。
首先，在 1990—2014 年期间，世界人均消费支出从最初的 4451 美元增
长至 5979 美元，年均增长率为 1.23%。其次，从 14 国人均消费支出水

平来看，2014 年人均消费支出从低到高排列依次为印度、中国、泰国、马来西亚、韩国、新加坡、意大利、澳大利亚、法国、德国、加拿大、日本、英国和美国，分别为 868 美元、1926 美元、2277 美元、4858 美元、15256 美元、15863 美元、22800 美元、28488 美元、28742 美元、29435 美元、30133 美元、30377 美元、34011 美元和 37946 美元；在 1990—2014 年 24 年间的年均增长率分别为 4.27%、7.59%、2.98%、4.23%、3.4%、2.63%、0.23%、1.84%、1.08%、1.24%、1.38%、1.31%、1.8% 和 1.41%，一方面说明各国人均消费支出水平在过去 24 年有较大水平的提升，另一方面也表明各国人均消费支出水平存在较大程度的差异。

第二，两次金融危机冲击对人均消费支出影响较为明显。首先，从 1997 年的亚洲金融危机冲击来看，一方面，世界总体和欧美 7 国并没有表现出较为显著的变化趋势；而另一方面，亚洲 7 国在冲击期间人均消费支出水平波动幅度较大，与 1990—1996 年相比，除了印度人均消费支出增长率有所提升外，中国、印度、日本、韩国、马来西亚、新加坡和泰国的年均增长率分别下降了 0.62、1.44、8.22、10.09、2.12 和 10.41 个百分点。其次，从 2008 年全球金融危机冲击爆发前后各国人均消费支出水平变化情况来看，各国人均消费支出增长水平均有较为明显的波动，其中欧美 7 国变化幅度要明显高于亚洲 7 国水平，尤其是意大利、英国和美国等几个国家，人均消费支出进入到负增长。

第三，冲击对各国平均消费支出影响具有明显的非均衡性。从两次金融危机冲击影响程度的差异性来看，与源起国毗邻或经贸关系相对比较紧密的国家，受影响程度一般较为严重，且受影响时间也相对较早。在 1997 年亚洲金融危机冲击爆发期间，泰国人均消费支出下降程度较高，同时与其相邻或经贸关系比较密切的新加坡、马来西亚、韩国和日本等国家受影响程度也较高；在 2008 年全球金融危机爆发期间，美国作为冲击源起国受影响程度最大，其次是与之相邻或者经贸关系紧密的英国、意大利、德国和法国等几个国家。

（三）各国平均消费倾向变化情况

从 14 国在 1990—2014 年期间平均消费倾向情况来看，与消费水平和人均消费水平变化特点相比，其趋势变化要相对复杂得多。一方面，不仅各国平均消费倾向长期变化趋势差异程度较大，并且在冲击爆发期波动程度也有较大的不同；另一方面，几乎所有国家的数据均表明冲击期间平均消费倾向波动程度要明显高于冲击潜伏期和过后期波动水平。

第一，各国平均消费倾向总体变化趋势差异性较大。首先，从世界总体变化趋势来看，平均消费倾向呈稳定持续的波动性下降趋势，1993年达到最大值 0.78，之后一直在 0.77—0.75 之间波动性下滑，2009 年开始进入快速下降阶段，从最初的 0.769 下降到 2014 年的 0.746，表现出全球金融危机冲击对世界总体消费的显著影响；其次，从 14 国发展情况来看，澳大利亚、加拿大、中国、印度、德国和新加坡等 6 国平均消费倾向呈现出波动性下降的趋势，韩国、马来西亚和泰国等 3 国的平均消费倾向则呈现出相对稳定不变趋势。

第二，各国在冲击爆发期间平均消费倾向波动程度较为明显。首先，从 1997 年亚洲金融危机冲击爆发前后情况来看，除了中国、意大利、日本和英国等 4 国平均消费倾向没有明显下降趋势外，其他 10 国均有一定程度的下降；其次，从 2008 年全球金融危机冲击爆发前后期情况来看，除了印度、日本和马来西亚等 3 国平均消费倾向没有明显下降之外，其他 11 国平均消费倾向均有不同程度的下降。

第三，各国受冲击影响的趋势变化非均衡性特征明显。14 国在冲击爆发前后受到的影响也不相同：一方面，冲击源起国及其周边地区或者经贸关系紧密国家所受影响要相对较大，例如亚洲金融危机爆发期间泰国、新加坡和马来西亚等国平均消费倾向均有较为明显的下降趋势，全球金融危机爆发期间澳大利亚、加拿大、中国、德国和新加坡等 5 国平均消费倾向下降趋势尤为明显；另一方面，冲击对平均消费倾向的影响是否有持久性，就目前掌握的数据而言，尚不足以给出定论，还需要做进一步的论证分析。

综合来看，外部冲击对各国消费发展水平具有较明显的影响，且不同国家在不同阶段所受影响也有所不同。同时基于消费支出增长趋势分析得出的结果和基于平均消费倾向得出的结果仍有所不同，冲击对消费增长趋势影响的长期持久性也有待于更进一步的分析论证。

二、消费发展趋势实证检验

为了进一步分析冲击对消费增长趋势影响的长期持续性，构建消费增长决定模型，检验各因素对消费规模和变化趋势的影响和作用。

（一）实证方法构建说明

根据第二章理论模型分析结果，按照 1990—2014 年 5 个阶段变化特征，构建有阶段性虚拟变量的消费规模和平均消费倾向面板数据回归模型，分别如式（4-26）和式（4-27）所示：

$$c_{it} = \alpha_{it} + \left(\alpha_{i1} + \sum_{j=1}^{4} \alpha_{i1}^{j} D_j \right) y_{it} + \left(\alpha_{i2} + \sum_{j=1}^{4} \alpha_{i2}^{j} D_j \right) \overline{g}_{it} + \left(\alpha_{i3} + \sum_{j=1}^{4} \alpha_{i3}^{j} D_j \right) \sigma_{it} + \varepsilon_{it}$$

$$（4-26）$$

$$\beta_{it} = \lambda_{it} + \left(\lambda_{i1} + \sum_{j=1}^{4} \lambda_{i1}^{j} D_j \right) y_{it} + \left(\lambda_{i2} + \sum_{j=1}^{4} \lambda_{i2}^{j} D_j \right) \overline{g}_{it} + \left(\lambda_{i3} + \sum_{j=1}^{4} \lambda_{i3}^{j} D_j \right) \sigma_{it} + \varepsilon_{it}$$

$$（4-27）$$

其中，D_j 为虚拟变量；c、y、$\overline{g}$、σ、ε、μ 分别表示人均消费支出、人均 GDP、人均 GDP 预期增长率、人均 GDP 波动程度、消费实证模型随机误差项和平均消费倾向实证模型随机误差项；α_{it}、α_{i1}、α_{i2}、α_{i3} 分别表示消费实证模型中截距项、人均 GDP 回归系数、人均 GDP 预期增长率回归系数和人均 GDP 波动程度回归系数；λ_{it}、λ_{i1}、λ_{i2}、λ_{i3} 分别表示平均消费倾向实证模型中截距项、人均 GDP 回归系数、人均 GDP 预期增长率回归系数和人均 GDP 波动程度回归系数。

（二）人均消费计量模型实证结果

根据计量模型式（4-26），对 14 国在 1990—2014 年期间共 350 个样本展开带阶段虚拟变量的面板数据模型实证分析，结果如表 4-13 所示，由于一些解释变量回归系数不具有显著性，因而将其从模型中去除，最后结果如表 4-13 中模型 2 所示，各项检验指标表明实证检验结果比较理想，具有一定的可信度。从实证分析结果来看，各国人均消费在不同阶段受各因素影响程度差异性较大：

第一，从总体情况来看，人均 GDP 对人均消费支出具有显著性影响和作用，且不同阶段情况亦有所差异。

首先，从 5 阶段情况来看，人均消费倾向与人均收入水平显著正向相关，表 4-13 中模型 2 所给出的数据显示，在各阶段中人均收入水平对人均消费支出回归系数均在 0.38 以上，表明人均收入水平增长可以明显引起人均消费支出的增加。

其次，从 5 阶段情况来看，人均收入对人均消费支出影响和作用程度也有所差异，在 1990—1996 年亚洲金融危机冲击潜伏期回归系数值最小为 0.38，而在 2008—2010 年全球金融危机冲击爆发期回归系数最大为 0.48，1997—1999 年亚洲金融危机冲击爆发期间回归系数为 0.41，在 2000—2007 年全球金融危机冲击潜伏期和 2011—2014 年全球金融危机冲击过后期回归系数均为 0.46，表明不同阶段人均消费支出对人均收入变化的反应程度也有所差异。

最后，虽然单纯从表 4-13 给出的检验结果，尚不足以归纳出冲击对消费模式影响的一般规律，但就两次冲击过程中人均收入与人均消费支出回归系数变化情况来看，仍可以发现一些变化特点：一方面，与冲击潜伏期相比，冲击爆发期间消费支出对收入水平反应程度要高于冲击潜伏期，亚洲金融危机爆发期间和全球金融危机爆发期间，人均收入回归系数要比冲击潜伏期高出 0.2—0.3；另一方面，当冲击过后人均消费支出对人均收入水平反应程度不一定会恢复到冲击爆发前的水平，亚洲金融危机冲击潜伏期和冲击过后期的回归系数分别为 0.38 和 0.46，而全球金融危机冲击潜伏期和冲击过后期回归系数均为 0.46。

第二，从消费支出对预期人均收入增长率反应程度来看，除个别阶段之外均不具有明显影响和作用。

首先，从表 4–13 所给出的实证结果来看，1990—2010 年间人均收入预期增长率与人均消费支出不具有显著的相关性，表明在这 20 年的四个阶段期间，国民消费支出并没有受到预期经济增长率的显著性影响。

其次，在 2011—2014 年全球金融危机冲击过后期，人均消费支出对预期人均收入水平表现出较为显著的负相关性，回归系数达到 –136.79，表明在特定阶段，预期经济增长率变化对消费支出存在一定程度的影响。

最后，仅从本模型中所给出的实证检验结果，还不能准确判断出预期人均收入增长率对消费支出的影响，主要原因有两方面：一方面，可能源于模型在指标选取、构建以及时间段设定上的问题；另一方面，也可能源于实证分析的宏观层面视角，至于更进一步的分析论证会在本书后续内容中进一步地展开。

表 4–13 人均消费计量模型实证分析结果

变量	模型 1			模型 2		
	C	t 值	Prob.	C	t 值	Prob.
y	0.39	11.73	0.00	0.38	12.71	0.00
$D_1 y$	0.02	1.47	0.14	0.03	3.03	0.00
$D_2 y$	0.08	6.16	0.00	0.08	9.17	0.00
$D_3 y$	0.09	4.83	0.00	0.10	9.32	0.00
$D_4 y$	0.07	4.41	0.00	0.08	5.55	0.00
$\bar{g}$	22.02	0.52	0.61			
$D_1 \bar{g}$	–20.54	–0.24	0.81			
$D_2 \bar{g}$	19.90	0.33	0.74			
$D_3 \bar{g}$	–79.84	–1.04	0.30			

续表

变量	模型 1			模型 2		
	C	t 值	Prob.	C	t 值	Prob.
$D_4\bar{g}$	−154.63	−2.00	0.05	−136.79	−2.17	0.03
σ	19.88	0.28	0.78			
$D_1\sigma$	−34.05	−0.38	0.71			
$D_2\sigma$	75.39	0.95	0.34	82.27	2.28	0.02
$D_3\sigma$	−261.84	−2.86	0.00	−236.13	−4.10	0.00
$D_4\sigma$	−338.23	−3.69	0.00	−318.68	−5.90	0.00
AR^2	0.99			0.99		
样本容量	350			350		
模型类型	时点个体固定效应模型			时点个体固定效应模型		

注：面板数据模型类型已通过了 F 检验和 Hausman 检验确定为时点个体固定效应模型。

第三，从消费支出对经济波动情况来看，5 个阶段有 3 个阶段的实证检验结果均表明经济波动对消费支出具有明显的影响和作用。

首先，从总体实证分析结果来看，经济波动对消费支出具有一定程度的影响。一方面，虽然实证分析结果表明，在 1990—1999 年期间经济波动与消费支出不具有显著的相关性；但另一方面，从 2000—2014 年情况来看，三阶段实证分析结果均表明消费支出与经济波动之间存在显著关系，因而综合来看，经济波动至少在某种特定情况下会对消费支出产生明显的作用和影响。

其次，从 2000—2014 年 3 个阶段实证分析结果来看，不同阶段消费支出对经济波动反应程度差异性也比较明显。在 2000—2007 年全球金融危机冲击潜伏期、2008—2010 年全球金融危机冲击爆发期和 2011—2014 年全球金融危机冲击过后期，经济波动对消费支出的回归系数分别为 82.27、−236.13 和 −318.68，表明在不同发展阶段消费支出对经济波动反应程度差异性较为明显。

（三）平均消费倾向计量模型实证结果

根据计量模型式（4-27）利用 Eviews 系统软件，对 14 国在 1990—2014 年共 350 个样本展开带阶段性虚拟变量面板数据实证分析（个别解释变量回归结果不具有显著性，已从实证结果中删除），最终实证结果如表 4-14 中模型 2 所示。综合来看，1990—2014 年 14 国平均消费倾向变化情况具有如下几个特点。

表 4-14　平均消费倾向计量模型实证分析结果

变量	模型 1			模型 2		
	β	t 值	Prob	β	t 值	Prob.
y	−0.000004	−3.62	0.00	−0.000004	−3.76	0.00
$D_1 y$	0.000001	1.20	0.23	0.000001	1.92	0.06
$D_2 y$	0.000002	4.68	0.00	0.000002	7.32	0.00
$D_3 y$	0.000001	1.52	0.13	0.000001	1.72	0.09
$D_4 y$	0.000001	2.00	0.05	0.000001	2.23	0.03
$\bar{g}$	−0.001465	−0.92	0.36			
$D_1 \bar{g}$	−0.001722	−0.54	0.59			
$D_2 \bar{g}$	−0.002124	−0.94	0.35			
$D_3 \bar{g}$	−0.012891	−4.48	0.00	−0.012922	−5.31	0.00
$D_4 \bar{g}$	−0.012539	−4.33	0.00	−0.012477	−5.13	0.00
σ	0.010047	3.72	0.00	0.011781	4.59	0.00
$D_1 \sigma$	−0.014839	−4.41	0.00	−0.015091	−4.95	0.00
$D_2 \sigma$	−0.009969	−3.36	0.00	−0.010613	−3.61	0.00
$D_3 \sigma$	−0.012694	−3.71	0.00	−0.014100	−4.19	0.00
$D_4 \sigma$	−0.012970	−3.78	0.00	−0.014795	−4.45	0.00
AR^2	0.93			0.93		
样本容量	350			350		
模型类型	时点个体固定效应模型			时点个体固定效应模型		

注：面板数据模型类型已通过了 F 检验和 Hausman 检验确定为时点个体固定效应模型。

第一，从阶段变化情况来看，平均消费倾向与人均收入水平呈现出显著的负相关关系，表明在 1990—2014 年 24 年间，随着收入水平的提高，各国平均消费倾向整体呈现出下降的趋势。

首先，从 24 年间 5 阶段实证回归结果来看，人均收入水平回归系数分别为 −0.000004、−0.000003、−0.000002、−0.000003 和 −0.000003，表明在各阶段人均收入水平与消费倾向存在显著的负相关关系，即随着收入水平上升，国民平均消费倾向可能会有所下降。

其次，从各阶段回归结果来看，阶段性差异较明显。1990—1996 年亚洲金融危机冲击潜伏期回归系数值最低，即随着人均收入水平的提升各阶段平均消费倾向下降趋势最大；而在 2000—2007 年全球金融危机冲击潜伏期，回归系数最大为 −0.00002，即相对于其他四个阶段在该阶段，随着人均收入水平的提升，平均消费倾向下降程度相对较小。

最后，表 4-14 所给出的实证分析结果，是在特殊样本（14 国）和特殊阶段（1990—2014 年）的特殊结果，虽然不能全面给出冲击对平均消费倾向变化趋势的全面规律性论述，但至少可以得出下列结论：当经济水平发展到一定程度，随着人均收入的提升，平均消费倾向可能会有下降的趋势；当冲击爆发，人均收入水平与平均消费倾向的固有函数关系可能会被打破，形成新的函数关系，且当冲击过后并不一定会恢复到原有函数关系。

第二，从预期人均收入增长率与平均消费倾向实证结果来看，只有在特定阶段二者才具有显著的负相关关系。

首先，从总体情况来看，在 1990—2014 年 5 阶段中，前三个阶段预期人均收入增长率与平均消费倾向之间并没有显著相关性，而只有在后两个阶段即 2008—2014 年期间才呈现出显著的负相关关系，这表明在特定阶段预期人均收入水平的变化才会影响到平均消费倾向的变化趋势。

其次，从 2008—2014 年全球金融危机爆发期和过后期情况来看，两阶段预期人均收入增长率与平均消费倾向回归系数大体相同，这说明在该两个阶段，预期收入增长率变动对人均消费倾向变化趋势的影响程度相近。

第三，从人均收入波动程度与平均消费倾向变化关系来看，5阶段的实证回归结果均表明二者存在显著相关性，且不同阶段相关程度差异性也较为明显。

首先，从总体实证分析结果来看，1990—2014年期间，人均收入波动与平均消费倾向具有显著相关性，各阶段相关系数在 -0.003—0.012 之间，表明人均收入水平波动对各国平均消费倾向变化具有显著的影响和作用。

其次，从各阶段相关系数回归结果来看，不同阶段人均收入水平波动对平均消费倾向变化趋势影响程度差异性也十分明显。5阶段人均收入波动水平回归系数值分别为 0.012、-0.003、0.001、-0.002 和 -0.003，表明在1990—1996年和2000—2007年期间，随着收入水平波动加大，平均消费倾向也相应得以提升，而在其他三个阶段，人均收入水平波动程度与平均消费倾向则表现出显著负相关，即收入水平波动幅度越大，各国平均消费倾向越小。

三、消费发展趋势变化情况

对14国在1990—2014年5阶段平均消费倾向的趋势变化展开进一步的论证分析，具体方法和步骤如下：第一步，构建平均消费倾向的变系数时间序列面板数据回归模型，以便于进一步配合趋势突变实证分析需要；第二步，利用趋势突变检验方法，实证检验亚洲金融危机冲击爆发期间各国平均消费倾向趋势变化情况；第三步，利用趋势突变检测方法，实证检验全球金融危机冲击爆发期间各国平均消费倾向发展趋势变化情况。

（一）平均消费倾向发展趋势判断模型说明

结合14国在1990—2014年5阶段平均消费倾向具体情况，对各国在冲击各阶段趋势突变情况展开实证分析，具体分析内容主要有以下几个方面。

第一，根据第三章相关理论模型推导结果，构建各国平均消费倾向的时间序列回归方程，如式（4-28）所示：

$$\beta_{it} = \alpha_{i0} + \rho_i \beta_{i(t-1)} + \varepsilon_{it} \qquad (4-28)$$

其中：α_{i0}、ρ_i、ε_{it} 分别表示平均消费倾向时间序列回归方程的非零漂移项、一阶自回归方程系数和随机误差项。当然，对于不同时间段和不同国家样本漂移项是否不为零，则由具体实证结果来确定。根据14国分阶段平均消费趋势具体实证结果来看，通过对变系数面板数据模型 F 检验表明模型更适合于建立截距为零的混合模型，即为漂移项为零的自回归过程，具体模型如式（4-29）所示：

$$\beta_{it} = \rho_i \beta_{i(t-1)} + \varepsilon_{it} \qquad (4-29)$$

式（4-29）即为符合各国各阶段平均消费倾向变化趋势的一阶自回归时间序列计量方程。

第二，趋势突变检验方法的进一步说明，根据1990—2014年期间各阶段具体变化情况，平均消费倾向趋势变化的判断可以分成三步：

第一步，亚洲金融危机冲击爆发期趋势突变检测。以1990—1996年为初始期，对14国平均消费倾向依照式（4-27）做变系数面板数据回归，从而得到的14国自回归模型归结果及其残差平方和 RSS₁；然后再对14国在1990—2000年期间的平均消费倾向依照式（4-27）再做变系数面板数据回归，得到14个自回归模型回归结果及其相对应的残差平方和，根据式（4-10）的方法判断1999—2000年的趋势突变期。

第二步，亚洲金融危机冲击爆发前后两阶段趋势突变检测。即根据两阶段趋势突变检测方法，检测各国在1990—1996年和2000—2007年两阶段是否具有相同的发展变化趋势。如果为"是"则表明该国在两阶段趋势没有明显的变化，如果为"否"则表明冲击前后该国发展趋势产生较为明显的改变。

第三步，全球金融危机冲击后向趋势突变检测。根据本章第一节向后趋势突变检测方法，以 2000—2007 年为起始期，检测 2008—2010 年是否是各国平均消费倾向变化的时间段，如果为"是"则表明全球金融危机冲击改变了该国固有的发展变化趋势，如果为"否"则表明全球金融危机冲击的爆发并没有引起固有发展趋势的变化。

（二）亚洲金融危机冲击爆发期趋势突变检测

结合本章第一节给出的滚动趋势突变点检测方法，利用变系数面板数据模型，对 14 国做亚洲金融危机冲击向后滚动趋势突变的实证检验，同时根据面板数据模型实证结果和各项检验指标，将平均消费倾向变化趋势设定为漂移项为零的一阶自回归过程模式（同时由于阶段选取在 10 年以内，因而从技术处理层面上可以暂不做单位根检验以及后续的相关处理），具体趋势突变检验结果如表 4-15 所示。从实证检验结果来看，在亚洲金融危机冲击爆发后，只有两个国家的平均消费倾向发展趋势发生了突变，显然与消费增长率和经济增长率的显著性趋势变化有所差异，结合理论模型分析结果和实证检验层面可以得出下列主要结论：

第一，从 1997—1999 年爆发的亚洲金融危机冲击情况来看，14 个国家中只有韩国和美国的平均消费倾向的发展趋势发生了明显的改变。通过对 14 国在 1990—1996 年和 1990—1999 年期间两个时期进行邹氏突变检验，14 国中只有韩国和美国的 F 值高于 5% 显著水平下的临界值，表明两国在亚洲金融危机冲击爆发期间，平均消费倾向的固有发展趋势发生了变化，而其他 12 国的趋势变化则相对不明显。

表 4-15　亚洲金融危机冲击爆发期间各国平均消费倾向趋势突变检验结果

国家	SSR_1	SSR_2	F 值	临界值	有无趋势变化
澳大利亚	0.0009	0.0010	0.24	4.35	无
加拿大	0.0008	0.0009	0.28	4.35	无
中国	0.0014	0.0020	1.08	4.35	无

国家	SSR$_1$	SSR$_2$	F 值	临界值	有无趋势变化
德国	0.0003	0.0004	1.04	4.35	无
法国	0.0006	0.0008	1.23	4.35	无
英国	0.0002	0.0004	1.98	4.35	无
印度	0.0005	0.0009	1.36	4.35	无
意大利	0.0006	0.0009	1.19	4.35	无
日本	0.0003	0.0005	1.97	4.35	无
韩国	0.0002	0.0013	15.44	4.35	有
马来西亚	0.0007	0.0008	0.26	4.35	无
新加坡	0.0005	0.0008	1.94	4.35	无
泰国	0.0004	0.0005	0.59	4.35	无
美国	0.0001	0.0003	5.76	4.35	有

注：表中临界值为 F0.05(3,7)，即分子自由度为 3、分母自由度为 7、可信度为情况 0.05 等下的 F 分布临界值。

资料来源：笔者根据相关公式利用 WDI 数据库整理而得。

第二，将消费支出规模、增长率变化及其平均倾向变化结合起来分析，亚洲金融危机冲击对各国消费发展趋势的影响，可以得出更为一般的结论：

首先，从总体发展趋势来看，亚洲金融危机冲击爆发后，对亚洲 6 国（印度除外）产生了较为明显的影响，消费支出规模和增长水平均有较为显著的变化；其次，从平均消费倾向变化情况来看，亚洲 5 国（印度和韩国除外）在亚洲金融危机冲击爆发期间虽然表现出为较为明显的下降趋势，但其总体发展趋势并没有发生显著性改变；最后，韩国和美国平均消费倾向发展趋势在亚洲金融危机冲击爆发期间产生较为明显的变化，而其他 12 国的趋势变化并不明显。

（三）亚洲金融危机冲击向前两阶段趋势突变检验

利用两阶段趋势突变检测方法，对 14 国在亚洲金融危机冲击爆发前后两阶段（1990—1996 年和 2000—2007 年）展开实证分析，具体结果如表 4-16 所示。从亚洲金融危机冲击潜伏期和冲击过后期平均消费倾向发展趋势变化情况来看，两阶段发展趋势发生变化的只有马来西亚。结合本书的理论实证分析以及实际发展情况，14 国平均消费倾向两阶段变化特征有以下几个方面：

表 4-16　亚洲金融危机冲击爆发前后两阶段各国平均消费倾向趋势突变检验结果

国家	SSR_1	SSR_2	SSR_3	F 值	临界值	有无显著趋势变化
澳大利亚	0.0009	0.0001	0.0011	0.34	4.84	无
加拿大	0.0008	0.0002	0.0013	2.44	4.84	无
中国	0.0014	0.0001	0.0015	0.19	4.84	无
德国	0.0003	0.0007	0.0013	3.74	4.84	无
法国	0.0005	0.0003	0.0008	1.00	4.84	无
英国	0.0002	0.0004	0.0007	0.00	4.84	无
印度	0.0005	0.0004	0.0009	0.00	4.84	无
意大利	0.0006	0.0001	0.0007	0.66	4.84	无
日本	0.0003	0.0005	0.0009	1.20	4.84	无
韩国	0.0002	0.0009	0.0011	0.00	4.84	无
马来西亚	0.0007	0.0006	0.0028	12.45	4.84	有
新加坡	0.0005	0.0028	0.0033	0.02	4.84	无
泰国	0.0004	0.0009	0.0013	0.07	4.84	无
美国	0.0001	0.0003	0.000436	2.54	4.84	无

注：表中临界值为 $F0.05(1,11)$，即分子自由度为 1、分母自由度为 11、可信度为 0.05 等情况下的 F 分布临界值。

资料来源：笔者根据相关公式利用 WDI 数据库整理而得。

第一，从两阶段趋势突变情况来看，只有马来西亚两阶段的平均消费倾向发展趋势有了较为明显的变化。实证检验结果表明亚洲金融危机冲击爆发发生前后，除了马来西亚，各国的消费支出平均消费倾向的发展趋势并没有发生较为明显的改变，即冲击对消费支出在国民收入中所占比重的固有变化趋势影响并不显著。

第二，从亚洲7国来看，在亚洲金融危机冲击爆发前后两个阶段，消费支出水平的变化更多的是随着收入水平的波动而改变。在亚洲金融冲击爆发期间，亚洲7国中，除了印度其他6国在国民收入增长水平和消费支出增长水平上均有较大程度的下降，冲击过后随着其后续影响不断减小，经济和消费支出增长率则保持了相对稳定的水平，平均消费倾向保持较为平稳的变化趋势。

第三，从欧美等7国变化情况来看，平均消费倾向发展趋势较为稳定。从表4-16给出的实证检验结果来看，各国平均消费倾向发展趋势在两阶段并没有显著的变化。一方面，表明各国受亚洲金融危机冲击的后续影响相对较小，并没有对各国平均消费倾向发展趋势产生显著的影响和变化；另一方面，也表明各国平均消费倾向发展趋势具有相对的稳定性，主要由各国收入水平所决定，而受各类冲击长期影响的可能性较小。

（四）全球金融危机冲击后向滚动突变点检测

同样，根据趋势突变检测方法，对各国在全球金融危机冲击爆发后的平均消费倾向发展趋势突变情况展开实证检验，具体结果如表4-17所示。从实证检验结果来看，只有马来西亚在全球金融危机爆发期间，平均消费倾向发展趋势有了较为显著的改变，而另外13国趋势变化并不明显。

表4-17　全球金融危机冲击爆发期间各国平均消费倾向趋势突变检验结果

国家	SSR$_1$	SSR$_2$	F 值	临界值	有无趋势变化
澳大利亚	0.5369	1.1193	2.89	4.07	无
加拿大	0.5123	1.1640	3.39	4.07	无
中国	0.3773	0.6066	1.62	4.07	无
德国	0.5877	1.1504	2.55	4.07	无
法国	0.5908	1.2501	2.98	4.07	无

续表

国家	SSR$_1$	SSR$_2$	F 值	临界值	有无趋势变化
英国	0.6620	1.3772	2.88	4.07	无
印度	0.5450	1.0196	2.32	4.07	无
意大利	0.6257	1.2831	2.80	4.07	无
日本	0.5656	1.1732	2.86	4.07	无
韩国	0.4636	0.8655	2.31	4.07	无
马来西亚	0.2410	0.6282	4.28	4.07	有
新加坡	0.2703	0.4583	1.85	4.07	无
泰国	0.4688	0.9114	2.52	4.07	无
美国	0.6444	1.3533	2.93	4.07	无

注：表中临界值为 F0.05(3,8)，即分子自由度为 3、分母自由度为 8、可信度为 0.05 等情况下的 F 分布临界值。

资料来源：笔者根据相关公式利用 WDI 数据库整理而得。

第一，全球金融危机冲击爆发期间，只有马来西亚的平均消费倾向发生了显著的变化，结合以前分析结果，可以初步得出以下几个方面的结论：其一，在亚洲金融危机冲击过后期和全球金融危机冲击爆发期间，马来西亚固有平均消费倾向发展趋势均发生了较为显著的改变，表明与其他 13 国相比，马来西亚受到冲击影响程度较大，且其消费支出在国民收入所占比重变化稳定性较低，易受到外来冲击的影响；其二，13 国平均消费倾向发展趋势具有一定的稳定性，随收入水平波动的刚性较强，消费支出水平变化主要受收入水平变化的影响，而受经济波动的影响则较小；其三，从美国等主要欧美国家来看，在全球金融危机冲击爆发期间，其 F 值要明显高于亚洲 7 国且均超过了 2，虽然并没有超过 5% 显著水平下的临界值，但也反映出该 7 国平均消费趋势具有一定的波动幅度。

第二，结合理论分析模型和实际发展情况，可初步对 14 国在全球金融危机冲击爆发期间平均消费倾向发展趋势给出如下几方面的解释：其一，和亚洲金融危机冲击相类似，全球金融危机冲击没有带来大部分国家平均消费倾向的明显改变，至少从宏观长期变化的角度来看，表明各国平均消费倾向具有一定的稳定性；其二，同样平均消费倾向趋势变化，不能反映消费结构以及短期（例如季度甚至是月份）变化情况，因而该指标还具有一定的局限性。

第四节　贸易增长趋势变化实证分析

和消费支出趋势变化分析相类似，本节关于贸易宏观增长趋势的分析依然主要集中在以下几个方面：首先，从 14 国进出口贸易在不同阶段的规模和增长率变化情况，分析在两次金融危机冲击过程中，世界各国贸易总体变化情况；其次，实证分析影响贸易增长和贸易平均倾向的因素；最后，通过趋势突变检验分析在冲击前后各阶段各国平均进出口倾向发展趋势的变化。

一、各国贸易规模和平均贸易倾向变化情况

根据 WDI 数据库所提供的数据，分别就各国在 1990—2014 年 5 阶段贸易增长率和平均贸易倾向做进一步的分析论证，具体情况如表 4-18 和表 4-19 所示，综合来看各国贸易发展趋势变化特征主要体现出以下几个方面。

表 4-18　各国历年进出口贸易情况

单位：10 亿美元

国家	1990 年		1996 年		1999 年		2007 年		2011 年		2014 年	
	进口	出口	进口	出口	进口	出口	进口	出口	进口	出口	进口	出口
澳大利亚	52	52	70	86	89	101	171	133	222	149	245	176
加拿大	166	183	232	288	302	379	429	439	455	407	485	450

续表

国家	1990 年		1996 年		1999 年		2007 年		2011 年		2014 年	
	进口	出口	进口	出口	进口	出口	进口	出口	进口	出口	进口	出口
中国	66	70	164	156	222	261	950	1260	1410	1750	1867	2204
德国	425	441	547	558	711	711	1100	1330	1230	1430	1320	1550
法国	274	257	333	355	430	457	659	631	700	655	743	699
英国	290	290	378	407	481	464	746	683	725	715	772	733
印度	26	23	56	47	83	61	246	205	413	310	399	358
意大利	260	246	296	353	370	377	521	525	494	490	452	517
日本	347	314	461	397	450	437	631	782	628	745	702	766
韩国	74	48	168	108	173	170	387	417	500	580	531	654
马来西亚	33	39	83	90	79	108	150	179	164	189	178	196
新加坡	59	64	127	140	140	159	299	348	358	418	389	454
泰国	49	36	94	67	72	84	142	153	168	176	174	189
美国	677	611	1030	934	1440	1100	2210	1560	2210	1800	2320	1961
世界	5110	5110	6980	7270	8560	8800	15100	15400	16700	17200	18215	19020

资料来源：笔者根据相关公式利用 WDI 数据库整理而得。

表 4-19　各国各阶段进出口贸易年均增长率情况

单位：%

国家	1990—1996 年		1996—1999 年		1999—2007 年		2007—2011 年		2011—2014 年		1990—2014 年	
	进口	出口	进口	出口	进口	出口	进口	出口	进口	出口	进口	出口
澳大利亚	5.20	8.65	8.23	5.63	8.51	3.50	6.74	2.88	3.34	5.71	6.69	5.20
加拿大	5.74	7.85	9.19	9.58	4.49	1.85	1.48	−1.87	2.15	3.40	4.57	3.82
中国	16.53	14.21	10.62	18.71	19.93	21.75	10.38	8.56	9.80	7.99	14.98	15.44
德国	4.30	4.00	9.13	8.41	5.61	8.14	2.83	1.83	2.38	2.72	4.84	5.38

续表

国家	1990—1996 年		1996—1999 年		1999—2007 年		2007—2011 年		2011—2014 年		1990—2014 年	
	进口	出口	进口	出口	进口	出口	进口	出口	进口	出口	进口	出口
法国	3.30	5.53	8.90	8.78	5.48	4.12	1.52	0.94	2.01	2.19	4.24	4.26
英国	4.52	5.81	8.36	4.47	5.64	4.95	-0.71	1.15	2.12	0.83	4.16	3.94
印度	14.14	12.86	13.56	9.49	14.62	16.29	13.83	10.89	-1.14	4.92	12.14	12.20
意大利	2.18	6.20	7.72	2.22	4.37	4.23	-1.32	-1.71	-2.92	1.80	2.33	3.14
日本	4.85	3.99	-0.80	3.25	4.32	7.55	-0.12	-1.20	3.76	0.94	2.98	3.79
韩国	14.59	14.63	0.98	16.33	10.59	11.87	6.61	8.60	2.03	4.08	8.55	11.54
马来西亚	16.49	14.94	-1.67	6.38	8.33	6.52	2.26	1.37	2.77	1.22	7.23	6.97
新加坡	13.73	13.82	3.30	4.33	9.95	10.29	4.61	4.69	2.81	2.79	8.20	8.48
泰国	11.30	10.77	-8.41	8.18	8.86	7.75	4.29	3.56	1.18	2.40	5.40	7.15
美国	7.24	7.33	11.82	5.60	5.50	4.46	0.00	3.64	1.64	2.90	5.27	4.98
世界	5.33	6.05	7.04	6.57	7.35	7.25	2.55	2.80	2.94	3.41	5.44	5.63

资料来源：笔者根据相关公式利用 WDI 数据库整理而得。

（一）各国进口发展情况

各国贸易增长率在各阶段表现出较为明显的趋势性变化，具体情况如表 4-18 和表 4-19 所示，综合来看，各国在 1990—2014 年期间进口变化主要集中在以下几个方面：

第一，从世界总体发展情况来看，进口一直保持长期高速增长趋势，但从阶段变化情况来看，受两次金融危机冲击的影响较为明显。

首先，从总体发展趋势来看，1990—2014 年的 24 年间世界总进口实际值从 51100 亿美元增加至 182150 亿美元，增长 2.56 倍，年均增长率高达 5.44%，表现出长期高速增长的进口发展趋势。

其次，从阶段变化情况来看，各阶段进口增长水平差异性比较明显，1990—1996 年、1996—1999 年、1999—2007 年、2007—2011 年和 2011—2014 年 5 个阶段，世界年均进口增长率分别为 5.33%、7.04%、7.35%、2.55% 和 2.94%，世界进口贸易增长率在 2007—2014 年期间要明显远低于其他阶段的增长率，2008 年全球金融危机的爆发导致世界进口贸易总体增长水平的大幅下降，而 1997 年发生的亚洲金融危机冲击所带来的影响则相对较小。

第二，从各国进口规模总体发展趋势来看，在 1990—2014 年期间均表现出长期高速增长的态势，但各国增长水平差异较大。

首先，从表 4-18 给出的数据显示，在 1990 年，澳大利亚、加拿大、中国、德国、法国、英国、印度、意大利、日本、韩国、马来西亚、新加坡、泰国和美国年进口额分别为 518 亿美元、1660 亿美元、655 亿美元、4250 亿美元、2740 亿美元、2900 亿美元、255 亿美元、2600 亿美元、3470 亿美元、742 亿美元、333 亿美元、587 亿美元、493 亿美元和 6770 亿美元，到 2014 年则分别增长至 2450 亿美元、4850 亿美元、18667 亿美元、13200 亿美元、7430 亿美元、7720 亿美元、3990 亿美元、4520 亿美元、7016 亿美元、5310 亿美元、1780 亿美元、3890 亿美元、1740 亿美元和 23204 亿美元，均有了较大幅度的提升。

其次，从年均增长水平来看，24 年间 14 国年均增长率差异性比较明显，14 国年均增长率分别为 6.69%、4.57%、14.98%、4.84%、4.24%、4.16%、12.14%、2.33%、2.98%、8.55%、7.23%、8.20%、5.40% 和 5.27%，最高的为中国（14.98%）和印度（12.14%），而最低的为日本（2.98%）和意大利（2.33%），增长率相差 10 个百分点，而其他 10 国大部分在 5%—8%，表明各国进口贸易增长差异性比较明显。

第三，从各国各阶段变化情况来看，阶段与阶段之间、国与国之间差异性较为明显。

首先，从阶段变化的总体趋势来看，一方面，在 1996—1999 年亚洲金融危机爆发期间，亚洲国家进口增长率要明显低于 1990—1996 年和

1999—2007 年两阶段，其中日本、马来西亚和泰国均进入了负增长阶段，而欧美 7 国出口增长率则没有明显的下降趋势，反而有了较大程度的提升，增长幅度均在 4 个百分点上下；另一方面，从 2007—2014 年变化情况来看，各国进口增长率均有较为明显的下降，且欧美 7 国下降幅度较大，其中英国、意大利和日本三国进口进入负增长阶段。

其次，从冲击潜伏期和冲击爆发期进口增长水平变化情况来看，14 国进口增长率在各阶段变化趋势差异性较为明显。一方面，从亚洲金融危机冲击来看，冲击爆发期和冲击潜伏期相比，进口增长率下降程度从高到低排列为泰国、马来西亚、韩国、新加坡、中国、日本、印度，阶段年均进口率分别下降了 19.70、18.16、13.61、10.42、5.91、5.65 和 0.58 个百分点，而欧美 7 国则没有明显的下降趋势；另一方面，从全球金融危机冲击爆发期和冲击潜伏期相比，澳大利亚、加拿大、中国、德国、法国、英国、印度、意大利、日本、韩国、马来西亚、新加坡、泰国和美国，两阶段年均进口增长率分别下降了 1.76、3.00、9.55、2.77、3.96、6.35、0.79、5.69、4.44、3.97、6.07、5.34、4.57 和 5.50 个百分点，所有国家的进口增长水平均有较大幅度的下降，其中中国、美国、英国等 3 国下降幅度最高，同时欧美 7 国下降幅度也要相应高于亚洲 7 国水平。

（二）各国出口发展情况

从各国各阶段出口情况来看，与进口发展趋势有所不同，即冲击源起国及其毗邻国家进口受冲击影响往往较为明显，但出口影响程度却相对较低。从表 4-18 和表 4-19 给出的数据来看，1990—2014 年的 24 年间各国出口受冲击影响阶段性趋势变化较为明显，且在冲击前后，各国趋势变化差异性较为突出。

第一，世界总体出口呈现出震荡性高速增长的趋势。首先，从出口贸易规模来看，1990 年全世界总出口实际值为 51100 亿美元，2014 年实际值则达到了 190200 亿美元，总体增长幅度达到 272%，年均增长率高达 5.63%，表现出长期波动性增长的发展趋势；其次，从出口的阶段性趋势变化来看，总体变化趋势基本与世界进口变化趋势一致，1990—2000年世界出口增长率呈现出相对稳定的增长趋势，之后进入了大幅度震荡波动阶段，尤其是在2009年和2010年全球金融危机爆发期间世界出口增长率分别为–10.6%和13.4%，表现出较为强烈的震荡变化特点；最后，从5个阶段变化情况来看，亚洲金融危机冲击潜伏期（1990—1996）和亚洲金融危机冲击爆发期（1997—1999）世界出口增长趋势并没有表现出强烈的波动特点，而在亚洲金融危机冲击过后期（全球金融危机冲击潜伏期）则表现出波动性变化特征，2008—2012年则呈现出大幅度震荡调整期，之后进入相对稳定的发展趋势。

第二，各国出口增长率表现出较为显著的长期高速增长趋势，但各国出口增长水平差异性也较为明显。首先，从14国在1990—2014年出口增长水平来看，24年间各国出口均保持了年均3%以上的增长水平，总体展现出长期高速增长的发展趋势；其次，从14国在24年间出口增长差异程度来看，差异程度较为明显，出口增长率最高的为中国（15.44%），其次是印度（12.20%）和韩国（11.54%），最低的为意大利（3.14%），其次是日本（3.79%）和加拿大（3.82%），其他国家出口增长率在4%—8%。

第三，从14国出口增长率的阶段性变化特点来看，不同国家不同阶段的差异性也较为明显。

首先，从亚洲金融危机冲击影响情况来看，亚洲金融危机冲击爆发期与潜伏期相比，大部分亚洲国家的出口增长率水平并没有出现明显的下降趋势。澳大利亚、加拿大、中国、德国、法国、英国、印度、意大利、日本、韩国、马来西亚、新加坡、泰国和美国出口年均增长率在1996—1999年与1990—1996年期间两阶段增长率差额分别为–3.02、1.73、4.5、4.41、3.25、–1.34、–3.37、–3.98、–0.74、1.7、–8.56、–9.49、–2.59和–1.73个百分点，与进口发展情况不同，泰国及其毗邻国家出口增长也表现出大幅度下降，但显然要明显低于进口增长率下降幅度，同时美国、英国、澳大利亚和意大利等欧美 4 国出口增长率也均有了不同程度的下降，产生该现象的原因之一就是由于受亚洲各国进口规模大幅度下降的结果。

其次，从全球金融危机冲击影响来看，14 国均受到一定程度的影响，但差异性也较为明显。全球金融危机冲击爆发期间的 2007—2011 年，澳大利亚、加拿大、中国、德国、法国、英国、印度、意大利、日本、韩国、马来西亚、新加坡、泰国和美国的出口年均增长率要比 2000—2007 年全球金融危机冲击潜伏期分别低 0.62、3.72、13.19、6.31、3.18、3.8、5.4、5.94、8.75、3.27、5.15、5.6、4.19 和 0.82 个百分点。一方面，表明全球金融危机爆发期间 14 国出口增长率均表现出了较为明显的下降趋势；另一方面，从下降程度来看，中国下降幅度最高为 13.19%，其次是日本和德国，下降幅度也分别达到了 8.75% 和 6.31%，而下降幅度最小的是澳大利亚，仅为 0.62 个百分点。

出口之所以展现出与进口不同的变化趋势，主要原因在于，受到冲击影响程度较大的国家，由于国民收入下降带来进口的增加，但同时却会尽力通过扩大出口以改善经济发展情况；而受冲击影响较小的国家，虽然进口变化幅度较小，但却会因为部分出口贸易伙伴国对外需求的减少，导致出口增长绝对甚至是相对规模的大幅度下降。

（三）各国贸易趋势总体变化分析

根据世界银行 WDI 数据库所提供数据，将 14 国在 1990—2014 年期间平均进口倾向和平均出口倾向变化情况进行整理，综合来看，在 1990—2014 年的 24 年间，各国进出口贸易趋势变化阶段性特征较为明显，且不同国家间的趋势变化差异性也较为突出。

第一，各国进口和出口倾向水平差异比较明显。14 国贸易倾向最高的是新加坡，不论是平均进口倾向还是平均出口倾向，均在 150% 以上，其次是马来西亚和泰国，历年平均进出口倾向都超过了 50%，而其他国家平均进出口倾向均在 50% 以下。

第二，各国进口和出口倾向趋势变化差异程度较为明显。在 1990—2014 年期间的 24 年里，一部分国家呈现出波动性增长的趋势，而另一部分国家则表现出长期下降趋势，其他剩余国家则呈现出震荡波动性变化趋势。首先，新加坡和马来西亚平均进出口倾向保持高值波动变化趋势，这两个国家除了在 1997—2008 年期间呈现出较大幅度的波动变化之外，其他时期则保持相对高位稳定水平；其次，泰国、韩国、德国、日本、英国、意大利、美国等国家保持波动上升趋势；最后，加拿大、中国等剩余几国则基本上保持震荡性波动变化趋势，平均进出口倾向基本上保持在均值 20%—30% 的水平。

第三，从 5 阶段各国平均进口和出口倾向变化趋势来看，阶段性特征同样较为明显。首先，从亚洲金融危机冲击爆发期情况来看，大多数亚洲国家均有一个小幅度震荡趋势，之后进入了波动性增长趋势，而在全球金融危机冲击爆发期间，除了泰国有明显的上升趋势外，其他 6 国均表现出波动性调整趋势；其次，从欧美 7 国平均进出口贸易趋势来看，全球金融危机的冲击影响程度要明显高于亚洲金融危机冲击的影响程度，各国在冲击爆发期间波动幅度要高于亚洲金融危机冲击爆发期间的水平。

二、平均进出口倾向趋势变化实证分析

和平均消费倾向趋势变化实证分析方法相类似，以此对 14 国在 1990—2014 年 5 阶段的趋势变化展开实证分析，具体方法和步骤如下：第一步，构建平均消费倾向的变系数时间序列面板数据回归模型；第二步，实证检验在亚洲金融危机冲击爆发前后各国平均进出口倾向发展趋势是否发生较为明显的变化；第三步，实证检验在全球金融危机冲击爆发前后各国平均进出口倾向发展趋势的变化情况。

（一）平均进出口发展趋势突变检验方法说明

参照平均消费倾向趋势突变实证检测方法，结合 14 国在 1990—

2014 年 5 阶段平均进出口倾向实际变化情况，对各国在冲击各阶段趋势突变情况展开实证分析，根据第三章相关理论模型推导结果，构建各国平均进出口倾向的时间序列一阶自回归时间序列回归方程，如式（4-30）所示：

$$\begin{cases} \gamma_{it} = \rho_i \gamma_{i(t-1)} + \varepsilon_{it} \\ \gamma'_{it} = \rho'_i \gamma'_{i(t-1)} + \varepsilon'_{it} \end{cases} \qquad (4-30)$$

其中：γ、γ'、ρ、ρ'、ε、ε' 分别表示平均进口倾向、平均出口倾向、平均进口倾向一阶自回归方程系数、平均出口倾向一阶自回归方程系数、平均进口倾向自回归方程随机误差项和平均出口倾向自回归方程随机误差项。

（二）亚洲金融危机冲击下各国平均进出口趋势突变检验

依照趋势突变检验方法对亚洲金融危机冲击爆发阶段平均进出口倾向变化情况进行检验，具体结果如表 4-20 所示。根据趋势突变检验结果，可检测出 14 国在 1997—1999 年期间平均进出口倾向趋势是否发生了变化。

表 4-20　亚洲金融危机冲击下各国平均进出口倾向趋势突变检验结果

国家	平均进口倾向			平均出口倾向		
	F 值	临界值	有无趋势变化	F 值	临界值	有无趋势变化
澳大利亚	0.55	4.35	无	3.9866	4.3500	无
加拿大	44.04	4.35	有	0.7322	4.3500	无
中国	0.18	4.35	无	1.6505	4.3500	无
德国	1.16	4.35	无	1.5974	4.3500	无
法国	2.11	4.35	无	6.3439	4.3500	有
英国	0.70	4.35	无	4.3258	4.3500	无
印度	0.69	4.35	无	1.2909	4.3500	无
意大利	0.84	4.35	无	1.3199	4.3500	无
日本	0.94	4.35	无	18.8637	4.3500	有

续表

国家	平均进口倾向			平均出口倾向		
	F 值	临界值	有无趋势变化	F 值	临界值	有无趋势变化
韩国	12.38	4.35	有	9.8485	4.3500	有
马来西亚	2.21	4.35	无	1.4938	4.3500	无
新加坡	2.57	4.35	无	1.3611	4.3500	无
泰国	4.55	4.35	有	3.0871	4.3500	无
美国	1.02	4.35	无	5.1956	4.3500	有

注：表中临界值为 $F_{0.05}(3,7)$，即分子自由度为 3、分母自由度为 7、可信度为 0.05 等情况下的 F 分布临界值。

资料来源：笔者根据相关公式利用 WDI 数据库整理而得。

第一，14 国中只有加拿大、韩国和泰国三国的平均进口倾向发展趋势发生了突变。表 4—20 所提供趋势突变检验结果中，只有加拿大、韩国和泰国三国突变点检验 F 值高于临界值，表明该三国的平均进口发展趋势在亚洲金融危机冲击爆发期间发生了显著的趋势突变；泰国和韩国作为亚洲金融危机的源起国和毗邻国，同时又是外向型国家，因此受到较大程度的冲击影响；而加拿大趋势改变原因可能是多方面的，一方面源于受亚洲金融危机冲击，另一方面也可能是源于其内部方面的因素；而其他 11 国的平均进口倾向变化趋势并没有发生明显的改变，表明虽然各国受到亚洲金融危机冲击的一定影响，但仍不足以改变其平均进口发展的总体趋势。

第二，从平均出口倾向趋势突变的实证检验结果来看，14 国中只有法国、日本、韩国和美国等 4 国发生了明显的变化，而其他 10 国趋势变化则不明显。表 4—20 给出的检验结果中，只有法国、日本、韩国和美国四国趋势突变 F 检验值高于临界值，说明该 4 国平均出口倾向在 1997—1999 年阶段发生了趋势突变，而其他 10 国则没有显著的趋势性变化。

首先，从检验结果来看，当亚洲金融危机冲击爆发后，一方面，会引发受影响程度较高国家经济增长率的大幅度下降，从而会影响出口规模的提升；另一方面，这些国家也会通过积极发展出口以提升国内经济增长率，即冲击对各国出口的影响是双向的，主要看哪种影响程度较大。因而亚洲7国中，只有日本和韩国平均出口受到了影响，这主要是由于两国对亚洲市场依赖程度较高，亚洲整体进口增长水平的下降会直接影响到两国的进口；而对于法国和美国来说，虽然受到亚洲金融危机直接影响程度较小，但同样由于亚洲各国是其重要贸易伙伴国，亚洲地区整体进口规模的变化也会影响到这两国，从而引起其趋势变化。

其次，其他10国平均出口倾向发展趋势并没有发生明显改变的原因可分为两个方面。一方面，从亚洲5国情况来看，之所以平均出口倾向发展趋势没有发生显著性变化，原因之一就在于冲击对出口影响具有双面性，同时也由于平均出口规模主要是受经济水平的影响，具有一定的稳定性；另一方面，从欧美5国来看，虽然亚洲金融危机的爆发所带来亚洲各国对外需求的减少，会影响到各国对亚洲地区的出口，但各国可以通过扩大对其他地区出口来减弱这一影响，从而保持平均出口倾向发展趋势的持续稳定性。

（三）亚洲金融危机冲击向前两阶段趋势突变检验

依照本章第一节所提供的两阶段趋势突变检验方法，对14国在亚洲金融危机冲击潜伏期和爆发期的贸易趋势变化展开实证检验分析，具体检验结果如表4-21所示。从实证检验结果来看，14国在亚洲金融危机冲击爆发前后，年度整体平均进口趋势并没有太大的改变，而平均出口倾向则只有加拿大和法国有显著的变化。

表4-21　亚洲金融危机冲击爆发前后两阶段各国平均进出口倾向趋势突变检验结果

国家	平均进口倾向			平均出口倾向		
	F值	临界值	有无趋势变化	F值	临界值	有无趋势变化
澳大利亚	0.51	4.84	无	6.54	4.84	无
加拿大	1.47	4.84	无	42.58	4.84	有

续表

国家	平均进口倾向			平均出口倾向		
	F 值	临界值	有无趋势变化	F 值	临界值	有无趋势变化
中国	0.83	4.84	无	3.47	4.84	无
德国	0.08	4.84	无	3.46	4.84	无
法国	0.00	4.84	无	7.65	4.84	有
英国	0.09	4.84	无	1.05	4.84	无
印度	0.04	4.84	无	0.00	4.84	无
意大利	0.51	4.84	无	1.10	4.84	无
日本	0.24	4.84	无	1.30	4.84	无
韩国	0.35	4.84	无	0.00	4.84	无
马来西亚	1.05	4.84	无	2.28	4.84	无
新加坡	0.75	4.84	无	0.38	4.84	无
泰国	0.19	4.84	无	0.02	4.84	无
美国	0.95	4.84	无	0.53	4.84	无

注：表中临界值为 $F_{0.05(1,11)}$，即分子自由度为 1、分母自由度为 11、可信度为 0.05 等情况下的 F 分布临界值。

资料来源：笔者根据相关公式利用 WDI 数据库整理而得。

第一，从亚洲金融危机冲击爆发前后两个阶段的平均进口倾向趋势突变检验结果来看，14 国均无显著的趋势变化。该检验结果表明，从 14 国总体年度平均进口发展趋势来看，亚洲全球金融危机冲击对趋势变化的影响并不明显，即亚洲金融危机冲击过后，各国年度整体平均进口倾向依然保持了冲击前的发展趋势。

第二，从平均出口倾向在亚洲金融危机冲击潜伏期和过后期两阶段趋势变化来看，与平均进口倾向变化情况有所不同，在冲击前后的两个阶段，加拿大和法国两国的平均出口倾向的发展趋势有了较为明显的改变。结合世界经济具体发展情况来看，加拿大和法国之所以有了明显的趋势变化，一方面在于可能确实受到了亚洲金融危机冲击的影响，另一方面可能源于自身经贸发展所带来的趋势改变。

　　第三，综合进口与出口情况来看，受冲击影响带来的平均贸易倾向发展趋势的变化并不明显，这表明，亚洲金融危机冲击对各国进出口贸易趋势的影响不具有长期持续性，主要源于亚洲金融危机冲击程度较低，不足以改变大多数国家的贸易发展趋势。

（四）全球金融危机冲击的后向滚动突变点检测结果

　　依照趋势突变点检验方法，对全球金融危机冲击爆发期趋势变化进行检验，具体结果如表4-22所示。根据实证检验结果，14国在全球金融危机冲击爆发期平均进出口倾向发展趋势变化较强，其中有5国平均进口倾向和6国的平均出口倾向的发展趋势有了明显的改变。

表 4-22　全球金融危机冲击下各国平均进出口倾向趋势突变检验结果

国家	平均进口倾向			平均出口倾向		
	F 值	临界值	有无趋势变化	F 值	临界值	有无趋势变化
澳大利亚	6.39	4.07	有	2.61	4.07	无
加拿大	3.26	4.07	无	1.59	4.07	无
中国	7.96	4.07	有	10.00	4.07	有
德国	5.06	4.07	有	6.65	4.07	有
法国	3.86	4.07	无	3.08	4.07	无
英国	3.62	4.07	无	3.42	4.07	无
印度	10.75	4.07	有	9.01	4.07	有
意大利	3.81	4.07	无	3.16	4.07	无
日本	3.38	4.07	无	5.95	4.07	有
韩国	5.28	4.07	有	7.50	4.07	有
马来西亚	2.68	4.07	无	2.22	4.07	无
新加坡	3.65	4.07	无	4.20	4.07	有
泰国	3.24	4.07	无	3.16	4.07	无
美国	3.34	4.07	无	3.98	4.07	无

　　注：表中临界值为F0.05(3,8)，即分子自由度为3、分母自由度为8、可信度为0.05等情况下的 F 分布临界值。

　　资料来源：笔者根据相关公式利用 WDI 数据库整理而得。

第一，从平均进口倾向的发展趋势变化来看，在全球金融危机爆发期间，有5国的平均进口倾向的固有发展趋势发生了显著性改变，表明与亚洲金融危机冲击相比，全球金融危机冲击的影响更强更广。

首先，表4-22所提供的实证检验分析结果表明，澳大利亚、中国、德国、印度和韩国的平均进口倾向发展趋势在2008—2010年期间有了显著的趋势变化，说明与2000—2007年全球金融危机潜伏期相比，至少有5国的平均进口倾向发展趋势在全球金融危机冲击爆发期间发生了变化。

其次，从发生趋势突变的5国情况来看，中国、印度和韩国为亚洲国家，其他两个国家的为欧美国家，而作为全球金融危机源起国的美国，其平均进口倾向发展趋势在冲击爆发期间并没有发生较为显著的变化，之所以产生这样的现象，结合第三章理论模型分析结果以及相关实际发展情况来看，可以从以下两个方面进行解释：

其一，中国、印度和韩国作为与欧美等地区重要贸易伙伴国，英美等国受到经济冲击的影响必然会通过贸易和投资渠道影响到三国的经济发展和进口贸易情况，导致三国出口趋势受到较大程度的影响，而其他4国受冲击影响却相对较小不足以改变进口发展趋势。

其二，从欧美7国情况来看，只有澳大利亚和德国平均出口倾向发展趋势有了较为显著的变化，这一方面在于该两国受冲击影响程度较强以及进口发展趋势稳定性有关，另一方面也在于其他5国平均进口倾向受经济增长水平影响程度较强，表现出与经济发展趋势同步变化的结果。

第二，从平均出口倾向的发展趋势变化情况来看，情况与进口情况有所不同，14国中有6个国家——中国、德国、印度、日本、韩国和新加坡的平均出口倾向发展趋势发生了突变，除了德国，其他5个国家均为亚洲国家。综合来看，之所以产生这样的情况，主要有以下几个方面：

首先，中国、印度等亚洲5国均为对外开发性较高的国家，且欧美地区是5国主要出口地区，全球金融危机冲击爆发后受欧美地区对外需求的大幅度下降，导致了亚洲各国出口大幅度下降，从而引起各国出口增长水平的下降，进而影响到平均出口倾向长期持续变化趋势。

其次，从欧美7国来看，只有德国平均出口倾向在全球金融危机冲击爆发期发生了突变，其他6国则没有显著性趋势变化，表明虽然全球金融危机对各国出口影响程度的较大，但对平均出口倾向发展趋势影响远没有亚洲各国的明显。

第三，从平均进出口倾向发展趋势的对照情况来看，中国、德国、印度、日本和韩国的平均进口倾向和平均出口倾向发展趋势均有了显著性突变，表明这5个国家受全球金融危机冲击的影响较为显著，不仅贸易增长率水平有了较大程度的变化，同时平均贸易倾向变化趋势也有较大程度的改变。

通过对14国在1990—2014年期间两次金融危机冲击对贸易增长和平均贸易倾向发展趋势的实证分析发现，14国受影响程度较为明显，且不同阶段不同国家差异性也较为明显。

第一，从进出口增长水平来看，两次金融危机冲击对各国进口增长影响差异性较为明显。首先，在冲击爆发期间，冲击源起国及大多数与其经贸关系紧密国家的进口增长水平会随着经济发展水平的波动有较大幅度的下降，而出口增长水平的变化却相对要复杂一些，一方面受冲击影响程度加强国家出口增长水平会有一定程度的波动，另一方面那些经济受直接冲击较弱的国家也会由于其贸易伙伴国对外需求的下降而出口增长水平有所下降；其次，从两次金融危机冲击对各国贸易影响的区域特征和程度来看，亚洲金融危机冲击对亚洲7国贸易影响要明显高于欧美7国，而全球金融危机冲击对14国均有明显的影响。

第二，从平均贸易倾向变化情况来看，区域和阶段性特征同样较为明显。首先，从亚洲金融危机冲击影响来看，在冲击爆发期间，大多数亚洲国家表现出震荡性变化特点，而欧美7国中的大多数国家则没有明显的震荡变化；其次，从全球金融危机冲击的影响来看，在冲击爆发期间，除了少数国家，大多数国家均表现出较为明显的波动性变化趋势；最后，从冲击影响的范围和程度来看，亚洲金融危机冲击的影响要明显弱于全球金融危机冲击的影响。

第三，从平均贸易倾向趋势突变情况来看，各国差异性比较明显。首先，从亚洲金融危机冲击所带来的影响来看，在冲击爆发期间 14 国中只有 3 国的平均进口趋势以及 4 国的平均出口倾向发展趋势发生了改变；其次，从全球金融危机冲击爆发期间情况来看，受影响的范围相应要大得多，14 国中有 5 国平均进口倾向和 6 国的平均出口倾向发展趋势有了明显的变化；最后，从两次金融危机冲击影响的区域特点来看，危机源起国及其毗邻地区的平均进口倾向更易于发生趋势变化，而与源起国保持较紧密经贸联系的国家的平均出口倾向的发展趋势更易于发生改变。

第五章　外部冲击下的中国产业结构趋势变迁

本章将通过对中国整体及其 31 个省、自治区和直辖市在两次金融危机冲击前后经济增长、消费支出以及对外贸易增长趋势的变化情况，进一步论证分析冲击对中国经济发展趋势的作用和影响。

第一节　研究方法和数据选取说明

本章的研究方法和思想，依然是以第三章理论研究基础和第四章实证分析基础之上展开的，主要研究内容包括经济增长趋势、消费支出增长趋势和贸易增长趋势受金融危机冲击影响的变化情况，而相应研究方法则主要集中在各项经济指标发展趋势突变实证分析和各项经济指标发展趋势两阶段突变实证检验两个层面。

一、研究思想与方法

（一）研究思想

本章的研究思想和方法，依然来源和承接于第三章理论模型分析和第四章的相关实证分析思想和方法，具体的主要包括以下几个方面：

第一，中国经济发展趋势具有相对稳定的特点。由于中国整体及其各地区均具有根据内外部经济发展环境适时调整经济发展策略，以达到充分利用生产要素实现经济稳定持续发展的能力，因而从长期来看，如果没有较大程度突发性内外部冲击的前提下，中国总体和各地区能够保持经济长期持续稳定的发展趋势，具体表现即为各地区经济增长率、消费支出增长率和贸易增长率均保持相对稳定的波动性变化趋势。

第二，当外部冲击影响程度足够大时，各地区固有经济发展趋势将有可能被打破，但这种趋势变化程度和持续的时长会由于地区间差异性而有所不同。当冲击爆发后，由于不同地区开放度和抗击外部冲击影响能力不同，其所表现出的受冲击影响程度高低与时间长短均有所差异，即只有当一地区受到相当程度的冲击后，其经济发展趋势才会发生明显的变化；同时，由于各地区受影响程度不同，趋势改变的幅度也有所差异，为了测算出短期以及更细微的趋势改变，有时候需要从季度（甚至是月度）和产业层面展开深入的分析论证。

第三，冲击过后，各地区经济发展趋势会再次进入一个新的相对稳定发展状态。当冲击过后，其影响会随着时间的推移而慢慢减弱消失，之后各地区经济发展环境又重新进入到一个新的稳定状态，新状态下的经济发展趋势是否能与冲击前发展趋势相同，则需要根据不同地区的具体情况而定，即冲击对发展趋势的影响可能具有长期持续性，即使冲击的影响消失之后，各地区的经济发展趋势也不一定会恢复到冲击前的状态。

（二）研究内容

第一，经济增长趋势变化的实证检验分析。首先，通过变系数面板数据模型实证方法检验各地区经济增长率是否具有稳定的长期发展趋势；其次，通过趋势突变检验方法，检验冲击是否改变了经济增长率的固有发展趋势；最后，通过判断冲击前后两阶段经济增长趋势异同，检验当冲击过后，经济增长趋势能否恢复到冲击前固有状态。

第二，消费支出增长趋势变化的实证检验分析。首先，通过实证分析方法检验中国总体消费支出增长率是否具有稳定的长期趋势；其次，分析消费支出增长率在冲击过程中的趋势突变情况，检验冲击是否会改

变中国消费增长固有趋势；最后，通过检验冲击潜伏期和冲击过后期两
阶段增长趋势的异同性，判断冲击对消费增长趋势的长期性。

第三，贸易增长趋势变化的实证检验分析。首先，实证检验各地区
贸易增长率是否具有长期发展趋势；其次，通过趋势突变检验方法，检
验贸易增长趋势在冲击爆发前后趋势突变性；最后，通过检验冲击前后
两阶段贸易增长趋势的异同性，分析外部冲击对中国各地区贸易长期发
展趋势的影响。

二、主要研究方法说明

本章研究方法分为三个方面：其一，经济发展趋势稳定性检验，即
通过构建变系数面板数据模型，实证检验金融危机冲击前后各阶段各地
区经济增长率、消费增长率和贸易增长率时间序列是否符合稳定的一阶
自回归过程；其二，冲击影响起始和结束时间判定，即通过滚动邹氏突
变点检验方法，分析各地区受冲击影响的起始时间和结束时间；其三，
检验分析冲击前后两阶段趋势变化情况，即通过邹氏突变检验方法，分
析冲击潜伏期和冲击过后期两阶段各地区经济、消费和贸易增长趋势是
否发生了改变。

（一）增长率时间序列回归方程

设定经济增长率、消费增长率和进出口增长率时间序列符合具有漂
移项的一阶自回归过程，回归方程具体模式如式（5-1）所示：

$$g_{it} = \alpha_i + \beta_t g_{i(t-d)} + \varepsilon_{it} \qquad (5-1)$$

式中 g、α、β、d 分别表示增长率、漂移项、系数项和滞后期。其
中：漂移项可能为零也可能非零，需要在实证分析中具体确定；滞后期，
考虑到本章实证分析的特点，对于季度时间序列滞后期为 4 期或者 1 期，
而月度数据滞后期则为 12 期或者 1 期。

（二）滚动趋势突变检测方法

根据邹氏突变点检测方法，通过构建滚动趋势突变检测方法，以有

效检测发展趋势的突变点以及趋势变化情况，与本章实证分析内容相对应的滚动趋势突变检测方法可以分为三类：第一，后向滚动趋势突变点检测，即检测一个特定时间段内开始发生趋势突变的时间点，具体方法参见第四章检验模型（4-10）；第二，前向滚动趋势突变检测，即检测在冲击过后什么时间重新进入到稳定发展趋势的突变点，具体方法参见模型（4-11）；第三，阶段趋势突变点检测方法，即检测两个阶段的发展趋势的异同，从而判断冲击是否改变了固有的发展趋势，具体方法参见模型（4-12）。

（三）初始检验时间段设定说

为了能够充分检测到各地区可能受冲击影响的起始和结束时间点，初始时间段设定必须满足以下三个条件：其一，初始时间段的设定，必须保证在该时间段内各变量变化趋势的持续稳定性；其二，初始时间段的设定，必须确保所有国内大多数地区已明显受到冲击的影响；其三，初始时间段的设定，跨越时期必须足够长以满足实证检验对样本量的需求。因而，根据 1992 年第 1 季度—2015 年第 3 季度（或 1991 年 1 月—2015 年 9 月）各地区实际发展情况，设定三个初始时间段为：

第一，亚洲金融危机冲击潜伏期初始检验时间段为 1992 年第 1 季度—1996 年第 2 季度（或者 1992 年 3 月—1996 年 6 月）。该时间段，亚洲金融危机尚未爆发，各地区并没有表现出较强的经济波动，仍未受到明显的冲击影响，且时间段跨越了 18 个季度，可满足时间序列分析对样本容量的需要。

第二，亚洲金融危机冲击过后期（亦是全球金融危机冲击潜伏期）初始检验阶段设定为 2001 年第 1 季度—2006 年第 2 季度（或者 2001 年 3 月—2006 年 6 月），该时间段既能够保证亚洲金融危机冲击已经结束，而全球金融危机还没有开始，国内各地区经济均处于一个相对稳定的发展阶段，同时 22 个季度的时间跨度也能满足实证分析对样本量的需要。

第三，全球金融危机冲击过后期初始检验时间段设定为 2011 年第 2

季度—2015 年第 3 季度（或者 2011 年 6 月—2015 年 9 月），在该时间段大部分国家受全球金融危机冲击的直接影响基本已经消失，世界经济又重新进入到一个相对稳定的发展时期，同时 17 个季度的时间跨度也能基本上满足实证分析对样本量的需要。

三、数据选取处理以及实证方法说明

（一）数据来源

本章数据主要来源于《中国经济统计数据库》相关数据，该数据库是由国家信息中心所提供，数据相对全面且具有较高的实用性。国家层面实证数据主要包括中国各产业（行业）季度实际累计同比经济增长率、季度实际累计同比消费支出增长率和月度贸易同比增长率；地区实证数据主要包括各地区季度实际累积同比经济增长率和月度同比贸易增长率。

1. 国家产业（行业）经济增长率

该部分数据为 1992 年第 1 季度—2015 年第 3 季度，国内生产总值、第一产业增加值、第二产业增加值、工业增加值、建筑业增加值、第三产业增加值、行业增加值（交通运输、仓储和邮政业）、行业增加值（批发和零售业）、行业增加值（住宿和餐饮业）、行业增加值（金融业）以及行业增加值（房地产业）季度累计同比实际增速。

2. 国家贸易和消费支出增长率

国家月度贸易数据为 1991 年 1 月—2015 年 9 月进口和出口月度同比增长率，该项数据能够较全面地反映出中国在过去近 300 个月度里进、出口贸易增长水平的变化情况，能够较好地满足实证分析的需要；国家月度消费支出数据为 1995 年 1 月—2015 年 9 月共 249 个月份，国民社会消费品零售总额当月同比增长率。

3. 各省、自治区和直辖市的经济和贸易增长率

地区经济产出数据为 2005 年第 1 季度—2015 年第 3 季度 31 个省、自治区和直辖市生产总值累计季度同比实际增长率，由于数据可获得性

问题，该部分的实证分析只考虑 2008 年全球金融危机冲击对各地区影响的结束时间点，而无法就全球金融危机冲击开始时间点及其对各地区趋势改变情况展开分析论证。地区贸易数据为 1995 年 1 月—2015 年 9 月共 249 个月份 31 个省、自治区和直辖市进口和出口月度同比增长率，该部分数据基本上囊括了这些地区在两次金融危机冲击过程中贸易增长率变化情况。

（二）指标选取和数据处理说明

由于本章主要分析中国总体以及 31 个省、自治区和直辖市经济增长率、消费支出和贸易增长率在两次金融危机冲击过程中的趋势变化情况，因而在指标选取和数据处理方面做了两个方面的工作：

第一，在研究样本选取上，本章以中国及 31 个省、自治区和直辖市作为研究对象，但在具体实证分析上，有以下两个方面的变动：其一，国家总体层面的实证分析，包括经济与消费实际季度同比增长率趋势变化，以及进口与出口的月度增长率趋势变化分析；其二，地区层面的实证分析，则主要为季度经济增长率趋势变化和进出口贸易增长率趋势变化。

第二，在具体实证分析内容方面，由于数据获得性问题，本章主要展开了以下几个方面的工作：其一，中国生产总值以及其他 10 个产业（行业）实际增加值季度同比增长率在两次金融危机冲击过程中，受影响的起始点、结束点、持续时长，以及冲击前后两阶段趋势的变化；其二，中国消费支出在两次金融危机冲击过程中，受影响起始点、结束点、持续时长，以及冲击前后两阶段趋势变化；其三，国内 31 个省、自治区和直辖市在两次金融危机冲击过程中，贸易受影响的起始点、结束点、持续时长，以及冲击前后两阶段的趋势变化。

（三）实证分析步骤说明

本章的实证检验分析依次分为四步：第一步，时间序列平稳性检验，即通过面板数据模型单位根检验，检验各时间水平序列的平稳性；第二步，结合第一步水平序列平稳性检验结果，构建变系数时间序列面板数据模型，并判断在冲击潜伏期和冲击过后期各时间序列变量变化趋势是否符合显著的一阶自回归过程模式；第三步，在第二步的实证分析基础上，通过滚动趋势突变检验方法，分析各国经济、消费和贸易受冲击影响的起始、结束和持续时长；第四步，通过两阶段趋势突变检验方法，判断冲击前后各地区的经济、消费和贸易发展趋势是否发生了变化。

1. 时间序列平稳性检验

通过面板数据单位根检验方法，分别检验国家和地区的生产总值、消费支出和贸易增长率时间序列的平稳性：

第一，通过面板数据模型单位根检验方法，检验中国 GDP、产业（行业）增加值以及 31 个省、自治区和直辖市生产总值的实际季度累计同比增长率。如果水平序列平稳，则可以进入到第二步，构造相应的变系数季度时间序列一阶自回归时间序列面板数据模型，否则需要构建相应的变系数季度时间序列单整一阶自回归时间序列面板数据模型。

第二，中国消费支出实际季度累计同比增长率时间序列的平稳性检验，即通过时间序列单位根检验方法，检测水平序列的平稳性。如果具有平稳性，则进一步构建时间序列一阶自回归时间序列模型展开下一步的实证分析，否则构建单整一阶自回归模型做下一步的实证分析。

第三，国家和地区贸易月度同比增长率时间序列平稳性检验，即检验国家整体和 31 个省、自治区和直辖市进口和出口月度同比增长率时间序列的平稳性。如果水平序列为平稳序列，则构建变系数时间序列一阶自回归时间序列面板数据模型进行下一步实证分析，否则构建变系数时间序列单整一阶自回归时间序列面板数据模型进行实证分析。

2. 变系数一阶自回归时间序列面板数据模型

如果各指标时间序列完成了平稳性检验则可以进一步展开实证分析，即通过变系数一阶自回归时间序列面板数据模型，分别检验经济、消费和贸易增长趋势在亚洲金融危机冲击潜伏期、亚洲金融危机冲击过后期

（亦是全球金融危机冲击潜伏期）和全球金融危机冲击过后期的阶段趋势特征。

第一，通过构建变系数时间序列面板数据模型实证分析亚洲金融危机冲击潜伏期，中国及其各地区经济、消费和贸易增长率时间序列是否符合一阶自回归过程。如果符合则表明在该阶段经济、消费和贸易增长率具有稳定的发展趋势，如果不符合则需要做进一步的分析论证，找到其符合的时间序列过程模型。

第二，通过构建变系数时间序列面板数据模型实证分析亚洲金融冲击过后期（全球金融危机冲击潜伏期），中国及其各地区的经济、消费和贸易季度累计同比增长率（或者月度同比增长率）时间序列是否符合一阶自回归过程。如果符合则表明在该阶段，经济、消费和贸易增长率具有稳定的发展趋势，否则需要做更进一步的分析论证，找到其符合的时间序列模型。

第三，构建变系数时间序列面板数据模型，分析国家和各地区的经济、消费和贸易在全球金融危机冲击过后期是否具有稳定的发展趋势。如果符合季度（或月度）一阶自回归过程，则表明在全球金融危机冲击过后期，中国和各地区的经济、消费和贸易具有稳定的发展趋势，否则需要展开进一步的分析检验，找到与其相符合的时间序列模型。

3. 趋势突变检验

在完成上两步的实证检验之后，即可以进行趋势突变检验，以判断两次金融危机冲击对国家和各地区经济、消费和贸易影响的起始期、结束期和持续时长。

第一，亚洲金融危机冲击影响起始期和结束期检验。利用向后滚动趋势突变检验方法，逐次判断出全国和各地区受亚洲金融危机冲击影响的起始期，再利用向前滚动趋势突变检验方法，分别判断出全国和各地区受亚洲金融危机冲击影响的结束期；根据亚洲金融危机冲击影响的起始期和结束期，依次得到国家和各地区经济、消费和贸易受冲击影响的持续时长。

第二，全球金融危机冲击影响起始期和结束期实证检验。同样，利用向后滚动趋势突变检验方法，逐次判断出全国和各地区受全球金融危机冲击影响的起始期；再利用向前滚动趋势突变检验方法，逐次判断出全国和各地区受全球金融危机冲击影响的结束期，并进而得出全国和各地区受冲击影响持续时长。

4. 两阶段发展趋势差异性检验

该部分的实证工作，在于检测冲击是否对发展趋势具有长期持续的影响，即当冲击过后，发展趋势是否可以重新恢复为冲击前的固有趋势。

第一，亚洲金融危机冲击前后两阶段趋势突变检验。通过两阶段趋势突变方法，逐次检验分析各地区经济、消费和贸易增长趋势在亚洲金融危机冲击潜伏期和过后期两阶段的异同性，从而判断出亚洲金融危机冲击是否永久地改变了各地的固有发展趋势，如果两阶段发展趋势相同，则表明冲击的影响是短暂的且可以恢复，否则表明冲击的影响是永久而难以恢复的。

第二，全球金融危机冲击前后两阶段趋势突变检验。该项实证分析工作的目的在于检验全球金融危机冲击是否对各地区经济发展趋势具有永久持续影响，即通过两阶段趋势突变方法，逐次检验全球金融危机冲击潜伏期和过后期各地区经济、消费和贸易增长趋势的异同，如果不同则表明全球金融危机冲击的影响具有永久性和不可恢复性，否则表明冲击对发展趋势的影响是短暂而可恢复的。

第二节　变系数时间序列面板数据模型分析

为了分析判断国家和31个省、自治区和直辖市的经济、消费和贸易增长率在冲击潜伏期和冲击过后期是否具有稳定的发展趋势，因而需要建立变系数面板数据模型进行分析判断，该部分的实证分析主要分为两部分：首先，检验经济增长率、消费增长率和贸易增长率时间序列的平稳性，以确定变系数时间序列面板数据模型的类型；其次，通过构建相应的变系数时间序列面板数据模型实证检验分析，各地区在亚洲金融危机冲击潜伏期、亚洲金融危机冲击过后期和全球金融危机冲击过后期是否具有稳定的经济发展趋势。

一、阶段划分及变量符号说明

根据所获数据以及两次金融危机冲击的特点，设定各项经济指标时间序列时间划分具体方法如表 5-1 所示。

表 5-1　生产总值（行业增加值）和对外贸易增长率变量符号说明

变量名称（实际季度累计同比增长率）	变量符号	变量名称（月度同比增长率）	变量符号	变量名称（月度同比增长率）	变量符号
国内生产总值	GY_1	全国进口	GM_1	全国出口	GX_1
第一产业增加值	GY_2	北京进口	GM_2	北京出口	GX_2
第二产业增加值	GY_3	天津进口	GM_3	天津出口	GX_3
工业增加值	GY_4	河北进口	GM_4	河北出口	GX_4
建筑业增加值	GY_5	山西进口	GM_5	山西出口	GX_5
第三产业增加值	GY_6	内蒙古进口	GM_6	内蒙古出口	GX_6
交通运输、仓储和邮政业增加值	GY_7	辽宁进口	GM_7	辽宁出口	GX_7
批发零售业增加值	GY_8	吉林进口	GM_8	吉林出口	GX_8
住宿餐饮业增加值	GY_9	黑龙江进口	GM_9	黑龙江出口	GX_9
金融业增加值	GY_{10}	上海进口	GM_{10}	上海出口	GX_{10}
房地产业增加值	GY_{11}	江苏进口	GM_{11}	江苏出口	GX_{11}
北京地区生产总值	GY_{12}	浙江进口	GM_{12}	浙江出口	GX_{12}
天津地区生产总值	GY_{13}	安徽进口	GM_{13}	安徽出口	GX_{13}
河北地区生产总值	GY_{14}	福建进口	GM_{14}	福建出口	GX_{14}
山西地区生产总值	GY_{15}	江西进口	GM_{15}	江西出口	GX_{15}

变量名称（实际季度累计同比增长率）	变量符号	变量名称（月度同比增长率）	变量符号	变量名称（月度同比增长率）	变量符号
内蒙古地区生产总值	GY_{16}	山东进口	GM_{16}	山东出口	GX_{16}
辽宁地区生产总值	GY_{17}	河南进口	GM_{17}	河南出口	GX_{17}
吉林地区生产总值	GY_{18}	湖北进口	GM_{18}	湖北出口	GX_{18}
黑龙江地区生产总值	GY_{19}	湖南进口	GM_{19}	湖南出口	GX_{19}
上海地区生产总值	GY_{20}	广东进口	GM_{20}	广东出口	GX_{20}
江苏地区生产总值	GY_{21}	广西进口	GM_{21}	广西出口	GX_{21}
浙江地区生产总值	GY_{22}	海南进口	GM_{22}	海南出口	GX_{22}
安徽地区生产总值	GY_{23}	重庆进口	GM_{23}	重庆出口	GX_{23}
福建地区生产总值	GY_{24}	四川进口	GM_{24}	四川出口	GX_{24}
江西地区生产总值	GY_{25}	贵州进口	GM_{25}	贵州出口	GX_{25}
山东地区生产总值	GY_{26}	云南进口	GM_{26}	云南出口	GX_{26}
河南地区生产总值	GY_{27}	西藏进口	GM_{27}	西藏出口	GX_{27}
湖北地区生产总值	GY_{28}	陕西进口	GM_{28}	陕西出口	GX_{28}
湖南地区生产总值	GY_{29}	宁夏进口	GM_{29}	宁夏出口	GX_{29}
广东地区生产总值	GY_{30}	青海进口	GM_{30}	青海出口	GX_{30}
广西地区生产总值	GY_{31}	甘肃进口	GM_{31}	甘肃出口	GX_{31}
海南地区生产总值	GY_{32}	新疆进口	GM_{32}	新疆出口	GX_{32}
重庆地区生产总值	GY_{33}	国家消费	GC		
四川地区生产总值	GY_{34}				
贵州地区生产总值	GY_{35}				
云南地区生产总值	GY_{36}				
西藏地区生产总值	GY_{37}				
陕西地区生产总值	GY_{38}				
宁夏地区生产总值	GY_{39}				
青海地区生产总值	GY_{40}				
甘肃地区生产总值	GY_{41}				
新疆地区生产总值	GY_{42}				

第一，国家国内生产总值及 10 个产业（行业）增加值共 11 个实际季度累计同比增长率时间序列平稳性检验阶段划分方法为：亚洲金融危机冲击潜伏期为 1992 年第 1 季度—1996 年第 2 季度共 18 个季度，亚洲金融危机冲击过后期为 2001 年第 2 季度—2006 年第 2 季度共 21 个季度，全球金融危机冲击过后期为 2011 年第 3 季度—2015 年第 3 季度共 17 个季度。

第二，国家消费支出和进出口贸易月度同比增长率时间序列平稳性检验阶段划分方法为：亚洲金融危机冲击潜伏期为 1991 年 1 月—1996 年 6 月共 66 个月度数据，亚洲金融危机冲击过后期为 2001 年 6 月—2006 年 6 月共 61 个月度数据，全球金融危机冲击过后期为 2011 年 9 月—2015 年 9 月共 49 个月度数据。

第三，31 个省、自治区和直辖市实际生产总值季度累计同比增长率时间序列平稳性检验阶段划分：由于只能获得 2005 年第 1 季度—2015 年第 3 季度数据，因而实证分析过程中只考虑全球金融危机冲击过后期即 2011 年第 3 季度—2015 年第 3 季度共 17 个季度的时间序列的平稳性问题。

第四，受数据可获得性的限制，国内 31 个省、自治区和直辖市进口和出口月度同比增长率时间序列平稳性检验阶段划分方法：全球金融危机冲击潜伏期（抑或亚洲金融危机冲击过后期）为 2001 年 6 月—2006 年 6 月共 61 个月度数据，全球金融危机冲击过后期为 2011 年 9 月—2015 年 9 月共 49 个月度数据。

二、时间序列平稳性检验

利用面板数据单位根检验方法，分别对全国、各地区经济、消费和对外贸易增长率时间序列平稳性展开检验，具体结果如表 5-2 所示。从检验结果来看，经济、消费和对外贸易增长率时间序列均为平稳序列。

表 5-2　各变量水平时间序列单位根检验

变量	检验方法	统计量值	P 值	个体数	样本量	结论
gy（经济增长率）	Levin, Lin & Chu t	−0.79	0.21	42	2329	平稳序列
	Im, Pesaran and Shin W-stat	−3.06	0.00	42	2329	
	ADF-Fisher Chi-square	142.65	0.00	42	2329	
	PP-Fisher Chi-square	141.31	0.00	42	2336	
gc（消费增长率）	Levin, Lin & Chu t	−1.81	0.04	1	246	平稳序列
	Im, Pesaran and Shin W-stat	−2.13	0.02	1	246	
	ADF-Fisher Chi-square	8.63	0.01	1	246	
	PP-Fisher Chi-square	13.94	0.00	1	248	
gm（进口增长率）	Levin, Lin & Chu t	−14.03	0.00	32	6026	平稳序列
	Im, Pesaran and Shin W-stat	−21.98	0.00	32	6026	
	ADF-Fisher Chi-square	704.97	0.00	32	6026	
	PP-Fisher Chi-square	1646.42	0.00	32	6124	
gx（出口增长率）	Levin, Lin & Chu t	−16.04	0.00	32	6064	平稳序列
	Im, Pesaran and Shin W-stat	−25.79	0.00	32	6064	
	ADF-Fisher Chi-square	841.41	0.00	32	6064	
	PP-Fisher Chi-square	1936.64	0.00	32	6124	

注：经济增长率为季度数据，消费支出和进出口增长率为月度数据。

第一，国家经济增长率时间序列为平稳序列。国家国内生产总值、10 个产业（行业）增加值以及 31 个省、自治区和直辖市生产总值时间序列平稳性检验结果表明，4 类方法检验中，有三类方法均表明经济增长率时间序列在 1% 显著水平上为平稳序列，因而综合来看经济增长率序列不具有单位根为平稳序列。

第二，消费增长率时间序列为平稳序列。由于只能得到国家层面在 1995 年 1 月—2015 年 9 月消费支出的月度数据，因而本章关于消费增长率面板数据单位根检验实际是对中国消费增长率在过去 246 个月度时间序列的平稳性检验，表 5-2 给出的检验结果表明，消费增长率时间序列不存在单位根均为平稳序列。

第三，进口和出口增长率时间序列为平稳序列。对中国及 31 个省、自治区和直辖市在 1991 年 1 月—2015 年 9 月（各省、自治区和直辖市则为 1995 年 1 月—2015 年 9 月）期间进口和出口增长率时间序列进行面板数据模型单位根检验，结果表明 4 类检验方法均表明进口和出口时间序列不存在单位根，为平稳时间序列。

三、经济与消费增长趋势回归模型分析

结合本章第二节时间序列平稳性检验结果，进一步构建变系数时间序列面板数据模型，实证分析各阶段经济、消费和对外贸易增长趋势变化的稳定性。考虑到经济增长率指标为季度实际同比累计增长率，因而实证分析分成两部分：一是通过构建滞后一期（一个季度）的变系数时间序列面板数据模型，分析检验各阶段经济增长趋势是否符合相应的自回归过程模型；二是通过构建滞后四期（四个季度）的变系数时间序列面板数据模型，分析检验各阶段经济增长趋势是否符合季度一阶自回归过程模型。

（一）滞后一期的经济增长率变系数面板数据模型实证分析

根据两次金融危机冲击各阶段划分方法，对中国 10 个产业（行业）和 31 个省、自治区和直辖市在 1992 年第 1 季度—2015 年第 3 季度的相关面板数据样本展开分阶段变系数时间序列面板数模型实证检验，具体结果如表 5-3 所示。从各项检验指标来看，效果比较理想，实证检验结果具有较强的可信度，同时，总结检验结果表明中国整体、行业和地区经济增长趋势符合一阶自回归过程模型。

第一，各阶段中国国内生产总值及其 10 个产业（行业）增加值增长趋势均符合相应的时间序列回归模型。从表 5-3 给出的实证分析数据结果来看，在亚洲金融危机冲击潜伏期（1992 年第 2 季度—1996 年第 2 季度）、亚洲金融危机冲击过后期（2000 年第 2 季度—2006 年第 2 季度）和全球金融危机冲击过后期（2011 年第 2 季度—2015 年第 3 季度）三个

阶段，中国国内生产总值和10个产业（行业）实际产出季度累计同比增长率，均符合滞后一季度的一阶自回归过程，表明在冲击前后各阶段经济增长趋势均符合稳定的时间序列模型。

表5-3　经济增长率滞后一期变系数自回归面板数据模型实证结果

被解释变量	1992Q2—2006Q2		2000Q2—2006Q2		2011Q2—2015Q3	
	C	GY(−1)	C	GY(−1)	C	GY(−1)
GY_1	−0.97	1.06	0.20	1.00	1.15	0.83
GY_2	2.55	0.46	0.61	0.85	2.36	0.36
GY_3	−1.22	1.05	1.39	0.90	0.38	0.92
GY_4	−0.83	1.03	1.43	0.89	0.41	0.91
GY_5	0.58	0.93	2.72	0.80	−2.42	1.23
GY_6	2.49	0.77	0.07	1.01	2.49	0.69
GY_7	5.25	0.49	1.66	0.83	1.52	0.74
GY_8	2.98	0.63	1.47	0.89	0.19	0.95
GY_9	2.86	0.77	6.02	0.45	2.22	0.59
GY_{10}	3.70	0.60	−0.63	1.16	0.99	0.93
GY_{11}	1.37	0.85	2.54	0.78	1.38	0.67
GY_{12}					2.89	0.60
GY_{13}					0.18	0.96
GY_{14}					1.13	0.84
GY_{15}					−0.36	0.98
GY_{16}					0.58	0.91
GY_{17}					−0.39	0.98
GY_{18}					−0.15	0.98
GY_{19}					0.67	0.88
GY_{20}					1.98	0.72
GY_{21}					1.06	0.87
GY_{22}					2.85	0.64
GY_{23}					0.24	0.95

续表

被解释变量	1992Q2—2006Q2		2000Q2—2006Q2		2011Q2—2015Q3	
	C	GY(–1)	C	GY(–1)	C	GY(–1)
GY_{24}					2.21	0.77
GY_{25}					1.24	0.86
GY_{26}					0.61	0.92
GY_{27}					1.23	0.85
GY_{28}					0.92	0.89
GY_{29}					0.92	0.89
GY_{30}					2.89	0.64
GY_{31}					0.47	0.93
GY_{32}					4.86	0.45
GY_{33}					0.79	0.92
GY_{34}					0.50	0.92
GY_{35}					0.39	0.95
GY_{36}					1.42	0.85
GY_{37}					5.15	0.53
GY_{38}					0.17	0.96
GY_{39}					0.68	0.92
GY_{40}					0.82	0.91
GY_{41}					1.47	0.83
GY_{42}					2.52	0.74
AR^2	0.95		0.83		0.94	
样本容量	187		231		756	

注：为了便于将问题简单化，变量 GY(–1) 设定为分别与 42 个时间序列相对应滞后一期的时间序列；t 检验结果表明，各系数值均在 1% 的显著水平上不为零。

第二，各地区各阶段生产总值增长趋势均符合相应的时间序列回归模型。从 31 个省、自治区和直辖市的地区生产总值实际季度累计同比增长率情况来看，两次金融危机冲击前后各阶段，各地区的经济增长趋势均符合稳定的滞后一期（季度）的一阶自回归过程，表明各地区在冲击潜伏期和过后期均表现出稳定的发展趋势。

第三，从三阶段经济增长趋势的变化情况来看，大部分地区或产业的增长趋势均具有一定程度的变化，但是否发生了阶段性趋势突变还需要进一步的实证分析。从国内生产总值和10个产业（行业）经济增长趋势来看，11个时间序列的自回归过程漂移项和系数项，在亚洲金融危机冲击潜伏期、亚洲金融危机冲击过后期和全球金融危机冲击过后期三个阶段所得到的回归结果，具有较为明显的差异。从表5-3给出的数据来看，11个经济增长率时间序列的一阶自回归过程漂移项和自回归系数在三个阶段均有差异，说明一方面在各阶段经济增长趋势均符合稳定的一阶自回归过程模式，另一方面也表明各阶段经济增长趋势也有所差异。

（二）滞后四期的经济增长率变系数面板数据模型实证分析

表5-4为滞后四期变系数时间序列面板数据模型实证分析结果，从该表给出的实证检验结果，可发现当采用滞后4期（季度）的漂移项非零的自回归过程进行回归时，大致得到了与滞后1期自回归过程相类似的结果：中国国内生产总值增长趋势符合漂移项非零的自回归过程模式，同时不同阶段自回归过程具体形式（截距项和自回归系数值）也有所差异，但各阶段经济增长趋势是否发生了突变仍需要做进一步的实证分析。

表5-4　经济增长率滞后四期变系数自回归面板数据模型实证结果

被解释变量	1992Q2—2006Q2		2000Q2—2006Q2		2011Q2—2015Q3	
	C	GY(-4)	C	GY(-4)	C	GY(-4)
GY_1	-2.86	1.14	-0.07	1.07	3.06	0.55
GY_2	4.71	0.02	1.87	0.56	3.96	-0.08
GY_3	-3.64	1.09	6.41	0.45		
GY_4					1.75	0.66
GY_5	-3.54	1.04			7.08	0.21
GY_6	6.24	0.41				
GY_7			8.44	0.17		

续表

被解释变量	1992Q2—2006Q2		2000Q2—2006Q2		2011Q2—2015Q3	
	C	GY(-4)	C	GY(-4)	C	GY(-4)
GY_8					1.38	0.74
GY_9					7.78	-0.43
GY_{10}	11.45	-0.21			22.24	-1.28
GY_{11}	10.77	0.07			7.74	-0.49
GY_{12}					5.94	0.18
GY_{13}					-0.86	0.94
GY_{14}					1.92	0.66
GY_{15}					-2.66	1.00
GY_{16}					-0.17	0.87
GY_{17}					-3.67	1.12
GY_{18}					-1.08	0.93
GY_{19}					0.21	0.81
GY_{20}					5.43	0.24
GY_{21}					2.88	0.64
GY_{22}					6.19	0.21
GY_{23}					-0.09	0.90
GY_{24}					2.80	0.66
GY_{25}					2.55	0.69
GY_{26}					2.65	0.65
GY_{27}					2.20	0.70
GY_{28}					1.52	0.76
GY_{29}					1.38	0.77
GY_{30}					5.11	0.34
GY_{31}					0.18	0.88
GY_{32}					6.19	0.25
GY_{33}					1.30	0.81
GY_{34}					-0.60	0.92
GY_{35}					8.07	0.35

续表

被解释变量	1992Q2—2006Q2		2000Q2—2006Q2		2011Q2—2015Q3	
	C	GY(–4)	C	GY(–4)	C	GY(–4)
GY_{36}						
GY_{37}					11.37	0.01
GY_{38}						
GY_{39}					0.38	0.90
GY_{40}					–0.72	0.95
GY_{41}					3.62	0.53
GY_{42}					–4.04	1.32
AR^2	0.91		0.75		0.93	
样本容量	154		231		756.00	

注：为了便于将问题简单化，变量 GY(–4) 设定为分别与 42 个时间序列相对应滞后四期的时间序列；表中空缺部分，则表明回归结果没能通过 5% 的显著水平的 t 检验。

从各项检验指标结果来看，滞后四期的自回归过程实证结果与滞后一期自回归实证结果存在一些明显的差异：

第一，部分产业或地区的经济增长趋势并不符合滞后四期的季度自回归过程。从表 5-4 所给出的实证回归结果来看，在亚洲金融危机冲击潜伏期、亚洲金融危机冲击过后期以及全球金融冲击过后期，分别有 4 项、7 项和 5 项经济增长趋势并不符合滞后四期的自回归过程模式，其主要原因则可能与所选取经济增长率指标有关。

第二，从不同滞后期自回归模型实证分析结果来看，滞后期为四期自回归系数值有多项均高于 1，考虑到数据平稳性问题，综合来看，滞后期为一期自回归过程模式更适合作为各地区或产业（行业）的经济增长趋势实证方程。

结合滞后一期和滞后四期的变系数时间序列面板数据模型回归结果来看，可以初步得出下列结论：仅从各地区和产业（行业）经济增长趋势来看，在冲击潜伏期均服从稳定的时间序列自回归过程，表现出较为稳定的经济发展趋势，当冲击过后则会进入另一个新的稳定发展趋势，但两阶段经济增长是否具有相同或者各异的发展趋势还有待于更进一步的分析论证。

（三）国家消费增长率时间序列回归方法

正如前文所述，由于数据选取问题，只能就国家整体消费层面展开自回归模式实证检验分析。通过对 1995 年 1 月至 2015 年 9 月中国消费月度同比增长率实证分析结果来看，主要有以下几个特点：

第一，实证检验结果表明，不论是滞后 1 期还是 12 期的自回归实证检验结果均表明，各阶段中国消费增长率时间序列均服从稳定的一阶自回归过程，表明在全球金融危机冲击潜伏期和冲击过后期中国消费增长趋势符合自回归过程，即冲击发生前中国消费具有稳定增长趋势，当冲击过后又会重新进入到另一个稳定的发展趋势。

第二，从不同滞后期自回归实证检验指标来看，滞后 1 期的自回归过程效果要明显优于滞后 12 期的效果。从可决系数来看，在 1995 年 1 月（1996 年 1 月）—2015 年 9 月、2001 年 6 月—2006 年 6 月以及 2011 年 6 月—2015 年 9 月三阶段的回归结果中，该项指标值分别为 0.84、0.52 和 0.61，均明显高于滞后 12 期自回归实证结果。

第三，综合来看，在全球金融危机冲击前后两阶段中国消费增长趋势符合一阶自回归过程，表明中国消费在全球金融危机冲击爆发前后两阶段具有相对稳定的发展趋势，当然两阶段发展趋势是否相同还需要做进一步的趋势突变检验才能予以确定。

表 5-5　中国消费增长率自回归过程实证分析

解释变量	GC（1995.01—2015.09）	GC（1996.01—2015.09）	GC（2001.06—2006.06）		GC（2011.06—2015.09）	
C	1.42	6.48	2.96	8.68	2.87	3.24
GC(-1)	0.89		0.74		0.78	

续表

解释变量	GC（1995.01—2015.09）	GC（1996.01—2015.09）	GC（2001.06—2006.06）		GC（2011.06—2015.09）	
GC(-12)		0.48		0.23		0.67
AR^2	0.84	0.36	0.52	0.03	0.61	0.57
DW	2.80	0.64	2.44	0.73	2.80	1.87
样本容量	248	237	61	61	52	52

注：各系数均通过了显著水平1%的t检验。

四、对外贸易增长率增长趋势回归模型分析

依照经济增长率变系数自回归面板数据实证分析方法，对全国和31个省、自治区和直辖市在全球金融危机冲击前后两阶段，进口和出口增长率展开实证分析，具体结果如表5-6和表5-7所示，从各项实证检验指标来看，滞后1期的实证分析结果较滞后12期实证分析结果效果要相对好一些，更具有说服力和可信度。

表5-6　进口增长率变系数自回归面板数据模型实证结果

被解释变量	2001M6—2006M6				2011M6—2015M6			
	C	GM(-1)	C	GM(-12)	C	GM(-1)	C	GM(-12)
GM$_1$	11.39	0.56	31.27	-0.21	1.51	0.45		
GM$_2$	10.88	0.53	29.49	-0.28	-0.02	0.27		
GM$_3$	16.55	0.40	38.63	-0.36				
GM$_4$	7.62	0.71	32.84	-0.23				
GM$_5$	10.80	0.58	46.27	-0.49	8.24	0.59	34.88	-0.52
GM$_6$	14.29	0.42	32.72	-0.33	8.31	0.53		
GM$_7$	9.57	0.50	25.15	-0.30			9.46	-0.31
GM$_8$	12.59	0.27	28.53	-0.57			10.53	-0.30
GM$_9$	24.09	0.40	59.16	-0.48	3.84	0.37	15.76	-0.33
GM$_{10}$	17.69	0.44						

续表

被解释变量	2001M6—2006M6				2011M6—2015M6			
	C	GM(-1)	C	GM(-12)	C	GM(-1)	C	GM(-12)
GM_{11}	14.73	0.62						
GM_{12}	24.38	0.26	41.62	-0.25			14.79	-0.37
GM_{13}	15.67	0.29			13.66	0.50	42.32	-0.39
GM_{14}	17.03	0.28	31.73	-0.35				
GM_{15}	6.97	0.72			13.79	0.38		
GM_{16}	16.83	0.32	30.62	-0.21	5.17	0.03		
GM_{17}	14.95	0.48	40.68	-0.36	14.36	0.63		
GM_{18}	7.95	0.66	27.10	-0.25	10.30	0.35	20.41	-0.23
GM_{19}	5.78	0.72					50.12	-0.79
GM_{20}					3.87	0.42	10.36	-0.26
GM_{21}	4.19	0.80	24.84	-0.33	22.39	0.30	49.33	-0.62
GM_{22}	7.38	0.22	13.89	-0.48			31.37	-0.41
GM_{23}	16.22	0.28	34.45	-0.30	15.60	0.79		
GM_{24}	11.40	0.65	44.52	-0.38	5.68	0.73		
GM_{25}	11.15	0.48	26.54	-0.25			91.26	-0.29
GM_{26}			29.19	-0.38	22.16	0.28	49.65	-0.41
GM_{27}	10.26	0.54	33.59	-0.42	33.27	0.54		
GM_{28}	8.15	0.65			14.39	0.36	35.57	-0.44
GM_{29}	7.85	0.62	29.42	-0.37	33.20	0.24	59.26	-0.32
GM_{30}	17.32	0.52	58.03	-0.33			114.51	-1.02
GM_{31}	16.85	0.31	34.82	-0.33			74.20	-0.26
GM_{32}	17.17	0.74			6.60	0.42		
AR^2	0.34		0.14		0.26		0.19	
DW	2.28		1.00		2.04		1.41	
样本容量	1952		1952		1664		1664	

注：为了便于将问题简单化，变量 GM(-1) 和 GM(-12) 设定为分别与 32 个时间序列相对应的滞后 1 期和 12 期的月度进口增长率时间序列；表中空缺部分表明回归结果没能通过 5% 的显著水平的 t 检验。

表 5-7　出口增长率变系数自回归面板数据模型实证结果

被解释变量	2001M6—2006M6				2011M6—2015M6			
	C	GX(−1)	C	CM(−12)	C	GX(−1)	C	CM(−12)
GX_1	8.94	0.68						
GX_2	12.64	0.48	29.10	−0.19	−0.39	0.77	−2.06	0.30
GX_3	7.53	0.73	39.16	−0.39	2.48	0.66		
GX_4	22.71	0.26	37.05	−0.26	−0.83	0.55	2.22	−0.21
GX_5	21.24	0.45	52.22	−0.28			−1.05	−0.42
GX_6	9.11	0.53	28.59	−0.33	4.02	0.29		
GX_7	11.82	0.33	23.05	−0.23	4.26	0.31	14.07	−0.56
GX_8	21.29	0.45	51.10	−0.34	1.57	0.57		
GX_9	14.47	0.34	34.71	−0.66	10.26	0.40		
GX_{10}	9.81	0.66						
GX_{11}	14.14	0.66						
GX_{12}	8.52	0.73	40.26	−0.25	−0.87	0.57		
GX_{13}	14.35	0.59	41.87	−0.26	3.48	0.54	14.71	−0.29
GX_{14}	13.32	0.33	26.30	−0.30	4.09	0.55	4.13	0.32
GX_{15}	31.82	0.34	63.99	−0.31	3.27	0.40	11.25	−0.35
GX_{16}	12.00	0.56	37.19	−0.33	0.62	0.67		
GX_{17}	23.70	0.21	43.21	−0.36	9.99	0.72		
GX_{18}			44.76	−0.46	3.70	0.37		
GX_{19}	12.94	0.44					12.58	−0.19
GX_{20}	12.40	0.41	28.24	−0.35	2.15	0.30	6.97	−0.32
GX_{21}	25.35	0.35	60.61	−0.55			30.40	−0.38
GX_{22}			75.35	−0.39	6.39	0.32		
GX_{23}	16.12	0.44			12.16	0.69	92.50	−0.69
GX_{24}			43.85	−0.44	4.05	0.50		
GX_{25}	22.43	0.32	42.18	−0.25			21.23	−0.37
GX_{26}			45.20	−0.41	3.22	0.69	28.47	−0.47
GX_{27}	81.99	0.46	182.42	−0.29				

被解释变量	2001M6—2006M6				2011M6—2015M6			
	C	GX(-1)	C	CM(-12)	C	GX(-1)	C	CM(-12)
GX_{28}			21.18	-0.39	14.81	0.52	44.76	-0.44
GX_{29}			81.98	-0.16	-8.34	0.38		
GX_{30}					25.83	0.41		
GX_{31}			86.41	-0.25	6.36	0.46		
GX_{32}	7.68	0.65	31.44	-0.26			26.76	-0.22
AR^2	0.25		0.16		0.30		0.13	
DW	2.21		1.22		2.24		1.17	
样本容量	1952		1952		1664		1664	

注：为了便于将问题简单化，变量 GX(-1) 和 GX(-12) 设定为分别与 32 个时间序列相对应滞后 1 期和 12 期的月度出口增长率时间序列；表中空缺部分表明回归结果没能通过 5% 的显著水平的 t 检验。

（一）进口增长率变系数时间序列面板数据回归结果

由于只能获得 31 个省、自治区和直辖市 1995 年 1 月至 2015 年 9 月期间进口和出口月度同比增长率数据，因而本部分的实证分析只能对全球金融危机冲击潜伏期和过后期两阶段展开分析。结合表 5-6 的实证结果来看，可初步得出下列几个结论：

第一，大部分地区进口增长趋势均符合自回归过程模式。不论是滞后 1 期还是滞后 12 期变系数非零漂移项自回归面板数据回归结果均表明，全国整体和 31 个省、自治区和直辖市中的大部分地区进口增长均具有较为稳定的非零漂移项的自回归过程。

第二，从实证检验指标来看，结果具有较强的可信性。从滞后 1 期的自回归实证分析结果来看，两阶段的可决系数分别为 0.34 和 0.26，较一般情况偏低，但由于是面板数据模型实证分析结果，即使可决系数较低，仍具有一定的可信性。

第三，从滞后 1 期和滞后 12 期实证分析结果和检验指标来看，滞后

1 期变系数自回归面板数据模型实证方法更为可靠一些。一方面，从各系数显著性来看，滞后 1 期实证分析结果要明显优于滞后 12 期的分析结果，表 5-6 给出的数据表明前者通过 t 检验的个体数要明显高于后者；另一方面，从可决系数值大小来看，滞后 1 期实证分析结果的可决系数值均要高于滞后 12 期的实证分析结果。

第四，全球金融危机冲击潜伏期和过后期两阶段出口增长趋势的异同，还需进一步的趋势突变检验加以验证分析。虽然从表 5-6 给出的时间序列自回归分析结果，可以初步发现两阶段各地区进口发展趋势有所差异，即两阶段自回归模型中的截距项和自回归系数值均有所不同，但仍不能确定和表明两阶段发展趋势是否具有明显的差异，还需要进一步的分析论证。

（二）出口增长率变系数时间序列面板数据回归结果

与进口增长趋势变化情况相类似，通过对中国整体及 31 个省、自治区和直辖市出口增长率变系数自回归面板数据模型实证分析检验发现：

第一，总体来看，大部分地区出口增长趋势服从自回归过程。不论是滞后 1 期还是滞后 12 期的变系数自回归面板数据模型实证回归结果均表明，大部分地区的自回归项系数均通过了显著水平为 5% 的 t 检验，即多数地区出口增长率时间序列服从自回归过程，具有稳定的发展趋势。

第二，从滞后期情况来看，各项检验指标表明，滞后 1 期的实证回归结果要优于滞后 12 期的回归结果。首先，从自回归项系数显著性来看，滞后 1 期通过的项数要高于滞后 12 期的分析结果；其次，从可决系数的高低来看，前者也明显高于后者的水平，因而综合来看滞后 1 期的回归结果更有说服力和可信性。

第三，从两阶段截距项和自回归项系数来看，全球金融危机冲击潜伏期与过后期两阶段间具有一定的差异性，这说明两阶段各地区出口增长趋势可能不同，当然更准确的结论还需要通过趋势突变检验做进一步的论证分析。

第四，从实证检验指标来看，与进口情况相同，可决系数相对较小，滞后 1 期两阶段回归结果分别为 0.25 和 0.30，一方面是由于面板数据模型中可决系数会相对较低，另一方面也表明模型还有进一步优化和发展的空间。

（三）主要结论

从进口和出口贸易变系数时间序列自回归面板数据模型的回归结果来看，均表明：大部分地区的出口和进口增长率变化趋势在各阶段均服从自回归过程，且滞后 1 期的回归效果要明显优于滞后 12 期的回归结果；同时，两阶段自回归结果也表明在全球金融危机冲击过后期，进出口增长趋势可能发生了变化，但更准确客观的结论还需要进一步的实证检验加以论证说明。

第三节　经济与消费增长趋势突变实证检验

一、经济增长率趋势突变点检验

为了分析两次金融危机冲击对中国整体及 31 个省、自治区和直辖市经济发展趋势影响的时序性，分别构建滞后 4 期（季度）和滞后 1 期（季度）漂移项非零的自回归过程，并通过滚动趋势突变点检验方法，分别检验出冲击影响的起始期、结束期和持续时长，从而判断出冲击对经济发展趋势影响的时序性特征。

同时，考虑到选取指标的特殊性，对经济增长率趋势突变点的实证检验分别从滞后 4 期和滞后 1 期两种情况展开，以保证实证分析的全面性和准确性，具体实证结果如表 5-8 和表 5-9 所示，总体来看，实证分析结果相对比较理想，可以初步判断外部冲击对中国总体和各地区经济增长趋势影响的非均衡性和时序性特征。

（一）滞后 4 期情况

借助向前和向后趋势突变点检验方法，分别对中国及各地区经济增长率发展趋势突变点变化情况进行检验，从表 5-8 和表 5-9 所显示的数据来看，滞后 4 期的趋势突变点检验结果主要有以下几个方面：

表 5-8　国家或行业增长趋势受冲击影响的时点情况

滞后期	变量	亚洲金融危机冲击影响			全球金融危机冲击影响		
		起始点	结束点	持续时长	起始点	结束点	持续时长
滞后 4 期	国内生产总值				2009.1	2010.4	7
	第一产业增加值	1998.2				2008.4	
	第二产业增加值				2009.1	2010.4	7
	工业增加值				2009.1	2010.4	7
	建筑业增加值					2010.1	
	第三产业增加值	1998.1	1998.4	3			
	交通运输、仓储和 邮政业增加值				2009.1	2010.4	7
	批发零售业增加值	1997.1				2010.4	
	住宿餐饮业增加值						
	金融业增加值	1998.1			2008.1		
	房地产业增加值				2008.2		
滞后 1 期	国内生产总值	1998.1				2010.1	
	第一产业增加值	1998.2				2008.4	
	第二产业增加值		1998.1			2010.1	
	工业增加值		1998.1		2009.1	2010.1	4
	建筑业增加值				2009.1	2011.1	8
	第三产业增加值	1997.1	1998.1	4		2009.1	
	交通运输、仓储和 邮政业增加值	1997.1			2009.1	2010.1	4
	批发零售业增加值	1997.1				2010.1	
	住宿餐饮业增加值				2009.1	2009.1	
	金融业增加值	1998.1	1998.1		2008.1	2010.1	8
	房地产业增加值						

表5-9　各省、自治区和直辖市经济增长率发展趋势受冲击影响时间点情况

变量	全球金融危机冲击影响 （滞后4期）			全球金融危机冲击影响 （滞后1期）		
	起始点	结束点	持续时长	起始点	结束点	持续时长
北京地区生产总值		2010.4			2010.4	
天津地区生产总值		2010.4			2010.1	
河北地区生产总值		2010.4			2010.1	
山西地区生产总值		2011.1			2010.1	
内蒙古地区 生产总值		2010.1				
辽宁地区生产总值		2010.2			2010.1	
吉林地区生产总值		2011.1			2010.1	
黑龙江地区 生产总值		2010.3			2009.1	
上海地区生产总值		2010.4			2010.1	
江苏地区生产总值		2011.1			2010.2	
浙江地区生产总值		2010.4			2010.3	
安徽地区生产总值		2010.4			2010.1	
福建地区生产总值		2010.4			2010.1	
江西地区生产总值		2010.4			2010.1	
山东地区生产总值		2011.1			2010.1	
河南地区生产总值		2010.4			2010.1	
湖北地区生产总值		2010.4			2010.1	
湖南地区生产总值		2011.1			2010.2	
广东地区生产总值		2010.4			2010.1	
广西地区生产总值		2010.4			2008.2	
海南地区生产总值		2010.4			2010.1	
重庆地区生产总值		2010.4			2010.1	
四川地区生产总值		2010.4			2010.1	
贵州地区生产总值		2009.1			2011.1	
云南地区生产总值						

变量	全球金融危机冲击影响（滞后 4 期）			全球金融危机冲击影响（滞后 1 期）		
	起始点	结束点	持续时长	起始点	结束点	持续时长
西藏地区生产总值		2011.1			2011.1	
陕西地区生产总值		2011.1			2010.1	
宁夏地区生产总值		2010.1			2010.1	
青海地区生产总值		2010.4			2010.1	
甘肃地区生产总值		2010.3			2010.1	
新疆地区生产总值		2009.3			2010.1	

注：表中空白部分表示没有趋势突变点或者数据缺失无法计量。

第一，从中国国内生产总值和 10 个产业（行业）经济增长率趋势变化情况来看，在亚洲金融危机冲击的前后，只有 4 项明显受到了金融危机冲击的影响：第一产业、第三产业、批发零售业和金融业增加值实际季度同比累计增长率趋势分别在 1998 年第 2 季度、1998 年第 1 季度、1997 年第 1 季度和 1998 年第 1 季度发生了改变；同时，从产业受冲击影响的结束时间来看，第三产业增加值季度同比累计增长率受冲击影响在 1998 年第 4 季度结束，受冲击影响持续时长为 3 个季度，而中国国内生产总值和其他 9 个产业（行业）的经济增长趋势受冲击影响结束时间无法预测到。

第二，从全球金融危机冲击影响情况来看，中国国内生产总值以及 10 个产业（行业）经济增长趋势几乎均发生了变化。中国国内生产总值、第二产业增加值、工业增加值以及交通运输、仓储和邮政业增加值增长趋势在 2009 年第 1 季度发生了改变，而金融业增加值和房地产业增加值则分别在 2008 年第 1 季度和第 2 季度发生了趋势突变；同时，从受冲击影响的结束时间来看，国内生产总值、第一产业增加值、第二产业增加值、工业增加值、建筑业增加值、交通运输、仓储和邮政业增加值

以及批发零售业增加值增长趋势则分别在 2010 年第 4 季度、2008 年第
4 季度、2010 年第 4 季度、2010 年第 4 季度、2010 年第 1 季度、2010
年第 4 季度和 2010 年第 4 季度进入到一个新的发展状态；从受冲击
影响的持续时长来看，中国国内生产总值、第二产业增加值、工业增
加值、交通运输、仓储和邮政业增加值增长趋势变化受影响时长均为
7 个季度。

第三，从中国地区层面来看，几乎所有地区经济增长趋势均在全球
金融危机冲击期间发生了明显的变化。表 5-9 给出的实证数据表明，除
了云南外，其他 30 个省、自治区和直辖市的经济增长趋势都在 2009 年
第 1 季度—2011 年第 1 季度期间重新进入到一个相对稳定的发展状态；
30 个省、自治区和直辖市受冲击影响结束的时间差异性较大，最早的为
贵州（2009 年第 1 季度）和新疆（2009 年第 3 季度），最晚的为山西、
吉林、江苏等省份（2011 年第 1 季度）。

第四，从受冲击影响时序特征来看，各地区或产业（行业）受冲击
影响起始点、结束点和持续时长差异性比较明显。亚洲金融危机爆发期
间，受冲击影响最早的为批发零售业（1997 年第 1 季度），其次是金融业、
第三产业和第一产业；全球金融危机冲击期间，受冲击影响最早的则为
金融业和房地产业，经济增长率在 2008 年之初即表现出显著的趋势改变。

（二）滞后 1 期情况

从实证分析结果来看，滞后 1 期与滞后 4 期时间序列分析模型进行
的滚动突变点检验结果基本相同，均表明在两次金融危机冲击过程中，
中国受冲击影响具有明显的非均衡性特点。

第一，1997 年亚洲金融危机冲击影响十分显著。亚洲金融危机发生
期间，中国 10 个产业（行业）中的 4 个，即第三产业增加值、交通运输、
仓储和邮政业增加值、批发零售业增加值和金融业增加值增长趋势分别
在 1997 年第 1 季度或者 1998 年第 1 季度发生了显著性改变；同时，第
二产业、第三产业和金融业经济增长趋势在 1998 年第 1 季度后呈现出新

的发展状态。

第二，全球金融危机冲击的影响同样十分显著。从全球金融危机冲击对中国整体或者产业（行业）经济增长趋势的影响情况来看，11 项指标中有 5 项表明在 2008 年第 1 季度—2009 年第 1 季度期间受到全球金融危机冲击的明显影响，其中金融业受影响最早为 2008 年第 1 季度，其他 4 项均在 2009 年第 1 季度受到了金融危机冲击的明显影响；同时，从受冲击影响的结束时间来看，11 项指标中有 10 项分别在 2008 年第 4 季度—2011 年第 1 季度重新进入到一个新的发展趋势，其中第一产业、第三产业和住宿餐饮业增加值季度累计增长率增长趋势在 2008 年第 4 季度或 2009 年第 1 季度即重新进入到一个新的稳定发展状态；从受冲击影响的持续时长来看，工业增加值、建筑业增加值、交通运输、仓储和邮政业增加值和金融业增加值受冲击影响时序时长分别为 4、8、4 和 8 个季度。

第三，各地区总体受冲击影响十分显著。从 31 个省、自治区和直辖市经济发展趋势变化情况来看，除了云南和内蒙古，有 29 个省、自治区和直辖市经济增长趋势陆续在 2008 年第 2 季度—2011 年第 1 季度重新进入到一个新的稳定发展状态，其中黑龙江和广西最早，分别为 2008 年第 2 季度和 2009 年第 1 季度，其他 27 个省、自治区和直辖市大部分均在 2010 年期间才重新进入新的经济发展趋势。

第四，冲击影响具有明显的非均衡性特征。在亚洲金融危机冲击爆发期间，第三产业增加值、交通运输、仓储和邮政业增加值和批发零售业增加值增长趋势在 1997 年第 1 季度发生了突变，金融业为 1998 年第 1 季度，而其他 7 个产业（行业）经济增长趋势则没有检测到明显的趋势突变情况；同时从受冲击影响的结束时间点来看，第二产业、工业、第三产业和金融业均为 1998 年第 1 季度，而其他 7 个产业（行业）则没有检测到相关结果。从全球金融危机冲击带来的影响情况来看，受冲击影响最早的为金融业，与其他受到明显冲击影响产业（行业）时差为 1 年，受冲击影响结束最早的是第一产业（2008 年第 4 季度）、黑龙江（2009年第 1 季度）和广西（2008 年第 2 季度），而最晚的为贵州和西藏（2011年第 1 季度），最早和最晚之间相差 11 季度；从持续时长来看，持续最长的为建筑业和金融业，高达 8 个季度，而相对较短则为工业和交通运输仓储和邮政业，仅为 4 个季度。

通过对比总结滞后 4 期和滞后 1 期时间序列滚动趋势突变点检验方法所得出的实证结果，可发现以下几个特点：

第一，两种方法所得到的结论大体相一致，但在一些具体内容上依然存在明显的差异。从总体情况来看，两种实证方法均表明金融危机冲击对中国整体和地区层面均产生明显的影响，但亚洲金融危机冲击影响范围和持续时长要小于全球金融危机冲击影响。

第二，中国整体、10 个产业（行业）和 31 个省、自治区和直辖市经济增长趋势受金融危机冲击影响具有明显的规律特征：首先，第三产业、金融业和交通运输、仓储和邮政业等三个产业最容易也最早受到冲击影响，且其受冲击影响持续时间也相对较长；其次，从受冲击影响结束时间来看，第一产业、住宿餐饮业和东部地区受冲击影响的结束时间也相对较早，这也基本符合实践发展经验。

二、经济增长率阶段变化情况

由于缺乏地区相关季度的数据，因而本章只能就中国整体和 10 个产业（行业）经济增长趋势在两次金融危机冲击爆发前后两阶段做趋势突变检验，具体结果如表 5-10 所示。从实证检验结果来看，两种检验方法所得到的结果基本相一致，同时也表明金融危机冲击前后两阶段中国整体和各产业（行业）趋势变化较为显著。

表 5-10　各产业在两次金融危机冲击前后两阶段趋势突变情况

滞后期	变量	亚洲金融危机冲击影响					全球金融危机冲击影响				
		SSR_1	SSR_2	SSR_3	F 值	有无趋势突变	SSR_1	SSR_2	SSR_3	F 值	有无趋势突变
滞后4期	GY_1	18.00	12.08	35.68	3.17	无	12.08	4.26	44.80	33.98	有
	GY_2	3.40	31.00	40.60	3.06	无	31.00	4.27	37.09	1.01	无
	GY_3	58.66	48.60	117.50	1.62	无	48.60	4.74	109.24	20.44	有
	GY_4	64.41	43.52	116.53	1.36	无	43.52	6.29	107.60	22.63	有
	GY_5	144.53	305.01	492.93	1.64	无	305.01	14.94	355.93	2.19	无
	GY_6	10.14	21.42	34.54	1.60	无	21.42	11.04	55.85	14.04	有
	GY_7	24.09	319.05	346.90	0.19	无	319.05	28.71	429.67	4.59	有
	GY_8	20.02	367.18	421.64	1.51	无	367.18	33.25	423.32	1.11	无
	GY_9	243.39	122.68	741.49	17.43	有	122.68	12.83	356.00	31.73	有
	GY_{10}	23.93	563.17	606.46	0.56	无	563.17	114.27	766.73	2.57	无
	GY_{11}	137.56	162.98	305.26	0.27	无	162.98	131.13	617.68	21.45	有
滞后1期	GY_1	4.95	9.45	15.22	0.96	无	9.45	1.72	12.97	3.13	无
	GY_2	3.37	12.86	18.62	2.50	无	12.86	3.71	17.53	1.13	无
	GY_3	21.57	16.67	39.99	0.78	无	16.67	2.65	22.53	3.25	有
	GY_4	26.00	14.51	41.58	0.45	无	14.51	2.96	20.79	3.71	有
	GY_5	88.05	107.22	196.68	0.12	无	107.22	2.98	116.75	1.16	无
	GY_6	6.80	9.77	16.99	0.43	无	9.77	4.46	16.31	2.84	无
	GY_7	20.02	107.19	130.62	0.45	无	107.19	15.86	129.33	1.00	无
	GY_8	22.45	160.89	190.43	0.66	无	160.89	15.47	180.64	0.47	无
	GY_9	430.55	105.54	549.67	0.43	无	105.54	12.57	142.67	4.05	有
	GY_{10}	33.00	114.69	171.87	2.78	无	114.69	59.55	182.87	0.96	无
	GY_{11}	186.58	93.78	282.29	0.12	无	93.78	86.22	205.25	2.74	无

（一）滞后 4 期检验结果

第一，从亚洲金融危机冲击前后两阶段经济增长趋势变化情况来看，除了个别行业，大部分产业（行业）的经济增长趋势并没有明显的改变。

依据表5-10所给出的数据来看，中国国内生产总值和10个产业（行业）增加值季度累计增长率中，只有住宿餐饮业增加值季度累计同比增长率在亚洲金融危机冲击潜伏期和过后期的增长趋势有明显的改变，而其他各项则没有明显的阶段趋势改变，表明亚洲金融危机冲击的影响范围相对较小，主要集中在个别行业。

第二，从全球金融危机冲击的影响情况来看，11项指标中有7项在冲击前后两个阶段发生了阶段性趋势变化，表明在全球金融危机冲击过程中中国整体和大多数产业（行业）的经济增长趋势均发生了阶段性突变，即全球金融危机冲击过后，中国经济和大多数产业（行业）经济增长趋势均发生了改变。

第三，从两次金融危机冲击所带来的阶段性趋势突变检验情况来看，住宿餐饮业在两次金融危机冲击过程中，发展趋势均有了较为显著的阶段性趋势突变，这表明住宿餐饮业发展趋势更容易在外部冲击发生后产生改变，同时也是今后预防应对类似外部冲击过程中需要特别关注的产业。

（二）滞后1期检验结果

从滞后1期时间序列阶段趋势突变检验方法检验结果来看，情况与滞后4期时间序列阶段趋势突变检验方法获得的结果出入较大，两种检验方法差异性主要体现在下列几个方面：

第一，从亚洲金融危机冲击影响来看，滞后1期的检验结果表明没有任何产业（行业）的经济增长趋势在冲击前后两阶段发生了明显改变，这与滞后4期检验方法所得的结果有所不同。

第二，从全球金融危机冲击的影响来看，两种方法所得到的差异性同样较大，滞后1期时间序列阶段趋势突变检验方法所得到的结果表明，11项指标中只有3项在全球金融危机冲击过程中发展趋势有了阶段性改变，显然与滞后4期的检验方法所得到的结果差异性较大。

第三，综合两种检验方法，可初步得出下列一些结论：首先，亚洲金融危机冲击对中国整体和产业层面的发展趋势的影响要远远小于全球金融危机冲击所带来的影响；其次，第二产业、工业和住宿餐饮业经济增长趋势更容易受到金融危机冲击的影响，从而发生趋势的改变，而第一产业、建筑业和批发零售业对外部金融危机冲击的反应则相应要弱一些。

三、中国总体消费趋势突变情况

由于只能获得中国整体消费月度同比增长率的数据，所以本章只对中国整体消费趋势做趋势突变检验，具体结果如表5-11所示。从该表所给出的数据来看，中国消费趋势受冲击影响实证分析结果主要有以下几点。

表5-11　中国消费增长趋势受冲击影响的实证分析结果

滞后期数	亚洲金融危机		全球金融危机				亚洲金融危机		全球金融危机	
	起始期	结束期	时长	起始期	结束期	时长	F值	趋势变化	F值	趋势变化
12				2007.02	2011.02	48			3.48	有
1		1999.03		2007.02	2011.03	49			1.42	无

注：表中空白之处为数据缺失无法计算或者无法得到确切结果，以下各表情况均相同。

第一，从亚洲金融危机冲击对中国消费增长趋势的影响情况来看，滞后12期（月）的时间序列滚动趋势突变点检验方法并没有检测出亚洲金融危机冲击影响的结束时期，而滞后1期（月）的时间序列滚动趋势突变检验方法的检测结果则显示在1999年3月亚洲金融危机冲击的影响结束。

第二，从全球金融危机冲击对中国消费增长趋势的影响来看，滞后12期（月）的时间序列滚动趋势突变检验方法与滞后1期（月）的检测结果结论基本一致，即全球金融危机对中国整体消费增长趋势的影响始于 2007 年 2 月，结束于 2011 年 2 月或者 3 月，持续时长为 48 个或 49 个月。

第三，从全球金融危机冲击前后两阶段中国消费增长趋势的阶段变化特征来看，滞后 12 期（月）的时间序列滚动趋势突变点检验结果表明全球金融危机冲击改变了中国消费的固有增长趋势，并在金融危机冲击过后形成了新的增长趋势；而滞后 1 期（月）的时间序列滚动趋势突变检验结果则表明，在全球金融危机冲击前后两个阶段，中国消费增长趋势并没有发生改变。

第四节　对外贸易增长趋势突变实证分析

为了进一步分析论证全球金融危机冲击对中国经济发展趋势的影响，对中国国家及地区层面进口和出口的趋势变化情况展开实证检验分析。本节的实证检验工作同样分为两个部分，首先通过构建滞后期为 12 期（月）和 1 期（月）的时间序列自回归过程，利用滚动趋势突变点检验方法，实证分析国家总体及各地区进出口受金融危机冲击影响的起始期、结束期和持续时长；其次再通过阶段趋势突变检验方法，进一步论证分析在金融危机冲击过后，贸易增长趋势是否恢复到冲击前的情况。

一、全国总体情况分析

根据相关实证检验方法，对中国 1991 年 1 月—2015 年 9 月进出口贸易增长趋势变化情况进行相应的趋势突变检验，具体结果如表 5-12 所示。从全国整体贸易增长趋势受冲击影响的变化特征来看，主要集中在以下 3 个方面。

表 5-12　中国贸易受冲击影响情况

项目	滞后期数	亚洲金融危机			全球金融危机			亚洲金融危机		全球金融危机	
		起始期	结束期	时长	起始期	结束期	时长	F 值	趋势变化	F 值	趋势变化
进口	12				2008.11	2010.08	21	0.78	无	34.26	有
	1		2000.01		2008.11	2011.01	26	2.00	无	7.93	有
出口	12	1998.10	2009.01					1.80	无	29.05	有
	1	1999.12	2007.03					0.31	无	13.33	有

（一）亚洲金融危机的影响

从亚洲金融危机冲击对中国国家层面贸易发展趋势的影响来看，程度相对较弱，同时两阶段趋势突变检验也没有发现，在亚洲金融危机冲击前后中国贸易趋势发生了明显的变化。

1. 滞后 12 期实证检验结果

从滞后 12 期时间序列自回归趋势突变检验结果来看，进口月度增长趋势并没有发生明显的变化：

第一，从亚洲金融危机冲击影响带来的突变点检验结果来看，并没有检测出冲击起始期和结束期节点，即表明进口增长趋势在亚洲金融危机冲击爆发期并没有发生明显的趋势突变情况。

第二，从亚洲金融危机冲击前后两阶段进口增长趋势的变化情况来看，进口增长趋势在亚洲金融危机冲击过后并没有发生明显的改变，因而综合来看，亚洲金融危机冲击并没有对中国进口增长趋势产生显著的影响。

第三，从亚洲金融危机冲击对中国整体出口的影响来看，具体情况虽然与进口有所差异，但总体结论大致相同：一方面，从突变点检验结果来看，在 1998 年 10 月份出口增长趋势发生了变化，另一方面，从阶段趋势突变检验结果来看，亚洲金融危机冲击潜伏期和过后期两阶段，中国出口增长趋势并没有发生较为明显的变化，因而综合来看，虽然亚洲金融危机冲击对中国出口趋势带来了个别时间点或者阶段的变化，但从总体发展阶段来看，亚洲金融危机冲击并没改变出口增长趋势的固有发展趋势，当冲击过后中国出口增长趋势又恢复到冲击前的发展状态。

2. 滞后 1 期实证检验结果

从滞后 1 期时间序列自回归趋势突变检验方法来看，亚洲金融危机对中国贸易冲击的影响相对较小，虽然表明冲击爆发期间中国贸易趋势在一些节点或小时间段有所改变，但并没有改变中国贸易固有发展趋势。

从进口发展趋势突变点情况来看，进口和出口增长趋势分别在 2000 年 1 月和 1999 年 12 月发生了突变，但从冲击前后两阶段趋势变化情况来看，冲击过后进口和出口的增长趋势并没有发生明显的改变，因而得出的结论只能表明进口和出口增长趋势只在某一时间点或者小时间段发生了变化，但亚洲金融危机冲击并没改变贸易增长的固有趋势。

3. 综合结论

综合两种计量方法所得到的实证检验结果，可初步得到下列结论：亚洲金融危机冲击对中国整体贸易增长趋势的影响主要集中在短期的变化，而从冲击前后两阶段进口和出口增长趋势总体情况来看，并没有发生明显的改变，即虽然亚洲金融危机在某一时刻或者某一段极短时间内导致了贸易增长趋势发生了改变，但从长期来看，亚洲金融危机冲击过后中国贸易增长趋势仍恢复到了冲击发生之前的固有发展趋势。

（二）全球金融危机的影响

根据表 5-12 所给出的实证检验结果，两种检验方法均表明，中国贸易增长趋势受全球金融危机冲击的影响十分明显。

1. 滞后 12 期实证检验结果

滞后 12 期的时间序列自回归趋势突变检验结果表明，中国进口和出口增长趋势均在全球金融危机冲击期间有了较为明显的变化：

第一，全球金融危机冲击对进口的影响十分明显。冲击影响的起始时间为 2008 年 11 月，结束时间为 2010 年 8 月，持续时间为 21 个月，同时，两阶段趋势突变检验结果也表明冲击潜伏期和过后期两阶段的进口增长趋势也明显不同，即全球金融危机打破了中国进口增长的固有趋势，且在冲击过后并没有恢复到固有发展趋势。

第二，全球金融危机冲击对出口的影响也较为明显。首先，从趋势突变点的检验结果来看，在 2009 年 1 月中国出口增长趋势发生了明显的改变；同时，从阶段趋势突变检验结果来看，中国出口增长趋势在冲击潜伏期和冲击过后期存在明显的差异，即表明全球金融危机冲击改变了中国出口增长趋势。

第三，综合来看，全球金融危机冲击的爆发不仅打破了中国进口和出口的固有增长趋势，并且在全球金融危机冲击过后，也没有恢复到冲击前的增长趋势，因而全球金融危机冲击对中国贸易增长趋势的影响是长期持续的。

2. 滞后 1 期实证检验结果

滞后 1 期时间序列自回归趋势突变检验结果基本上与滞后 12 期的检验结果大致相同，只是在全球金融危机冲击影响的起始点和结束点上有所差异。

第一，从进口情况来看，冲击带来的影响较为明显。冲击影响始于 2008 年 11 月，结束于 2011 年 1 月，共持续 26 个月，同时从两阶段检验方法来看，冲击潜伏期和冲击过后期两阶段，中国进口增长趋势存在明显不同，即全球金融危机的爆发打破了中国进口增长固有趋势，在冲击过后也没有得以恢复。

第二，从出口情况来看，冲击带来的影响同样较为明显。在 2007 年 3 月中国出口增长趋势即受到了较为明显的影响，同时两阶段趋势突变检验结果也表明，全球金融危机冲击过后，中国出口增长趋势并没有恢复到冲击爆发前的状态。

第三，综合来看，滞后 1 期和滞后 12 期的时间序列自回归趋势突变检验结果均表明，全球金融危机冲击对中国进口和出口的增长趋势均产生了明显的长期影响，与冲击爆发前相比，在冲击过后，中国进口和出口增长趋势均发生了明显的改变。

两种检验方法均表明，全球金融危机冲击对中国贸易增长趋势产生了明显长期的影响：冲击爆发后，进口和出口的固有增长趋势被打破，冲击过后重新进入到了新的不同于以前的增长状态，同时从冲击爆发对进口增长趋势影响的持续时间来看在两年左右。

（三）总体情况分析

通过构建滞后 12 期和滞后 1 期的时间序列自回归趋势突变检验模型，分别展开对中国进口和出口增长趋势在两次金融危机冲击前后趋势变化的实证分析，实证分析结果主要有以下几点内容：

第一，两种趋势突变检验方法所得到的结果均表明，亚洲金融危机冲击对中国进口和出口增长趋势的影响较小，仅表现出短时间的波动变化，而当金融危机过后则迅速恢复到冲击前的变化趋势。

第二，全球金融危机冲击对中国进口和出口增长趋势具有显著的影响，全球金融危机的爆发，不仅打破了中国进口和出口的固有发展趋势，并对其长期发展趋势产生了明显的影响，即冲击过后中国出口和进口增长趋势并没有恢复到冲击前的发展状态。

第三，从两次金融危机冲击对中国总体进口和出口增长趋势影响的对比情况来看，全球金融危机冲击对中国贸易增长趋势的影响程度要明显高于亚洲金融危机冲击的影响。从短期影响来看，在冲击爆发期间，全球金融危机冲击带来贸易增长趋势波动持续时长要长于亚洲金融危机冲击；从长期影响来看，全球金融危机冲击的爆发改变了中国贸易增长的固有趋势，而亚洲金融危机冲击则没有改变中国贸易增长的固有趋势。

二、各地区受冲击影响时序特征

根据趋势突变检验方法，对中国31个省、自治区和直辖市进口和出口增长趋势在全球金融危机冲击期间变化情况展开实证检验，具体结果如表5-13和表5-14所示。实证结果表明：中国各地区间受影响程度差异性较为明显，不论是受冲击影响的起始时间、结束时间、持续时长以及两阶段趋势突变情况都有很大的差异。

表5-13　各省、自治区和直辖市进口受全球金融危机冲击影响的时序情况

地区	滞后12期			滞后1期		
	起始期	结束期	时长	起始期	结束期	时长
北京	2008.09	2009.05	8			
天津	2009.01	2009.09	8		2010.05	
河北	2008.08	2011.04	32		2011.04	
山西	2009.02				2010.05	
内蒙古		2011.03			2011.03	
辽宁	2009.04					
吉林						
黑龙江	2008.11	2008.12	1	2008.11		
上海	2009.02	2011.03	25		2011.03	
江苏	2009.01	2010.11	22	2007.03	2011.03	48
浙江	2007.02	2010.02	36	2007.02	2010.02	36
安徽	2007.02			2007.02		
福建	2009.02			2009.02	2010.02	12
江西		2011.03		2007.02	2011.03	49
山东	2007.02	2011.04	50	2007.02	2011.03	49
河南						
湖北						
湖南						
广东		2011.01			2011.01	
广西		2009.12			2009.12	

续表

地区	滞后 12 期			滞后 1 期		
	起始期	结束期	时长	起始期	结束期	时长
海南					2010.04	
重庆						
四川					2010.12	
贵州						
云南						
西藏						
陕西		2010.08			2010.02	
宁夏						
青海						
甘肃						
新疆		2008.1			2008.03	

表 5-14　各省、自治区和直辖市出口受全球金融危机冲击影响的时序性

变量	滞后 12 期			滞后 1 期		
	起始期	结束期	持续时长	起始期	结束期	持续时长
北京	2009.01	2010.05	16	2008.11	2010.11	24
天津	2008.12				2009.12	
河北	2008.01	2011.01	36		2011.01	
山西		2011.03			2011.01	
内蒙古	2008.08	2011.02	30	2008.08	2011.02	30
辽宁		2010.02				
吉林	2007.12	2010.04	28	2007.01	2011.03	50
黑龙江	2007.12			2008.07		
上海	2009.01	2010.08	19		2011.01	
江苏		2010.08			2011.01	
浙江	2008.11	2010.03	16		2010.01	
安徽		2010.11			2010.11	
福建	2008.11	2010.05	18	2008.11	2010.01	14

续表

变量	滞后 12 期			滞后 1 期		
	起始期	结束期	持续时长	起始期	结束期	持续时长
江西		2010.11			2010.11	
山东	2009.01	2010.01	12	2009.01	2010.01	12
河南					2009.01	
湖北		2011.01			2011.01	
湖南		2011.01				
广东						
广西		2011.01			2011.01	
海南		2011.05			2011.05	
重庆						
四川		2010.02			2010.01	
贵州		2011.01				
云南		2010.06			2010.07	
西藏						
陕西					2009.02	
宁夏		2010.1			2010.1	
青海		2008.06			2008.06	
甘肃		2010.12			2010.12	
新疆		2011.03			2011.03	

（一）各地区进口受冲击影响情况

1. 滞后 12 期的实证检验结果

从滞后 12 期时间序列自回归趋势突变检验结果来看，中国 31 个省、自治区和直辖市中超过三分之一的地区进口增长趋势有了明显的变化。

第一，从受冲击影响起始点情况来看，超过 10 个省、自治区和直辖市明显受到了全球金融危机冲击的影响。31 个省、自治区和直辖市中，北京、天津、河北、山西、辽宁、黑龙江、上海、江苏、浙江、安徽、福建和山东共 12 个省和直辖市进口增长趋势分别在 2008 年 9 月、

2009 年 1 月、2008 年 8 月、2009 年 2 月、2009 年 4 月、2008 年 11 月、2009 年 2 月、2009 年 1 月、2007 年 2 月、2007 年 2 月、2009 年 2 月和 2007 年 2 月发生了突变，明显地受到了金融危机冲击的影响；同时，受影响起始点的先后顺序来看，山东、浙江和安徽受冲击影响最早，在 2007 年初期其进口增长趋势即发生了明显的变化，北京、河北和黑龙江的进口增长趋势也均在 2008 年有了明显变化，其他 6 个省、自治区和直辖市进口增长趋势也在 2009 年发生了明显变化，最早和最晚受冲击影响起始期相差超过了两年，表明冲击影响起始期具有较强的非均衡性。

第二，从冲击影响的结束期来看，共有 14 个省、自治区和直辖市进口增长趋势有明显的阶段性或长期趋势变化。31 个省、自治区和直辖市中，北京、天津、河北、内蒙古、黑龙江、上海、江苏、浙江、江西、山东、广东、广西、陕西和新疆分别在 2008 年 12 月—2011 年 4 月期间，进口增长趋势有了较为明显的短期或长期变化，其中结束期最早的为新疆和黑龙江，最晚的为江西、上海和山东等地。

第三，从受冲击影响的持续时长来看，实证检验结果表明在全球金融危机爆发期间，有 8 个省、自治区和直辖市的进口增长趋势经历了 1 至 50 个月的震荡性波动。表 5-13 所给出的实证检验结果表明，到全球金融危机爆发，进口增长趋势有明显阶段性震荡波动的有北京（8 个月）、天津（8 个月）、河北（32 个月）、黑龙江（1 个月）、上海（25 个月）、江苏（22 个月）、浙江（36 个月）和山东（50 个月），其中山东受影响持续时间最长达到 50 个月，黑龙江受影响持续时间最短为 1 个月。

第四，各地区受冲击影响在时序上具有明显的非均衡性。各地区受冲击影响的起始期、结束期和持续时长都具有很大的差异性：31 个省、自治区和直辖市只有不足一半明显受到金融危机冲击的短期影响，进口增长趋势有了阶段性改变；同时，从受影响的起始时间来看，东部沿海地区要明显早于中西部地区，且东部地区受影响持续时间也相对较长，例如山东、浙江、河北、上海受冲击影响持续时长分别为 50、36、32 和 25 个月。

2. 滞后 1 期的实证检验结果

从滞后 1 期时间序列自回归滚动趋势突变检验结果来看，基本与滞后 12 期的检验结果相似，但在具体细节上有所差异。

第一，从冲击影响的起始期和结束期情况来看，有 18 个省、自治区和直辖市在全球金融危机冲击爆发期间有明显的趋势突变现象发生，表明这些地区受到了冲击的短期或者长期影响。从起始期情况来看，受冲击影响最早的是浙江、安徽、山东和江西，进口增长趋势在 2007 年 2 月份即有了明显的变化；从结束期来看，结束最晚的为河北、上海和江苏，影响一直持续到 2011 年 4 月份。

第二，从时长来看，明显持续受到冲击影响而引起进口趋势呈震荡性波动的省、自治区和直辖市有 5 个，但其持续时长差异较大。在全球金融危机冲击爆发期间，江苏（48 个月）、浙江（36 个月）、福建（12 个月）、江西（49 个月）和山东（49 个月），受冲击影响时长最短的为 12 个月，最长的为 49 个月，相差 37 个月，同时也表明东部沿海地区受全球金融危机冲击影响的持续时间相对较长。

第三，从综合情况来看，一方面，全球金融危机冲击的影响波及了大部分省、自治区和直辖市，超过一半的省、自治区和直辖市进口增长趋势在全球金融危机爆发期间有了明显的短期或长期起始变化；另一方面，各省、自治区和直辖市明显受冲击影响的起始期、结束期和持续时长差异性也比较明显，东部地区受影响相对较早，持续时间也相对较长，而大部分中西部地区受冲击影响相对较弱和不明显。

（二）各地区出口受冲击影响实证分析结果

从各地区出口增长趋势在全球金融危机冲击爆发过程中受影响情况来看，明显受到冲击影响的地区范围要广于进口，同时各地区间受全球金融危机冲击影响的差异性也十分明显。

1. 滞后 12 期的实证检验结果

滞后 12 期时间序列自回归过程检验结果（具体情况见表 5-14）表明，31 个省、自治区和直辖市中有 26 个在全球金融危机冲击爆发期间，出口增长趋势有了较为明显的短期或长期趋势变化，表明大多数省、自治区和直辖市的出口均明显受到了金融危机冲击的影响。

第一，从出口增长趋势受冲击影响起始期来看，北京、天津、河北、内蒙古、吉林、黑龙江、上海、浙江、福建和山东共 10 个省、自治区和直辖市的出口增长趋势在 2007 年 12 月—2009 年 1 月期间发生了明显的短期或长期趋势突变，各省、自治区和直辖市受冲击影响的时间相对比较集中，大部分在 2008 年期间。

第二，从各省、自治区和直辖市出口增长趋势在全球金融危机冲击爆发期间受影响的范围来看，除了少数省、自治区和直辖市外大部分均有短期或长期的趋势变化。31 个省、自治区和直辖市中，除了河南、广东和重庆等 5 个省、自治区和直辖市外，其他 26 个省、自治区和直辖市在全球金融危机冲击爆发期间，出口增长趋势均有明显的短期或长期突变，可以初步断定大多数省、自治区和直辖市的增长趋势受到了全球金融危机冲击的短期或长期影响。

第三，从冲击影响的持续时长来看，有 8 个省、自治区和直辖市出口增长趋势表现出明显的阶段性震荡性波动特征，分别是北京（16 个月）、河北（36 个月）、内蒙古（30 个月）、吉林（28 个月）、上海（19 个月）、浙江（16 个月）、福建（18 个月）和山东（12 个月），多为对外开放度较高的东部沿海城市。

2. 滞后 1 期的实证检验结果

从滞后 1 期时间序列自回归滚动趋势突变点检验结果来看，中国各省、自治区和直辖市出口趋势变化情况基本上与滞后 12 期的检验结果相同，但在一些具体方面有所差异。

第一，从各省、自治区和直辖市出口增长趋势受冲击影响的起始时间来看，有 6 个省、自治区和直辖市在 2007 年 1 月份—2009 年 1 月份发生明显的变化。其中受冲击影响最早的为吉林（2007 年 1 月份），之后依次为黑龙江、内蒙古、福建、北京和山东，而其他省、自治区和直辖市则没有检测出明显的趋势突变。

第二，从全球金融危机冲击爆发期间出口增长趋势受到短期或长期影响的地区范围来看，31 个省、自治区和直辖市中有 25 个有明显的趋势突变，只有少数几个省、自治区和直辖市没有检测出明显的趋势变化。

第三，从受冲击影响的持续时长来看，有 5 个省、自治区和直辖市出口增长趋势表现出明显的阶段性震荡波动特征，而其他 26 个省、自治区和直辖市则没有检测出受冲击影响持续时长。检测到受冲击影响有趋势变化起始期和结束期的分别为北京（24 个月）、内蒙古（30 个月）、吉林（50 个月）、福建（14 个月）和山东（12 个月）。

3. 综合分析

综合两类趋势突变检验方法所得到的实证结果，不难发现全球金融危机冲击对各地区出口增长趋势的影响具有范围广、持续时间长和地区间差异性较为明显的特点。

第一，两类方法所获得的实证结果均表明，大多数地区的出口增长趋势均受到了明显的短期或长期影响，并表现出明显的趋势突变现象。在全球金融危机冲击爆发期间，有 25—26 个省、自治区和直辖市的出口增长趋势均有短期或长期的突变，同时从受冲击影响的持续时长来看，5—8 个省、自治区和直辖市的出口增长趋势表现出阶段性的震荡波动。

第二，从两种实证方法获得的实证检验结果比较情况来看，存在一些差异。滞后 12 期时间序列自回归趋势突变检验方法所获得的结果中，出口增长趋势在全球金融危机冲击爆发过程中发生趋势变动和检测出明显受冲击影响持续时长的省、自治区和直辖市的数量均高于滞后 1 期实证方法所获得的结果。

第三，从两种实证方法检验结果的共性来看，滞后 1 期时间序列自回归趋势突变检验方法所获得受冲击影响的省、自治区和直辖市基本均在滞后 12 期检验方法获得的范围中，同时也相互加强和印证了两种结论的可信度。

（三）总体情况分析

综合全球金融危机冲击对中国各地区进出口增长趋势的影响和作用情况，可概括为以下几个方面：

第一，地区特征比较明显。从地区受冲击影响的程度来看，东部地区受冲击影响相对范围广、起始期较早和持续时间长。在全球金融危机爆发期间，大部分东部地区均受到了冲击影响，贸易增长趋势在某一时刻或某一时间段表现出明显的突变；同时，山东、上海和江浙等东部沿海地区受冲击影响的时间也相对早于中西部地区，且持续时长也相对较长。

第二，进口和出口增长趋势受冲击影响的范围和持续时长差异性较大。从全球金融危机冲击爆发期间，贸易趋势发生突变的省、自治区和直辖市数目来看，出口要明显高于进口；同时从持续时间来看，除了个别省、自治区和直辖市，出口趋势变化平均程度也略微高于进口水平。

三、阶段趋势突变情况

为了进一步论证全球金融危机冲击对各地区贸易增长趋势影响的长期持续性，通过构建相应的阶段趋势突变检验方法展开实证分析检验，具体结果如表 5-15 所示。实证分析方法同样分为两类，即滞后 12 期（月）和滞后 1 期（月）的时间序列自回归阶段趋势突变检验方法，从检验结果来看，两类检验方法所获得的结果基本相一致。

表 5-15 两次金融危机冲击前后各省、自治区和直辖市经济增长率发展趋势改变情况

变量	亚洲金融危机冲击				变量	全球金融危机冲击			
	滞后 12 期		滞后 1 期			滞后 12 期		滞后 1 期	
	F 值	趋势变化	F 值	趋势变化		F 值	趋势变化	F 值	趋势变化
GM_2	26.82	有	7.01	有	GM_2	26.05	有	5.87	有
GM_3	29.46	有	10.04	有	GM_3	17.22	有	2.55	无
GM_4	9.83	有	6.72	有	GM_4	16.37	有	6.99	有
GM_5	2.21	无	0.25	无	GM_5	21.96	有	6.97	有
GM_6	1.81	无	0.23	无	GM_6	11.05	有	3.09	有
GM_7	8.82	有	4.86	有	GM_7	11.29	有	2.97	无
GM_8	4.05	有	2.05	无	GM_8	8.18	有	2.28	无
GM_9	7.55	有	2.14	无	GM_9	1.83	无	0.08	无
GM_{10}	30.73	有	10.35	有	GM_{10}	28.33	有	6.96	有
GM_{11}	50.13	有	16.06	有	GM_{11}	49.27	有	9.29	有
GM_{12}	51.34	有	23.64	有	GM_{12}	38.90	有	5.03	有
GM_{13}	3.09	无	0.30	无	GM_{13}	9.12	有	2.45	无
GM_{14}	8.33	有	4.65	有	GM_{14}	9.36	有	3.01	无
GM_{15}	0.12	无	1.94	无	GM_{15}	6.14	有	2.00	无
GM_{16}	44.53	有	17.02	有	GM_{16}	32.00	有	4.69	有
GM_{17}	2.34	无	0.70	无	GM_{17}	4.05	有	5.86	有
GM_{18}	0.91	无	0.99	无	GM_{18}	22.81	有	7.98	有
GM_{19}	9.28	有	3.65	有	GM_{19}	4.12	有	2.48	无
GM_{20}	19.04	有	6.73	有	GM_{20}	22.88	有	7.04	有
GM_{21}	9.90	有	5.06	有	GM_{21}	6.62	有	3.61	有
GM_{22}	3.88	有	1.32	无	GM_{22}	5.42	有	2.77	无
GM_{23}	8.83	有	2.28	无	GM_{23}	11.19	有	2.16	无
GM_{24}	1.40	无	1.27	无	GM_{24}	6.23	有	5.19	有
GM_{25}	7.67	有	4.04	有	GM_{25}	2.17	无	2.36	无
GM_{26}	4.57	有	1.16	无	GM_{26}	2.31	无	11.80	有
GM_{27}	3.89	有	0.65	无	GM_{27}	2.84	有	2.53	无

续表

变量	亚洲金融危机冲击				变量	全球金融危机冲击			
	滞后 12 期		滞后 1 期			滞后 12 期		滞后 1 期	
	F 值	趋势变化	F 值	趋势变化		F 值	趋势变化	F 值	趋势变化
GM_{28}	2.58	无	2.30	无	GM_{28}	3.77	有	4.42	有
GM_{29}	2.86	无	2.33	无	GM_{29}	11.44	有	7.75	有
GM_{30}	3.68	有	2.53	无	GM_{30}	1.87	无	1.73	无
GM_{31}	2.94	无	0.66	无	GM_{31}	6.85	有	3.25	无
GM_{32}	7.51	有	2.49	无	GM_{32}	0.20	无	4.32	有

注：亚洲金融危机冲击爆发前后阶段分别指 1992 年第 1 季度—1996 年第 2 季度和 2001 年第 2 季度—2006 年第 2 季度；全球金融危机冲击爆发前后阶段分别指 2000 年第 2 季度—2006 年第 2 季度和 2011 年第 3 季度—2015 年第 3 季度。表 5-6 和表 5-9 阶段划分与表 5-15 相同。

（一）滞后 12 期实证检验结果

从滞后 12 期时间序列自回归两阶段趋势突变检验结果来看，中国大多数省、自治区和直辖市进口和出口增长趋势在全球金融危机冲击爆发前后两个阶段均发生了明显的改变。

第一，从进口情况来看，31 个省、自治区和直辖市中有 21 个省、自治区和直辖市的增长趋势发生了明显的趋势改变。根据表 5-15 所给出的数据来看，北京、天津、河北、辽宁、吉林、黑龙江、上海、江苏、浙江、福建、山东、湖南、广东、广西、海南、重庆、贵州、云南、西藏、青海和新疆共 21 个省、自治区和直辖市的进口增长趋势在全球金融危机冲击过后发生了改变，表明全球金融危机冲击对中国大部分省、自治区和直辖市均产生了明显的影响。

第二，从出口情况来看，31 个省、自治区和直辖市中有 25 个省、自治区和直辖市的增长趋势均发生了明显的趋势改变。在全国 31 个省、自治区和直辖市中，北京、天津、河北、辽宁、吉林、上海、江苏、浙江、福建、山东、湖南、广东、广西、海南、重庆、山西、内蒙古、安徽、江西、河南、湖北、四川、陕西、宁夏和甘肃共25个省、自治区和直辖市的出口增长趋势在全球金融危机冲击过后发生了改变。

第三，从地区层面来看，中国受冲击影响较为明显，且区域特征十分显著。一方面，从总体情况来看，超过三分之二的省、自治区和直辖市的进口和出口增长趋势受全球金融危机冲击的影响发生了改变，受影响程度较为明显；另一方面，从区域特征来看，所有东部地区和大多数中部地区的进出口增长趋势均在全球金融危机爆发后发生了改变，表明与西部地区相比，东部和中部地区更容易受到外部冲击的影响。

（二）滞后1期实证检验结果

从滞后1期时间序列自回归两阶段趋势突变检验结果来看，基本与滞后12期的趋势检验方法相同，表明中国大部分地区进出口增长趋势均受了全球金融危机冲击的影响。

第一，从进口增长趋势变化情况来看，31个省、自治区和直辖市中有13个明显受到了全球金融危机冲击的影响并发生了趋势改变。北京、天津、河北、辽宁、上海、江苏、浙江、福建、山东、湖南、广东、广西和贵州共13个省、自治区和直辖市在全球金融危机冲击过后进口增长趋势发生了明显改变，即与全球金融危机冲击潜伏期相比，在过后期有13个省、自治区和直辖市的进口增长趋势有了明显的改变。

第二，从出口增长趋势变化情况来看，有16个省、自治区和直辖市明显受到了全球金融危机冲击的影响并导致出口增长趋势发生了改变。实证检验结果表明，较冲击爆发前，北京、河北、上海、江苏、浙江、山东、广东、广西、山西、河南、湖北、四川、陕西、宁夏、云南和新疆共16个省、自治区和直辖市的出口增长趋势在全球金融危机冲击过后期发生了明显的改变。

第三，从地区层面来看，滞后1期的实证检验结果也表明，中国31个省、自治区和直辖市中近半数进口和出口增长趋势均受全球金融危冲击的影响而发生了明显的变化，同时从区域特征来看，东部地区受到影响范围要高于中西部地区。

（三）综合分析

综合两类方法的检验结果表明，全球金融危机冲击对中国地区层面的贸易增长趋势影响较为明显，同时从地区分布特征来看，东部地区更容易受到金融危机冲击的短期和长期影响并导致贸易增长趋势发生改变。

第一，两类实证检验方法均表明中国大多数省、自治区和直辖市的进口和出口增长趋势均受到了全球金融危机冲击的影响。从进口情况来看，虽然两类实证检验方法所得结果有所差异，但仍可表明 31 个省、自治区和直辖市中，至少有 13 个以上省、自治区和直辖市的进口增长趋势在全球金融危机冲击过程中遭受了较为显著的影响并发生了改变；与进口相比，各省、自治区和直辖市出口增长趋势受冲击影响程度更为严重，两类检验方法均表明，31 个省、自治区和直辖市中至少超过 20 个省、自治区和直辖市明显受到全球金融危机冲击的影响导致出口增长趋势发生了长期变化。

第二，从区域分布特点来看，东部地区更容易受到全球金融危机冲击的影响，其次是中部，然后是西部。不论是进口还是出口，几乎所有东部沿海地区的增长趋势均在全球金融危机冲击过后发生了改变，中部地区则相对少一些，而西部地区则最少。

第三，从进口和出口情况来看，各地区的出口较进口更容易受到全球金融危机冲击的影响而发生增长趋势突变。从贸易增长趋势改变的省、自治区和直辖市数量来看，受全球金融危机冲击导致出口增长趋势发生改变的省、自治区和直辖市数目超过 20 个，远远高于进口增长趋势改变的省、自治区和直辖市数目，这表明受外部冲击的影响，各省、自治区和直辖市的出口较进口更容易受到金融危机冲击的影响并导致增长趋势发生明显改变。

第六章 外部冲击对中国产业出口发展趋势影响

本章将继续延续前两章的分析内容，进一步从外部冲击的视角考察全球金融危机对中国行业出口的长期非均衡影响：首先，从平均出口趋势变化的角度，分析全球金融危机对中国行业出口的非均衡性影响，准确测算出外部冲击发生时，不同行业出口受冲击影响时序的先后次序以及持续时长；其次，从中国行业出口平均倾向在全球金融危机冲击前后两阶段变化程度的视角，进一步分析全球金融危机冲击对不同行业出口增长趋势影响的非均衡性；最后，基于出口结构变化的角度，分析在全球金融危机冲击过程中出口结构变化的阶段性特点。

第一节 模型构建和数据选取说明

本章的研究方法主要集中在两个层面：一是中国行业出口平均倾向在金融危机冲击过程中发展期趋势变化情况；二是在全球金融危机冲击各阶段中国出口结构的阶段变化特征，分别从平均出口倾向行业时序性趋势变化特征和平均出口倾向的变化程度来分析全球金融危机冲击对中国行业出口的影响。

一、基本步骤和变系数面板数据模型构建说明

（一）平均出口倾向趋势突变检验步骤说明

根据理论模型构建计量模型，利用变系数面板数据和邹氏突变检验

方法，考察金融危机爆发前后各行业各阶段出口发展趋势的变化情况，测度各行业出口受外部冲击影响在时序与程度上的非均衡性，类似于第四章和第五章实证检验方法，平均出口倾向趋势突变检验步骤依然分为三个步骤：

第一步，将 2003 年第 1 季度—2014 年第 3 季度的 47 个季度分为三个阶段，即尚未受冲击影响的平稳潜伏期、受到冲击影响的振荡爆发期、冲击影响消失后的平稳过后期，分别对应全球金融危机爆发前、爆发中和爆发后三个时期，并利用变系数面板数据回归方法，检验各行业出口发展趋势在各阶段的稳定性，之后再通过邹氏突变检验方法检验冲击过后出口发展趋势是否能恢复到冲击发生前的水平。

第二步，通过滚动邹氏突变点检验方法，分别测度出各类行业受到金融危机冲击影响的起始、结束和持续时间，以检验各行业出口发展趋势受外部冲击影响在时序上的非均衡性。

第三步，分析冲击潜伏期与过后期两阶段平均出口倾向均值和增长率变化程度，测度外部冲击影响程度的非均衡性。

（二）结构趋势变化分析步骤说明

为了能充分测度出全球金融危机冲击各阶段中国进出口贸易结构变化的具体情况，本章分别从三个层面对中国进出口结构变化展开分析论证：

第一，中国进出口贸易结构年均变化程度的阶段差异性。即通过构建年度贸易结构变化量测算指标，计算出各年各阶段中国贸易结构变化量，并进而分析比较历年以及各阶段中国贸易结构变化程度和速度，以判断出不同阶段贸易结构变化程度的大小。

第二，各阶段中国出口结构变化方向的差异性。即通过构建结构变化相关系数，测算不同阶段贸易结构变化趋势的相关程度，从而判断不同时间段贸易结构变化方向的异同，该分析主要用来判断不同阶段贸易结构变化方向差异性。

第三，结构变化偏离度的测算。即通过构建结构变化偏离度测算指标，分析在全球金融危机冲击各阶段各年结构变化方向与整体变化方向的偏离程度，以此判断各阶段结构变化方向的波动程度。

（三）变系数面板数据模型构建

根据第三章理论模型分析结果，设定平均出口倾向季度时间维度的时间序列回归方程（6-1）：

$$\chi_{it} = c_{it} + b_{it}\chi_{i(t-4)} + \varepsilon_{it} \tag{6-1}$$

考虑到不同阶段各行业平均出口倾向的时间序列自回归过程参数也可能会有所不同，因而设定中国各行业出口的变参数时间序列自回归面板数据模型的具体形式如式（6-2）所示：

$$\chi_{it} = \begin{cases} c_i + b_i\chi_{i(t-4)} + \mu_{it} & \text{潜伏期：} Q_0 \leqslant t < Q_{i0} \\ c_i' + b_i'\chi_{i(t-4)} + \mu_{it}' & \text{爆发期：} Q_{i0} \leqslant t \leqslant Q_i \\ c_i'' + b_i''\chi_{i(t-4)} + \mu_{it}'' & \text{过后期：} Q_i < t \leqslant Q \end{cases} \tag{6-2}$$

其中：c_i、b_i、μ_{it} 分别表示截距项、自变量回归系数和随机误差项；χ_i 表示本国 i 行业平均出口倾向；Q_0 和 Q 分别为观测阶段起始期 2003 年第 1 季度和结束期 2014 年第 4 季度；Q_{i0} 和 Q_i 分别表示 i 行业受到金融危机冲击影响的起始季度和结束季度。式（6-2）的回归方程，可以有效检测金融危机冲击各阶段中国各行业平均出口倾向的具体形式，从而准确分析各行业出口趋势的突变情况。

二、趋势变化实证检验

（一）稳态下出口发展趋势稳定性检验

检验方法基本与第四章和第五章方法相一致，即结合模型（6-2）的实证方法，通过构建变系数面板数据模型，检验各行业出口发展趋势的持续稳定性，具体步骤如下：首先，分别对 64 个行业在 2003 年第 1 季度—2007 年第 1 季度的冲击潜伏期和 2011 年第 3 季度—2014 年第 3 季度冲击过后期，做变系数自回归面板数据模型回归，得出 64 个行业两阶段共 128 个季度自回归过程；其次，根据各行业两阶段的回归结果检验指标，逐次判断 64 个行业在冲击潜伏期和冲击过后期，平均出口倾向变化趋势是否符合自回归过程，如果符合则表明该行业具有稳定的发展趋势；第三，如果 64 个行业中超过 50 个行业出口平均倾向变化趋势在两阶段均符合自回归过程，则可初步判定中国行业出口在两阶段具有稳定持续的发展趋势。

（二）两阶段发展趋势异同性检验

采用邹氏突变点检验方法，判断冲击潜伏期和过后期各行业平均出口倾向变化趋势的异同，具体方法如下：分别对 64 个行业在 2003 年第 1 季度—2007 年第 1 季度的冲击潜伏期、2011 年第 3 季度—2014 年第 3 季度冲击过后期以及两阶段的合并期，分别做变系数面板数据时间序列自回归模型实证检验，得到各行业在各期的样本回归模型；其次，根据回归模型结果，分别计算出各行业各期的残差平方和，然后再通过邹氏突变点检验方法判断各行业平均出口倾向变化趋势在冲击潜伏期和冲击过后期是否发生了显著性变化。

例如，判断第 i 类产品平均出口倾向变化趋势在两时期的异同性，则需要分别对其在冲击潜伏期、冲击过后期及两期的合并期，做 3 个对应的变系数时间序列一阶自回归时间序列面板数据模型并分别进行回归检验，得到 3 个时期的残差平方和：RSS_{i1}、RSS_{i2} 和 RSS_{i3}，然后对其做如式（6–3）的 F 检验：

$$F_i = \frac{[RSS_{i3} - (RSS_{i1} + RSS_{i2})]/2}{(RSS_{i1} + RSS_{i2})/(T_i - 2)} \sim F_i(2, T_i - 4) \qquad （6\text{–}3）$$

其中：T_i 等于 25 为两期合并后的样本容量。若用样本计算的 $F_i \leqslant F_\alpha(2, T_i-4)$，则表明回归系数无显著性变化，即两期的平均出口倾向变化趋势相同；否则表明两阶段的回归系数有显著性变化，即两阶段平均出口倾向变化趋势不相同，有显著性变化。

（三）发展趋势突变点检验方法

通过滚动邹氏突变检验方法检测冲击潜伏期和冲击过后期各行业平

均出口倾向变化趋势的突变点，具体方法如下：

第一，对冲击潜伏期突变点的甄别方法：将2003年第1季度—2007年第1季度初步设定为第一阶段（冲击潜伏期）初始期，向后逐季度考察各行业平均出口倾向稳定变化的突变点。例如，欲甄别某行业平均出口倾向在冲击潜伏期的突变点，先判断2007年第2季度是否为突变点，如果为"是"则表明2007年第2季度是该行业平均出口倾向变化的突变点，如果为"否"则以2003年第1季度—2007年第2季度阶段为初始阶段；考察2007年第3季度是否为突变点；如此递推直至找到突变点为止，找到的突变点即为冲击爆发期的起始点。如果在规定的阶段没找不到突变点，则表明该行业出口平均倾向发展趋势没有发生突变。

第二，对冲击过后期突变点的甄别方法：将2011年第3季度—2014年第3季度设定为第三阶段（冲击过后期）初始期，向前逐季度考察各类产品平均出口倾向变化趋势的突变点。例如，欲甄别某行业出口平均倾向在冲击过后期的突变点，先以2011年第3季度—2014年第3季度为初始期，判断2011年第2季度是否为突变点，如果"是"，则表明2011年第二季度不属于第三阶段，为冲击爆发期进入冲击过后期的临界时间点，甄别结束；如果为"否"，则继续以2011年第2季度—2014年第3季度作为第三阶段初始期，进一步考察2011年第1季度是否为突变点。如此反复直至找到突变点，该突变点即是冲击爆发期的结束点。如果在规定时间段内找不到趋势突变点则表明该行业平均出口倾向发展趋势没有发生趋势突变。

例如，判断i行业平均出口倾向变化趋势突变点，可通过做初始阶段样本的变系数时间序列一阶自回归时间序列面板数据模型回归，得到初始期回归模型的残差平方和RSS_{i1}，然后增加后一季度（检验冲击潜伏期突变点）或者前一季度（检验冲击过后期突变点）数据构建新的样本，得到该$m+1$季度样本的AR(1)回归模型，并计算得出RSS_{i2}，然后做如式

（6-4）的 F 检验：

$$F_i = \frac{[(RSS_{i2} - RSS_{i1})]}{RSS_{i1} / (T_i - 2)} \sim F(1, T_i - 2) \qquad （6-4）$$

式（6-4）中 T_i 为样本容量。若用样本容量计算的 $F_i \leq F_\alpha(1, T-2)$ 则表明回归系数无显著性变化，即新增加一个季度的样本平均出口倾向没有显著性变化，该季度不是突变点；否则表明新增加一个季度后，回归系数有显著性变化，即新增加点发展趋势与初始阶段不同。

（四）发展趋势变化程度测量方法

如何考察金融危机发生前后，各行业出口发展趋势的变化程度，由于到目前为止还没有很好的测算方法，因而本书采用了一种最简单的判断方法：通过考察两阶段各行业平均出口倾向的均值与增长率的变化水平，大体分析出各行业在两阶段出口发展趋势变化的程度。

第一，比较分析同一行业在各阶段内的平均出口倾向均值的差异性，从而估测出各行业平均出口倾向在冲击爆发前后两阶段的变化。该方法的主要目的在于比较冲击潜伏期和冲击过后期两阶段中国行业平均出口倾向的变化水平，以此分析两阶段平均出口倾向改变的程度。

第二，比较分析同一行业各阶段平均出口倾向波动程度。通过比较分析行业在不同阶段平均出口倾向的波动幅度（平均出口倾向方差），判断趋势变化特征，以此来判断平均出口倾向变化趋势的稳定性。

三、贸易结构变化计量方法

为了能够较全面测度不同阶段贸易结构变化量大小与方向的异同，本章将利用四个测度贸易结构变化程度的指标，分别从贸易结构变化量、方向相关性、绝对和相对偏离度对贸易结构变化的程度和方向展开分析测算。

（一）贸易结构变化程度测算方法

可通过贸易结构年均变化程度测算方法，测算贸易结构阶段变化程度的大小，该方法主要是通过构建贸易结构变化指数（Trade Structure Change Indicators，SI）来测算贸易结构的年变化程度，具体方法如式（6-5）所示：

$$SI = \frac{1}{2}\sum_{i=1}^{N}\left|s_{it} - s_{i(t-4)}\right| \qquad （6-5）$$

其中：SI 为贸易结构变化测算指数；s 为 t 时刻 i 行业贸易额在总贸易额中所占比重；N 为行业分类总数。由式（6-5）所测算出值越高，则表明 t 期贸易结构变化程度也越高，指标值越小，则表明 t 期贸易结构变化程度也越小，而当指标值为 0 时，则表明 t 期贸易结构没有变化。同时，公式中滞后期选择为 4 期（1 年），主要是考虑到本章实证分析数据为季度数据，因而选择 4 期滞后期可以更好地分析论证季度同比贸易结构变化情况。

（二）贸易结构变化方向测算方法

为了分析两个不同时间段上贸易结构变化方向的差异性，本章借鉴相关系数的设定思想，构建贸易结构变化相关系数（The Coefficient of Trade Structure Change，CTS），指标的具体计算方法如式（6-6）所示：

$$CTS = \frac{\sum_{i=1}^{N}(s_{it} - s_{jt'})(s_{iT} - s_{iT'})}{\sqrt{\sum_{i=1}^{N}(s_{it} - s_{it'})^2 \sum_{i=1}^{N}(s_{iT} - s_{iT'})^2}} \qquad （6-6）$$

其中：CTS 为贸易结构变化相关系数；t、t'、T、T' 分别表示不同时间点。式（6-6）表明两个阶段的贸易结构变化方向可以近似的用相关系数法加以度量：如果两个时间段贸易结构变化方向完全相同，则贸易结构变化相关系数值将为 1，即两阶段贸易结构变化方向越相近则该系数值越接近 1；如果两个时间段贸易结构变化方向完全相反，贸易结构变化相关系数取值将为 −1，即两阶段贸易结构变化方向相反程度越高则贸易结构变化相关系数越接近 −1；而当两阶段贸易结构变化方向完全不相关时，则相关系数取值为 0，且越接近 0 表明两阶段贸易结构变化方向相似度也越低。

（三）贸易结构向差度计量

为了进一步分析在特定的阶段里，各期贸易结构变化方向是否与整体变化趋势（包括程度和方向）保持一致，本章特构建了阶段贸易结构向差度（The Trade Structure Difference Degree，TSDD）加以测度。该指标的构建思想在于：第一，当局部时间点的贸易结构变化程度与整体时间段上贸易结构变化趋势相一致时，则其各行业与理论预期值相保持一致；第二，如果贸易结构变化是稳定持续的，则可以通过类似于直线线性预测方法，得到在某一时刻各行业贸易比重。基于这两个设定，构建阶段贸易结构平均偏离度，具体计算方法如式（6-7）所示：

$$\text{TSDD} = \frac{1}{T}\sum_{t=0}^{T}\sum_{i=1}^{N}\left|s_{it}-s_{it}'\right| \qquad s_{it}' = s_{i0} + \frac{t}{T}(s_{iT}-s_{i0}) \qquad (6-7)$$

其中：SDD 为贸易结构向差度指数，表示在特定阶段各期贸易结构偏离整体变化趋势的均值，当该值越大时，表明在该时间段上各期贸易结构偏离总体发展趋势程度越高，否则偏离程度越小；$[0,T]$ 为给定的时间段。

（四）贸易结构绝对向差度测算

考虑到阶段贸易结构向差度指标在测算阶段贸易结构偏离阶段趋势程度上更注重实际变化对理论变化的偏离，因而本章构造一个能更容易测算各期实际贸易结构变化程度与总变化趋势之间的差异程度——绝对贸易结构向差度（Absolute Trade Structure Difference Degree，TASD），对特定阶段里各期贸易结构变化偏离程度展开测算，具体方法如式（6-8）所示：

$$\text{TASD} = \frac{1}{2}\left[\sum_{t=0}^{T}\sum_{i=1}^{N}\left|s_{it}-s_{i(t-1)}\right| - \sum_{i=1}^{N}\left|s_{i0}-s_{iT}\right|\right] / \sum_{i=1}^{N}\left|s_{i0}-s_{iT}\right| \qquad (6-8)$$

贸易结构绝对向差度主要在于测算各期贸易结构变化方向是否与总体趋势的一致性，如果在一个时间段内，各期各产业出口所占比重增减变化方向均一致，则表明各期产业结构变化方向与总体结构变化方向相一致，则贸易结构绝对向差度为 0；而如果在某一（些）期，有一些产业出口所占比重增减方向与总体趋势不同，则贸易结构绝对向差度即会大于 0，值越高则表明在考察期内各期产业结构变化程度与总体发展趋势变化差异性也越高。在使用该公式计算特定阶段各期贸易结构变化与总体贸易结构变化累计差异程度时，由于考察阶段越长，而差值越大，因而实际比较分析时所采取时间段的长短最好大致相同，才具有较好的分析效果。

四、数据选取说明

为了能准确测度全球金融危机对中国各行业出口在时序上影响的非均衡性，本书采用季度贸易数据，数据为笔者根据"国研网"对外贸易数据库所提供的 SITC 二分位共 64 类产品的月度数据整理而得；中国国内生产总值季度数据、季度同比经济增长率数据则由 EIU 数据库和国家统计局网站所提供的数据整理而得；本章中行业平均出口倾向为行业出口额占国家 GDP 比重；世界季度经济增长率数据，为笔者根据 EIU 提供 15 国季度数据整理而得，这 15 国分别为澳大利亚、加拿大、中国、印度、意大利、日本、德国、马来西亚、新加坡、新西兰、韩国、俄罗斯、泰国、英国和美国，历年这些国家总体 GDP 占到世界总量的 70% 左右，具有一定的代表性和可信性。

本章的实证数据分为两部分：第一部分为中国行业平均出口倾向趋势变化实证分析数据，这部分数据主要是根据"国研网"所提供的中国月度出口贸易数据整理而得到的 2003 年第 1 季度至 2014 年第 3 季度间的季度数据；另一部分为进口和出口结构数据，该部分数据同样为笔者根据"国研网"所提供的中国贸易月度数据整理而得到的 2002 年第 1 季度至 2014 年第 3 季度各季度进口和出口贸易结构数据。

第二节　全球金融危机冲击与出口非均衡性变化

依照计量模型（6-2）和检验方法（6-3）和式（6-4），利用 Eviews 分析软件，分别对中国全球金融危机前后 47 个季度 64 类产品的平均出口倾向变化趋势进行回归分析，具体结果如表 6-1 至表 6-3 所示。根据表 6-1—表 6-3 所提供的数据，可发现中国各类产品出口发展期趋势在全球金融危机冲击爆发期间，非均衡变化特征较为明显，不论是趋势变化的起始时间、结束时间和持续时长，还是变化程度均表现出较为明显的差异，均表明全球金融危机冲击对各行业出口的影响具有非均衡性，也进一步证明全球金融危机冲击对中国出口结构变化可能会产生一定的影响，并进而导致结构变化趋势的改变。

表 6-1　变参数面板数据模型及两阶段发展趋势突变检验结果

产品分类	2003Q1—2007Q1		2011Q3—2014Q3		发展趋势	产品分类	2003Q1—2007Q1		2011Q3—2014Q3		发展趋势
	c1	b1	c2	b2			c1	b1	c2	b2	
全部	12.6247	0.6674	4.9410	0.7714	不同	11 章	0.008	0.249	0.005	0.283	不同
00 章	0.002	0.152	0.000	0.159	不同	12 章	0.004	0.239	0.000	0.169	不同
01 章	0.034	0.258	0.004	0.100	不同	21 章	0.001	0.304	0.000	0.168	不同
02 章	0.008	0.242	0.002	0.339	不同	22 章	0.010	0.225	0.001	0.180	不同
03 章	0.080	0.152	0.012	0.153	不同	23 章	0.007	0.236	0.004	0.160	不同
04 章	0.088	0.115	0.005	0.243	不同	24 章	0.019	0.303	0.004	0.074	不同
05 章	0.076	0.136	0.075	0.105	不同	25 章	0.002	0.553	0.001	0.173	不同
06 章	0.011	0.216	0.009	0.165	不同	26 章	0.038	0.238	0.029	0.129	不同
07 章	0.035	0.298	0.033	0.181	相同	27 章	0.013	0.258	0.013	0.172	不同
08 章	0.020	0.279	0.046	0.375	不同	28 章	0.037	0.224	0.003	0.078	不同
09 章	0.014	0.186	-0.002	0.146	不同	29 章	0.014	0.306	0.022	0.275	不同

产品分类	2003Q1—2007Q1		2011Q3—2014Q3		发展趋势	产品分类	2003Q1—2007Q1		2011Q3—2014Q3		发展趋势
	c1	b1	c2	b2			c1	b1	c2	b2	
32 章	0.300	0.363	0.018	0.084	不同	67 章	0.878	0.340	0.559	0.263	不同
33 章	0.411	0.314	0.233	0.315	不同	68 章	0.279	0.314	0.149	0.174	不同
34 章	0.004	0.280	0.031	0.388	不同	69 章	0.320	0.086	0.128	0.197	不同
35 章	0.012	0.176	0.004	0.148	不同	71 章	0.071	0.127	0.113	0.208	不同
41 章	0.001	0.247	0.002	0.284	不同	72 章	0.015	0.104	0.247	0.290	不同
42 章	0.005	0.317	0.003	0.198	不同	73 章	0.016	0.107	0.034	0.340	不同
43 章	0.001	0.235	0.002	0.219	不同	74 章	0.364	0.070	0.109	0.112	不同
51 章	0.124	0.166	0.148	0.136	不同	75 章	1.971	0.104	0.415	0.122	不同
52 章	0.258	0.249	0.094	0.228	不同	76 章	1.291	0.075	0.498	0.112	不同
53 章	0.041	0.193	0.039	0.198	不同	77 章	0.762	0.092	4.757	0.262	不同
54 章	0.078	0.179	0.045	0.079	不同	78 章	0.338	0.133	0.162	0.196	不同
55 章	0.006	0.098	0.002	0.106	不同	79 章	−0.058	0.324	−0.043	0.154	不同
56 章	0.032	0.220	0.012	0.130	不同	81 章	0.027	0.108	0.061	0.282	不同
57 章	0.035	0.173	0.091	0.137	不同	82 章	0.309	0.077	0.515	0.330	不同
58 章	0.037	0.091	0.003	0.158	不同	83 章	0.013	0.101	0.059	0.207	不同
59 章	0.125	0.112	0.135	0.171	不同	84 章	−0.141	0.099	0.115	0.103	相同
61 章	0.013	0.231	0.002	0.098	不同	85 章	0.126	0.258	0.179	0.196	不同
62 章	0.062	0.109	0.096	0.311	不同	87 章	0.369	0.102	0.632	0.375	不同
63 章	0.068	0.157	0.015	0.135	不同	88 章	−0.036	0.194	0.199	0.336	不同
64 章	−0.007	0.141	0.039	0.236	不同	89 章	0.264	0.109	1.705	0.395	不同
65 章	0.254	0.172	0.211	0.137	不同	9 类	0.025	0.358	0.018	0.260	不同
66 章	0.100	0.127	0.119	0.208	不同						

　　注：两个阶段的面板数据均通过了面板数据单位根检验，为平稳数列；同时，变系数面板数据模型中各自回归系数也均通过了显著性 10% 的 t 检验。

表 6-2　金融危机冲击下中国各类产品平均出口倾向变化趋势突变情况

单位：季度

SITC分类	突变点1	突变点2	持续时长	SITC分类	突变点1	突变点2	持续时长	SITC分类	突变点1	突变点2	持续时长
全部	2008.1	2009.3	7	32章	2009.1	2011.1	13	67章	2009.2	2010.1	4
00章	2009.1	2010.4	8	33章	2007.4	2010.1	10	68章		2010.2	
01章	2008.2	2008.4	3	34章	2009.2	2009.3	2	69章	2007.3	2010.3	13
02章	2008.4	2009.2	3	35章	2007.3	2009.3	9	71章	2007.4	2010.2	11
03章	2007.4	2011.2	15	41章	2007.3	2009.2	8	72章	2008.3	2010.1	7
04章	2009.2	2010.2	5	42章	2007.3	2011.3	13	73章	2007.2		
05章		2010.2		43章	2007.2	2010.4	15	74章	2008.3	2011.1	11
06章	2008.4	2010.2	7	51章	2007.3	2010.2	12	75章	2007.2	2010.4	15
07章		2009.4		52章	2008.3	2010.3	9	76章	2007.4	2011.2	11
08章	2008.1			53章	2009.1			77章	2008.3		
09章	2007.2	2011.3	14	54章	2007.2	2011.1	16	78章	2007.2	2010.4	15
11章	2008.1	2010.3	11	55章	2008.2	2011.2	9	79章	2007.4	2009.4	9
12章	2008.3	2011.1	11	56章	2007.4	2011.1	14	81章	2007.4		
21章		2010.4		57章	2007.2	2011.2	17	82章	2007.4		
22章	2007.4	2009.4	9	58章	2008.2	2008.4	3	83章	2008.4	2010.2	7
23章	2008.2	2011.1	12	59章	2007.2	2011.1	16	84章	2008.1		
24章		2010.4		61章	2007.2	2010.4	15	85章	2007.3	2009.4	10
25章	2008.1			62章	2009.2	2010.2	5	87章	2007.3	2008.3	5
26章		2010.2		63章	2007.3	2010.3	12	88章	2007.3	2010.2	11
27章				64章	2007.3	2010.3	13	89章			
28章	2007.3	2010.4	14	65章	2007.2	2010.2	13	9类	2007.3		
29章	2008.4	2009.3	4	66章	2007.3	2009.4	10				

注：空格处表示并没有在 10% 显著水平上通过邹氏突变点检验。

表6-3　金融危机冲击下各类产品平均出口倾向变化趋势

类别	均值		季度同比增长率		类别	均值		季度同比增长率	
	阶段1	阶段2	阶段1	阶段2		阶段1	阶段2	阶段1	阶段2
全部	31.735	25.479	2.471	0.736	42章	0.008	0.003	4.832	0.384
00章	0.016	0.007	−1.097	1.482	43章	0.002	0.002	2.662	0.095
01章	0.083	0.039	0.109	0.733	51章	0.405	0.432	1.861	0.113
02章	0.007	0.004	1.546	0	52章	0.265	0.191	1.963	0.937
03章	0.331	0.221	1.993	1.407	53章	0.103	0.069	1.062	0.434
04章	0.093	0.02	−3.516	−1.606	54章	0.169	0.158	0.21	−1.076
05章	0.321	0.244	0.615	−0.258	55章	0.065	0.065	2.43	1.55
06章	0.025	0.022	2.292	0.588	56章	0.05	0.087	6.111	4.192
07章	0.046	0.031	0.969	0.044	57章	0.114	0.14	4.029	1.874
08章	0.024	0.033	0.168	−0.718	58章	0.094	0.119	4.65	1.831
09章	0.052	0.036	0.564	0.326	59章	0.185	0.186	2.724	0.351
11章	0.03	0.015	0.341	2.076	61章	0.11	0.022	1.738	2.131
12章	0.025	0.015	1.151	2.866	62章	0.201	0.248	3.478	1.666
21章	0.001	0	−2.735	4.288	63章	0.23	0.139	2.797	0.581
22章	0.03	0.012	−2.232	−1.009	64章	0.159	0.161	2.501	1.364
23章	0.007	0.012	1.425	3.467	65章	1.75	1.236	1.665	0.807
24章	0.039	0.014	1.462	−1.105	66章	0.563	0.498	2.321	1.406
25章	0.001	0.002	0.817	1.658	67章	0.764	0.68	7.524	1.903
26章	0.053	0.042	−0.499	1.696	68章	0.492	0.289	3.948	0.141
27章	0.069	0.039	0.005	−0.145	69章	1.131	0.888	2.234	0.661
28章	0.034	0.009	6.067	−2.849	71章	0.33	0.407	2.131	0.577
29章	0.075	0.055	0.69	0.99	72章	0.33	0.41	3.056	1.446
32章	0.296	0.043	0.804	0.631	73章	0.079	0.082	4.121	0.858
33章	0.379	0.331	0.079	−0.822	74章	1.068	1.076	2.178	0.422
34章	0.011	0.024	3.61	0.898	75章	4.543	2.833	3.047	−0.294
35章	0.033	0.017	1.118	0.485	76章	3.751	2.946	4.014	0.694
41章	0.001	0.002	2.389	3.198	77章	3.189	3.088	2.81	0.952

类别	均值		季度同比增长率		类别	均值		季度同比增长率	
	阶段1	阶段2	阶段1	阶段2		阶段1	阶段2	阶段1	阶段2
78章	0.88	0.76	3.156	1.676	85章	0.809	0.575	0.649	0.608
79章	0.266	0.592	1.851	-1.58	87章	0.618	0.692	5.931	0.496
81章	0.26	0.258	1.449	2.16	88章	0.303	0.199	0.159	1.192
82章	0.679	0.648	1.972	0.567	89章	2.008	1.63	1.879	2.219
83章	0.323	0.312	1.071	2.458	9类	0.069	0.024	3.348	0.935
84章	3.293	2.047	1.897	1.118					

资料来源：笔者根据"国研网"数据库相关数据计算而得。

一、中国出口发展趋势阶段性变化特征

从表6-1和表6-2给出的数据来看，在全球金融危机冲击爆发前后，中国平均出口倾向发展趋势有了较为明显的非均衡变化：一方面，全国平均出口倾向表现出较为明显阶段性变化特征，在冲击潜伏期、冲击爆发期和冲击过后期表现出较为显著的阶段性变化特点；另一方面，中国各行业平均出口倾向阶段性变化的非均衡性特征亦十分明显，不同行业趋势变化时序性差异较为显著。

（一）总体发展趋势具有显著的阶段性变化特点

从中国总体出口情况来看，自2008年全球金融危机爆发后，受世界经济与需求波动的影响，中国总体平均出口倾向的固有发展趋势被打破，并在经历了为期两年多的动荡变化后进入到一个新的平稳发展期（具体情况见表6-1数据）。

第一，平稳增长的冲击潜伏期，在2003年第1季度—2007年第4季度，中国总体平均出口倾向表现出平稳增长的趋势，季度同比增长从最初的22%增至最高的38.5%。从表6-1给出的数据来看，在全球金融危机冲击潜伏期，世界与中国经济均表现出平稳持续的增长趋势，经济增长率均相对比较稳定，同时，中国平均出口倾向也呈现出持续平稳的

增长趋势，表明在内外经济相对稳定的冲击潜伏期，平均出口倾向处于平稳持续的增长。

第二，大幅度震荡的冲击爆发期，即从 2008 年第 1 季度开始中国平均出口倾向进入了较大幅度的震荡下降期，迅速跌至 29%，之后震荡下降到 2009 年第 3 季度的最低值 21%。全球金融危机冲击爆发后，世界与中国经济增长率均进入到大幅度下降然后逐步回升的震荡型波动增长阶段，此时中国平均出口倾向也快速进入下降阶段，并在之后保持相对较低的水平。

第三，新的平稳发展趋势逐渐形成的冲击过后期，2009 年第 4 季度之后中国平均出口倾向进入到一个相对平稳的发展状态，出口平均倾向基本保持在 25% 左右。2010 年以后，随着世界和中国经济增长率的回升，世界整体经济重新进入到一个新的稳定发展环境，中国平均出口倾向也相应重新进入了一个相对稳定的变化阶段。

第四，从中国平均出口倾向、中国经济增长率和世界经济增长率在全球金融危机冲击前后的变化情况来看，三者的变化趋势具有一定的协同性。首先，在全球金融危机冲击潜伏期，三者均处于相对较高的水平，同时中国经济增长率与中国平均出口倾向均表现出一定程度的增长趋势；其次，从全球金融危机冲击爆发期来看，三者均表现出明显的急速下降而又回升的变化态势；最后，从全球金融危机冲击过后期情况来看，三者均进入到一个相对稳定的发展期趋势。综合三阶段情况来看，中国平均出口倾向在全球金融危机冲击爆发前后各期，表现出与中国经济增长率和世界经济增长率相近的变化趋势。

（二）行业出口发展趋势阶段性变化特征

分别对中国 64 个行业平均出口倾向，在 2003 年第 1 季度—2007 年第 1 季度冲击潜伏期和 2011 年第 3 季度—2014 年第 3 季度冲击过后期的样本做变系数一阶季度自回归面板数据模型回归，并通过 F 检验验证两阶段发展趋势的异同，具体结果如表 6-1 所示，各项实证结果检验指标均表明各类产品平均出口倾向两阶段变化特点较为显著。

第一，各行业两阶段发展趋势稳定性显著。从各项回归结果指标来看，不论是模型可决系数还是各系数值 t 检验结果，均表明实证模型结果具有较强的可信性，同时实证检验结果还进一步表明，在全球金融危机冲击潜伏期和过后期的两阶段里，中国 64 个行业平均出口倾向变化趋势大部分符合一阶季度自回归过程，表明在没有外部冲击影响的情况下，当国内和国外经济环境均处于相对稳定的状态下，各行业平均出口倾向符合平稳自回归过程的发展趋势，具有一定的稳定性和可预测性。

第二，各行业两阶段发展趋势差异性显著。利用两阶段趋势突变检验方法检测的结果表明，冲击过后期与冲击潜伏期相比，除 07 章和 84 章两类产品的平均出口倾向变化趋势没有发生明显改变外，其他 62 类产品平均出口倾向变化趋势均有了较明显的改变，表明金融危机的发生打破了各行业平均出口倾向固有发展趋势，且几乎所有行业在冲击过后期的发展趋势并没有恢复到冲击爆发之前水平。

从中国总体平均出口倾向变化情况来看，表 6-1 所给出的数据表明，中国平均出口倾向在全球金融危机潜伏期和过后期两阶段一阶季度自回归过程的漂移项（常数项 C）以及自回归系数，均具有明显的差异性，同时两阶段趋势突变检验结果 F 值也明显高于临界值，表明两阶段中国总体平均出口趋势发生了显著的改变。

从各行业在两阶段平均出口倾向的趋势变化情况来看，大部分均有了较为明显的趋势突变。表 6-1 所给出数据表明，64 个行业中，除了极个别行业在两阶段一阶季度自回归方程的漂移项和自回归系数没有太过明显的变化外，大多数均有了较为明显的改变；同时，从两阶段趋势突变的实证检验结果来看，64 个行业中有 62 个行业的平均出口倾向变化趋势均发生了显著性改变，因而可以初步断定在全球金融危机冲击爆发后，中国行业出口的固有发展趋势被打破，而当金融危机冲击过后当经济环境重新恢复到稳定发展态势后，中国整体和各行业出口发展趋势也相应重新进入到一个新的稳定发展态势。

第三，综合来看，在经济保持稳定持续增长的态势下，各类产品平均出口倾向均会保持稳定发展趋势，而金融危机爆发后则打破并改变了固有发展趋势，并在冲击过后形成一个新的稳定持续发展趋势。

二、时序性分析

通过构建变系数时间序列自回归面板数据模型，利用动态趋势突变点检验方法逐次甄别各类产品平均出口倾向变化趋势在冲击潜伏期和冲击爆发期的突变点，具体结果如表 6-2 所示，大部分行业平均出口倾向的趋势变化均具有明显的非均衡性特征，不论是受冲击影响的起始时间、结束时间，还是持续时间，行业间平均出口倾向趋势变化均比较明显。综合来看，全球金融危机冲击对中国行业层面出口影响在时序上的非均衡性有以下几个特点：

第一，从总体情况来看，中国大部分行业的平均出口倾向增长趋势均受到了全球金融危机冲击的显著影响：表 6-3 给出的数据显示，除个别行业外，大部分行业的平均出口倾向变化趋势在冲击爆发前后均发生了显著变化，并且在经过一段时间的震荡波动后，基本都于 2010 年前后进入到一个新的稳定发展期，整体展现出了显著性的阶段性变化特征。

第二，从受冲击影响开始时序来看，行业间差异性十分明显。首先，从 64 个行业受冲击影响起始时间的分布情况来看，64 个行业中有 52 个行业在全球金融危机冲击爆发期间，呈现出明显的趋势变化，表明对于大多数行业来说，均明显地受到了冲击的影响；其次，从受冲击影响起始时间的先后次序来看，不同行业不同产品的平均出口倾向趋势突变起始时间时序性差异性比较明显，最早受影响冲击的 10 个行业平均出口倾向在 2007 年第 2 季度即受到全球金融危机冲击的影响，表现出显著的趋势突变，受冲击影响最晚的为 2009 年第 2 季度，有 4 个行业平均出口倾向在该季度表现出显著的趋势突变特征，而其余 50 个行业中有 42 个逐次在 2007 年第 3 季度—2009 年第 1 季度期间受到明显影响并发生显著的趋势变化，剩余 8 个行业则无法确定。

第三，从受冲击影响结束时间顺序来看，行业间的差异性十分明显：首先，从受冲击影响结束时间的先后顺序来看，64 个行业中，冲击影响结束最早的是 87 章类产品，该行业平均出口倾向在 2008 年第 3 季度之后即进入到了新的稳定发展期，而受冲击影响结束最晚的是 09 章和 42 章两类产品，到 2011 年第 3 季度之后其平均出口倾向震荡期才结束并进入到新的稳定发展阶段；其次，从受冲击影响结束期分布情况来看，从最早到最晚冲击结束期的持续时长为 3 年，即受全球金融危机冲击结束最早的行业要比结束期最晚的行业提前三年重新进入到新的稳定变化前趋势，同时大部分行业均在 2010 年左右受全球金融危机冲击的影响才结束，只有少数行业在 2011 年以后受全球金融危机冲击的影响才结束。

第四，中国各行业出口受冲击影响持续时长的非均衡性特征较为明显：首先，64 个行业的平均出口倾向受冲击影响持续时间最短的为 34 章产品，仅为两个季度；受冲击影响持续时间最长的产品为 54 章、59 章和 57 章三类产品，受冲击影响时长高达 16—17 个季度；而其他 60 类产品平均出口倾向受冲击影响的持续时长在 3—15 个季度之间。

综合来看，中国行业平均出口倾向在全球金融危机冲击过程中受冲击影响时序的非均衡性特征较为显著，各行业在受全球金融危机冲击影响的起始时间、结束时间和持续时长均具有较为明显的差异。

三、规模非均衡性变化情况

从各类产品平均出口倾向在冲击潜伏期与冲击过后期发展趋势的变化情况看，大部分行业在均值和变化水平上均有不同幅度的下降，但也有部分有所提升（具体情况见表 6-3 和表 6-4），表明各行业受金融危机冲击影响程度或水平的差异性也较为明显。

第一，从中国总平均出口倾向的总体变化情况来看，受冲击影响不论是平均出口倾向还是季度同比增长率均具有明显下降趋势：首先，从阶段性变化情况来看，中国平均出口倾向在全球金融危机冲击潜伏期的均值为31.74%，而在全球金融危机冲击过后期的均值则下降到25.48%，下降了6个多百分点，表明全球金融危机冲击过后，中国平均出口倾向有了明显的下降；其次，从季度同比增长率水平来看，变化程度也较为明显，在全球金融危机冲击潜伏期中国平均出口倾向的平均季度同比增长率为2.47%，增长速度十分明显，而在全球金融危机冲击过后期平均季度同比增长率只有0.74%，增速下降程度较为明显。

第二，从各行业各类产品平均出口发展趋势变化程度的非均衡性来看，均值变化程度的差异比较大：首先，从各行业平均出口倾向均值变化情况来看，与冲击潜伏期相比，在全球金融危机冲击过后期，64类产品中有45类产品的平均出口倾向均值明显有了不同程度的下降，其中21章、32章、61章、04章、28章、24章、42章、22章、00章、01章和11章产品平均出口倾向均值下降程度超过了50%；其次，有部分产品平均出口倾向在冲击过后期有了大幅度提升，其中25章、41章、34章、79章三类产品出口倾向均值则增长了近一倍。

第三，从产品出口平均倾向季度同比增长率情况来看，两阶段不同类产品平均出口倾向变化趋势变化差异较大且非均衡性明显：其中共有10类产品平均出口倾向的季度同比增长率由正转变为负、3类产品由负增长转变为正增长；有12项增长程度变化较高，其中25章、83章、23章、12章、11章、01章、88章产品平均出口倾向增长率的增长幅度超过100%。

综合来看，全球金融危机冲击对中国大多数行业的平均出口倾向发展趋势均产生了较为明显的影响，不同行业受到冲击影响导致平均出口倾向的变化程度均有所不同，一方面，大多数行业平均出口倾向在两阶段具有较为明显的变化，阶段均值和阶段增长率水平均发生了明显的改变；另一方面，从变化程度来看行业间差异性比较明显，且在一些行业的平均出口倾向有较大程度的下降时，也有一些行业的平均出口倾向反而有上升的趋势。

四、综合情况分析

综合来看，2008 年金融危机冲击对中国各类产品出口贸易的非均衡性影响（具体情况见表 6-4）具有以下几个显著性特点：

第一，中国出口总体发展趋势受全球金融危机冲击影响阶段化特征明显：冲击潜伏期，由于外部经济与需求均处于相对稳定的发展状态，中国出口也相应呈现出持续稳定的发展趋势；冲击爆发后，受外部经济与需求冲击的影响，中国出口发展趋势呈现出震荡性波动变化的特点；冲击过后期，随着世界经济与需求日趋平稳，中国出口发展趋势重新进入到一个新的稳定状态，但平均水平与增长率均低于固有发展趋势，说明全球金融危机对中国出口的影响是显著且长期持续性的。

第二，全球金融危机冲击对中国出口影响具有显著的行业非均衡性，各类产品受冲击影响的先后顺序、持续时间、程度大小均具有较大的差异：从受影响时序来看，有些产品早在 2007 年第 2 季度即受到了冲击影响，而有的则直到 2009 年第 2 季度才受到明显影响，相差达 2 年之久；从受影响持续时长来看，受影响持续最短的仅为 2 个季度，而最长的则达 17 个季度，中间相差了近四年时间；从行业间受影响程度差异性来看，各行业平均出口倾向平均值和增长率，在冲击前后两阶段的变化程度差异性很明显，有些行业发展趋势放缓甚至是倒退，也有一些行业平均出口倾向的发展趋势得以增强。

第三，本章的研究为下一轮外部冲击的预测预防提供了一个新思路，在今后的相关工作需根据不同行业受影响的非均衡性制定相应的产业发展策略（具体内容见表 6-4 相关数据）：其一，密切监测那些易受外部冲击影响行业出口趋势突变情况，可有助于预测外部需求冲击的到来，如果在中国经济发展相对持续稳定的情况，有大量对外部冲击较敏感行业的出口发展趋势相继发生突变，则表明外部需求有可能已发生了较大变化，很可能是新一轮外部冲击即将发生的征兆和预示；其二，如果预测到外部冲击即将发生，应提前按行业受影响时序的先后和程度的高低制定适宜的发展策略，尤其是需要重点关注和扶持那些易受冲击影响和受冲击影响程度较大的行业；其三，在冲击爆发期，应积极挖掘具有较强抗冲击行业的出口潜力，大力发展那些在冲击爆发后具有较强发展潜力的行业，从而最大限度地弱化外部冲击对贸易的影响；最后，在冲击过后期，结合各行业受影响程度的不同制定最优的经贸发展策略，对于那些受影响时间长、程度高的行业应更加注重国内内需市场的大力挖掘，而对于那些易于恢复的行业则应该注重加大对国外市场的开拓。

表6-4　全球金融危机对中国各行业季度平均出口倾向变化趋势影响情况

受冲击影响先后顺序	受冲击影响持续时长	冲击前后均值变化	冲击前后季度同比增长率变化情况
2007Q2：09、43、54、57、59、61、65、73、75、78 2007Q3：28、35、41、42、51、63、64、66、69、85、87、88、9类 2007Q4：03、22、33、56、71、76、79、81、82 2008Q1：08、11、25、84 2008Q2：1、23、55、58、 2008Q3：12、52、72、74、77 2008Q4：02、06、29、83 2009Q1：00、32、53 2009Q2：4、34、62、67	2个季度：34 3个季度：01、02、58 4个季度：29、67 5个季度：04、62、87 7个季度：06、72、83 8个季度：00、41 9个季度：22、35、52、55、79 10个季度：33、66、85 11个季度：11、12、71、74、76、88 12个季度：23、51、63 13个季度：32、42、64、65、69 14个季度：09、28、56 15个季度：03、43、61、75、78 16个季度：54、59、 17个季度：57	均值降低（由高到低排列）： 21、32、61、04、28、9、24、42、22、00、01、11、35、27、02、68、12、63、84、75、88 03、53、07、09、65、85、52、29、05、69、76、26、89、78、33、06、66、67 均值上升（由高到低排列）：79、34、82、41、56、23、08、58、72、62、71、57 没有明显变化的行业：87、51、73、64、74、59、43、55、81、77、83、82、54	从负增长到正增长：21、00、26 从正增长到负增长：27、33、54、08、79、24、28、05、75、02、 增速放缓：28、67、87、42、68、79、75、76、73、58、34、24、43、9类、59、63、57、56、77、62、74、51、06、72、69、71、02、78、82、54、64、52、07、66、33、08、55、05、65、84、35、53、03、09、32、27、85 增速提升：29、89、61、01、81、41、25、88、22、83、12、11、04、23、26、00、21

注：出口倾向均值降低较高行业为降低水平高于20%的行业；出口倾向均值较高行业是指增长水平高于20%的行业。

资料来源：笔者根据表6-1、表6-2和表6-3数据整理归纳而得。

第三节　出口结构变化实证分析

为了进一步分析全球金融危机冲击对中国出口发展趋势的影响，借助本章第一节给出结构变化测度公式，对中国在全球金融危机冲击各阶段的结构变化趋势展开分析，具体结果如表6-5至表6-8所示。

一、中国贸易结构变化情况分析

借助式（6-5）对中国行业进口和出口贸易结构在全球金融危机冲击各阶段变化情况展开计算分析，得到2004年第1季度—2014年第3季度中国季度贸易结构变化指数具体情况，如表6-5所示，表明在全球金融危机冲击爆发前后各阶段的特征明显：进口和出口贸易结构变化指数在全球金融危机冲击潜伏期相对较小，而到了冲击爆发期则表现出较为强烈的大幅度波动，之后到了冲击过后期则进入到相对波动幅度较小的平稳期。

表6-5　全球金融危机冲击前后中国进口和出口结构变化指数

时间	出口结构变化指数	进口结构变化指数	时间	出口结构变化指数	进口结构变化指数
2004.1	0.064	0.064	2006.3	0.042	0.055
2004.2	0.057	0.072	2006.4	0.045	0.040
2004.3	0.058	0.055	2007.1	0.042	0.054
2004.4	0.055	0.067	2007.2	0.047	0.049
2005.1	0.051	0.068	2007.3	0.042	0.043
2005.2	0.038	0.060	2007.4	0.052	0.063
2005.3	0.033	0.050	2008.1	0.046	0.095
2005.4	0.044	0.056	2008.2	0.051	0.108
2006.1	0.043	0.077	2008.3	0.060	0.156
2006.2	0.035	0.063	2008.4	0.065	0.086

时间	出口结构 变化指数	进口结构 变化指数	时间	出口结构 变化指数	进口结构 变化指数
2009.1	0.067	0.095	2012.1	0.031	0.070
2009.2	0.081	0.116	2012.2	0.042	0.063
2009.3	0.088	0.108	2012.3	0.051	0.067
2009.4	0.075	0.065	2012.4	0.038	0.075
2010.1	0.057	0.097	2013.1	0.069	0.099
2010.2	0.054	0.073	2013.2	0.043	0.065
2010.3	0.035	0.053	2013.3	0.034	0.048
2010.4	0.034	0.066	2013.4	0.028	0.055
2011.1	0.042	0.065	2014.1	0.052	0.073
2011.2	0.038	0.073	2014.2	0.026	0.060
2011.3	0.033	0.072	2014.3	0.038	0.056
2011.4	0.041	0.073			

第一，平稳变化的冲击潜伏期。从表6-5所给出的数据来看，一方面，从2004年第1季度至2008年第2季度期间，中国出口结构变化指数值均在0.03—0.06之间波动，表现出持续稳定的季度同比出口结构变化趋势；另一方面，在2004年第1季度至2007年第4季度中国进口贸易结构呈现出波动幅度相对较小的平稳态势，在该期间中国进口结构指数相对较小，基本在0.04—0.07之间变化，整体阶段表现出持续平稳的结构变化趋势。

第二，大幅度波动冲击爆发期。当全球金融危机冲击爆发后，中国出口和进口贸易结构均表现出大幅度的变动，从贸易结构变化指数反映的情况来看：一方面，从2008年第3季度开始一直持续到2010年第2季度，中国出口结构呈现出较大幅度的变化，2008年第3季度中国出口结构变化指数达到0.06，之后持续增长至2009年第3季度的0.09，然后进入缓慢下降期，到2010年第2季度达到0.054，在冲击爆发期整体表现出高速增长之后快速下降的变化趋势；另一方面，从进口结构变化情况来看，2008 年第 1 季度进口贸易结构指数从 2007 年第 4 季度的 0.06 迅速增长至 0.10，并于 2008 年第 3 季度达到最大值 0.16，之后进入震荡下降趋势，在 2010 年第 2 季度下降至 0.07，总体呈现出大幅度震荡波动趋势。

第三，平稳变化的冲击过后期。2010 年第 2 季度之后，中国出口和进口贸易结构变化进入相对平稳的发展期：一方面，从出口结构变化指数来看，2010 年第 2 季度之后中国出口结构变化季度同比变化幅度进入平稳低幅变化期，2010 年第 3 季度出口结构变化指数为 0.04，之后除了个别季度，各时期贸易结构变化指数基本都在 0.03—0.04 之间波动，呈现出持续平稳的变化趋势；另一方面，从进口结构变化指数情况来看，同样在 2010 年第 2 季度之后进入持续平稳变化期，2010 年第 3 季度进口结构变化指数从 2010 年第 2 季度的 0.07 迅速下降至 0.05，之后各季度的进口结构变化指数基本上在 0.06 上下波动，只有 2013 年第 1 季度个别季度出现了 0.10 的高值。

综合来看，首先，从中国进口和出口结构变化情况来看，在全球金融危机冲击前后各阶段表现出较为明显的阶段性变化特征：在全球金融危机冲击潜伏期和过后期，中国进口和出口结构变化均表现出相对稳定持续的变化趋势，而在冲击爆发期则表现出强烈的震荡大幅度波动的变化趋势。

同时，从中国进口和出口贸易结构变化趋势来看，两者同样具有较为明显的变化特点，一方面，从整体阶段来看，中国进口结构变化指数高于出口水平，表明在全球金融危机爆发前后各阶段期间，中国进口结构的变化要快于出口结构变化速度；另一方面，从冲击带来的变化幅度来看，进口结构变化受冲击影响的起始时间和波动幅度要高于出口情况，不论是结构变化指数突变点还是受冲击影响的震荡幅度，进口均要明显早（高）于出口，当然，至于其中更加具体的情况以及客观全面的解释还需要进一步的分析论证。

二、结构变化方向阶段性特征

为了能够充分说明中国贸易结构变化趋势的特点，借助式（6-6）对中国在全球金融危机冲击期间各阶段的贸易结构变化相关系数进行测算，具体情况如表 6-6 至表 6-8 所示。本章的贸易结构变化相关系数的计量主要分成两部分：其一，全球金融危机冲击潜伏期、冲击爆发期和过后期三阶段之间进出口贸易结构变化相关系数计量；其二，2003 年第 1 季度—2014 年第 3 季度之间，各季度贸易结构同比变化与整体时期贸易结构变化相关系数分析。从表 6-6 和表 6-7 所显示的计量结果来看，中国出口贸易结构变化方向阶段关联相对较弱，且出口与进口情况差异性较为明显。

表 6-6　各阶段贸易结构变化相关系数

阶段	冲击潜伏期与爆发期	冲击爆发期与过后期	冲击过后期与潜伏期
出口结构变化相关系数	−0.46	0.20	−0.32
进口结构变化相关系数	0.05	−0.46	−0.07

表 6-7　各季度与整体阶段贸易结构变化相关系数

时间	出口结构变化相关系数	进口结构变化相关系数
2004.1	−0.19	0.49
2004.2	0.28	0.70
2004.3	0.48	0.61
2004.4	0.52	0.71
2005.1	0.48	0.44
2005.2	0.37	0.48
2005.3	0.09	0.65

续表

时间	出口结构变化相关系数	进口结构变化相关系数
2005.4	0.17	0.46
2006.1	0.32	0.62
2006.2	0.47	0.56
2006.3	0.57	0.61
2006.4	0.31	0.15
2007.1	0.64	−0.08
2007.2	0.70	0.21
2007.3	0.76	0.41
2007.4	0.69	0.69
2008.1	0.52	0.65
2008.2	0.37	0.53
2008.3	0.39	0.42
2008.4	0.07	0.21
2009.1	−0.29	−0.41
2009.2	−0.35	−0.37
2009.3	−0.31	−0.36
2009.4	−0.22	0.21
2010.1	−0.01	0.59
2010.2	0.03	0.64
2010.3	0.12	0.17
2010.4	0.27	0.14
2011.1	0.73	0.42
2011.2	0.37	0.44
2011.3	0.10	0.43
2011.4	0.47	0.54
2012.1	0.03	0.40
2012.2	0.31	0.39
2012.3	0.67	−0.17

续表

时间	出口结构变化相关系数	进口结构变化相关系数
2012.4	0.18	−0.03
2013.1	0.40	−0.05
2013.2	0.47	−0.17
2013.3	−0.01	0.45
2013.4	0.41	0.07
2014.1	−0.26	0.04
2014.2	−0.20	−0.08
2014.3	0.36	0.03

表 6-8　中国贸易结构偏离度变化情况

阶段	绝对出口结构向差度	绝对进口结构向差度	出口结构向差度	进口结构向差度
冲击潜伏期	1.79	2.09	0.10	0.12
冲击爆发期	4.09	3.19	0.12	0.15
冲击过后期	2.17	2.58	0.11	0.14

第一，出口结构变化趋势较为明显。从各阶段贸易结构变化相关系数值情况来看，三阶段趋势变化差异性较为明显，各阶段间两两出口结构变化相关系数变化较为显著，表明在全球金融危机冲击爆发期间，中国出口结构变化趋势有了一定程度的改变。

首先，从出口情况来看，冲击潜伏期和冲击爆发期的出口结构变化相关系数为 −0.46，表明冲击爆发后中国出口贸易结构变化方向发生了较为明显的改变，而冲击爆发期与过后期出口结构变化相关系数为 0.20，则表明在冲击爆发期出口结构变化与冲击过后期的结构变化具有较弱的正相关关系，同时冲击过后期与潜伏期出口结构变化具有较弱的负相关，相关系数为 −0.32。综合三阶段的出口结构变化相关系数所反映的情况来看，可以得出这样的一个初步结论：全球金融危机冲击爆发后，中国出口结构变化方向有了一定程度的负向改变，且在冲击过后中国出口结构变化方向并没有恢复到冲击潜伏期的发展方向。

其次，从进口情况来看，冲击潜伏期与爆发期进口结构相关系数为0.05，表现出极弱的正向相关性，冲击爆发期与过后期进口结构变化相关系数为 -0.46，而冲击过后期与潜伏期两阶段的进口结构变化相关系数则为 -0.07。综合来看，中国进口结构变化表现出下列特点：在全球金融危机冲击爆发后，中国进口结构发展趋势有了较明显的变化，两阶段相关性较弱，在冲击过后，中国进口结构变化方向则有了较为明显的逆向变化，但同时冲击过后期进口方向变化也同样没有恢复到冲击前的变化水平。

总体来看，在全球金融危机冲击爆发后中国出口和进口结构变化方向及变化趋势均有了较为明显的改变，而在冲击过后也并没有恢复到冲击前的发展方向上来。

第二，从季度与整体阶段贸易结构变化相关性来看，一方面，中国贸易结构变化趋势持续性相对比较弱；另一方面，阶段性变化特征也较为明显。

首先，从中国出口情况来看，阶段性变化特征较为明显。冲击潜伏期，中国各季度出口变化方向基本与总体变化趋势保持一致，除了个别年份，出口结构变化相关系数值均在0.2以上，2007年甚至接近了0.8的水平，表明在该时期中国各季度各期出口结构的变化方向基本上与总体变化情况相一致；而在冲击爆发期，各季度各期出口结构变化相关系数值快速下降，于2008年之后变为负值，表明在全球金融危机冲击爆发期间出口结构变化与整体趋势变化差异性十分明显；冲击过后期，各季度和各期出口结构变化趋势与总体变化趋势正向相关性较为明显，但相关系数值波动幅度较高。

综合来看，各时期中国出口结构变化趋势与整体变化情况，在冲击潜伏期和冲击过后期各期出口结构变化趋势基本上与总体变化趋势保持一定的一致性，同时也表明中国出口结构变化的持续性较差。

　　其次，从中国进口情况来看，大体与出口情况相一致。在全球金融危机冲击潜伏期，各期进口结构变化趋势基本与总体发展趋势保持一致，冲击爆发后各期进口结构变化趋势发生了较为明显的改变，从2008年开始相关性急速下降，于2008年第4季度进入负相关时期，并一直持续到2009年第4季度，冲击结束后，中国各期进口结构变化总体表现出与总体发展趋势相一致的态势。

　　综合来看，从中国各期与整体时期贸易结构变化相关系数所反映的情况来看，全球金融危机冲击对中国贸易结构变化趋势的影响较为显著：一方面，从出口和进口结构变化趋势情况来看，在冲击爆发期中国贸易结构变化趋势发生了明显的逆向改变，而在冲击潜伏期和冲击过后期则表现出明显的正向相关性，表明冲击对中国贸易结构变化趋势产生了明显的逆向作用；另一方面，从出口和进口结构变化的对比情况来看，在冲击潜伏期进口结构变化相关系数值和平稳性要略高于出口，而在冲击过后期中国进口结构变化相关系数波动程度要高于出口，这表明全球金融危机冲击对中国出口和进口冲击的影响存在某些差异性。

　　第二，从中国贸易结构变化趋势和方向情况来看，阶段性变化特征较为明显且全球金融危机冲击的影响十分显著。首先，从三阶段贸易结构变化相关系数情况来看，冲击前后中国进出口贸易结构变化趋势均有了较为明显的改变；其次，从各期变化情况来看，全球金融危机冲击爆发期间，进口和出口贸易结构变化趋势均有了显著的逆向改变，同时，与冲击潜伏期相比，在冲击过后期中国进口和出口结构变化相关系数的均值和波动幅度具有了较大的改变；最后，从全球金融危机冲击对进口和出口的影响程度来看，二者差异性也较为明显，冲击过后进口结构变化相关系数表现出更为明显的波动性。

三、贸易结构偏离度变化特征

　　同样，依照式（6-7）和式（6-8）分别对全球金融危机冲击潜伏期、爆发期、过后期和整个时间段的贸易结构平均偏离度和绝对贸易结构偏离度展开测算，具体结果如表6-8所示。从表6-8所给出的情况来看，在全球金融危机冲击爆发期间，中国贸易结构方向变化阶段性特征比较明显，冲击爆发期的进出口结构向差度要明显高于冲击潜伏期和过后期，同时冲击过后期贸易结构变化偏离总趋势的程度也要略高于冲击潜伏期水平。

第一，从各阶段进出口结构向差度大小来看，阶段性特征十分明显：冲击爆发期的进出口结构向差度最高，冲击过后期次之，而冲击潜伏期进出口结构向差度最小，表明全球金融危机冲击的爆发对中国贸易结构变化的趋势产生了明显的影响。

首先，从出口结构向差度阶段性变化特点来看，中国出口结构短期变化趋势受全球金融危机冲击影响比较明显。在冲击潜伏期中国出口结构向差度为0.1，当冲击爆发后迅速升至0.12，当从冲击过后则下降至0.11，表明中国出口结构在全球金融危机冲击爆发前，贸易结构的短期（季度）变化与长期变化趋势相近度较高，而当冲击爆发后短期结构发展趋势对总趋势的偏离度要高于爆发前的水平；而当冲击过后，出口结构短期变化趋势对总体趋势的偏离有所下降，但仍高于冲击潜伏期水平。

其次，从进口结构向差度情况来看，也表明全球金融危机冲击对中国贸易结构短期变化趋势有明显的影响。全球金融危机冲击潜伏期、爆发期和过后期中国进口结构向差度分别为0.12、0.15和0.14，表明在全球金融危机爆发期间中国进口结构短期变化趋势对总体阶段的变化趋势的偏离程度要明显高于冲击爆发前的水平，到了冲击过后期，进口结构向差度虽然低于冲击爆发期水平，但仍明显高于冲击潜伏期水平，表明全球金融危机冲击对中国进口结构变化趋势的影响仍没有完全消失。

综合出口和进口情况来看，显然全球金融危机冲击对中国贸易结构变化趋势的走向具有明显的影响：一方面，冲击的爆发，直接导致短期变化趋势对长期趋势偏离加大，进口和出口的结构向差度均有明显的变大；另一方面，即使全球金融危机过后，进口和出口结构短期变化趋势偏离度依然没有恢复到冲击前的水平。

第二，从绝对进出口结构向差度情况来看，结论大体与进出口结构向差度情况相同：全球金融危机冲击的爆发加大了短期与长期贸易结构变化趋势的偏离程度，而当冲击过后这种影响并没有完全消失。

首先，从绝对出口结构向差度情况来看，阶段性变化特征较为明显，表明全球金融危机冲击对贸易结构趋势变化的影响显著。在全球金融危机冲击潜伏期、爆发期和过后期的绝对出口结构向差度值分别为1.79、4.09和2.17，冲击爆发期指标值最大，冲击过后期值次之，表明冲击爆发期阶段的出口结构变化差异程度相对较大，冲击过后期差异程度虽有明显的下降但依然高于冲击潜伏期水平。

其次，从绝对进口结构向差度情况来看，阶段性变化特征同样十分明显，全球金融危机冲击对进口结构变化趋势的影响较为明显。在全球金融危机冲击潜伏期绝对进口结构向差度为2.09，进入冲击爆发期后迅速升至3.19，之后到了冲击过后期虽有明显下降，但依然要高于冲击潜伏期0.38，表明全球金融危机冲击的爆发加大了各期进口结构变化趋势的差异度，而当冲击过后虽然差异程度有所下降，但依然略高于冲击潜伏期水平。

综合进口和出口情况来看，全球金融危机冲击对中国贸易结构短期与长期变化趋势差异程度具有明显的加大作用。一方面，不论是进出口结构向差度还是绝对进出口结构向差度均显示，冲击爆发期短期与长期贸易结构偏离度要明显高于冲击潜伏期，冲击对中国贸易结构变化趋势影响十分明显；另一方面，全球金融危机冲击对贸易结构变化趋势的影响可能具有一定程度的长期持续性，即当冲击过后，短期与长期贸易结构趋势不一致性虽然有所减弱，但依然要高于冲击爆发前的水平。

第三，综合两种贸易结构偏离度测算结果，发现：一方面，冲击的爆发会加大贸易结构短期变化趋势与长期变化趋势的不一致性；另一方面，这种影响可能还具有一定程度的持续性，即使冲击消失，短期与长期趋势的不一致性也不会完全恢复到冲击爆发前水平。

第七章　外部冲击下中国工业结构
发展趋势变迁

本章将通过延续和拓展第六章的研究思想和方法，检验和分析中国工业各行业在全球金融危机期间经济增长趋势以及工业结构的变化特点。本章的分析主要集中在以下两个方面：一是通过考察全球金融危机冲击爆发期间中国工业各行业产出增长趋势变化特点，论证分析工业受冲击影响的非均衡性特点；二是通过分析全球金融危机冲击爆发前后中国工业结构趋势变化情况，探析全球金融危机冲击爆发过程中工业结构变化趋势的突变性。

第一节　模型构建和数据选取说明

本章的研究方法基本与第六章类似，一方面，通过滚动趋势突变检验方法检测在全球金融冲击爆发前后各阶段各行业增长率趋势变化的非均衡性，从而判断出不同行业受冲击影响的起始、结束和持续时间；另一方面，通过各项结构变化测算指标检测全球金融危机冲击过程中工业结构的变化情况。

一、基本步骤和变系数面板数据模型构建说明

（一）主要分析步骤

本章将分别从中国行业经济增长趋势变化和结构趋势变化两个层面

分析论证全球金融危机冲击对中国工业经济增长以及产业结构的影响特征，具体情况如下所述。

第一步，将 2003 年第 1 季度至 2015 年第 3 季度的 51 个季度分为三个阶段，即尚未受全球金融危机冲击影响的平稳潜伏期、受到冲击影响的振荡爆发期以及冲击影响消失后的平稳过后期，然后通过构建变系数时间序列面板数据回归方法，检验工业 38 个行业经济增长趋势的稳定性，再通过邹氏突变检验方法分别检验 38 个工业行业经济增长趋势在冲击爆发前后两个阶段的变化情况。

第二步，通过滚动邹氏突变点检验方法，检测工业 38 个行业经济增长趋势阶段性变化情况。首先，利用向后滚动趋势突变点检验方法检测各行业经济增长趋势受冲击影响的起始时间点，然后，再利用向前滚动趋势突变点检验方法检测各行业受金融危机冲击影响的结束期，并最终得到各行业受冲击影响的持续时长。

第三，通过结构趋势变化度量方法，测算工业结构在全球金融危机冲击过程中的结构变化情况。利用结构变化程度、方向和差度等测算指标，分析中国工业行业产业结构在全球金融危机冲击各阶段的变化情况。

第四，通过结构趋势变化度量方法，测算中国主要地区工业结构在全球金融危机冲击过程中结构变化情况。利用各项结构趋势变化测度方法，对各省、自治区和直辖市在全球金融危机冲击期间结构变化情况展开论证分析，以便于进一步分析全球金融危机冲击对中国工业结构变化的影响。

（二）工业产业结构趋势变化分析步骤

关于中国工业各行业结构趋势变化的测算方法依然以四项结构变化测度检验方法为主，基本研究思路和方法与第六章相一致，主要分为以下几个方面：

第一，工业产出结构变化程度的阶段差异性测算分析。即通过构建季度贸易结构变化量测算指标，计算出各年各阶段中国工业结构变化量，以便于进一步比较分析不同时期中国工业产业结构变化程度的差异性，从而判断出全球金融危机冲击对中国工业产业结构趋势变化的影响。

第二，各阶段工业产业结构变化方向的差异性。通过结构变化相关系数计算方法，测算出在全球金融危机冲击的不同阶段工业产业结构变化趋势的相关程度，进而比较分析出不同时间段产业结构变化方向的异同，从而判断出在冲击前后各阶段工业产业结构变化方向的差异性。

第三，工业产业结构变化偏离度的测算。通过结构变化偏离度测算方法，计量出全球金融危机冲击各阶段工业产业结构变化方向及其偏离程度，以此判断冲击前后各阶段工业产业结构变化方向的波动程度。

（三）变系数时间序列自回归面板数据模型

为了能够分析论证工业各行业经济增长率趋势变化特征，同样根据第三章相关理论模型推导结果，设定工业各行业季度同比经济增长率服从漂移性为非零的一阶时间序列自回归过程，则 i 行业季度经济增长率实证方程可写成式（7-1）：

$$g_{it} = c_{it} + b_{it}g_{i(t-4)} + \varepsilon_{it} \qquad (7-1)$$

根据式（7-1）结合工业 38 个行业在全球金融危机冲击潜伏期和过后期两阶段经济增长率变化情况，构建变系数时间序列自回归面板数据模型，以进一步分析论证工业经济增长在全球金融危机冲击各阶段趋势变化稳定性和阶段性特征，设定工业行业经济增长率变系数时间序列自回归面板数据模型的具体形式如式（7-2）所示：

$$g_{it} = \begin{cases} c_i + b_i g_{i(t-4)} + \mu_{it} & \text{潜伏期：} Q_0 \leq t < Q_{i0} \\ c'_{it} + b'_{it} g_{i(t-4)} + \mu'_{it} & \text{爆发期：} Q_{i0} \leq t \leq Q_i \\ c''_i + b''_i g_{i(t-4)} + \mu''_{it} & \text{过后期：} Q_i < t \leq Q \end{cases} \qquad (7-2)$$

其中：c_i、b_i、μ_{it} 分别表示截距项、自变量回归系数和随机误差项；g_i 表示工业 i 行业季度同比经济增长率；Q_0 和 Q 分别为观测阶段起始期 2003 年第 1 季度和结束期 2015 年第 3 季度；Q_{i0} 和 Q_i 分别表示 i 行业受到金融危机冲击影响的起始季度和结束季度。通过式（7-2）所给出的变系数时间序列自回归面板数据模型即可作为测度工业 38 个行业经济增长趋势变化的实证分析模型，从而有效地检测金融危机冲击各阶段中国工业各行业经济增长率变化，并判断工业各行业在全球金融危机冲击过程中，经济增长趋势的突变情况。

二、趋势变化实证检验方法

本章的趋势突变实证检验方法基本与第六章检验方法相同，首先通过构建变系数时间序列自回归面板数据模型，检验行业经济增长率趋势变化的稳定性，然后再通过两阶段趋势突变检验方法判断出各行业经济增长趋势在全球金融危机冲击潜伏期和过后期的异同，最后通过向后和向前滚动趋势突变检验方法测算各行业经济增长趋势的不变情况，并判断出冲击影响的起始期、结束期和持续时长。

（一）工业行业经济增长趋势稳定性的检验方法

该方法主要是检验全球金融危机冲击潜伏期和过后期两阶段工业行业经济增长率趋势变化情况，如果两阶段各行业经济增长率变化均服从一阶自回归时间序列过程，则表明各行业经济增长具有稳定的规律性和可预测性，否则还需要做进一步的分析检验。

检验方法和步骤如下：首先，针对工业 38 个行业在 2003 年第 1 季度—2007 年第 2 季度的冲击潜伏期和 2011 年第 3 季度—2015 年第 3 季度的冲击过后期两阶段样本，分别构建变系数一阶时间序列自回归面板数据模型进行实证检验，从而得到各行业在两阶段的实证检验回归方程；然后，根据检验结果和各项指标判定各行业在两阶段是否符合显著的一阶自回归时间序列过程，如果 38 个行业中的大多数均符合显著的一阶自回归过程则表明各函数均具有较为稳定的变化趋势。

（二）两阶段发展趋势异同性检验

该方法主要是通过趋势突变检验方法判断全球金融危机冲击爆发前后两阶段工业行业经济增长趋势的异同，具体步骤和方法与第四章和第五章的相关方法大致相同，主要步骤和方法如下：首先，分别对工业38个行业全球金融危机冲击潜伏期、过后期和两期合期进行漂移项非零的一阶自回归时间序列模型检验，然后再根据回归结果分别得到38个行业在3个阶段的残差和；其次，借助两阶段趋势突变检验方法，分别对各行业进行趋势突变检验以判断在冲击前后两阶段经济增长趋势的异同性，从而判断出冲击对各行业经济增长趋势的影响。相关具体判断方法以及模型构建方法，可参照第六章相关内容。

（三）发展趋势突变点检验方法

工业各行业发展趋势突变点检验方法，基本与第六章中国行业平均出口倾向变化趋势突变检验方法相同，主要步骤分成三步：

第一步，利用向后滚动趋势突变点检验方法检测各行业经济增长趋势的突变时刻。首先，对各行业经济增长率时间序列在全球金融危机冲击潜伏期、初始期（2003年第1季度—2006年第2季度）进行漂移项非零的一阶自回归方程检验，分别得到38个行业冲击潜伏期初始阶段的回归方程残差和；其次，对各行业经济增长率时间序列在2003年第1季度—2006年第3季度样本进行一阶漂移项非零的自回归过程检验并得到相对应的残差和，利用趋势突变检验方法甄别该季度是否是行业经济增长趋势的蜕变点，如果为"是"则结束检验，从而得出行业经济增长趋势突变时间点，如果为"否"则继续以2003年第1季度—2006年第3季度为冲击潜伏期、初始期，检测2006年第4季度是否为趋势突变点，如此反复直至找到趋势突变点或者检验点直到2010年第2季度（到该时刻如果行业经济增长趋势仍没有发生趋势突变，则表明该行业受冲击影响后没有发生明显的趋势变化）。

第二步，利用向前滚动趋势突变点检验方法检测各行业经济增长趋势影响的结束点。首先，对各行业经济增长率时间序列在冲击过后期的初始期（2011年第3季度—2015年第3季度）进行漂移项非零的一阶自回归过程检验，得到相应的方程残差和；然后，对各行业经济增长率时间序列在 2011 年第 2 季度—2015 年第 3 季度时间段样本做漂移项非零的一阶自回归过程检验，并得到相应方程残差和，然后再进行趋势突变点检验，如果检验出 2011 年第 2 季度是趋势突变点，则表明行业经济增长趋势在 2011 年第 2 季度之后进入到了一个新的稳定发展趋势，否则再以 2011 年第 2 季度—2015 年第 3 季度为初始期，检测 2011 年第 1 季度是否为趋势突变点，如此反复直至找到趋势突变点或者检验时间直到 2007 年第 2 季度。

第三，根据第一步和第二步检验结果，得到行业受冲击影响持续时长。首先，从第一步检验结果得到冲击影响起始期，然后从第二步检验结果得出行业受冲击影响的结束期，然后两期相减即得到行业受冲击影响的结束期；其次，如果第一步或者第二步得不到行业受冲击影响的起始期或者结束期，则需要进一步参照两阶段趋势突变检验结果给出综合结论。

三、贸易结构变化计量方法

本章对工业产业结构检验依然采用第五章相关结构变化度量指标进行分析论证，仍集中在测度工业产业结构量和方向的变化两个层面，计量方法具体说明和公式请参照第六章相关内容，本章只做简要的介绍和分析。

第一，工业产业结构变化程度测算方法。该测度方法与第六章基本相同，二者不同之处仅在于测算的对象不同，采用产业结构变化指数（Industry Structure Change Indicators，ISI）来测算工业产业结构季度变化的方程如式（7-3）所示：

$$ISI = \frac{1}{2} \sum_{i=1}^{N} \left| s_{it} - s_{i(t-4)} \right| \qquad (7-3)$$

其中：ISI 为产业结构变化测算指数，取值介于 0 和 1 之间；s_{it} 为 t 时刻 i 行业产值在工业总产值中所占比重；N 为工业行业分类总数。显然 ISI 值越高，则表明 t 期产业结构同比变化程度也越高，指标值越小则结构变化程度也越小，取值为 0 表明产业结构没有明显变化，而当取值为 1 时则表明产业结构完全发生了改变。

第二，产业结构变化方向测算方法。该方法主要是用来分析两个不同时间段产业结构变化方向和程度的异同，具体测算方法为产业结构变化相关系数（The Coefficient of Industry Structure Change，CIS）计量法，指标的具体计算方法如式（7-4）所示：

$$CIS = \frac{\sum_{i=1}^{N}(s_{it} - s_{it'})(s_{iT} - s_{iT'})}{\sqrt{\sum_{i=1}^{N}(s_{it} - s_{it'})^2 \sum_{i=1}^{N}(s_{iT} - s_{iT'})^2}} \tag{7-4}$$

其中：CIS 为产业结构变化相关系数，取值介于 -1 和 1 之间；t、t'、T、T' 分别表示不同时间点。如果系数值为 1，则表明两个时间段的产业结构变化方向完全相同；如果系数值为 -1，则表明两个时间段上的产业结构变化方向完全相反；如果系数值为 0，则表明两个时间段上产业结构变化方向没有任何关系；系数值越接近 1，则表明两个时间段产业结构变化方向越接近；越接近 -1，则表明两个时间段产业结构变化方向相异程度也越高；越接近 0，则表明产业结构变化方向相关程度也越小。

第三，产业结构向差度计量。该计量方法主要是为了测度不同阶段为了进一步分析在特定的阶段里产业结构变化方向与整体变化趋势的一致性，具体方法是通过构建阶段产业结构向差度 (The Structure Difference Degree，SDD) 指标加以测度，具体算法如式（7-5）所示：

$$SDD = \frac{1}{2T}\sum_{t=1}^{T}\sum_{i=1}^{N}|s_{it} - s'_{it}| \qquad s'_{it} = s_{i0} + \frac{t}{T}(s_{iT} - s_{i0}) \tag{7-5}$$

其中：SDD 为结构向差度指数，用来测度在特定阶段产业结构偏离整体变化趋势的均值，指数值越大则表明特定时间段产业结构变化与整体变化趋势差异性越大，否则偏离程度越小；$[1, T]$ 为给定的时间段。

第四，产业结构绝对向差度测算。测算方法主要是通过构建绝对产业结构向差度（Absolute Structure Difference Degree，ASD）来测度各期实际产业结构变化程度与总变化趋势之间的差异，具体方法如式（7-6）所示：

$$ASD = \left[\sum_{t=0}^{T} \sum_{i=1}^{N} \left| s_{it} - s_{i(t-1)} \right| - \sum_{i=1}^{N} \left| s_{i0} - s_{iT} \right| \right] / \sum_{i=1}^{N} \left| s_{i0} - s_{iT} \right| \qquad （7-6）$$

其中：ASD 为绝对产业结构向差度指数，主要在于测算各期产业结构变化方向与总体变化趋势的一致性，取值为大于零的正数。当该指标值为 0 时，则表明在给定时间段内，各期各产业所占比重增减变化方向均一致；当该指标值大于 0 时，则表明给定时间段内产业所占比重增减变化方向具有不一致性，且该值越大则不一致性也越高。

四、数据选取说明

本章所有原始数据均来自"国研网"工业统计数据库所提供的相关数据，数据主要包括两个，一是行业季度经济产出数据，二是行业季度同比经济产出增长率，在数据选取和处理中做了以下几个方面的相应处理。

（一）工业行业选取和处理

由于"国研网"工业经济数据库给出的相关数据中，2003 年至 2011 年期间和 2012 年至 2015 年期间工业行业分类标准不同，因而为了能够统一计量标准，在数据选取和处理中，综合两个时间段的分类标准，通过合并整理共得出 38 个行业，具体情况如表 7-1 所示。具体处理合并方法如下：将 2003 年至 2011 年工业行业数据中的"29 橡胶制品业"与"30 塑料制品业"合并为整理后的"23 橡胶和塑料制品业"；2012 年至 2015 年工业行业数据中的"11 开采辅助活动"与"12 其他采矿业"合并为整理后的"6 其他采矿业"，"36 汽车制造业"与"37 铁路、船舶、航空航天和其他运输设备制造业"合并为"30 交通运输设备制造业"。

表 7-1　工业行业分类说明

行业代码	名称	行业代码	名称
1	煤炭开采和洗选业	20	化学原料及化学制品制造业
2	石油和天然气开采业	21	医药制造业
3	黑色金属矿采选业	22	化学纤维制造业
4	有色金属矿采选业	23	橡胶和塑料制品业
5	非金属矿采选业	24	非金属矿物制品业
6	其他采矿业	25	黑色金属冶炼及压延加工业
7	农副食品加工业	26	有色金属冶炼及压延加工业
8	食品制造业	27	金属制品业
9	饮料制造业	28	通用设备制造业
10	烟草制品业	29	专用设备制造业
11	纺织业	30	交通运输设备制造业
12	纺织服装、鞋、帽制造业	31	电气机械及器材制造业
13	皮革、毛皮、羽毛（绒）及其制品业	32	通信设备、计算机及其他电子设备制造业
14	木材加工及木、竹、藤、棕、草制品业	33	仪器仪表及文化办公用机械制造业
15	家具制造业	34	工艺品及其他制造业
16	造纸及纸制品业	35	废弃资源和废旧材料回收加工业
17	印刷业和记录媒介的复制业	36	电力热力的生产和供应业
18	文教体育用品制造业	37	燃气生产和供应业
19	石油加工、炼焦及核燃料加工业	38	水的生产和供应业

（二）行业季度经济产出数据的选取和处理

由于"国研网"工业数据库所给出的数据中并没有给出完整的行业季度增加值或者行业季度产出值，因而本章在数据处理中进行了如下几个方面的处理：

第一，2003 年第 1 季度—2011 年第 4 季度行业季度产出值的获得。由于该时间段的数据中，"国研网"只给出了各行业月度销售值累计值和行业月度累计主营业务收入，通过比较两类数据值基本相同，因而本章以行业月度销售累计值为主，缺失数据则以同期的行业月度主营业务收入累计值补足；季度数据处理，则以各年3月份累计销售值设定为当年第1季度行业产出值，各年6月份累计销售值减去同年3月份累计销售值设定为当年第2季度行业产值，各年9月份累计销售值减去同年6月份累计销售值设定为当年第3季度行业产值，各年12月份累计销售值减去同年9月份累计销售值设定为当年第4季度行业产值；对于个别月份缺失数据，则根据上一年或者下一年同月份销售值累计同比增长率通过计算而得到。

第二，2012年第1季度—2015年第3季度行业季度产出值的获得。关于该时间段的数据，"国研网"只给出了行业月份累计主营业务收入数据，因而该时间段各行业产出数据以主营业务数据代替，缺失部分则根据前一年或者后一年同月份数据和同比增长率计算而得，同时由月份累计数据推导出季度同比增长步骤与2003年第1季度—2011年第4季度数据获得方法相同。

第三，产业结构数据的获得与处理。在得到历年各季度行业产出值的基础上，分别得到各行业产出值占到工业总产出值的比重，由于行业比重数据不涉及实际值和名义值的问题，因而本章并没有对行业季度产出值做进一步处理，换算为实际值，当然这样做并不会对结果产生任何影响。

（三）行业季度经济产出增长率数据处理

考虑到"国研网"提供的工业行业月度数据中，只提供了各月累计销售名义值、累计主营业务收入名义值以及相对应的月份累计实际值同比增长率，因而为了得到行业季度产出实际值同比增长率，本章对相关数据做了如下几个方面的处理：

第一，历年1季度产出增长率数据处理。该部分数据直接以各年3月份行业主营业务收入或者销售累计值的同比增长率替代，由于"国研网"所给出相关指标的月份累计同比增长率均为实际值增长率，因而可以由前三个月累计值增长率直接获得。

第二，历年第2—4季度产出增长率数据处理。该部分数据，主要是通过月份累计值以及月份累计值同比增长率数据获得，具体处理方法如下：当年第2季度同比增长率数据，通过同年6月份产业累加值和同期累计同比增长率得到前一年6月份产业累加值（当年价格表示的实际值），通过同年3月份产业累加值和同期累计同比增长率得到前一年3月份累计产出值（当年价格表示的实际值），然后换算得出前一年和当年第2季度产出实际值，并作进一步的计算即可以得到当年第2季度行业产出同比增长率；第3季度和第4季度行业产出同比增长率获得方法，基本与第2季度行业产出同比增长率数据相同。

第二节　工业经济增长趋势的非均衡性变化

利用本章所提供的趋势突变检验方法以及产业结构变化情况，对中国工业38个行业在2003年第1季度—2015年第3季度期间经济增长趋势以及结构变化情况展开分析论证，从总体实证检验结构来看，中国工业在全球金融危机冲击爆发前后过程中阶段性特征明显，各行业经济增长水平与在产业中所占比重均具有较为明显的非均衡性变化。

一、工业总体发展情况

按照本章第一节给出的相应划分核算标准，对中国工业38个行业在2003年第1季度—2015年第3季度在全球金融危机冲击爆发前后三个阶段展开的相应论证分析，同时为了能够从整体测度全球金融危机冲击对工业各行业的影响，在对全球金融危机冲击爆发前后三个阶段与相应的趋势突变检测初始期划分有所不同：设定2003年第1季度—2007年第3季度为冲击潜伏期考察期、2007年第4季度—2011年第3季度为冲击爆发期考察期、2011年第4季度—2015年第3季度为冲击过后期考察期，以便于比较系统地测算各阶段各行业经济发展趋势变化情况。

对中国工业 38 个行业在冲击三个阶段经济增长趋势以及产业所占比重变化情况进行测算，具体结果如表 7-2 所示，可以初步得到各行业在全球金融危机冲击过程中的基本变化情况：一方面，与冲击潜伏期相比，大部分行业经济增长水平均在冲击爆发后有较为明显的波动，并在冲击过后期进入到低速增长阶段，并且有个别行业呈现出负增长趋势；另一方面，从产业结构变化角度来看，各行业在工业中所占比重变化幅度和趋势变化均有明显的差异，冲击爆发后一些行业所占比重有了明显的提升或下降。

表 7-2　各阶段中国工业行业发展情况

行业代码	各阶段行业产出季度同比增长率均值			行业产出所占比重			
	2003Q1—2007Q3	2007Q4—2011Q3	2011Q4—2015Q3	2003Q1	2007Q3	2011Q3	2015Q3
1	34.48	34.60	1.96	0.0173	0.0229	0.0336	0.0212
2	26.21	18.08	−1.01	0.0295	0.0210	0.0159	0.0072
3	54.50	44.99	6.40	0.0018	0.0049	0.0104	0.0072
4	41.23	29.06	12.17	0.0037	0.0060	0.0060	0.0056
5	33.58	38.74	15.68	0.0030	0.0036	0.0049	0.0052
6	36.58	47.91	4.12	0.0051	0.0023	0.0015	0.0015
7	28.53	29.70	14.68	0.0400	0.0438	0.0527	0.0600
8	26.86	26.83	15.64	0.0157	0.0149	0.0164	0.0198
9	21.93	25.27	13.73	0.0173	0.0130	0.0140	0.0156
10	13.84	16.00	10.27	0.0208	0.0092	0.0080	0.0082
11	24.24	19.28	11.26	0.0506	0.0467	0.0401	0.0372
12	22.43	20.81	11.30	0.0222	0.0186	0.0164	0.0205
13	22.28	20.70	11.44	0.0130	0.0131	0.0113	0.0138
14	30.84	33.53	17.20	0.0063	0.0087	0.0109	0.0134
15	28.13	23.26	13.78	0.0045	0.0057	0.0059	0.0072
16	24.50	21.50	9.23	0.0170	0.0153	0.0144	0.0126

行业代码	各阶段行业产出季度同比增长率均值			行业产出所占比重			
	2003Q1—2007Q3	2007Q4—2011Q3	2011Q4—2015Q3	2003Q1	2007Q3	2011Q3	2015Q3
17	17.08	19.70	12.61	0.0067	0.0051	0.0044	0.0067
18	19.94	16.77	13.93	0.0057	0.0055	0.0041	0.0147
19	30.86	21.28	2.12	0.0518	0.0434	0.0420	0.0304
20	29.40	25.09	12.46	0.0654	0.0645	0.0721	0.0765
21	20.25	25.36	17.17	0.0210	0.0142	0.0165	0.0229
22	27.55	16.81	7.31	0.0098	0.0099	0.0074	0.0066
23	22.35	21.12	10.94	0.0287	0.0285	0.0280	0.0285
24	27.93	30.51	14.02	0.0324	0.0393	0.0497	0.0557
25	39.66	22.03	2.65	0.0667	0.0844	0.0749	0.0565
26	44.49	23.65	13.12	0.0228	0.0435	0.0452	0.0472
27	31.05	25.18	13.09	0.0245	0.0275	0.0292	0.0343
28	31.35	26.59	10.60	0.0357	0.0439	0.0490	0.0435
29	28.10	28.00	10.57	0.0251	0.0248	0.0290	0.0317
30	24.58	27.08	9.54	0.0792	0.0635	0.0703	0.0717
31	28.69	23.48	10.77	0.0498	0.0589	0.0595	0.0634
32	26.21	14.75	10.80	0.0995	0.0997	0.0772	0.0818
33	26.54	17.05	13.14	0.0108	0.0106	0.0087	0.0099
34	24.42	24.19	10.04	0.0086	0.0079	0.0079	0.0034
35	48.38	43.62	13.24	0.0002	0.0016	0.0032	0.0010
36	20.07	15.33	6.85	0.0814	0.0674	0.0555	0.0513
37	52.50	45.28	18.60	0.0034	0.0045	0.0023	0.0045
38	14.21	12.04	10.03	0.0030	0.0019	0.0014	0.0017

资料来源：笔者根据"国研网"工业经济指标数据库所提供的数据整理而得。

（一）行业经济增长情况

从表7-2所给出的数据来看，全球金融危机冲击爆发前后，中国工业行业经济增长趋势变化的非均衡性较为明显：同一行业的不同阶段与不同行业的相同阶段产出增长率变化趋势均有显著的差异性。

1. 静态比较分析

从静态比较分析情况来看，38 个行业中在冲击潜伏期、爆发期和过后期三阶段产出增长率具有较为明显的差异，表现出行业间明显的非均衡性发展趋势特征。

第一，从冲击潜伏期情况来看，阶段增长率均值的最高值与最低值之间相差 40 个百分点，大部分行业季度同比增长率均值在 20%—40% 之间波动。从行业阶段经济增长率平均水平来看，38 个行业中，产出增长率均值最高的为黑色金属矿采选业以及燃气生产和供应业，阶段经济产出季度同比增长率均值分别高达 54.5% 和 52.5%，阶段经济产出季度同比增长率均值最低的为文教体育用品制造业、印刷业和记录媒介复制业、水的生产和供应业以及烟草制品业，分别为 19.94%、17.08%、14.21% 和 13.84%，增长水平最高与最低行业之间相差超过 40 个百分点，而其他 32 个行业经济产出季度同比增长率基本在 20%—40% 之间波动，表明工业各个行业之间的非均衡性高速发展趋势差异性较为明显。

第二，从冲击爆发期情况来看，阶段经济产出增长率均值的差异性也较为明显，整个产业非均衡性发展趋势较为明显。在 2007 年第 3 季度—2011 年第 3 季度期间，经济产出季度同比增长率均值最高的为其他采矿业、燃气生产和供应业、黑色金属矿采选业以及废弃资源和废旧材料回收加工业等四个行业，季度同比增长率均值分别为 47.91%、45.28%、44.99% 和 43.62%，增长水平最低的为印刷业和记录媒介复制业、纺织业、石油和天然气开采业、仪器仪表及文化办公用机械制造业、化学纤维制造业、文教体育用品制造业、烟草制品业、电力热力的生产和供应业、通信设备、计算机及其他电子设备制造业以及水的生产和供应业等 10 个行业，经济产出季度同比增长率分别为 19.7%、19.28%、18.08%、17.05%、16.81%、16.77%、16%、15.33%、14.75% 和 12.04%，增长水平最高和最低行业之间阶段经济增长率均值相差 28.2 个百分点。

第三，从冲击前过后期情况来看，38个行业经济产出增长趋势差异性同样较为明显。在2011年第3季度至2015年第3季度期间，阶段经济产出季度同比增长率均值最高的为燃气生产和供应业、木材加工及木、竹、藤、棕、草制品业、医药制造业、非金属矿采选业以及食品制造业等五个行业，行业产出增长率均值分别为18.6%、17.2%、17.17%、15.68%和15.64%；增长率均值最低的行业主要有其他采矿业、黑色金属冶炼及压延加工业、石油加工炼焦及核燃料加工业、煤炭开采和洗选业以及石油和天然气开采业等五个行业，阶段经济产出增长率分别为4.12%、2.65%、2.12%、1.96%和–1.01%，均低于5%。

第四，从三阶段各行业经济产出增长率均值比较情况来看，阶段间变化程度差异性较为明显。首先，在三个阶段里38个行业的经济产出增长趋势差异性较为明显，增长均值最高与最低行业间的差距较为明显，但从阶段分布情况来看，冲击潜伏期差异程度最高，两者差额超过40个百分点，冲击爆发期差异程度次之但也高达28.2个百分点，而冲击过后期差异程度最小不足20个百分点；其次，从各阶段变化情况看，工业38个行业整体增长趋势要高于冲击爆发期，而冲击爆发期整体水平要高于冲击过后期。

综合来看，单从工业38个行业经济产出增长趋势变化水平来看，可初步得出下列两个结论：工业整体增长趋势在冲击爆发后有了较为明显的变化，冲击结束后并没有恢复到冲击爆发前的水平，这可以从38个行业增长均值水平变化程度得到较好的证明；各阶段经济产出增长趋势最高与最低行业变化较为明显，即冲击潜伏期经济增长率最高的行业在冲击爆发期或者爆发过后期，不一定仍保持最高的增长水平，而增长率均值最低的行业也可能转变为增长率较高的行业。

2.动态比较分析

为了进一步分析冲击对行业影响的非均衡性特征，可根据表7-2所给数据对38个行业经济增长趋势的变化情况做进一步论证分析，通过比

较各行业冲击潜伏期与冲击爆发期、冲击爆发期与冲击过后期以及冲击
潜伏期与冲击过后期两两阶段情况，可进一步发现各行业经济增长趋势
阶段变化特征及不同行业间具有差异的特点。

第一，从冲击潜伏期与冲击爆发期两阶段比较情况来看，全球金融
危机冲击爆发后，38 个行业中有 11 个行业经济增长率在冲击爆发期有
了较明显地增长，而其他 27 个行业则有了不同程度的下降，且不同行业
变化幅度也就有较为明显的差异。从两阶段各行业经济产出季度同比增
长率均值情况来看，其他采矿业、非金属矿采选业、医药制造业、饮料
制造业、木材加工及木竹藤棕草制品业、印刷业和记录媒介的复制、非
金属矿物制品业、交通运输设备制造业、烟草制品业、农副食品加工业
以及煤炭开采和洗选业 11 个行业有了明显正向提升，分别增长了 11.33、
5.16、5.11、3.34、2.69、2.62、2.58、2.50、2.16、1.17 和 0.12 个百分点，
而其他 27 个行业则有了明显程度的下降，其中行业经济产出季度同比
增长率均值程度最高的为有色金属矿采选业、黑色金属冶炼及压延加工
业和有色金属冶炼及压延加工业三个行业，分别下降了 12.17、17.63 和
20.84 个百分点，而食品制造业、专用设备制造业和工艺品及其他制造业
三个行业下降程度最小，均低于 0.3 个百分点。

第二，从冲击过后期和冲击爆发期两阶段比较情况来看，行业非均
衡性变化特征也十分明显。首先，从总体情况来看，与冲击爆发前相
比，在冲击过后期所有行业的经济产出季度同比增长率均值均有了较为
明显的下降，下降幅度在 2—43.79 个百分点之间；其次，从各行业变化
程度来看行业间差距较大，在冲击过后期经济产出季度同比增长率均值
下降程度最高的为废弃资源和废旧材料回收加工业、煤炭开采和洗选业、
黑色金属矿采选业和其他采矿业等四个行业，下降幅度分别为 30.38、
32.64、38.59 和 43.79 个百分点，下降幅度最小的为水的生产和供应业、
文教体育用品制造业、仪器仪表及文化办公用机械制造业以及通信设备、
计算机及其他电子设备制造业等四个行业，下降幅度分别为 2.01、2.84、

3.91 和 3.95 个百分点。

第三，从冲击潜伏期和冲击过后期两阶段比较情况来看，各行业经济产出季度累计增长率均值趋势阶段性非均衡变化同样较为明显。首先，从总体变化情况来看，与冲击潜伏期相比，38 个行业的增长水平均有了较大幅度的下降，下降幅度在 3.08—48.1 个百分点之间波动；其次，从行业经济产出季度同比增长率均值变化差异程度来看，有 7 个行业的下降程度超过了 30 个百分点，黑色金属冶炼及压延加工业和黑色金属矿采选业两个行业下降程度最高分别达到了 37 和 48 个百分点。

总体来看，在全球金融危机冲击各阶段工业各行业经济增长趋势均有了明显的变化，与冲击潜伏期相比，在冲击爆发期大部分行业经济产出季度同比增长率均有不同程度的下降，而在冲击过后期所有行业经济增长趋势均有大幅度的下降，受冲击影响工业行业经济增长趋势的非均衡性变化特征十分明显，且在冲击过后也并没有恢复到冲击爆发前的水平。

（二）行业比重变化情况

从表 7-2 所给出的中国工业产业结构变化情况来看，在全球金融危机冲击期间各行业在工业中所占比重也发生了明显的变化，冲击爆发后一些行业所占比重有了明显的提高，而也有一些行业所占比重有所增加，同时从各行业产值所占比重趋势变化情况来看，阶段化变化特征也较为明显，冲击对各行业影响的程度差异性也较大。

1. 静态比较分析情况

从全球金融危机冲击爆发前后，工业各行业产出所占比重的情况来看，一方面，各行业差异性较大，不同行业占工业比重差异性十分明显；另一方面，从全球金融危机冲击爆发期前后各阶段来看，各阶段各行业占工业比重变化性较大。

第一，从 2003 年第 1 季度情况来看，38 个行业产出占工业比重差异性比较明显。其中占工业产出比重最大的行业是通信设备、计算机及其他电子设备制造业，占工业产出比重接近 0.1（10%），其次是电力热力的生产和供应业、交通运输设备制造业、黑色金属冶炼及压延加工业、化学原料及化学制品制造业、石油加工炼焦及核燃料加工业以及纺织业，产值占工业比重也均超过了 0.05（5%）；占工业比重最小的行业是黑色金属冶炼及压延加工业，产值占工业比重不足 0.001（0.1%）；其他 30 个行业产出占工业比重大多数则在 0.01—0.05 之间波动。

第二，从 2015 年第 3 季度情况来看，各行业占工业比重差异性仍十分明显。其中占工业比重最大的行业仍然是通信设备、计算机及其他电子设备制造业，占工业产出比重为 0.0818（8.18%），要明显低于 2003 年第 1 季度的水平，其次是化学原料及化学制品制造业、交通运输设备制造业、电气机械及器材制造业、农副食品加工业、黑色金属冶炼及压延加工业、非金属矿物制品业以及电力热力的生产和供应业，占工业产值比重分别为 0.0765、0.0717、0.0634、0.06、0.0565、0.0557 和 0.0513；占工业行业产出比重最小的依旧为废弃资源和废旧材料回收加工业，占工业产出比重仅为 0.001，同时仪器仪表及文化办公用机械制造业、烟草制品业、石油和天然气开采业、家具制造业、黑色金属矿采选业、印刷业和记录媒介复制业、化学纤维制造业、有色金属矿采选业、非金属矿采选业、燃气生产和供应业、工艺品及其他制造业、水的生产和供应业以及其他采矿业占工业产值比重也较小，均不足 0.01；其他行业占工业产值比重则在 0.01—0.005 之间波动。

第三，从 2003 年第 1 季度与 2015 年第 3 季度各行业占工业产值比重比较情况来看，一方面，行业间差距有所变化，另一方面，同一行业也有所变化。根据表 7-2 所给出的数据显示，与 2003 年第 1 季度相比，在 2015 年第 3 季度，占工业产值比重最高与最低行业间差距略有下降，同时几个占工业产值最高行业的比重有所下降，而占工业产值较低的大多数行业比重有所上升。

2.动态比较分析情况

从全球金融危机冲击爆发前后各时期，中国工业38个行业产值所占比重的变化情况来看，阶段性特征较为明显且不同行业变化程度差异性也较为明显。

第一，从2003年第1季度至2015年第3季度总体变化情况来看，行业产值占工业比重变化差异性十分明显。与2003年第1季度相比，在2015年第3季度有21个行业占工业比重有所增长，而其他17个行业则有明显的下降，其中：比重增幅最高的行业为有色金属冶炼及压延加工业、非金属矿物制品业、农副食品加工业、电气机械及器材制造业和化学原料及化学制品制造业，比重增加值分别为0.0244、0.0233、0.02、0.0136和0.0111，均超过了0.01；比重增幅最小的行业为有色金属矿采选业、医药制造业、燃气生产和供应业、皮革、毛皮、羽毛（绒）及其制品业、废弃资源和废旧材料回收加工业以及印刷业和记录媒介的复制业，比重增长值均低于0.002；比重下降幅度最大的行业为石油加工炼焦及核燃料加工业、石油和天然气开采业及电力热力的生产和供应业，减少幅度均超过0.02，而下降幅度最小的行业则主要包括橡胶和塑料制品业、仪器仪表及文化办公用机械制造业，两个行业产值占工业比重值下降程度均小于0.002。

第二，从冲击潜伏期和冲击爆发期两阶段行业产值占工业比重变化趋势情况来看，大部分行业均能保持同向的变化趋势。从38个行业产值占工业比重的变化趋势来看，在冲击潜伏期和爆发期均保持增长趋势的行业有13个，分别为非金属矿物制品业、农副食品加工业、黑色金属矿采选业、通用设备制造业、木材加工及木、竹、藤、棕、草制品业、有色金属冶炼及压延加工业、金属制品业、废弃资源和废旧材料回收加工业、非金属矿采选业、电气机械及器材制造业、家具制造业和有色金属矿采选业；两阶段比重变化均保持负增长的有14个行业，分别为工艺品及其他制造业、水的生产和供应业、橡胶和塑料制品业、印刷业和记录媒介的复制、其他采矿业、造纸及纸制品业、烟草制品业、石油加工炼焦及核燃料加工业、文教体育用品制造业、仪器仪表及文化办公用机械制造业、纺织服装鞋帽制造业、石油和天然气开采业、纺织业、电力热力的生产和供应业；而其他剩余11个行业的产值占工业比重的变化趋势增减方向则相反。

第三，从冲击潜伏期和冲击过后期两阶段各行业产值占工业总产值比重趋势变化情况来看，38个行业中有30个行业比重增减变化方向保持了一致，只有8个行业产值比重的变化方向产生了变化，这表明冲击过后大多数行业产值占工业总产值比重的增减变化方向并没有发生改变，但也有少部分行业产值所占比重的变化方向有了明显改变。

（三）主要结论

通过对中国工业38个主要行业在全球金融危机冲击前后各阶段增长趋势以及产值比重变化趋势的比较分析，结果发现：第一，中国工业各行业在冲击爆发期间经济增长趋势均有了较为明显的变化。一方面，冲击爆发后大多数行业经济产出增长水平均有了明显下降，且行业非均衡性特征亦十分明显；另一方面，当冲击过后各行业经济增长水平并没有恢复到冲击发生前的水平，因而冲击的影响可能具有长期持续性。第二，从工业经济产业结构变化情况来看，冲击爆发后大多数行业所占比重均有了较为明显的变化，同时从变化趋势来看，在冲击爆发期有近三分之一的行业结构增减变化趋势发生了逆向变化，而在冲击过后，依然有部分行业产值占工业比重的增减趋势并没有恢复到冲击前的变化趋势。

二、工业经济发展趋势非均衡性

为了进一步分析中国工业各行业在全球金融危机冲击爆发前后各阶段经济增长趋势非均衡性变化特点，借助趋势突变检验方法对中国工业各行业经济增长率以及产值比重在2003年第1季度—2015年第3季度期间各阶段趋势变化情况展开实证分析，具体结果如表7-3和表7-4所示，实证检验结果表明大多数行业的发展趋势在全球金融危机冲击爆发前后具有较为明显的变化，同时不同行业受冲击影响的时序差异性也较为明显。

（一）行业经济增长趋势突变情况

通过构建 38 个行业在全球金融危机冲击潜伏期和过后期两阶段，变系数时间序列一阶自回归时间序列面板数据模型，然后借助向前和向后滚动趋势突变点检验方法，对工业 38 个行业经济增长率趋势变化情况展开实证分析，从检验结果和各项检验指标来看，准确性和可信性较强，表明各行业在全球金融危机冲击爆发前后各阶段趋势变化显著且非均衡特征明显。

表 7-3　全球金融危机期间工业各行业经济增长率趋势突变情况

行业名称	冲击影响起始点	冲击影响结束点	持续时长（季度）
煤炭开采和洗选业		2010.3	
石油和天然气开采业	2009.1	2010.3	6
黑色金属矿采选业		2010.3	
有色金属矿采选业	2008.4	2010.3	7
非金属矿采选业	2006.4		
其他采矿业		2009.4	
农副食品加工业	2006.4		
食品制造业	2009.1		
饮料制造业	2008.4		
烟草制品业			
纺织业	2006.4		
纺织服装鞋帽制造业			
皮革、毛皮、羽毛及其制品业	2009.1	2011.1	8
木材加工及木、竹、藤、棕、草制品业	2009.1	2010.1	4
家具制造业	2009.1	2011.1	8
造纸及纸制品业	2008.4	2010.4	8

行业名称	冲击影响起始点	冲击影响结束点	持续时长（季度）
印刷业和记录媒介的复制	2007.2	2011.1	15
文教体育用品制造业	2006.4	2010.4	16
石油加工、炼焦及核燃料加工业	2006.4	2010.3	15
化学原料及化学制品制造业	2008.4		
医药制造业			
化学纤维制造业	2008.3	2010.1	6
橡胶和塑料制品业			
非金属矿物制品业			
黑色金属冶炼及压延加工业		2010.2	
有色金属冶炼及压延加工业	2006.3	2010.3	16
金属制品业	2008.4		
通用设备制造业	2008.4		
专用设备制造业			
交通运输设备制造业		2010.2	
电气机械及器材制造业	2008.4	2010.4	8
通信设备、计算机及其他电子设备制造业	2008.4	2010.3	7
仪器仪表及文化办公用机械制造业	2008.2	2010.4	10
工艺品及其他制造业	2007.4		
废弃资源和废旧材料回收加工业		2010.3	
电力热力的生产和供应业	2008.4	2010.3	7
燃气生产和供应业	2008.2	2008.4	2
水的生产和供应业	2007.3	2011.1	14

1. 各行业受冲击影响起始期情况

从表7-3所给出的数据来看，大部分行业经济增长趋势在全球金融危机冲击爆发期间均产生了较明显的趋势突变，且行业间受冲击影响产生趋势突变时序性、差异性也较为明显。

第一，从总体情况来看，超过三分之二的行业经济增长趋势均发生了明显的突变。一方面，实证检验结果表明 38 个行业中有 26 个行业的经济增长趋势有了较为明显的趋势改变，而其他 11 个行业则没有检测出明显的趋势变化，表明全球金融危机冲击的影响具有普遍性和显著性；另一方面，从各行业受冲击影响起始时间分布情况来看，大部分行业经济增长趋势变化的起始时间基本在 2006 年第 4 季度至 2008 年第 4 季度之间。

第二，从各行业趋势突变起始时间的分布情况来看，行业间差异性较为明显。首先，从先后顺序来看，受冲击影响最早的行业是有色金属冶炼及压延加工业，在 2006 年第 3 季度该行业的经济增长趋势即发生了明显的改变，而受冲击影响有明显趋势改变的行业是石油和天然气开采业、食品制造业、皮革、毛皮、羽毛 (绒) 及其制品业、木材加工及木、竹、藤、棕、草制品业和家具制造业等 5 个行业，在 2009 年第 1 季度经济增长趋势才有了明显的改变；其次，从时间分布情况来看，大部分行业的趋势突变主要发生在 2006 年第 4 季度、2008 年第 4 季度和 2009 年第 1 季度三个时间点，表明在全球金融危机冲击全面爆发前和爆发中经济增长趋势发生突变点的行业较多。

第三，进一步从行业经济增长趋势发生突变的时间分布特点来看，可得到以下两个结论：首先，全球金融危机冲击对不同行业影响的时序性是不同的，有的行业经济增长趋势受冲击影响且发生明显趋势突变的时间点要早于金融危机全面爆发的时间点，因而可以根据行业经济增长趋势发生突变的情况预测新一轮冲击全面爆发的到来时间；其次，行业经济增长趋势受冲击影响且发生明显改变的时间仍主要集中在冲击全面爆发的时刻，因而在预防冲击影响的时候可以根据不同行业制定不同的应对策略。

2. 行业受冲击影响结束期情况

第一，从总体情况来看，38 个行业中有 23 个行业在全球金融危机冲击过后重新进入到稳定发展状态，还有 15 个行业检测结果不太显著。首先，向前滚动趋势突变点检验结果表明，大多数行业经济增长趋势受冲击影响逐步减弱并在特定的时间点进入到新的稳定发展阶段，而少部分行业受冲击影响结束时间点不太明确；其次，从行业经济增长趋势受冲击影响的结束时间来看，受冲击最早发生趋势改变的行业为燃气生产和供应业，在2008年第4季度经济增长趋势即进入到新的发展态势，最晚的为印刷业和记录媒介的复制业、水的生产和供应业、皮革、毛皮、羽毛（绒）及其制品业以及家具制造业，直到2011年第1季度经济增长趋势才进入到新的稳定发展状态，而其他18个行业受冲击影响结束时间基本在2009年第1季度—2010年第4季度之间。

第二，从行业受冲击影响结束时间分布情况来看，非均衡性特征十分明显。23个行业中，受冲击影响结束时间点主要集中在2010年第3季度—2011年第1季度之间，其他时间点相应比较少，在2008年第4季度—2010年第2季度期间只有6个行业的经济增长趋势明显进入到新的发展状态；而在2010年第3季度、2010年第4季度和2011年第1季度则分别有9个、4个、4个行业经济增长趋势受冲击影响基本结束并重新进入到稳定发展状态。

3. 行业受冲击影响持续时长情况

根据各行业受冲击影响结束和起始时间，即可以得出其受冲击影响的持续时长，从表7-3给出的实证检验结果来看，38个行业中有17个行业可以通过趋势突变点检验方法得到确切的冲击影响的持续时长，一方面说明全球金融危机冲击对工业各行业具有不同的时序性影响；另一方面也表明本章所用向后向前滚动趋势突变点检验方法还有诸多可改进之处，以便于得出更加精确的结果。

第一，从总体情况来看，实证检验结果表明至少有近一半行业受冲击影响具有明显的时序性。在全球金融危机冲击爆发期间，工业38个行业中有17个行业同时具有明确的受冲击影响的起始期和结束期，从而可以得出这些行业受冲击影响持续时长，从表7-3所给出的实证检验结果来看，各行业受冲击影响的持续时长基本在 2—16 季度之间，差异性比较明显。

第二，从行业受冲击影响持续时长的非均衡角度来看，行业间差异性十分明显。受冲击影响持续时间最短的行业是燃气生产和供应业、木材加工及木、竹、藤、棕、草制品业，持续时间分别为 2 个季度和 4 个季度，而受冲击影响持续时间最长的为水的生产和供应业、石油加工炼焦及核燃料加工业、印刷业和记录媒介的复制业以及有色金属冶炼及压延加工业等 4 个行业，受冲击影响持续时长分别为 14 个季度、15 个季度、15 个季度和 16 个季度，而其他 11 个行业受冲击影响持续时长则基本在 6—10 个季度之间。

第三，对于受冲击影响持续时长的实证检验结果分析还应注重以下几个方面：首先，此处的实证分析结果只表明各行业表现出的明确受到冲击影响，且可以被滚动趋势突变点检验方法测算出的结果，即使没有明确检验出持续时长的行业也并不一定不会受到冲击的影响，只是有可能程度较轻或者测试方法不妥而没能得出相应的检测结果；其次，各行业受冲击影响持续时长的差异性，表明由于不同行业所具有的不同特点，受冲击影响的起始、结束和持续时长均有不同，而这一点可能会对今后类似外部冲击的事前预测和事后应对提供一个新的研究思路和视角。

（二）两阶段趋势变化

为了更加深入客观地分析工业各行业受全球金融危机冲击影响的特点，我们要进一步对各行业在全球金融危机冲击潜伏期和过后期两阶段，经济增长率和产值占工业比重的变化趋势展开趋势突变检验，以检验冲击前后两个时间段各行业发展趋势是否发生了变化。具体检验结果如表 7-4 所示，检验结果表明对于大部分行业来说，在冲击过后期经济增长率发展趋势和占工业产值比重变化趋势均有了明显的改变，这表明全球金融危机冲击改变了大多数行业的固有经济发展趋势，且冲击过后并没有恢复到冲击前的增长水平。

表 7-4　两阶段趋势突变检验结果

行业代码	经济增长率两阶段趋势突变检验					产值比重两阶段趋势突变检验	
	SSR_1	SSR_2	SSR_3	F 值	有无趋势变化	F 值（产值比重）	有无趋势变化
1	982.78	2228.81	8003.97	25.37	有	0.54	无
2	1496.89	4249.62	12392.24	19.66	有	19.18	有
3	6974.78	2654.81	24572.19	26.38	有	0.40	无
4	978.20	2011.80	6247.99	18.52	有	3.57	有
5	144.95	2031.92	4192.75	15.74	有	26.50	有
6	8036.48	9514.05	24499.14	6.73	有	5.80	有
7	114.76	574.38	1408.77	17.75	有	29.13	有
8	93.49	799.14	1362.82	8.95	有	27.38	有
9	121.19	1026.47	1647.80	7.41	有	31.51	有
10	151.06	422.88	783.87	6.22	有	18.10	有
11	38.57	502.05	1026.30	15.27	有	14.65	有
12	124.88	718.92	1324.29	9.68	有	0.61	无
13	148.61	285.69	979.97	21.36	有	2.06	无
14	225.63	894.43	2346.87	18.62	有	8.16	有
15	91.43	211.19	1259.73	53.77	有	0.71	无
16	126.33	446.11	1315.95	22.08	有	34.35	有
17	24.48	193.15	430.92	16.66	有	2.32	无
18	59.32	258.38	564.87	13.23	有	10.09	有
19	163.48	1599.56	4681.66	28.14	有	19.10	有
20	109.18	1474.76	2668.11	11.64	有	72.61	有
21	238.19	454.88	1070.67	9.26	有	197.09	有
22	407.48	1642.79	3440.40	11.53	有	21.28	有
23	0.00	473.33	682.55	7.51	有	7.37	有
24	123.14	1644.57	2881.76	10.71	有	15.72	有
25	3946.16	2116.48	6915.68	2.39	无	28.55	有
26	183.42	1597.26	6099.12	41.23	有	2.43	无

行业代码	经济增长率两阶段趋势突变检验					产值比重两阶段趋势突变检验	
	SSR_1	SSR_2	SSR_3	F 值	有无趋势变化	F 值（产值比重）	有无趋势变化
27	84.15	739.35	1627.19	16.59	有	19.88	有
28	166.40	751.68	1543.24	11.58	有	0.26	无
29	939.17	776.83	2773.87	10.48	有	28.60	有
30	464.94	347.53	1866.44	22.05	有	11.90	有
31	134.39	541.22	1938.86	31.79	有	11.17	有
32	409.21	217.87	1184.28	15.11	有	7.27	有
33	115.23	598.57	1456.30	17.68	有	5.30	有
34	88.33	1992.42	3090.72	8.25	有	11.59	有
35	3459.14	3142.28	11569.27	12.79	有	0.39	无
36	82.16	171.70	782.54	35.40	有	2.01	无
37	975.02	1271.17	10075.40	59.25	有	17.73	有
38	26.21	161.87	325.38	12.41	有	2.23	无

第一，从表 7-4 所给出的检验结果来看，工业 38 个行业中有 37 个行业在全球金融危机冲击潜伏期所服从经济增长变化趋势（漂移项非零的一阶自回归过程）与冲击过后期的经济增长变化趋势有明显的变化，这表明全球金融危机冲击的爆发改变了几乎所有工业行业的经济增长趋势。通过构建变系数时间序列一阶自回归时间序列面板数据模型，再利用向前向后滚动趋势突变点检验方法，对工业 38 个行业在全球金融危机冲击潜伏期和过后期两阶段发展趋势进行趋势突变检验，只有黑色金属冶炼及压延加工业的两阶段趋势突变点检验 F 值为 2.39，小于临界值，表明该行业在冲击前后两阶段的经济增长趋势没有明显的改变，而其他 38 个行业的经济增长趋势在冲击前后两阶段均有较为明显的趋势变化，说明全球金融危机冲击对中国工业行业经济发展趋势的影响具有全面

性和显著性。

第二，从各行业产值占工业比重的趋势变化情况来看，全球金融危机冲击影响同样较为显著。从表7-4给出的结果来看，与全球金融危机冲击潜伏期相比，38个行业中11个行业占工业产值比重的变化趋势在冲击过后期没有显著的改变，而其他27个行业则有了明显的变化，表明全球金融危机冲击对中国工业产业结构的固有变化趋势有了较为明显的影响，各行业固有的产值比重变化趋势与冲击前有了显著的不同。

第三，结合行业经济增长趋势和产值占工业比重变化趋势的突变情况，表明全球金融危机冲击不仅会改变中国工业行业固有经济增长趋势，同时由于这种改变所具有的非均衡性，工业结构的固有发展趋势也会相应地发生改变。

全球金融危机冲击对几乎所有行业均产生了长期持续的差异性影响，这种差异既表现为冲击影响在时序性上的不同，而且还体现在程度的差异上，即对各行业固有经济增长趋势改变程度上的不同，有的要高于工业平均程度的影响，这最终导致冲击过后该行业的经济增长水平下降程度要相对高于工业总体平均水平，因而引起行业产值在工业所占比重下降趋势增强或者增长水平的下降，而有的则要低于工业总体平均水平，导致冲击过后行业产值在工业所占比重下降趋势减弱或者增长趋势的提升。

（三）综合分析

对中国工业行业经济增长趋势以及产值占工业比重趋势变化的实证检验分析表明，冲击对工业的影响具有明显的非均衡性和长期性。

第一，从长期来看，两阶段趋势突变检验结果表明，全球金融危机冲击过后各行业经济发展趋势并没有迅速恢复到冲击前的固有发展趋势，表明冲击影响均有一定的长期性和持续性。一方面，从各行业经济增长趋势变化情况来看，几乎所有工业行业的固有经济增长趋势均被全球金融危机冲击所改变，并在冲击过后形成新的稳定发展趋势；另一方面，从行业结构变化的角度来看，各行业占工业产值比重的变化趋势同样被全球金融危机冲击爆发所打破，这也预示着冲击过后工业产业结构的固有变化趋势也发生了相应的改变。

第二，冲击对工业各行业经济增长趋势的影响具有明显的非均衡性。从综合滚动趋势突变检验结果和两阶段趋势突变检验结果来看，全球金融危机冲击对中国工业各行业的影响不仅具有长期持续性，非均衡性同样也十分明显：一方面，全球金融危机冲击对中国时序性差异特征十分明显，各行业受冲击影响起始、结束以及持续时长均有较大程度的差异；另一方面，从各行业相对于工业整体变化程度来看，差异性也十分明显，这一点可以从各行业产值占工业比重变化趋势的改变得到验证。

第三，由于数据可获得性，本章并没有就工业各行业经济增长、国际贸易以及国内消费等多个角度展开更加细致的论证分析，同时也没有就相关行业特性及其非均衡性变化的内在关系展开全面的检验，而是重点对全球金融危机冲击对中国工业行业的非均衡性影响的证明和描述进行了较深入的探析，一方面是由于数据获得问题所带来的困扰，另一方面也在于全面论证分析冲击影响的非均衡性及其在经济体系内的扩展路径更具有实际应用价值。

三、工业产业结构变化情况

参照第五章中国贸易结构变化的测算方法，按照本章第一节提供的测度方法对中国工业 38 个行业产出结构在全球金融危机冲击过程中变化情况展开分析，具体结果如图 7-1 和表 7-5 所示。总体来看，中国工业产业结构变化在全球金融危机冲击爆发期间波动程度较大，且从产业结构变化方向上来看，冲击爆发后结构变化差异性比较大。

（一）结构变化度测算结果

根据式（7-3）的计量方法，对中国工业在 2003 年第 1 季度—2015 年第 3 季度的季度同比产业结构变化情况展开计量，具体结果如图 7-1

所示，结合图 7-1 的数据，可初步得到中国工业在全球金融危机冲击前后各季度结构变化程度情况。

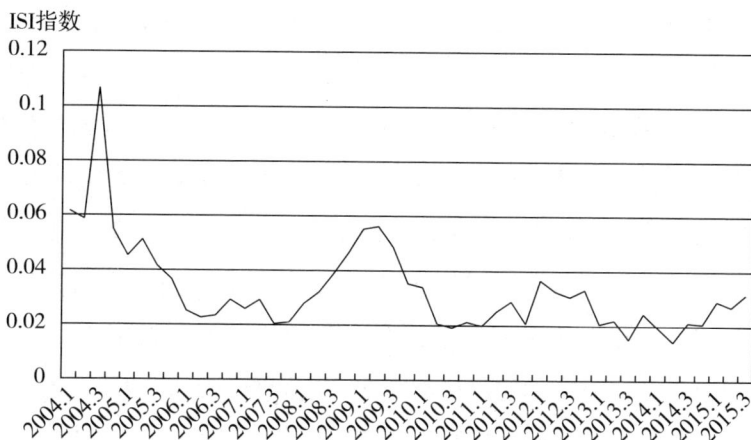

图 7-1　工业历年 ISI 指数变化情况

第一，从冲击潜伏期情况来看，在初期经历了一段时间较高幅度波动之后进入相对平稳的变化阶段。从图 7-1 所给出的数据可以发现，在全球金融危机冲击潜伏期的前一阶段，季度同比结构变化程度较高，2004 年第 1 季度—2005 年第 4 季度 ISI 指数值均超过了 0.03，2004 年第 3 季度工业结构季度同比变化幅度最大为 0.1068，之后开始大幅度下降，2005 年之后则进入到相对稳定的变化阶段，ISI 指数值均小于 0.03，表现出较稳定的变化趋势。

第二，从冲击爆发期情况来看，工业产业结构变化表现出较为明显的震荡性变化趋势。2008 年第 1 季度 ISI 指数为 0.028，之后持续快速增加，2009 年第 2 季度达到最大值 0.056，然后则逐渐下降，2010 年第 3 季度达到最低值 0.019，变化幅度呈现出较为明显的增加然后再逐步下降的变化趋势。

第三，从冲击过后期情况来看，工业产业结构变化表现出平稳低速的变化趋势。2011 年以后，中国工业产业结构变化幅度较小，ISI 指数值基本保持在 0.02—0.03 之间波动，除了个别年份之外大部分时期均处于相对平稳的小幅度变化阶段。

综合三阶段的变化情况，可以初步判断中国工业产业结构在全球金融危机冲击前后阶段的变化程度的特点：首先，在冲击潜伏期和冲击过后期，除了少数几个季度之外中国工业产业结构变化幅度大部分时期均较为平稳，ISI指数基本在0.02—0.03之间波动，当全球金融危机冲击爆发后，随着内外部需求规模与结构的变化，中国工业产业结构变化也进入到幅度快速增加并在达到最大值之后又逐步下降的发展趋势，表明外部冲击对中国工业产业结构变化具有较为明显的影响；其次，从冲击对工业产业结构变化趋势影响时序特点来看，基本始于2008年第1季度—2008年第2季度之间，在2009年第2季度影响程度达到最大值，之后影响程度逐步下降，到2010年第2季度基本恢复到平稳发展趋势。

（二）工业结构变化相关系数

根据式（7-4）对中国工业结构各期及各阶段的结构变化相关程度展开计量，具体结果如表7-5和图7-2所示。其中表7-5所给出的数据，为中国工业结构在冲击潜伏期、爆发期和过后期三个阶段两两之间的结构变化相关指数值，图7-2则为2004年第1季度—2015年第3季度各季度的工业结构同比变化与整个阶段2003年第1季度—2015年第3季度的结构变化之间的相关程度。从表7-5和图7-2所给出的数据来看，各阶段（时期）中国工业产业结构变化相关程度波动性较大，且阶段性变化特征较为明显。

第一，从冲击潜伏期、爆发期和过后期三个阶段工业结构变化相关性情况来看，各阶段间工业产业结构变化的相关程度并不高。首先，冲击潜伏期和爆发期两阶段工业结构变化相关程度较低，CIS指数值只有0.18，表明全球金融危机冲击爆发后，中国工业产业结构的变化趋向发生了较大程度的改变；其次，冲击爆发期与过后期两阶段工业结构变化趋向不存在明显的相关性，CIS指数值不足0.01接近0，表明冲击过后工业结构变化方向发生了比较明显的改变；最后，冲击潜伏期和冲击过后期两阶段工业产业结构变化趋向为负相关，相应的 CIS 指数值为 −0.18，表明全球金融危机冲击爆发后，改变了固有的工业结构变化趋势，而在冲击过后也并没有恢复到固有的发展趋势上来。

CIS指数

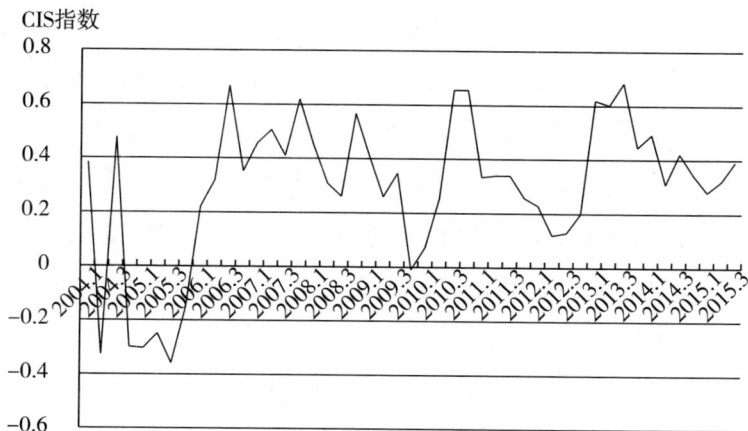

图 7-2　历年中国工业结构变化相关系数变化情况

表 7-5　产业结构变化相关系数

冲击潜伏期与爆发期	冲击爆发期与过后期	冲击潜伏期与过后期
0.1763	0.0056	−0.1831

　　第二，从各季度变化与整体时期变化的相关程度来看，阶段性变化特征较为明显，且同一阶段不同季度间差异性也较为明显。首先，从冲击潜伏期情况来看，前半阶段即 2004 年第 1 季度—2005 年第 4 季度，各季度同比结构趋向变化与整体变化趋势相关度较低，且大多数季度呈负相关关系，表明冲击潜伏期的工业产业结构变化趋向与总体结构变化趋向之间差异性较大；其次，从冲击爆发期情况来看，初期即在 2008 年第 1 季度—2009 年第 3 季度期间各季度变化趋向与整体变化趋向相关程度较高，各季度 CIS 指数值均在 0.3—0.6 之间波动，而之后则呈现出更大的波动性变化，在 2009 年第 4 季度还呈现出负相关性；最后，从冲击过后期情况来看，表现出了周期性变化特点，初期各季度工业产业结构变化趋向与整体变化趋向相关程度较低，而到了 2013 年第 1 季度—2014

年第 1 季度则表现出较高的相关性，CIS 指数值均超过了 0.4，个别年份甚至高达 0.66，之后相关程度有所下降。

第三，综合来看，中国工业产业结构趋向变化特点主要表现在下列两个方面：一方面，从总体发展趋势来看，全球金融危机的爆发打破了中国工业产业结构固有的发展趋向，在冲击过后也没有恢复到固有的发展趋向上来，这突出了全球金融危机冲击的长期性和持续性；另一方面，从各季度变化情况来看，中国工业产业结构趋向变化特征较为明显，在冲击爆发期各季度与总体发展趋向的相关程度呈周期性变化趋势，这表明冲击对工业结果变化的影响具有周期性波动变化的特点。

（三）相对差度测算结果

按照式（7-5）和式（7-6）所提供的计量方法，对全球金融危机冲击爆发前后各阶段的产业结构向差度（SDD）和产业结构绝对向差度（ASD）展开测算，具体结果如表 7-6 所示。从计量结果来看，中国工业产业结构在全球金融危机冲击前后各阶段变化特征十分明显。

表 7-6　中国工业结构差度变化情况

时间点	SDD	ASD
潜伏期	0.0456	8.8907
爆发期	0.0274	7.0343
过后期	0.0267	5.1379

第一，从产业结构向差度 SDD 值情况来看，阶段性特征十分明显，在冲击潜伏期工业产业结构变化程度要小于爆发期和过后期。从三阶段 SDD 值来看，冲击潜伏期、爆发期和过后期的产业结构向差度值分别为 0.0456、0.0274 和 0.0267，表明冲击潜伏期中国工业产业结构趋势变化程度要明显高于其他两个阶段，同时在冲击爆发期和过后期两阶段的 SDD 值基本相同，表明两阶段工业产业结构变化程度相接近。

第二，从产业结构绝对向差度 ASD 值来看，全球金融危机冲击对中国工业产业结构趋势变化的影响同样较为明显。从各阶段 ASD 值来看，冲击潜伏期、爆发期和过后期各阶段值分别为 8.89、7.03 和 5.14，冲击潜伏期工业产业结构变化程度要大于爆发期和过后期水平，表明在全球金融危机冲击爆发期前，中国工业产业结构趋势变化较强，而当冲击爆发后工业产业结构趋势变化程度相应有所下降。

第三，综合两类产业结构向差度的测算结果，均表明中国工业产业结构趋势变化程度在冲击潜伏期要高于冲击爆发期和冲击过后期。这样的结果显然与中国出口结构趋势变化情况有所出入，这可能是由于在国内出口竞争力相对稳定的情况下，中国出口结构的变化则主要取决于外部市场变化的影响，而中国工业产业结构的趋势变化则主要取决于供给方的生产条件、中国内需结果变化以及外部市场的需求变化等多种因素的影响。

第八章　外部冲击下中国各地区工业结构发展趋势变迁

为了进一步论证分析中国受全球金融危机冲击影响的长期非均衡性，本章将根据前几章的分析方法和思想，对中国 31 个省、自治区和直辖市的 38 个工业行业在全球金融危机冲击爆发前后产出和出口趋势变化展开论证分析。本章更加突出以下两个方面的问题：其一，更加注重从地区层面深入细致地分析冲击影响的显著性、长期性和非均衡性，进而分析出全球金融危机冲击对中国区域工业层面影响的广度和深度的非均衡性；其二，通过比较不同地区工业行业在全球危机冲击前后发展趋势与结构变化情况，论证分析冲击影响的行业和地区特征。

第一节　实证方法和数据选取说明

本章关于趋势突变检验以及结构变化测度方法基本与前几章相同，但在具体细节和分析步骤方面略有差异。研究方法依然有三个：第一，通过滚动趋势突变检验方法对中国 31 个省、自治区和直辖市工业各行业产出和贸易趋势变化情况展开论证分析，以探析不同地区不同行业产出和出口趋势的变化情况；第二，通过结构变化测算指标分析判断各地区工业结构变化情况，对比分析不同地区工业结构变化阶段性特点，从而判断出冲击对工业结构变化趋势的长期持续影响；第三，通过比较分析冲击影响的行业和区域特征，论证冲击对不同行业和不同地区所具有的差异性。

一、行业增长趋势突变实证检验方法说明

本章关于趋势突变检验方法依然以阶段性趋势突变、向前和向后滚动趋势突变点的检验为主，具体检验方法请参照第四章至第七章的相关内容。同时考虑到本章将主要对中国 31 个省、自治区和直辖市工业各行业产出和出口增长趋势突变情况展开论证分析，因而在分析步骤细节上又做了一些必要的调整。

（一）冲击前后两阶段增长趋势突变检验步骤

中国地区工业行业产出与出口增长趋势在冲击前后两阶段趋势突变的检验步骤主要分为三步。

第一步，检验阶段划分：根据检验方法的需要，首先将全球金融危机冲击前后（2003 年第 1 季度—2015 年第 3 季度的 51 个季度）分为三个阶段，即尚未受全球金融危机冲击影响的平稳潜伏期（2003 年第 1 季度—2007 年第 2 季度）、受到冲击影响的振荡爆发期（2007 年第 3 季度—2010 年第 3 季度）和冲击影响消失后的平稳过后期（2010 年第 4 季度—2015 年第 3 季度）。

第二步，构建增长趋势线性回归方程：分别对各行业在冲击潜伏期、冲击过后期和冲击潜伏期与冲击过后期合期产出（出口）增长率进行一阶漂移项非零的自回归，从而判断各行业产出或出口增长趋势在各阶段是否符合一阶自回归过程；如果符合一阶自回归过程，则进一步计算出各阶段回归方程的残差平方和，如果不符合则终止实证分析过程。

第三步，展开两阶段增长趋势突变检验：根据第二步得到各行业回归方程以及相对应的残差平方和，利用邹氏突变点检验方法判断冲击前后两阶段产出或出口增长趋势是否一致；如果一致，则表明全球金融危机冲击前后两阶段的增长趋势并没有发生显著性变化，冲击的影响不具有长期持续性；如果不一致，则表明冲击过后行业增长趋势并没有恢复到冲击前的水平，冲击影响具有长期持续性。

（二）冲击影响的时序特征检验方法

该方法主要是利用向前和向后滚动趋势突变方法，测算各行业受冲击影响的起始时点、结束时点和持续时长，主要分为四个方面。

第一，增长趋势回归方程构建。构建漂移项非零的一阶时间序列自回归过程，检验各行业产出或出口增长趋势是否符合一阶自回归过程，从而判断各行业增长趋势的稳定性和变化规律。

第二，冲击影响起始期测算。利用向后滚动趋势突变检测方法，得到行业增长趋势发生突变的时间点，从而测算出各行业受冲击影响的起始时间点，具体测算方法及其设定可参照前四章的相关内容。

第三，冲击影响结束期测算。利用向前滚动趋势突变检测方法，得到各行业在冲击影响结束后重新进入到新的平稳发展趋势的时间，从而测算出各行业受冲击影响的结束期，具体测算方法设定及细节请参照前四章相关内容。

第四，冲击影响持续时长测算。根据滚动趋势突变检测方法测算出的各行业受冲击影响的起始点和结束点，通过简单数学计算即可以得到冲击影响的时长。

（三）漂移项非零的一阶自回归过程

根据第三章相关理论模型论证结果，结合第四章至第六章中关于产出和出口增长率回归模型，构建地区各行业产出或出口增长率自回归过程如式（8-1）所示：

$$g_{ijt} = c_{ijt} + b_{ijt}g_{ij(t-4)} + \varepsilon_{ijt} \qquad （8-1）$$

设定冲击各阶段各行业产出或出口增长率时间序列所对应的漂移项非零的一阶自回归过程符合式（8-2）：

$$g_{ijt} = \begin{cases} c_{ij} + b_{ij}g_{ij(t-4)} + \mu_{ijt} & 潜伏期: Q_0 \leqslant t < Q_{ij0} \\ c'_{ijt} + b'_{ijt}g_{ij(t-4)} + \mu'_{ijt} & 爆发期: Q_{ij0} \leqslant t \leqslant Q_{ij} \\ c''_{ij} + b''_{ij}g_{ij(t-4)} + \mu''_{ijt} & 过后期: Q_{ij} < t \leqslant Q \end{cases} \qquad （8-2）$$

其中：c_{ij}、b_{ij}、μ_{ijt} 分别表示 i 地区 j 行业回归方程的截距项、自变量回归系数和随机误差项；g_{ij} 表示 i 地区工业 j 行业季度同比经济增长率；Q_0 和 Q 分别表示观测阶段起始期 2003 年第 1 季度和结束期 2015 年第 3 季度；Q_{ij0} 和 Q_{ij} 分别表示 i 地区工业 j 行业受到金融危机冲击影响的起始季度和结束季度。式（8-2）所给出的各地区工业行业产出或出口增长率一阶自回归过程，表明在冲击爆发前后的三个时间段内，其增长率时间变化趋势可能服从不同的一阶自回归过程，即在全球金融危机冲击爆发不同阶段，各行业的增长率变化趋势也可能有所不同。

（四）冲击影响的行业特征与地区特征比较分析

由于本章是对中国地区层面工业行业的趋势突变展开实证分析，为了突出中国受冲击影响的区域和行业特征，因而本章关于地区行业受冲击影响的分析将主要集中在区域特征和行业特征两个方面：区域特征分析，即通过对 31 个省、自治区和直辖市同一行业发生趋势突变的先后顺序进行分析比较，界定出哪些地区会更早更容易受到外部冲击的影响；行业特征比较，即通过对同一地区的 38 个行业受冲击影响且产生趋势突变的先后顺序进行分析比较，论证同一地区哪些行业会更早更容易受到冲击的影响。主要分析步骤有三步：

第一步，通过趋势突变检验方法判断出各地区各行业在冲击前后是否发生趋势突变，以及受冲击影响而产生明显趋势突变的时序性特征，以便于为下一步的实证提供必要数据支持。

第二步，通过比较分析同一地区不同行业发生趋势突变的特点，分析哪些行业会更容易受到冲击的影响，以及各行业受冲击影响且发生趋势突变的先后顺序。

第三步，通过比较分析同一行业不同地区受冲击影响且发生显著趋势突变的情况，分析哪些地区更容易受到冲击的影响且发生趋势突变的时间更早。

二、结构变化测度方法

各地区工业各行业结构趋势变化的测算方法同样采用类似于前几章的结构变化测度检验方法，但在具体测算过程中由于数据可获得性问题稍有调整。

第一，产业结构变化方向测算方法。该指标主要是用来测算各地区工业行业不同结构变化的异同，具体方法如式（8-3）所示：

$$CTS_{it} = \frac{\sum_{j=1}^{N}(s_{ijt} - s_{ijt'})(s_{ijT} - s_{ijT'})}{\sqrt{\sum_{j=1}^{N}(s_{ijt} - s_{ijt'})^2 \sum_{j=1}^{N}(s_{ijT} - s_{ijT'})^2}} \qquad (8-3)$$

其中：CTS 为产业结构变化相关系数，取值介于 -1 和 1 之间，该值越接近 1 表明两阶段工业结构变化趋势的相关性越强，当该值大于 0.3 时则表明两阶段产业结构变化趋势具有一定的相关性，而当该值高于 0.5 时表明两阶段产业结构变化趋势相关程度较高即两阶段的产业结构变化趋势同向性较强，而当该值小于 -0.3 时则表明两阶段产业结构变化趋势负相关性较强具有明显的逆向变化趋势；t、t'、T、T' 分别表示不同时间点。

第二，产业结构绝对向差度测算。该指标主要是来测度各期产业结构变化程度与总变化趋势之间的差异，具体方法如式（8-4）所示：

$$ASD_{it} = \left[\sum_{t=0}^{T}\sum_{j=1}^{N}\left|s_{ijt} - s_{ij(t-1)}\right| - \sum_{j=1}^{N}\left|s_{ij0} - s_{ijT}\right|\right] / \sum_{j=1}^{N}\left|s_{ij0} - s_{ijT}\right| \qquad (8-4)$$

其中：ASD 为绝对产业结构向差度指数，取值为大于 0 的正数，当该指标值取值为 0 时，则表明在给定时间段内各期各行业所占比重增减变化方向均一致，取值越大表明给定时间段内各期各行业所占比重增减变化方向差异性也越大。

三、数据选取和处理说明

本章关于各省、自治区和直辖市工业行业的产出数据和出口数据，均来自"国研网"工业统计数据库，数据主要包括两个方面：一是行业季度经济产出累计数据，二是行业季度出口累计数据。在本章的相关实证分析中，之所以采用季度累计数据而非季度当期值，主要是考虑到，一方面，本章实证分析主要是论证工业各行业趋势变化情况，因而累计值同样能够显示出同样的趋势变化情况；另一方面，采用累计值更有利于观察趋势突变的累积效果。

（一）工业行业选取和处理

行业的选取和划分采用第六章的方法，分别对 2003 年至 2011 年、2012 年至 2015 年期间工业行业数据进行分类处理，共得到 38 个工业行业及其相对应的数据，具体分类方法和情况可参照第七章相对应的内容，38 个工业的分类可参照表 8-1 所给出的情况。同时，由于在本章后续分析内容中，将会对全国 31 个省、自治区和直辖市工业行业产出和出口趋势以及结构变化情况进行实证分析检验，为了便于表述和分析对其进行了编号，具体情况如表 8-1 所示。

表 8-1　各省、自治区和直辖市代码排序

地区	代码	地区	代码	地区	代码
全国	0	浙江	11	重庆	22
北京	1	安徽	12	四川	23
天津	2	福建	13	贵州	24
河北	3	江西	14	云南	25
山西	4	山东	15	西藏	26
内蒙古	5	河南	16	陕西	27
辽宁	6	湖北	17	甘肃	28
吉林	7	湖南	18	青海	29
黑龙江	8	广东	19	宁夏	30
上海	9	广西	20	新疆	31
江苏	10	海南	21		

根据国家相关规定，设定东部地区包括北京、天津、河北、辽宁、上海、江苏、浙江、福建、山东、广东、广西、海南等 12 个省、自治区和直辖市；中部地区包括山西、内蒙古、吉林、黑龙江、安徽、江西、河南、湖北、湖南等 9 个省和自治区；西部地区包括重庆、四川、贵州、云南、西藏、陕西、甘肃、青海、宁夏、新疆等 10 个省、自治区和直辖市。虽然目前河北省被划入到中部地区，但考虑到其所处位置以及近年来发展情况，在本章相关内容的分析上依然将其作为东部地区来处理。

（二）主要数据指标说明

本章所涉及的主要数据指标包括五个：各省、自治区和直辖市工业行业季度累计产出值、季度累计产出增长率、季度累计出口值和季度累计出口增长率，这些数据均来源于"国研网"工业统计数据库所给出的相关数据。

第一，工业行业季度累计产出值。该指标主要是用季度累计产出规模，来测度行业经济发展规模。之所以采用该指标而不采用行业增加值，主要是由于数据可获得性问题，同时产出规模也基本能够测算出行业经济发展规模情况；采用季度累计数据指标，而不像前几章采用当期季度值，主要是考虑到采用累计值，一方面更有利于观察产出的季度累计变化效应，另一方面也可以观察季度变化效果，从而保证实证分析结果的稳定持续性。

第二，工业行业季度累计出口值和出口增长率。该两项指标主要用来测度各行业对外出口规模和增长变化情况，该两项指标同样采用季度累计值而非当期季度值，依然主要是考虑到采用该指标对行业出口趋势变化的累计持续性。

第三，行业产值占工业总产值比重。该指标主要用来测算行业生产规模占到整体工业产出规模的份额，一方面通过该指标可以测算出工业结构变化情况，即测算出行业相对于工业的发展水平，如果行业产出规模增长水平高于工业的总体增长水平，则行业在工业中所占比重就会增加；另一方面还可以通过该指标判断出行业相对于工业的趋势变化情况，即当行业固有增长趋势变化程度高于或者低于工业变化程度，则行业产值占工业比重固有的增长趋势将会发生改变。

第四，行业出口占工业总出口比重。该指标主要用来测算行业出口相对于工业总出口的趋势变化情况，一方面，该指标可测算出行业出口相对于工业出口的增长速度，即如果行业出口增长速度高于工业总体出口增长速度，则行业出口在工业总出口所占比重则会提高，否则会下降；另一方面，可以测算出行业出口相对于工业趋势变化，即如果行业出口固有增长趋势变化程度低于或高于工业出口增长趋势变化程度，则行业出口所占比重的固有发展趋势将会发生改变。

（三）行业季度产出和出口数据的选取及处理

如第七章所述，由于"国研网"工业数据库并没有给出完整的工业行业季度增加值或产出数据，因而需要对相关数据进行必要的处理，具体方法如下。

第一，2003年第1季度—2011年第4季度行业季度累计产出值获得方法。数据的获得与第七章处理方法基本相同，指标数据以行业季度销售累计值为主，缺失数据则以同期的行业季度主营业务收入累计值补足。

第二，2012年第1季度—2015年第3季度行业季度产出值的处理。该时间段各行业产出数据以各省、自治区和直辖市工业行业主营业务季度累计值代替，缺失部分则根据前一年或者后一年同季度数据及其对应的同比增长率计算而得。

第三，产业结构数据的获得。根据各省、自治区和直辖市各行业季度累计产出值或者出口累计值，得到各行业产出或者出口在工业中所占比重，从而分析各行业产出和出口工业中所占份额变化情况。

第二节　各地区工业产出趋势变化情况

全球金融危机冲击爆发后，中国各省、自治区和直辖市工业产出增长水平均发生了显著的变化，并且冲击过后，其影响仍未完全消失，工业产出增长率也并没有恢复到冲击爆发前的水平，同时各省、自治区和直辖市工业行业也受到明显影响，大多数行业均表现出较为显著的趋势突变。

一、各地区工业产出总体发展情况

从中国 31 个省、自治区和直辖市工业总体发展情况来看，在全球金融危机冲击爆发前后的三个阶段，各省、自治区和直辖市工业产出增长率均发生了较为明显的趋势变化，除了极个别省、自治区和直辖市之外的大部分工业产出均经历了高速增长—震荡波动—缓速增长的变化过程。

（一）持续高速增长的冲击潜伏期

根据"国研网"所提供的中国地区层面工业数据，整理计算得出 2004—2014 年中国 31 个省、自治区和直辖市工业产出增长率变化情况（详情可见表 8-2 所给数据）。在 2004—2007 年期间，各省、自治区和直辖市工业产出均呈现出较高的增长率水平，之后陆续进入到较低的增长趋势。

第一，大部分省、自治区和直辖市呈现出高速增长的趋势。31 个省、自治区和直辖市工业产出增长率水平基本上都在 20% 以上，甚至个别省、自治区和直辖市超过了年均 40% 的增长水平，同时从 4 年来工业增长率变化情况来看，超过半数的省、自治区和直辖市的工业增长率表现出平稳变化或者提升的变化趋势。

表 8-2　历年各省、自治区和直辖市工业总产出增长率变化情况

地区	年份										
	2004	2005	2006	2007	2008	2009	2010	2011	2012	2013	2014
北京	36.70	39.65	21.09	8.03	4.95	8.23	22.15	18.63	8.69	10.53	4.37
天津	33.35	24.94	27.85	14.06	18.93	6.27	29.05	26.39	13.80	14.60	4.68
河北	38.70	31.67	21.53	30.47	31.52	4.01	31.99	32.71	6.73	5.29	1.67
山西	41.94	40.36	22.77	34.60	25.43	−6.45	32.15	42.32	5.30	3.46	−6.98
内蒙古	52.88	44.35	37.37	41.40	41.23	25.81	26.41	34.57	1.51	9.23	−2.49
辽宁	33.80	27.06	30.10	30.85	28.82	17.38	35.24	19.58	8.85	8.73	−4.73
吉林	22.70	12.11	20.35	42.79	33.17	18.82	33.31	26.74	19.66	11.27	5.78
黑龙江	25.83	28.93	22.11	3.97	22.65	−2.44	35.41	19.97	6.99	10.36	−3.57
上海	26.15	17.88	16.41	14.02	8.88	−0.30	25.63	16.07	−2.11	2.36	0.55
江苏	36.27	31.21	27.74	27.94	20.66	13.17	26.20	17.87	10.26	12.31	7.65
浙江	33.32	30.04	25.03	29.60	7.67	4.52	27.10	5.37	6.89	8.88	2.38
安徽	36.60	27.59	26.43	33.86	31.64	23.24	44.89	30.33	16.81	18.52	10.80
福建	31.80	23.55	20.99	31.60	17.07	13.42	31.37	23.26	9.84	13.69	10.51
江西	42.13	36.22	40.63	46.43	36.34	18.38	42.86	34.84	20.58	19.91	14.60
山东	41.13	42.08	28.49	29.45	23.77	14.29	25.61	15.79	13.42	13.85	8.44
河南	35.26	42.22	36.46	42.95	31.47	7.37	26.75	35.86	7.95	15.32	12.33
湖北	25.16	17.29	20.46	30.91	27.74	21.69	40.47	30.70	16.48	20.69	7.51
湖南	33.68	30.27	27.76	44.85	32.95	18.15	41.57	37.01	8.59	14.65	5.33
广东	28.57	27.57	24.61	26.78	17.32	4.53	28.17	12.62	−3.68	12.55	9.81
广西	32.10	33.53	27.40	40.66	26.72	16.26	40.47	31.68	19.81	16.60	10.34
海南	21.05	21.84	34.86	72.06	6.77	−1.33	27.59	17.47	6.65	−2.69	6.19
重庆	30.18	21.32	26.42	33.17	28.27	19.84	35.73	29.87	9.94	21.24	17.12
四川	35.76	30.47	29.40	39.57	31.75	25.07	31.12	29.40	3.08	13.48	6.55
贵州	29.16	26.45	25.65	27.69	20.72	8.74	24.43	20.76	18.48	20.97	17.88
云南	30.87	28.90	29.34	27.10	14.54	4.10	24.68	20.92	15.42	12.82	2.75
西藏	10.20	16.90	23.06	40.26	8.69	19.21	21.06	22.61	23.35	3.91	18.91
陕西	37.60	27.47	34.12	28.53	29.13	13.85	33.52	26.74	17.81	10.32	3.10

地区	年份										
	2004	2005	2006	2007	2008	2009	2010	2011	2012	2013	2014
甘肃	36.00	25.28	26.90	28.29	10.99	1.25	31.43	40.64	16.46	11.28	7.69
青海	36.13	25.01	40.81	26.04	31.28	−1.81	39.14	17.87	15.83	4.53	9.91
宁夏	39.59	26.29	29.24	23.64	26.67	5.09	36.20	29.47	23.49	13.70	2.57
新疆	29.29	51.98	28.95	19.50	28.14	−10.66	40.71	27.94	10.30	16.71	4.61

首先，从各省、自治区和直辖市阶段年均增长率来看，表8-2所给出的数据显示，在2004—2007年期间，除了上海市工业产出年均增长率为19%，低于20%之外，其他30个省、自治区和直辖市工业产出年均增长率均超过了20%，其中超过30%的有16个，最高的为内蒙古和江西，工业年均产出增长率分别达到了44%和41%，表现出阶段性高速增长的发展趋势。

其次，从四年来的变化情况来看，31个省、自治区和直辖市中有8个省、自治区和直辖市工业产出增长率呈现出增长趋势，9个省、自治区和直辖市工业产出增长率呈现出小幅震荡的稳定趋势，其他14个省、自治区和直辖市工业产出增长率呈现出明显的下降趋势。在2004—2007年期间，海南、西藏、吉林、湖南、广西、河南、湖北、江西8个省和自治区工业增长率具有显著提升的趋势，其中海南、西藏、吉林和湖南4个省和自治区工业增长率提升程度均超过了20个百分点；广西、河南、湖北、江西、四川、重庆、福建、贵州、广东、安徽、辽宁、浙江和云南9个省、自治区和直辖市工业增长水平在四年间波动程度较小，基本保持稳定的增长趋势。

第二，工业增长率发生突变特征较为明显。从各省、自治区和直辖市工业增长率趋势变化情况来看，在2006年大部分表现出较为明显的变化，少数省、自治区和直辖市在2007年即表现出较强的趋势突变，而大部分省、自治区和直辖市则是在2008年之后陆续发生改变。

首先，从工业增长水平发生变化的先后顺序来看，北京、天津和黑龙江在2007年工业产出增长率即发生了较大程度的变化，分别从2006年的21%、28%和22%快速下降到2007年的8%、14%和4%，且在之后的几年也均保持了较低的增长水平；之后在2008年，上海、海南等17个省、自治区和直辖市工业增长率发生了较大幅度的变化，而四川、重庆、辽宁、河北、青海和内蒙古工业产出增长率在2009年发生突变，并在之后呈现出一个新的发展趋势；新疆、陕西、湖北、安徽和宁夏等5个省和自治区变化趋势相对不显著，仍需要做进一步的论证分析。

其次，从工业增长率在突变前后的变化程度来看，地区间差异性较为明显。一方面，大部分省、自治区和直辖市工业产出增长率下降幅度较为显著，均超过了5个百分点；另一方面，省、自治区和直辖市间工业产出增长率变化差异性特征也十分显著，海南、青海、西藏、河北和浙江5个省和自治区增长发生突变前后增长率下降程度最高，下降程度均超过了20个百分点，而其他各省、自治区和直辖市变化幅度均在5—19个百分点之间波动。

第三，综合来看，从各省、自治区和直辖市工业产出增长率发生显著性突变的时序性和程度来看，区域特征较为明显：首先，从时序性来看，东部沿海地区以及对外开放程度较高的省、自治区和直辖市往往会较早受到冲击的影响，工业产出增长趋势发生明显的变化，例如北京、天津和上海从业增长率趋势发生突变要早于其他地区；其次，从程度上来看，对外依赖程度较高的地区受影响程度往往较高，例如海南、河北和浙江受影响程度就相对较高。

（二）冲击爆发期

从冲击爆发期情况来看，冲击对工业产出增长率趋势变化的影响较为显著，且不同地区间差异性也十分明显。

第一，在冲击爆发期间，各地区工业产出增长率仍处于相对较高增长水平。从2008—2011年行业年均产出增长水平来看，31个省、自治区和直辖市工业产出阶段年均增长率在 11%—33% 之间，最高的为江西、安徽、湖南、内蒙古和湖北，工业年均增长率分别高达 33%、33%、32%、32% 和 30%，均超过了 30% 的年均增长速度；增长率水平最低的为北京、海南、上海和浙江，工业产出年均增长率分别为 13%、13%、13% 和 11%，而其他省、自治区和直辖市工业产出增长率则在 16%—30% 之间。

第二，各省、自治区和直辖市工业产出增长率均有较大幅度下降，且不同省、自治区和直辖市差异程度较为明显。与冲击潜伏期相比，冲击爆发期各省、自治区和工业产出年均增长率水平均明显低 19—44 个百分点，两阶段工业增长率水平下降最高的分别为内蒙古和江西，下降程度均超过了 40 个百分点，其次是河南、海南、山东、山西、湖南、四川、广西、新疆、青海、陕西、安徽、江苏、河北、辽宁和宁夏等 15 个省和自治区，下降幅度也超过了 30 个百分点，剩下的 14 个省、自治区和直辖市下降幅度基本在 19—30 个百分点之间。

（三）冲击过后期

从冲击过后期情况来看，大部分省、自治区和直辖市的工业产出年均增长率要明显低于冲击潜伏期，甚至是冲击爆发期，表明全球金融危机冲击爆发后，大部分省、自治区和直辖市工业增长水平均有了明显程度下降。

第　，在冲击过后期，大部分省、自治区和直辖市工业产出增长率明显低于冲击潜伏期和爆发期，且省、自治区和直辖市间差异较为明显。2012—2014 年三年间，31 个省、自治区和直辖市工业产出年均增长率基本在 0.3%—19% 之间波动，工业年均增长率按照从高到低的顺序依次为贵州、江西、重庆、广西、西藏、安徽、湖北、宁夏、吉林、山东、河南、甘肃、福建和天津，14 个省、自治区和直辖市的工业年均增长率均超过了 15%，而较低的有黑龙江、河北、辽宁、海南、内蒙古、山西和上海，工业年均增长率均低于 5%，而剩下 10 个省、自治区和直辖市的工业增长率基本在 5%—15% 之间。

第二，从冲击潜伏期和冲击过后期两阶段比较情况来看，冲击过后各省、自治区和直辖市工业产出增长水平均有了较为明显的下降。与冲击潜伏期相比，冲击过后期各省、自治区和直辖市工业年均增长率要明显低 7—41 个百分点，内蒙古、山西和海南三个省和自治区下降程度最高分别为 41 个、34 个和 34 个百分点，而湖北、贵州和西藏下降程度较小，工业产出年均增长率下降程度分别为 9 个、8 个和 7 个百分点，其他 25 个省、自治区和直辖市工业年均增长率下降幅度基本在 11%—30% 之间波动。

第三，从冲击爆发期和过后期两阶段的比较情况来看，除了个别省、自治区和直辖市，其余大部分工业产出地区年均增长率均有较大幅度的下降。其中，内蒙古、湖南、山西、四川、辽宁和河北的工业产出年均增长率下降程度最高，均超过了 20 个百分点；福建、广东、江苏、甘肃、海南、天津、山东、云南、北京、浙江、西藏和贵州下降幅度相对较小，均不高于 10 个百分点，尤其是贵州反而略有增长。

综合来看，冲击对中国工业产出增长趋势的影响特点主要有三个：其一，资源型和旅游性中西部地区受影响最高，由于这些地区对外部依赖性较高，且抗击外部冲击能力也相对较弱，因而全球金融危机冲击的影响要高于其他的地区；其二，而对于那些东部沿海发达地区，虽然受影响程度也较高，但由于产业自身具有较强的自我调节和发展能力，在冲击过后恢复得也相应较快，因而工业阶段性年均增长率下降幅度反而要低于一些中西部地区；其三，从 2004—2014 年期间，各地区工业产出增长率变化情况来看，均表现出较大幅度的波动，总体趋势体现出波动中的下降，这表明不论是对于东部沿海发达地区还是中西部地区，冲击的影响都具有长期持续性。

二、冲击前后行业发展趋势改变情况

为了进一步分析在冲击前后各地区工业行业的产出增长趋势是否发

生了显著的变化，即检验全球金融危机冲击潜伏期和过后期两阶段产出增长趋势的异同，如果相同则表明冲击没有对行业产出增长趋势产生显著影响，如果前后两阶段发展趋势不同则表明冲击打破了行业固有的发展趋势，且在冲击过后并没有恢复到冲击前的固有发展趋势。同时便于更好地分析论证行业受冲击影响的特点，即哪些地区、哪些行业更容易受到冲击的影响从而导致发展趋势发生改变，本章特从行业产出增长趋势发生的两阶段趋势突变的区域特征——同一行业哪些地区的产出增长趋势更容易受到冲击的影响而产生突变，以及行业特征——同一地区哪些行业的产出增长趋势更容易受冲击的影响产生突变，两个层面分析论证冲击带来的影响。

（一）冲击前后行业产出趋势变化的区域特征

从 31 个省、自治区和直辖市的 38 个行业产出增长趋势和行业产出占工业总产值比重变化趋势突变情况来看，与全球金融危机冲击潜伏期相比，在冲击过后期几乎所有地区的大部分行业增长率均发生了明显的趋势改变，表明冲击对各地区工业各行业的影响具有广泛性和持续性；同时，东部、中部和西部地区间和地区内部受冲击影响产出增长趋势发生显著改变的程度差异性也较为明显，东部地区最强，中部地区次之，而西部地区最低。

1. 总体情况分析

对 31 个省、自治区和直辖市的 38 个工业行业的产出增长趋势和产值占工业产值比重变化趋势的两阶段趋势检验，可分别得到各地区工业的 38 个行业中，在冲击潜伏期与冲击过后期两阶段趋势发生突变的行业个数、没有发生突变的行业个数以及由于数据不足而难以作出判断的行业个数，具体情况如表 8-3 所示（更详细的内容见附表 4）。结合实证结果来看，中国 31 个省、自治区和直辖市中除了极个别地区，大部分地区发生趋势突变的工业行业均超过了一半，且不同地区发生趋势突变行业数差异也比较明显。

第一，冲击前后两阶段各地区大多数行业均发生了显著性趋势突变，这表明冲击对各地区工业行业影响具有范围广和持续时间长等特点。

表8-3 各省、自治区和直辖市工业行业趋势突变情况

单位：个

地区	行业产出增长趋势			行业产出占工业总产出比重变化趋势		
	发生突变个数	未发生突变个数	无法计算	发生突变个数	未发生突变个数	无法计算
北京	26	10	2	26	10	2
天津	22	13	3	28	7	3
河北	25	12	1	32	5	1
山西	21	15	2	26	10	2
内蒙古	31	6	1	28	9	1
辽宁	33	5	0	35	3	0
吉林	26	12	0	26	12	0
黑龙江	23	14	1	26	11	1
上海	28	5	5	24	9	5
江苏	30	8	0	32	6	0
浙江	32	4	2	28	8	2
安徽	20	16	2	29	7	2
福建	28	8	2	27	9	2
江西	30	6	2	19	17	2
山东	35	3	0	24	14	0
河南	34	4	0	28	10	0
湖北	30	8	0	33	5	0
湖南	31	6	1	27	10	1
广东	32	4	2	24	12	2
广西	24	13	1	27	10	1
海南	17	17	4	25	9	4
重庆	24	13	1	32	5	1
四川	28	10	0	33	5	0

地区	行业产出增长趋势			行业产出占工业总产出比重变化趋势		
	发生突变个数	未发生突变个数	无法计算	发生突变个数	未发生突变个数	无法计算
贵州	17	17	4	26	9	3
云南	24	13	1	31	4	3
西藏	4	13	21	10	6	22
陕西	24	13	1	25	12	1
甘肃	20	17	1	24	13	1
青海	14	17	7	17	16	5
宁夏	19	12	7	19	12	7
新疆	23	13	2	25	11	2

首先，从产出增长趋势发生突变的行业个数来看，除了西藏和青海之外，其他30个省、自治区和直辖市超过一半的工业行业均发生了趋势突变现象，其中发生趋势突变行业数量最多的是江苏、江西、湖北、内蒙古、湖南、浙江、广东、辽宁、河南和山东，至少30个行业发生了趋势突变，而最少为西藏、青海、海南、贵州和宁夏，分别有4个、14个、17个、17个和19个行业发生了趋势突变，其中西藏和青海检测出发生趋势突变的行业数目较少的原因之一，则是数据缺失问题而导致的大部分行业无法检测的结果。

其次，从行业产出占工业比重变化趋势的两阶段突变情况来看，同样也表明大多数行业均受到冲击的影响而发生了长期改变，其中行业发生趋势变化最多的为云南、重庆、河北、江苏、四川、湖北和辽宁，工业38个行业至少有31个行业均发生了趋势变化，行业发生趋势突变最少的为西藏、青海、宁夏和江西，分别有10个、17个、19个和19个行业发生了两阶段趋势突变。

第二，从行业产出增长趋势突变的区域特征来看，东部地区普遍受影响范围最广，产生趋势突变的行业最多，其次是中西部地区。

首先，在冲击潜伏期和冲击过后期两个阶段，东部沿海地区产出增长趋势发生突变的行业数量要高于中西部地区，除了天津产出增长趋势发生突变行业数排名较低，在31个省、自治区和直辖市中排在第23位之外，辽宁、北京、上海、福建、江苏、广东、浙江、山东等主要东部沿海地区发生趋势突变的行业均超过26个，排名均在前15位，其中山东排第一，表明从总体情况来看，东部沿海地区工业38个行业中受冲击影响并产生趋势突变的数目要远高于中西部地区。

其次，从中西部地区对比情况来看，中部地区要明显高于西部地区，河南、吉林、黑龙江和安徽发生趋势突变的工业数目均超过了20个，而西部地区中除了四川、重庆、云南和山西突变行业数目超过20个之外，其他省、自治区和直辖市发生趋势突变行业数目均较少，且同时总体平均突变行业数也要少于中部地区。

最后，从东部、中部和西部地区各省、自治区和直辖市发生趋势突变平均行业数来看，东部地区最高，然后是中部地区和西部地区。根据表8-3所给出的数据，对东部12个省、自治区和直辖市，中部9个省、自治区和直辖市，西部10省、自治区和直辖市，在冲击前后两阶段工业行业产值发生趋势变化的行业进行平均计算，东部地区趋势发生突变的行业平均数为27.67个，中部地区为27.33个，而西部地区仅为19.7个，显然东部地区受冲击影响行业发生趋势变化程度要高于中部地区，而中部地区要远远高于西部地区。

第三，从行业产值所占工业比重变化趋势发生突变的区域特征来看，东部与中部地区工业各行业产生趋势变化的范围要明显高于西部地区。

首先，从表8-3所给出的数据来看，趋势改变行业数目最多的是辽宁、湖北、四川、江苏、河北、重庆和云南，分别有35个、33个、33个、32个、32个、32个和31个行业发生趋势突变，排名前10的省、自治区和直辖市中，有5个属于东部地区，其余5个属于中西部地区，同时从行业改变数量的排序情况来看，东部地区总体情况要略高于中西部地区。

其次，从东、中和西部地区的平均趋势改变的行业平均水平来看，东部最高，中部地区次之，最后是西部地区。同样通过表8-3进行简单计算，可得出在冲击前后两阶段行业出口所占比重变化趋势受冲击影响发生明显趋势变化的行业数，东部12个省、自治区和直辖市在冲击前后两阶段平均有27.67个行业发生了趋势突变，中部9个省、自治区和直辖市为26.89个，西部10个省、自治区和直辖市则仅为24.2个，从行业发生突变的平均状况来看，仍是东部地区最高，中部地区次之，而西部地区最低。

综合来看，单纯从受冲击影响产生趋势突变的行业数目来看，东部地区要多于中西部地区，但仍不能简单地断定东部地区受冲击影响的范围和程度明显高于中西部地区。表8-3给出的相关实证检验数据虽然能初步表明，东部地区在受冲击影响而发生明显趋势突变的行业较中西部地区多，这只表明冲击对东部影响的行业范围广于中西部地区，但就相关影响具体程度还需要做进一步的分析论证，本章的实证分析仅旨在于证明冲击影响具有一定的区域特定和行业特征，更具体深入的分析论证有待于今后进一步的展开。

2.行业产值增长趋势变化的区域特征情况

根据两阶段趋势突变检验方法，对中国31个省、自治区和直辖市38个行业分别进行产出增长率趋势两阶段趋势突变检验，具体结果如表8-4数据所示。从各省、自治区和直辖市工业行业在冲击前后两阶段产出增长率趋势突变情况来看，大部分省、自治区和直辖市均明显受到了全球金融危机冲击的影响，几乎所有省、自治区和直辖市工业超过一半的行业受到了冲击显著性影响并在前后两阶段发生了趋势变化，同时从地区分布情况来看，东部地区，尤其是东部沿海地区受冲击影响产出增长趋势发生显著改变的行业数最多，中部地区次之，而西部地区受冲击影响行业产出增长趋势发生显著趋势突变的行业数相对最少。

表8-4　冲击前后行业产出增长率发生趋势突变的行业

地区	行业产出增长趋势发生改变的行业代码
北京	1,3,7,9,10,11,12,13,14,15,16,17,19,23,24,25,26,27,28,29,30,31,32,33,34,36
天津	1,2,5,10,11,12,13,15,18,19,22,23,24,25,28,30,31,32,33,34,36,38
河北	2,3,5,7,8,9,10,11,13,14,15,16,19,20,23,24,25,28,30,31,32,34,35,36,38
山西	1,2,3,7,8,14,15,16,17,20,22,23,24,25,26,27,28,29,30,36,38
内蒙古	1,2,3,4,5,7,8,9,10,11,13,14,15,16,19,20,21,23,24,25,26,28,29,30,31,33,34,35,36,37,38
辽宁	1,2,3,4,5,7,8,9,10,11,12,13,14,15,16,17,18,19,20,21,22,23,24,25,26,27,28,29,30,31,33,34,36
吉林	1,2,3,4,7,8,9,10,11,12,13,14,15,16,17,19,20,22,23,24,25,27,29,31,32,34
黑龙江	1,2,3,5,7,8,11,13,18,19,20,25,26,28,29,30,31,32,33,34,36,37,38
上海	2,8,9,10,11,12,13,14,15,16,17,18,19,20,21,23,24,25,26,27,28,29,30,31,32,34,35,36
江苏	1,2,3,5,10,11,12,14,15,16,19,20,21,22,23,24,25,26,27,28,29,30,31,32,33,34,35,36,37,38
浙江	4,5,7,8,9,10,11,13,14,15,16,17,19,20,21,22,23,24,25,26,27,28,29,30,31,32,33,34,35,36,37,38
安徽	1,3,4,7,8,10,13,15,17,20,24,25,26,27,28,29,30,31,32,35
福建	1,3,4,5,7,8,11,12,13,14,15,16,18,21,22,23,24,25,26,27,28,29,30,31,32,35,36,38
江西	1,3,4,5,7,8,9,10,11,12,13,14,15,16,19,20,21,22,23,24,25,26,27,29,31,32,35,36,37,38
山东	1,2,3,4,5,6,7,8,9,11,12,13,14,15,16,17,18,19,20,21,23,24,25,26,27,28,29,30,31,32,33,34,35,36,37
河南	1,2,3,4,5,6,7,8,9,11,12,13,14,15,16,17,19,20,21,22,23, 24,25,26,27,28,29,30,31,33,35,36,37,38
湖北	1,2,5,6,7,8,9,10,11,12,13,14,15,16,18,19,20,21,22,23,24,26,29,30,32,33,34,35,36,38
湖南	1,3,4,5,6,7,8,9,10,11,12,13,14,15,16,20,21,23,24,25,26,27,28,29,30,31,33,35,36,37,38
广东	2,3,4,7,8,10,11,12,13,15,16,17,19,20,21,22,23,24,25,26,27,28,29,30,31,32,33,34,35,36,37,38
广西	3,4,5,7,9,10,13,14,15,16,17,20,24,25,26,27,28,29,30,31,33,36,37,38
海南	2,3,5,7,8,9,12,14,16,19,20,25,26,27,28,32,36

地区	行业产出增长趋势发生改变的行业代码
重庆	1,3,4,7,10,11,12,13,15,16,19,20,21,22,23,24,26,28,29,30,31,35,36,37
四川	1,2,3,4,5,6,7,10,11,13,14,15,16,19,20,23,24,25,26,27,28,29,30,31,32,35,36,37
贵州	1,4,5,7,8,10,12,13,14,16,19,24,25,26,32,36,37
云南	1,3,4,5,9,12,14,15,16,18,19,20,21,22,24,25,26,30,31,32,33,35,36,37
西藏	3,9,11,38
陕西	1,2,3,4,8,9,12,13,14,18,19,20,21,22,25,26,28,29,30,31,35,36,37,38
甘肃	1,5,7,9,10,12,14,17,18,19,20,23,25,28,29,30,33,34,37,38
青海	1,2,4,8,9,11,12,17,20,25,26,32,36,37
宁夏	1,5,7,9,10,11,12,16,17,20,21,23,24,25,26,28,29,34,36
新疆	2,3,4,5,10,14,15,17,19,20,21,22,23,25,26,27,30,31,33,34,36,37,38

　　第一，东部地区，尤其是东部沿海地区受冲击影响而产生趋势突变的行业数目最多，表明冲击对东部地区工业影响的广度或者范围最大。根据表8-4所提供的数据，可发现东部地区，尤其是上海、江苏、浙江、山东和广东等几个主要东部沿海地区，工业行业产出增长趋势发生突变的数目，要远多于其他地区，大部分地区超过30个行业均产生了趋势突变，而其他几个剩余地区，除了天津外，受冲击影响发生趋势突变的行业数也均较多，进一步表明东部地区受冲击影响的范围要较中西部地区广。

　　第二，从中部地区受冲击影响的情况来看，工业行业发生趋势突变的程度要略低于东部地区而明显高于西部地区。正如表8-3所提供数据所显示的情况，在全球金融危机冲击爆发前后两个阶段，东部地区各地区受冲击影响产生趋势突变行业的平均数略多于中部地区，同时从表8-4所给出的数据来看，几个主要东部沿海地区受冲击影响行业产生趋势突变的数目要多于大部分中西部地区，而中部地区的河南、内蒙古、湖南和湖北等地受冲击影响行业增长趋势发生改变的个数也较多，超过了大部分东、西部地区的省、自治区和直辖市。

因而综合来看，一方面，从总体平均水平来看，中部地区总体受冲击影响发生趋势突变的行业要少于东部，表明中部地区工业所受冲击影响的范围相对小于东部地区；另一方面，有些中部地区受冲击影响工业行业产出趋势发生改变的个数要多于东部地区，也有东部地区个别省、自治区和直辖市受冲击影响工业行业产出趋势发生改变的个数要少于一些中西部地区的省、自治区和直辖市。

第三，同一地区不同行业之间受冲击影响工业行业产出增长趋势发生改变的程度差异性也很大，东部地区平均突变行业数最多且区域内部差异性也最强，中部地区平均程度率低于东部，且区域内部不同地区间差异性也相对较小，西部地区平均程度与区域内部之间差异程度均最低。从表8-4和表8-5所给出的数据来看，同一区域内部的不同地区间差异性也较为明显。

表8-5 行业产出所占比重变化规律趋势突变情况

地区	产出结构发生趋势突变的行业代码
北京	1,3,5,7,8,10,11,12,13,14,16,17,18,19,20,21,22,23,24,25,26,29,30,32,35,37
天津	1,2,5,7,8,9,10,12,14,16,18,20,21,22,23,24,25,26,27,29,30,31,32,33,34,36,37,38
河北	1,2,4,5,7,8,9,10,11,12,14,15,16,17,18,19,20,21,22,23,25,27,29,30,31,32,33,34,35,36,37,38
山西	1,4,5,7,8,9,10,11,13,15,16,17,19,20,21,22,23,24,25,26,28,29,31,34,36,37
内蒙古	2,3,4,6,7,8,9,10,11,12,13,15,16,17,20,21,22,23,25,26,27,28,29,31,32,33,34,37
辽宁	1,2,3,4,5,6,7,8,9,10,11,12,13,14,15,16,17,18,19,20,21,22,23,24,25,27,28,29,30,31,33,34,36,37,38
吉林	1,2,4,6,9,10,12,15,17,18,19,20,22,23,24,25,26,27,28,29,30,31,33,36,37,38
黑龙江	1,2,3,5,7,8,9,11,15,16,17,18,19,20,21,22,24,25,26,28,29,30,33,36,37,38
上海	2,7,8,9,10,11,12,15,16,17,18,19,21,23,24,25,26,27,28,30,32,33,34,37
江苏	1,2,3,5,6,7,8,9,11,12,14,15,16,17,18,20,21,22,23,24,25,26,27,28,29,30,31,32,33,34,37,38
浙江	3,4,7,8,9,10,11,13,14,17,18,19,20,21,23,25,26,27,28,29,30,31,32,33,34,35,36,38

续表

地区	产出结构发生趋势突变的行业代码
安徽	1,3,5,7,9,10,12,13,14,15,17,18,19,20,21,24,25,26,27,28,29,30,31,32,33,34,36,37,38
福建	1,5,7,9,11,12,13,14,17,18,19,20,21,22,23,24,25,26,27,30,31,33,34,35,36,37,38
江西	1,3,8,14,18,19,20,21,22,24,25,26,28,29,30,31,32,34,37
山东	1,2,5,6,7,8,11,13,15,16,18,19,23,24,25,26,27,29,30,31,32,33,34,37
河南	1,2,3,6,8,12,13,14,16,17,18,19,20,21,22,25,26,27,28,29,30,31,32,33,34,36,37,38
湖北	1,2,3,5,6,7,8,9,11,12,13,14,15,16,17,18,19,20,21,23,24,25,26,27,29,30,31,32,33,34,36,37,38
湖南	1,4,6,9,10,11,12,14,15,16,17,20,21,23,24,25,26,27,28,29,31,32,33,34,35,37,38
广东	2,5,7,8,9,11,12,14,16,17,18,20,21,22,23,24,26,28,30,31,32,33,36,37
广西	1,3,4,5,8,9,10,12,13,15,17,18,19,20,21,23,24,26,27,29,30,31,33,34,36,37,38
海南	2,3,5,7,8,9,10,11,12,13,14,15,17,20,21,22,23,24,25,26,28,29,31,33,37
重庆	1,2,3,4,5,7,8,9,10,11,12,13,14,16,17,18,19,20,21,22,23,24,25,26,27,28,29,30,32,34,37,38
四川	1,2,3,5,6,7,8,9,10,11,12,13,14,15,16,17,18,20,21,22,23,24,25,26,27,28,29,31,32,35,36,37,38
贵州	1,3,5,7,8,9,11,12,13,14,15,16,17,19,20,23,24,25,26,31,32,33,34,36,37,38
云南	1,4,5,7,8,9,10,11,12,13,14,16,17,18,19,20,21,22,23,24,25,26,27,28,29,30,31,33,36,37,38
西藏	3,4,7,9,11,14,17,20,30,38
陕西	2,3,4,7,8,9,10,12,13,15,19,20,21,22,24,25,26,27,28,29,30,31,33,34,38
甘肃	1,4,5,10,11,13,14,15,16,18,19,20,21,22,23,24,25,26,28,30,35,36,37,38
青海	2,4,5,7,8,9,15,16,17,20,21,25,26,28,30,36,38
宁夏	1,7,8,9,12,13,14,15,16,17,21,23,25,26,28,29,30,31,34
新疆	1,5,7,8,9,10,11,12,13,14,15,17,20,21,24,25,26,29,30,31,32,34,35,36,37

首先，从东部地区 12 个省、自治区和直辖市情况来看，内部地区间差异性十分明显。受冲击影响产出增长趋势发生改变的行业数最多的为山东（35 个行业）、辽宁（33 个行业）、广东（32 个行业）、浙江（32 个

行业）和江苏（30个行业），最少的为广西（24个行业）、天津（22个行业）和海南（17个行业），其他几个省、自治区和直辖市产生趋势改变的行业数则在28—25之间，产出趋势改变行业数最多的地区要高出趋势改变行业数最少的地区18个行业，表明差异性较为明显。

其次，从中部地区情况来看，地区间差异性也十分明显。在全球金融危机冲击爆发前后产出增长趋势发生改变行业数最多为河南（34个行业）、湖南（31个行业）、内蒙古（31个行业）和湖北（30个行业），而受冲击影响产出增长趋势发生改变行业最少的为山西（21个行业）和安徽（20个行业），其他几个省、自治区和直辖市受冲击影响增长趋势发生改变的数目则在23—26之间，河南和安徽两省之间相差了14个行业。

最后，从西部情况来看，区域内差异性则相对较小。受冲击影响增长趋势发生改变行业数最多的为四川（28个行业）、山西（24个行业）、云南（24个行业）和重庆（24个行业），最少的为青海（14个行业）和西藏（4个行业），但由于青海和西藏分别有5个和22个行业由于数据缺失无法作出是否发生趋势改变的判断，就目前情况来看西部地区内部的差异性是最小的。

3. 产值比重变化趋势突变情况

对31个省、自治区和直辖市工业各行业产值占工业总产值比重变化趋势做两阶段趋势突变检验，具体情况如表8-5所示，从该表所提供的数据来看，各省、自治区和直辖市工业大多数行业产值所占比重的变化趋势均在冲击前后发生明显的改变，同时东部地区发生趋势突变工业行业范围要高于中西部地区，而中部地区明显高于西部地区，且即使同一地区内部不同地区间受冲击影响的范围和程度也存在明显的差异。

第一，东部各省、自治区和直辖市工业行业产出比重变化趋势总体程度要高于中西部地区。东部地区产出比重变化趋势在冲击前后两阶段发生趋势改变的行业数从高到低排列依次为辽宁、江苏、河北、浙江、天津、福建、广西、北京、海南、山东、广东和上海，发生趋势突变的行业个数分别为35个、32个、32个、28个、28个、27个、27个、26个、25个、24个、24个和24个，表明各省、自治区和直辖市至少超过一半的行业在冲击前后两个阶段均发生了显著的趋势突变，同时各省、自治区和直辖市工业发生两阶段趋势突变的行业个数在全国31个省、自治区和直辖市中排名也较靠前，从各地区平均发生趋势突变的行业水平来看，也高于中西部地区，综合来看东部地区受冲击影响工业行业发生两阶段趋势突变的程度要高于中西部地区。

第二，中部地区受冲击影响行业发生显著两阶段趋势突变的程度明显高于西部地区，但要稍低于东部地区。在全球金融危机冲击潜伏期和过后期两阶段，中部地区行业产值占工业总产值比重变化趋势发生改变行业数从高到低依次排列为湖北、安徽、河南、内蒙古、湖南、吉林、黑龙江、山西和江西，趋势改变行业数分别为33个、29个、28个、28个、27个、26个、26个、26个和19个，总体平均程度要略低于东部地区；同时与西部地区情况相比，中部地区总体受冲击影响产生趋势突变行业数目要明显高于西部地区，西部地区按趋势突变行业个数依次排列为四川、重庆、云南、贵州、陕西、新疆、甘肃、宁夏、青海和西藏，产生趋势突变的行业个数分别为33个、32个、31个、26个、25个、25个、24个、19个、17个和10个，虽然排在前几名的省、自治区和直辖市与中部排在前几名的省、自治区和直辖市差异不大，甚至略高一点，但排在后几位的省、自治区和直辖市趋势突变行业数要明显较少。

第三，从各地区之间趋势突变行业数差异程度来看，不同地区工业行业发生趋势突变的行业数差异较为明显，且东部、中部和西部地区内部差异程度也较为明显。

首先，地区间差异程度十分明显。产值占工业比重变化趋势在冲击前后两阶段行业改变个数最多的为辽宁、四川和湖北，38个行业中超过33个发生了趋势突变情况，最少的为西藏和青海，仅分别有10个和17个行业发生趋势改变，虽然其中西藏趋势突变行业数偏低的原因之一是由于数据缺失而无法作出判断，但也足以表明不同地区间工业行业受冲击影响行业发生趋势变化的差异程度十分明显。

其次，从东中西部地区内部差异程度来看，差异性也十分明显。就东部地区情况来看，行业改变个数最多的辽宁（35个行业），最少的为山东、广东和上海，只有24个行业发生了趋势突变；中部地区工业行业发生趋势改变的个数最多的为湖北（33个行业），最少的为江西，仅有19个工业行业发生了趋势改变，两地区发生趋势改变的工业行业趋势改变个数相差14个，差异性较为明显；西部地区是区域内差异性最为明显的地区，最多的为四川（33个行业），最少的为青海（17个行业）和西藏（10个行业），趋势改变行业数最多的与最少的之间相差23个。

（二）产出趋势突变的行业特征

为了进一步论证分析冲击影响行业发生趋势突变因素，对行业趋势突变数据做进一步的整理分析，从38个行业产出增长趋势与产值比重变化趋势的区域范围考察冲击影响的行业特征，详情可见表8-6、表8-7、表8-8和表8-9所提供的数据。

从各行业受冲击影响产生趋势突变的区域范围差异情况来看，冲击影响的行业特征主要有以下两个方面的特点：首先，各地区工业行业发展受冲击影响而发生明显趋势改变的省、自治区和直辖市范围具有明显的行业特征，不同省、自治区和直辖市的同一行业受冲击影响而发生趋势改变的程度也不同，即同一行业有的省、自治区和直辖市受冲击影响会发生显著趋势改变，而有的省、自治区和直辖市则不会发生显著的趋势改变；其次，在全球金融危机冲击前后两个阶段，不同行业受冲击影响行业产出和产值比重变化趋势发生改变的区域范围——省、自治区和直辖市数目也不同。

1. 总体情况

表8-6为根据两阶段趋势检验方法测算出的38个工业行业在全球金融危机冲击前后两阶段发生趋势突变的情况，根据该表所给出的数据可

以发现不同行业，在冲击前后两阶段发生趋势突变情况差异性也十分明显，大多数行业趋势突变的区域范围是全国性的，也有一些行业趋势突变的区域范围属于局部的，同时从两项指标得出的测算结果来看，虽然在具体细节上有所差异，但均表明全球金融危机冲击对工业行业的影响具有趋势改变区域广且差异性大的特点。

表 8-6　各行业趋势突变情况

行业名称	行业产出增长趋势			行业产值比重变化趋势		
	发生突变行业数	未发生突变行业数	无法计算	发生突变行业数	未发生突变行业数	无法计算
煤炭开采和洗选业	23	4	4	23	4	4
石油和天然气开采业	18	5	8	17	5	9
黑色金属矿采选业	23	5	3	17	11	3
有色金属矿采选业	19	8	4	14	13	4
非金属矿采选业	21	9	1	21	9	1
其他采矿业	5	5	21	9	2	20
农副食品加工业	23	8	0	25	6	0
食品制造业	20	11	0	25	6	0
饮料制造业	20	11	0	26	5	0
烟草制品业	21	8	2	19	10	2
纺织业	22	9	0	22	9	0
纺织服装、鞋、帽制造业	21	9	1	23	7	1
皮革、毛皮、羽毛（绒）及其制品业	22	8	1	20	9	2
木材加工及木、竹、藤、棕、草制品业	23	7	1	22	8	1
家具制造业	23	7	1	21	9	1
造纸及纸制品业	23	6	2	21	9	1
印刷业和记录媒介的复制	15	16	0	26	5	0
文教体育用品制造业	10	15	6	21	4	6

行业名称	行业产出增长趋势			行业产值比重变化趋势		
	发生突变行业数	未发生突变行业数	无法计算	发生突变行业数	未发生突变行业数	无法计算
石油加工炼焦及核燃料加工业	23	7	1	20	10	1
化学原料及化学制品制造业	26	5	0	28	3	0
医药制造业	17	14	0	27	4	0
化学纤维制造业	15	12	4	19	8	4
橡胶和塑料制品业	22	8	1	23	7	1
非金属矿物制品业	24	7	0	24	7	0
黑色金属冶炼及压延加工业	28	2	1	28	2	1
有色金属冶炼及压延加工业	26	4	1	28	2	1
金属制品业	18	12	1	19	11	1
通用设备制造业	23	7	1	21	9	1
专用设备制造业	23	7	1	24	6	1
交通运输设备制造业	24	7	0	25	6	0
电气机械及器材制造业	23	7	1	24	6	1
通信设备、计算机及其他电子设备制造业	19	10	2	18	11	2
仪器仪表及文化办公用机械制造业	16	14	1	21	9	1
工艺品及其他制造业	16	15	0	21	10	0
废弃资源和废旧材料回收加工业	17	9	5	8	18	5
电力、热力的生产和供应业	27	4	0	19	12	0
燃气生产和供应业	18	12	1	26	4	1
水的生产和供应业	18	13	0	21	10	0

第一，受全球金融危机冲击的影响，大多数行业受冲击影响产出增

长趋势均发生了全国性趋势改变，而少部分行业则仅发生了局部性的趋势改变，就行业趋势改变所囊括的趋势范围来看，不同行业间的差异性十分明显。

首先，表8-6的数据显示工业38个行业中，除了个别行业（废弃资源和废旧材料回收加工业、文教体育用品制造业和其他采矿业），31个省、自治区和直辖市中均有超过一半省、自治区和直辖市产出增长趋势和产值比重变化趋势受冲击影响发生明显的改变，表明冲击对工业各行业发展趋势影响具有一定的广泛性。

其次，不同行业发生趋势突变的区域范围差异性也十分明显：从产出增长趋势变化情况来看，趋势突变区域范围最广的有黑色金属冶炼及压延加工业、电力热力的生产和供应业、有色金属冶炼及压延加工业与化学原料及化学制品制造业等4个行业，超过26个省、自治区和直辖市在冲击过后期这些行业均发生了显著的趋势改变，而发生趋势突变行业的区域范围即囊括省、自治区和直辖市数量最少的行业为文教体育用品制造业和其他采矿业，这两个行业分别有10个和5个省、自治区和直辖市发生了趋势突变；从产值比重变化趋势突变情况来看，趋势突变涉及省、自治区和直辖市最多的行业为黑色金属冶炼及压延加工业、有色金属冶炼及压延加工业和化学原料及化学制品制造业等3个行业，均有28个省、自治区和直辖市在冲击过后期发生了显著的趋势改变，而发生趋势突变省、自治区和直辖市范围最少的为其他采矿业与废弃资源和废旧材料回收加工业两个行业，仅有9个和8个省、自治区和直辖市的该类行业发生了趋势突变。

第二，产出增长趋势突变具有明显的行业特征，38个行业产出增长趋势发生改变的区域范围差异性十分明显，表明不同行业在受到外部冲击的影响后，产生趋势突变的区域范围也不同。

首先，大多数行业受冲击影响发生趋势改变的区域都较大。在38个行业中，增长趋势受全球金融危机冲击影响而发生显著趋势突变所涉及省、自治区和直辖市范围较广的有黑色金属冶炼及压延加工业、电力热力的生产和供应业、有色金属冶炼及压延加工业、化学原料及化学制品制造业、交通运输设备制造业、非金属矿物制品业、农副食品加工业、专用设备制造业、电气机械及器材制造业、煤炭开采和洗选业、木材加工及木、竹、藤、棕、草制品业、造纸及纸制品业、通用设备制造业、家具制造业、石油加工炼焦及核燃料加工业与黑色金属矿采选业共16个行业，超过23个省、自治区和直辖市的该类行业在冲击前后两阶段均发生了明显的趋势突变情况，表明大多数行业受冲击影响发生趋势几乎是全国范围的。

其次，有4个行业产出增长趋势发生改变的区域范围相对较小。发生趋势突变涉及范围较小的行业包括印刷业和记录媒介的复制、化学纤维制造业、文教体育用品制造业和其他采矿业共4个行业，囊括的省、自治区和直辖市个数依次为15个、15个、10个和5个，与发生趋势改变范围较广的行业相差程度十分明显，表明少数行业受冲击影响而发生趋势改变的区域范围是局部的。

最后，剩下的11个行业发生趋势突变所涉及的区域范围基本在16—22个省、自治区和直辖市之间，也囊括了中国大部分省、自治区和直辖市。综合产出增长趋势变化行业特征来看，一方面，表明对于大多数行业受冲击影响而发生趋势改变具有一定的全国性；另一方面，也说明不同行业产出增长趋势受冲击影响发生趋势突变的区域范围差异性十分明显。

第三，从产值比重变化趋势突变情况来看，同样具有较为明显的行业特征。不同行业产值比重变化趋势在冲击前后两阶段发生趋势改变囊括的区域范围也有所差异，囊括区域较广的行业为黑色金属冶炼及压延加工业、有色金属冶炼及压延加工业、化学原料及化学制品制造业、医药制造业、饮料制造业、燃气生产和供应业、印刷业和记录媒介的复制、交通运输设备制造业、农副食品加工业、食品制造业、非金属矿物制品业、专用设备制造业、电气机械及器材制造业、煤炭开采和洗选业、橡胶和塑料制品业与纺织服装鞋帽制造业共 16 个行业，超过 23 个省、自治区和直辖市均发生了此类行业的趋势突变；行业趋势突变囊括区域范围最小的有色金属矿采选业、其他采矿业与废弃资源和废旧材料回收加工业等 3 个行业，产生趋势突变的区域均不超过 14 个；其他 12 个行业发生趋势突变的区域范围基本上在 17—22 个省、自治区和直辖市之间。

第四，从产出增长与产值比重变化趋势发生改变所囊括的区域范围来看，二者总体趋势基本保持一致，但少数行业存在较大的差异，这样的结果表明：一方面，两项指标检测方法均证明了中国工业行业受冲击影响具有显著的行业特征；另一方面，也说明不同的视角不同的检验方法，其结果也略有不同。

首先，从发生趋势突变所囊括最大区域范围与最小区域范围的行业来看，两项指标所得到的结论基本相同。从表 8-6 所给出的数据可以看出：一方面，两类指标所检测出的趋势改变所囊括的区域范围最广的行业均为黑色金属冶炼及压延加工业、有色金属冶炼及压延加工业与化学原料及化学制品制造业，趋势改变所囊括区域范围最小的均为其他采矿业与废弃资源和废旧材料回收加工业；另一方面，从 38 个行业发生趋势突变所囊括的区域范围来看，各行业产出增长趋势与产值比重变化趋势发生改变的区域范围依照大小排序情况也大体相同，均表明冲击影响具有明显的行业特征。

其次，从两项指标检测结果的差异性来看，行业发生趋势突变区域范围亦有所差异，表明行业增长率绝对变化趋势与相对变化趋势具有一定的不同。一方面，大部分行业产出增长趋势与产值比重变化趋势发生改变的区域范围均有所差异，38 个行业当中，两项指标变化趋势发生改变区域范围相同的有 5 个行业、产出增长趋势发生改变的区域范围大于产值比重变化趋势发生改变的区域范围有 13 个行业、产出增长趋势发生改变的区域范围小于产值比重变化趋势发生改变的区域范围的有 13 个行业。

2. 产出增长趋势突变的行业特征

表 8-7 和表 8-8 为中国 38 个工业行业在全球金融危机冲击过程中产出增长趋势发生突变的区域范围，通过对比分析该表所给出的各行业发生趋势突变省、自治区和直辖市代码可以发现：在冲击前后两阶段，各行业发生趋势突变区域范围差异性比较明显，有的行业趋势发生改变的区域范围几乎囊括了整个中国，有的行业趋势发生突变的区域范围则相对较小；从东部、中部和西部地区行业趋势发生突变情况来看，各行业在不同地区发生趋势改变的省、自治区和直辖市个数及占比重情况差异性也较大。

表 8-7　行业产出增长趋势发生突变区域范围情况

行业名称	趋势改变省、自治区和直辖市个数			趋势改变省、直辖市和自治区所占比重 (%)		
	东部	中部	西部	东部	中部	西部
煤炭开采和洗选业	6	9	8	50.00	90.00	88.89
石油和天然气开采业	8	6	4	66.67	60.00	44.44
黑色金属矿采选业	9	8	6	75.00	80.00	66.67
有色金属矿采选业	6	6	7	50.00	60.00	77.78
非金属矿采选业	9	6	6	75.00	60.00	66.67
其他采矿业	1	3	1	8.33	30.00	11.11
农副食品加工业	9	9	5	75.00	90.00	55.56
食品制造业	8	9	3	66.67	90.00	33.33
饮料制造业	8	6	6	66.67	60.00	66.67
烟草制品业	9	6	6	75.00	60.00	66.67
纺织业	10	7	5	83.33	70.00	55.56
纺织服装、鞋、帽制造业	9	5	7	75.00	50.00	77.78
皮革、毛皮、羽毛 (绒) 及其制品业	10	8	4	83.33	80.00	44.44
木材加工及木、竹、藤、棕、草制品业	10	7	6	83.33	70.00	66.67

行业名称	趋势改变省、自治区和直辖市个数			趋势改变省、直辖市和自治区所占比重 (%)		
	东部	中部	西部	东部	中部	西部
家具制造业	11	8	4	91.67	80.00	44.44
造纸及纸制品业	11	7	6	91.67	70.00	66.67
印刷业和记录媒介的复制	7	4	4	58.33	40.00	44.44
文教体育用品制造业	5	2	3	41.67	20.00	33.33
石油加工炼焦及核燃料加工业	10	6	7	83.33	60.00	77.78
化学原料及化学制品制造业	9	9	8	75.00	90.00	88.89
医药制造业	7	5	5	58.33	50.00	55.56
化学纤维制造业	6	5	4	50.00	50.00	44.44
橡胶和塑料制品业	10	7	5	83.33	70.00	55.56
非金属矿物制品业	11	8	5	91.67	80.00	55.56
黑色金属冶炼及压延加工业	12	8	8	100.00	80.00	88.89
有色金属冶炼及压延加工业	10	8	8	83.33	80.00	88.89
金属制品业	10	6	2	83.33	60.00	22.22
通用设备制造业	12	6	5	100.00	60.00	55.56
专用设备制造业	9	9	5	75.00	90.00	55.56
交通运输设备制造业	11	7	6	91.67	70.00	66.67
电气机械及器材制造业	11	7	5	91.67	70.00	55.56
通信设备、计算机及其他电子设备制造业	10	5	4	83.33	50.00	44.44
仪器仪表及文化办公用机械制造业	8	5	3	66.67	50.00	33.33
工艺品及其他制造业	9	4	3	75.00	40.00	33.33
废弃资源和废旧材料回收加工业	7	7	5	58.33	70.00	55.56
电力、热力的生产和供应业	12	7	8	100.00	70.00	88.89
燃气生产和供应业	5	5	8	41.67	50.00	88.89
水的生产和供应业	7	7	4	58.33	70.00	44.44

表 8-8　两阶段行业产出增长趋势变化情况

行业代码	行业产出增长趋势发生改变的省、自治区和直辖市代码
1	1,2,4,5,6,7,8,10,12,13,14,15,16,17,18,22,23,24,25,27,28,29,30
2	2,3,4,5,6,7,8,9,10,15,16,17,19,21,23,27,29,31
3	1,3,4,5,6,7,8,10,12,13,14,15,16,18,19,20,21,22,23,25,26,27,31
4	5,6,7,11,12,13,14,15,16,18,19,20,22,23,24,25,27,29,31
5	2,3,5,6,8,10,11,13,14,15,16,17,18,20,21,23,24,25,28,30,31
6	15,16,17,18,23
7	1,3,4,5,6,7,8,11,12,13,14,15,16,17,18,19,20,21,22,23,24,28,30
8	3,4,5,6,7,8,9,11,12,13,14,15,16,17,18,19,21,24,27,29
9	1,3,5,6,7,9,11,14,15,16,17,18,20,21,25,26,27,28,29,30
10	1,2,3,5,6,7,9,10,11,12,14,17,18,19,20,22,23,24,28,30,31
11	1,2,3,5,6,7,8,9,10,11,13,14,15,16,17,18,19,22,23,26,29,30
12	1,2,6,7,9,10,13,14,15,16,17,18,19,21,22,24,25,27,28,29,30
13	1,2,3,5,6,7,8,9,11,12,13,14,15,16,17,18,19,20,22,23,24,27
14	1,3,4,5,6,7,9,10,11,13,14,15,16,17,18,20,21,23,24,25,27,28,31
15	1,2,3,4,5,6,7,9,10,11,12,13,14,15,16,17,18,19,20,22,23,25,31
16	1,3,4,5,6,7,9,10,11,13,14,15,16,17,18,19,20,21,22,23,24,25,30
17	1,4,6,7,9,11,12,15,16,19,20,28,29,30,31
18	2,6,8,9,13,15,17,25,27,28
19	1,2,3,5,6,7,8,9,10,11,14,15,16,17,19,21,22,23,24,25,27,28,31
20	3,4,5,6,7,8,9,10,11,12,14,15,16,17,18,19,20,21,22,23,25,27,28,29,30,31
21	5,6,9,10,11,13,14,15,16,17,18,19,22,25,27,30,31
22	2,4,6,7,10,11,13,14,16,17,19,22,25,27,31
23	1,2,3,4,5,6,7,9,10,11,13,14,15,16,17,18,19,22,23,28,30,31
24	1,2,3,4,5,6,7,9,10,11,12,13,14,15,16,17,18,19,20,22,23,24,25,30
25	1,2,3,4,5,6,7,8,9,10,11,12,13,14,15,16,18,19,20,21,23,24,25,27,28,29,30,31
26	1,4,5,6,8,9,10,11,12,13,14,15,16,17,18,19,20,21,22,23,24,25,27,29,30,31
27	1,4,6,7,9,10,11,12,13,14,15,16,18,19,20,21,23,31
28	1,2,3,4,5,6,8,9,10,11,12,13,15,16,18,19,20,21,22,23,27,28,30

行业代码	行业产出增长趋势发生改变的省、自治区和直辖市代码
29	1,4,5,6,7,8,9,10,11,12,13,14,15,16,17,18,19,20,22,23,27,28,30
30	1,2,3,4,5,6,8,9,10,11,12,13,15,16,17,18,19,20,22,23,25,27,28,31
31	1,2,3,5,6,7,8,9,10,11,12,13,14,15,16,18,19,20,22,23,25,27,31
32	1,2,3,7,8,9,10,11,12,13,14,15,17,19,21,23,24,25,29
33	1,2,5,6,8,10,11,15,16,17,18,19,20,25,28,31
34	1,2,3,5,6,7,8,9,10,11,15,17,19,28,30,31
35	3,5,9,10,11,12,13,14,15,16,17,18,19,22,23,25,27
36	1,2,3,4,5,6,8,9,10,11,13,14,15,16,17,18,19,20,21,22,23,24,25,27,29,30,31
37	5,8,10,11,14,15,16,18,19,20,22,23,24,25,27,28,29,31
38	2,3,4,5,8,10,11,13,14,16,17,18,19,20,26,27,28,31

第一，从行业产出增长趋势发生改变的区域特征总体情况来看，行业间差异性较为明显，不同行业受到冲击影响后趋势发生改变的区域范围差异性十分明显。

首先，大多数行业受冲击影响发生趋势改变的区域特征十分明显。38个行业中有27个行业，在受到全球金融危机冲击影响产生明显趋势改变的区域范围差异性比较明显，尤其是金属制品业、食品制造业、家具制造业、燃气生产和供应业、通用设备制造业、工艺品及其他制造业和煤炭开采和洗选业等7个行业，东部、中部和西部地区行业发生趋势改变的区域范围省、自治区和直辖市所占比重差异性十分明显，比重最高与比重最低省、自治区和直辖市间的差异程度均超过40个百分点。

其次，剩余11个行业受冲击影响发生趋势改变区域范围差异性相对较小。同样从行业受冲击影响产生趋势突变的省、自治区和直辖市所占比重情况来看，黑色金属冶炼及压延加工业、印刷业和记录媒介的复制、木材加工及木、竹、藤、棕、草制品业、化学原料及化学制品制造业、非金属矿采选业、烟草制品业、废弃资源和废旧材料回收加工业、黑色金属矿采选业、有色金属冶炼及压延加工业、医药制造业、饮料制造业和化学纤维制造业，东中西三个地区受冲击影响行业发生趋势改变的省、自治区和直辖市所占比重差异性均低于 20 个百分点。

第二，从东部 12 个省、自治区和直辖市情况来看，不同行业在受到冲击影响后产生趋势改变的省、自治区和直辖市个数差异比较明显。

首先从总体情况来看，工业行业受到冲击影响后，东部 12 个省、自治区和直辖市中大部分省、自治区和直辖市行业增长趋势均发生了改变，38 个行业中有 35 个行业发生趋势改变的范围超过了 6 个省、自治区和直辖市，表明冲击对东部地区各省、自治区和直辖市工业行业趋势发展的影响具有较广的区域范围。

其次，按照冲击影响带来的行业发展趋势改变区域范围来看差异较为明显：38 个行业中，不同行业趋势发生改变的区域范围差异性比较明显：在东部 12 个省、自治区和直辖市中，有 3 个行业在 12 个省、自治区和直辖市范围内均发生了趋势改变，有 5 个行业在 11 个省、自治区和直辖市范围内发生了趋势改变，8 个行业在 10 个省、自治区和直辖市范围内发生了趋势改变，8 个行业在 10 个省、自治区和直辖市范围内发生了趋势改变，4 个行业在 9 个省、自治区和直辖市范围内发生了趋势改变，4 个行业在 8 个省、自治区和直辖市范围内发生了趋势改变，3 个行业在 7 个省、自治区和直辖市范围内发生了趋势改变，3 个行业在 6 个省、自治区和直辖市范围内发生了趋势改变，2 个行业在 5 个省、自治区和直辖市范围内发生趋势改变，1 个行业只在 1 个省、直辖市或自治区范围内发生了趋势改变。

最后，从行业发生趋势改变区域最广和区域最小的几个行业对比情况来看，行业特征比较明显。通用设备制造业、电力热力的生产和供应业和黑色金属冶炼及压延加工业 3 个行业发生趋势改变的区域范围最广（东部 12 个省、自治区和直辖市），而燃气生产和供应业、文教体育用品制造业和其他采矿业发生趋势改变区域范围最小，均不超过 5 个省、自治区和直辖市。从两类行业特征情况来看，发生趋势突变区域范围最广的 3 个行业属于通用设备、金属加工业和电力供应业，而发生趋势突变区域范围最小的 3 个行业属于燃气、文化体育等生活文化娱乐用品行业。

第三，从中部 10 个省、自治区和直辖市情况来看，行业间受冲击影响发生趋势突变的区域范围差异性也十分明显。

首先，从总体情况来看，中部 10 个省、自治区和直辖市工业行业受到全球金融危机冲击后趋势变化较为显著，38 个工业行业中有 34 个行业趋势发生改变的区域范围超过 5 个省、自治区和直辖市，只有 4 个行业受冲击影响后趋势改变的区域范围不足一半。

其次，从行业受冲击影响而发生趋势突变的区域范围情况来看差异性较为明显：在中部 10 个省、自治区和直辖市区域范围中，有 5 个行业在 9 个省、自治区和直辖市区域范围内发生了趋势改变，有 6 个行业在 8 个省、自治区和直辖市区域范围内发生了趋势改变，9 个行业在 7 个省、自治区和直辖市区域范围内发生了趋势改变，8 个行业在 6 个省、自治区和直辖市区域范围内发生了趋势改变，6 个行业在 5 个省、自治区和直辖市区域范围内发生了趋势改变，剩余 4 个行业发生趋势改变的区域范围则相对较小。

最后，从发生趋势改变区域范围大小比较的视角来看，行业特征也十分明显：中部地区工业行业受冲击影响趋势发生改变区域范围最大的行业为农副食品加工业、专用设备制造业、化学原料及化学制品制造业、食品制造业和煤炭开采及洗选业，均有 9 个省、自治区和直辖市区域范围内发生了趋势改变，而发生趋势改变区域范围最小的行业则为工艺品及其他制造业、印刷业和记录媒介的复制业、其他采矿业和文教体育用品制造业共 4 个行业。

第四，从西部地区 9 个省、自治区和直辖市情况来看，工业行业受冲击影响发生趋势改变的区域范围同样具有较强的行业特征。

首先，从总体情况来看，工业行业中受冲击影响发生趋势突变区域范围较广：38个行业中，有25个行业受全球金融危机冲击影响，发生趋势改变的区域范围超过5个省、自治区和直辖市，而其他13个行业大部分也均有4个省、自治区和直辖市发生了趋势改变，表明大部分西部地区行业受冲击影响均有较大区域范围的趋势改变。

其次，不同行业受冲击影响发生趋势改变的区域范围差异性也较为明显：在西部9个省、自治区和直辖市范围内，受全球金融危机冲击影响，有6个行业在8个省、自治区和直辖市范围内受冲击影响后发生了趋势突变，3个行业在7个省、自治区和直辖市范围内发生了趋势改变，6个行业在6个省、自治区和直辖市区域范围内发生了趋势改变，10个行业在5个省、自治区和直辖市范围内发生了趋势改变，7个行业在4个省、自治区和直辖市范围内发生了趋势改变，其他几个行业则在1—3个省、自治区和直辖市范围内发生了趋势改变。

最后，从行业发生趋势改变区域范围大小的视角来看，也具有较为明显的行业特征：西部地区中工业行业受全球金融危机冲击而发生趋势突变区域范围最广的行业有化学原料及化学制品制造业、煤炭开采和洗选业、黑色金属冶炼及压延加工业、有色金属冶炼及压延加工业和电力热力的生产和供应业等5个行业，而发生趋势改变区域范围最小的行业分别为食品制造业、仪器仪表及文化办公用机械制造业、工艺品及其他制造业、文教体育用品制造业、金属制品业和其他采矿业等6个行业，发生趋势改变的区域范围均小于4个省、自治区和直辖市。

综合比较情况来看，工业行业受全球金融危机冲击影响发生趋势改变的行业特征主要有以下几点。

首先，从东中西三个地区工业行业受冲击影响发生趋势改变的区域范围大小来看，东部地区最高，其次是中部地区，然后是西部地区。3个地区中，只有东部地区所有省、自治区和直辖市的3个行业受冲击影响发生显著的趋势改变，同时从38个行业发生趋势冲击区域范围广度来看，也是东部地区高于中西部地区。

其次，从行业受冲击影响发生趋势改变区域范围异同程度比较来看，三个地区间异同性较为明显：一方面，化学原料及化学制品制造业、黑色金属冶炼及压延加工业与电力热力的生产和供应业，3个行业受冲击影响发生趋势改变的区域范围在3个地区均较高，而食品制造业与文教体育用品制造业两个行业受冲击影响后发生趋势改变的区域范围在东部、中部和西部3个地区均较低，表明一些行业受冲击影响而发生趋势改变的区域范围与所处地区关系较小；另一方面，煤炭开采和洗选业、通用设备制造业、通信设备计算机及其他电子设备制造业与金属制品业等几个行业，在东部地区受冲击影响发生趋势改变的区域范围要远远高于中西部地区，表明一些行业在不同地区受冲击影响而发生趋势改变的区域范围差异性也十分明显。

最后，从不同地区工业行业受冲击影响发生趋势改变区域范围差异性来看，行业特征也十分明显。在东中西部地区受冲击影响发生趋势改变的区域范围差异程度最大的行业有金属制品业、食品制造业、家具制造业、燃气生产和供应业、通用设备制造业、工艺品及其他制造业与煤炭开采和洗选业，发生趋势改变地区所占比重最大值与最小值的差额均超过40个百分点；差异程度最小的为有色金属冶炼及压延加工业、医药制造业、饮料制造业与化学纤维制造业，中西部地区发生趋势突变的区域范围差异程度非常小。

（三）总体趋势改变情况分析

结合行业产出增长趋势和产值比重变化趋势在全球金融危机冲击前后两阶段，中国各地区38个工业行业趋势改变实证分析结果，可初步得出以下几个结论：

第一，全球金融危机冲击对中国各地区工业行业具有长期持续的影响，冲击的爆发改变了大多数地区大多数工业行业固有的发展趋势，并在冲击过后并没有恢复到冲击发生之前的固有趋势。

首先，从全国31个省、自治区和直辖市总体情况来看，几乎所有地区超过一半的工业行业在冲击前后两阶段均发生明显的趋势突变。相关实证检验结果表明，在全球金融危机冲击潜伏期和冲击过后期两阶段，超过一半地区大部分工业行业的产出增长趋势和产值比重变化趋势均发生了显著的改变，表明全球金融危机冲击的影响具有长期持续性，即使冲击消失但其影响依然会长期存在。

其次，从东部、中部和西部地区情况来看，东部地区受冲击影响行业发生趋势改变的范围要明显高于中部和西部。不论是从行业产出增长趋势突变情况还是行业产值比重变化趋势突变情况，东部地区受冲击影响的发生显著趋势改变的行业范围均要明显高于中部和西部地区，表明东部地区更容易受到全球金融危机冲击的影响。

第二，全球金融危机冲击影响的行业特征十分明显，38 个行业受冲击影响发生趋势改变的区域范围差异性较大，一方面表明，受到冲击影响后不同行业发生趋势改变的区域范围不同；另一方面也说明，即使同一行业由于在不同地区受冲击影响而发生显著趋势改变，差异性也十分明显。

首先，从 38 个行业受冲击影响而发生趋势改变区域范围的差异性程度来看，不同行业趋势改变区域范围十分明显。全国 31 个省、自治区和直辖市受冲击影响，产出增长趋势发生改变的省、自治区和直辖市最多的行业为黑色金属冶炼及压延加工业，电力、热力的生产和供应业及有色金属冶炼及压延加工业 3 个行业，超过 25 个省、自治区和直辖市均发生了趋势改变；发生趋势改变范围最小的行业为化学纤维制造业、印刷业和记录媒介的复制业、文教体育用品制造业和其他采矿业等 4 个行业，受冲击影响而发生趋势改变的省、自治区和直辖市均小于 15 个，表明不同行业受冲击影响而发生趋势改变的区域范围差异性十分明显。

其次，从东部、中部和西部地区 38 个行业发生趋势改变的情况来看差异性也十分明显。一方面，从总体趋势来看，不论是东部还是中西部，大部分工业受冲击影响后均会发生较大区域范围的趋势改变；另一方面，从行业所处区域位置来看，受冲击影响而发生趋势改变的省、自治区和直辖市所占比重差异性也比较明显，38个行业中有一半的行业在东部发生趋势改变的区域范围要高于中西部地区。

三、各地区工业行业产出增长趋势突变时序特征

为了进一步分析各地区各行业受冲击影响而发生趋势突变的时序特点，依然采用前几章实证分析检验方法，通过向前与向后滚动趋势突变检验方法，得到各地区各行业增长趋势在全球金融危机冲击爆发期间趋势突变时间点，从而判断出各地区各行业发生趋势突变的情况。表8-9、表8-10和附表5给出了中国31个省、自治区和直辖市工业行业出口与产出增长率受全球金融危机冲击影响产生趋势突变的起始期以及冲击影响持续时长情况，从表中所给出的数据情况来看，不仅地区间受冲击影响的行业发生趋势改变时序性、差异性十分明显，且不同地区的同一行业受冲击影响发生趋势改变的时序性、差异性也较为明显。

表8-9　各省、自治区和直辖市发生趋势突变行业先后排序情况

地区名称	发生趋势突变的先后排序行业代码
北京	20,1,13,26,23,22
天津	34,22,37,38,30,25,32,33,29,26,35,27,2,19
河北	3,33,19,5,1,25,2
山西	15,32,28,35,4,8,19,26,30,3,12,22,25,27,29,5,16
内蒙古	13,31,4,27,22,26,35,2,33,5,30
辽宁	15,22,5,12,14,37
吉林	18,3,35,15,33,34,28,29,31,32,8,11,12,27,25,4,16,23,6,22,30,2
黑龙江	18,34,25,13,28,4,2
上海	32,15,22,26
江苏	6,4,25,37,32,3
浙江	36,32,37,26,15

地区名称	发生趋势突变的先后排序行业代码
安徽	25,34,15,1,29,3,26,37,4
福建	4,1
江西	15,5,31,34,22,26
山东	26,33,3,6,25,37,14
河南	33,15,27,35,3,18,5,6,37,25,4
湖北	38,15,35,29,3,22,18,12
湖南	6,8,29,12,4,25
广东	3,22,5,29,37,2,25
广西	4,18,34,6,22,5,12,32,13,28,25
海南	25,9,19,2,30,4,26,24,31,28,20,33
重庆	17,32,4,14,5,18,2,26,19,13,25
四川	34,18,12,5,6,15,26,4
贵州	18,4,33,5,35,29,19,15,27,26,14,1,12,25
云南	25,28,15,18,33,3,4,35,26,1,13,9
西藏	34,12,14,11,9,20,3,30
陕西	19,22,13,15,25,14,18,12,35,1
甘肃	18,5,22,29,2,35,17,20,26,13,21,34,25,27
青海	12,16,29,26,5,9,15,23,31,25,34,21,36,24,17,33,35,7,28
宁夏	33,11,12,9,32,19,17,31,27,7,34,26,25,37,38
新疆	5,26,11,30,2,12,20,25,3,23,31,14,32

注：通过向后滚动趋势突变检验方法得到发生趋势改变的行业数量，可能会与通过两阶段趋势突变检验方法得到的趋势改变行业数量有所差异，这主要是由于计量方法不同所带来的不同。

表 8-10　各行业发生趋势突变的省、自治区和直辖市的时序性

行业名称	行业发生趋势突变的省、自治区和直辖市的时序排列
煤炭开采和洗选业	1,12,3,25,24,27,13
石油和天然气开采业	21,28,31,5,22,19,2,8,3,7

行业名称	行业发生趋势突变的省、自治区和直辖市的时序排列
黑色金属矿采选业	3,7,19,15,16,25,12,17,31,4,10,26
有色金属矿采选业	13,20,24,22,10,4,21,5,25,18,7,8,23,12,16
非金属矿采选业	31,24,28,29,14,6,23,3,19,20,22,16,5,4
其他采矿业	18,10,20,23,7,15,16
农副食品加工业	29,30
食品制造业	18,7,4
饮料制造业	21,29,30,26,25
烟草制品业	
纺织业	30,26,31,7
纺织服装、鞋、帽制造业	29,30,26,23,7,31,20,18,6,27,24,4,17
皮革、毛皮、羽毛(绒)及其制品业	1,5,27,8,20,28,25,22
木材加工及木、竹、藤、棕、草制品业	26,27,6,22,24,31,15
家具制造业	14,7,4,6,16,25,29,12,17,9,27,24,23,11
造纸及纸制品业	29,7,4
印刷业和记录媒介的复制	22,28,29,30
文教体育用品制造业	7,28,24,20,8,23,25,27,22,16,17
石油加工炼焦及核燃料加工业	27,21,3,24,30,4,22,2
化学原料及化学制品制造业	1,28,26,31,21
医药制造业	29,28
化学纤维制造业	27,2,6,19,28,20,9,5,1,17,7,4,14
橡胶和塑料制品业	29,1,7,31
非金属矿物制品业	29,21
黑色金属冶炼及压延加工业	12,25,21,29,8,10,27,2,7,31,15,30,28,20,16,3,4,19,18,22,24
有色金属冶炼及压延加工业	15,29,31,1,21,5,25,12,28,24,4,2,30,22,23,11,14,9
金属制品业	16,5,7,24,30,2,4,28
通用设备制造业	25,7,4,8,20,29,21
专用设备制造业	29,24,7,28,17,12,18,2,19,4

续表

行业名称	行业发生趋势突变的省、自治区和直辖市的时序排列
交通运输设备制造业	21,2,31,4,7,5,26
电气机械及器材制造业	29,5,7,14,30,21,31
通信设备、计算机及其他电子设备制造业	9,22,4,7,30,20,2,11,10,31
仪器仪表及文化办公用机械制造业	15,30,16,3,7,24,29,25,2,5,21
工艺品及其他制造业	23,26,12,2,20,7,8,29,14,30,28
废弃资源和废旧材料回收加工业	7,24,4,17,28,16,29,5,25,27,2
电力、热力的生产和供应业	29,11
燃气生产和供应业	2,15,19,6,10,11,12,16,30
水的生产和供应业	2,17,30

（一）总体情况

根据表 8-9、表 8-10 和附表 5 所提供的数据，可以发现受全球金融危机冲击影响，各省、自治区和直辖市工业行业发生趋势改变的时序性差异十分明显，同一省、自治区和直辖市不同行业、不同省、自治区和直辖市的相同行业间受冲击影响发生明显趋势突变的起始时间均具有明显的不同。

第一，不同省、自治区和直辖市不同行业受冲击影响发生趋势突变的起始点差异程度很明显。中国 31 个省、自治区和直辖市的 38 个工业行业中，行业产出增长趋势最早发生趋势突变的时间点为 2006 年第 3 季度，而受冲击影响发生趋势突变起始期最晚的为 2009 年第 2 季度，这表明对于不同省、自治区和直辖市的不同行业来说，受到全球金融危机冲击的影响行业增长趋势发生明显趋势改变的时间点差异性十分明显，行业发生趋势突变的最早起始点与最晚起始点之间相差近 3 年时间，即在全球金融危机还没有爆发之前，已经有一些行业受到了影响并表现出较为明显的变化，同时也有些行业在全球金融危机爆发一年之后才表现出较为明显的趋势变化，这充分表现出不同行业受冲击影响所具有的非均衡性。

第二，同一地区不同行业增长趋势发生突变的起始时间差异性也较为明显，表明行业不同受冲击影响而发生明显趋势突变的先后顺序差异十分明显。结合附表 8-2 所给出的数据来看，即使同一地区的不同行业增长受冲击影响而发生趋势突变的起始点差异性也十分明显，例如北京市受冲击影响行业产出增长趋势发生改变的起始点为 2006 年第 4 季度（化学原料及化学制品制造业），而行业产出增长趋势发生改变最晚的行业为化学纤维制造业，直到 2008 年第 2 季度才开始发生趋势改变，同时其他30 个省、自治区和直辖市工业行业产出增长趋势发生趋势改变的时间点差异程度也十分明显，例如河北省受冲击的影响，黑色金属矿采选业产出增长趋势在 2006 年第 3 季度即发生了明显的趋势改变，而石油和天然气开采业产出增长趋势直到 2009 年第 2 季度才发生明显的趋势改变。

第三，不同地区相同行业受冲击影响产出增长趋势发生突变时间点差异性也十分明显，表明即使同一行业由于属于不同地区所以受冲击影响的程度也有差异。从 38 个行业情况看，31 个省、自治区和直辖市间行业产出增长趋势受冲击影响发生趋势突变时间点差异性均较为明显。

（二）区域特征

根据表 8-11 所提供数据，可发现中国各省、自治区和直辖市工业受到全球金融危机冲击后，不同地区工业发生趋势改变的行业数量及其时序性差异较为明显：一方面，不同地区能够检测出的行业产出增长趋势发生明显突变的行业数目差异性十分明显；另一方面，也表明，不同区域受冲击影响的行业产出增长趋势发生突变的时间顺序差异程度也较为明显。

表 8-11　各省、自治区和直辖市工业产出结构变化情况

地区	产业结构绝对向差度指数值（ASD）			产业结构变化相关系数值（CTS）		
	冲击潜伏期	冲击爆发期	冲击过后期	冲击潜伏期与爆发期	冲击爆发期与过后期	冲击过后期与潜伏期
北京	1.69	4.35	4.17	0.22	0.26	0.71

地区	产业结构绝对向差度指数值（ASD）			产业结构变化相关系数值 (CTS)		
	冲击潜伏期	冲击爆发期	冲击过后期	冲击潜伏期与爆发期	冲击爆发期与过后期	冲击过后期与潜伏期
天津	2.72	1.93	3.16	−0.11	−0.04	−0.18
河北	3.25	1.92	3.57	0.39	−0.10	−0.74
辽宁	4.38	2.46	1.45	0.65	0.45	0.04
上海	4.00	2.30	2.57	−0.72	0.63	−0.43
江苏	3.45	1.90	2.62	−0.10	0.52	−0.49
浙江	2.66	6.48	1.88	0.18	−0.09	−0.09
福建	1.61	4.71	4.97	0.79	0.45	0.55
山东	3.73	1.92	3.20	0.34	0.24	0.21
广东	3.37	5.34	1.65	−0.20	−0.56	0.02
广西	1.54	4.71	3.69	0.07	0.39	−0.07
海南	2.93	2.14	4.89	0.00	−0.78	0.50
山西	3.53	1.93	3.81	0.77	−0.22	−0.45
内蒙古	3.88	5.81	1.45	0.67	−0.41	−0.36
吉林	1.66	5.09	5.32	0.29	0.70	0.27
黑龙江	1.69	4.66	4.25	0.02	0.87	0.01
安徽	4.15	3.72	1.80	0.20	0.17	0.00
江西	1.76	4.16	3.81	0.72	0.13	0.06
河南	2.60	1.50	3.27	0.59	0.50	−0.02
湖北	4.36	4.28	2.00	−0.43	0.26	−0.36
湖南	3.76	6.45	1.85	0.23	0.04	−0.30
重庆	3.43	2.03	2.46	0.16	0.60	0.20
四川	4.11	1.73	2.64	0.00	−0.04	−0.29
贵州	2.54	3.46	1.65	0.13	0.12	−0.49
云南	2.86	4.41	1.61	0.28	−0.38	−0.36
西藏	1.67	3.45	3.24	0.07	−0.60	0.13
陕西	1.43	5.71	4.31	0.14	0.08	−0.28
甘肃	3.91	1.98	4.25	0.34	0.67	0.30

续表

地区	产业结构绝对向差度指数值（ASD）			产业结构变化相关系数值 (CTS)		
	冲击潜伏期	冲击爆发期	冲击过后期	冲击潜伏期 与爆发期	冲击爆发期 与过后期	冲击过后期 与潜伏期
青海	4.83	2.41	3.55	0.19	0.02	−0.47
宁夏	4.79	4.27	1.80	0.19	−0.40	0.15
新疆	3.72	5.89	1.67	−0.75	0.47	−0.34

资料来源：笔者根据"国研网"数据库所提供数据利用式（8–3）和式（8–4）计量而得。

第一，不同地区受冲击影响行业产出增长趋势发生改变的行业数量差异较为明显。从 31 个省、自治区和直辖市工业行业受全球金融危机冲击影响产出增长趋势发生改变的数量来看，可明显检测出行业产出增长趋势发生突变数目较多的有天津市（14 个行业）、山西省（17 个行业）、吉林省（22 个行业）和青海省（20 个行业），而其他省、自治区和直辖市则相对较少，一方面表明不同省、自治区和直辖市受冲击影响行业产出增长趋势发生明显趋势突变的行业数目具有很大程度的不同；另一方面也表明不同省、自治区和直辖市产出增长趋势发生突变行业类别差异也十分明显。

第二，从东部可明显检测出行业产出增长趋势发生突变行业数目与时序特征来看，区域内部不同省、自治区和直辖市存在一定的共性，同时差异性也十分明显。

首先，在 2006 年第 3—4 季度东部地区大部分省、自治区和直辖市个别工业已经发生了显著的趋势变化，表明早在 2006 年美国"次贷危机"爆发期间各省、自治区和直辖市工业已经受到了一定程度的影响。2006 年第 3 季度河北省有一个行业（黑色金属矿采洗选业），山东省有两个行业（有色金属冶炼及压延加工业和仪器仪表及文化办公用机械制造业）的行业产出增长趋势发生了明显的突变，2006 年第 4 季度海南省、北京市、天津市、上海市、福建省、广东省和广西壮族自治区也至少有一个工业行业产出增长趋势发生了突变。

其次，在 2006 年第 3 季度—2009 年第 2 季度期间，东部地区大部分工业行业产出增长趋势也表现出较为明显的趋势突变，表明东部各省、自治区和直辖市工业行业受到全球金融危机冲击影响，产出增长趋势发生明显突变时间点基本在 2006 年第 3 季度—2009 年第 2 季度之间。从东部 11 个省、自治区和直辖市工业行业产出增长趋势发生显著性趋势突变的情况来看，行业增长趋势可被检测出发生显著性趋势突变的时间点基本在 2006 年第 3 季度—2009 年第 2 季度，而从时间分布情况来看，在 2009 年第 1 季度和第 2 季度，发生趋势突变行业数目相对较多，表明全球金融危机冲击对中国东部各省、自治区和直辖市的不同工业行业产出增长趋势产生显著性影响的起始时间不晚于 2009 年第 2 季度，且大多数行业受冲击影响时间在 2008 年第 3 季度以后。

第三，从中部 9 个省、自治区和直辖市实证检测结果来看，受冲击影响产生显著性趋势突变的时间基本在 2006 年第 3 季度—2009 年第 1 季度之间，且不同行业趋势发生突变的时序差异性也很明显。

首先，从各省、自治区和直辖市各行业产出增长趋势突变情况来看，行业受冲击影响而发生显著性趋势改变的时间在 2006 年第 3 季度—2009 年第 2 季度之间，与东部地区受冲击影响而发生趋势突变的时间段相同。在 2006 年第 3 季度行业产出增长趋势有显著性突变的省、自治区和直辖市为吉林 3 个行业（黑色金属矿采选业、文教体育用品制造业和废弃资源及废旧材料回收加工业）、安徽省 1 个行业（黑色金属冶炼及压延加工业）和湖南省 1 个行业（其他采矿业），2006 年第 4 季度之后其他省、自治区和直辖市也陆续有行业产出增长趋势发生突变，但在 2009 年第 2 季度之后不再有行业产出增长趋势发生显著性突变，充分说明全球金融危机冲击对中部各省、自治区和直辖市工业行业产出增长趋势产生明显影响的起始时间点基本在 2006 年第 3 季度—2009 年第 2 季度之间。

其次，中部 9 个省、自治区和直辖市工业行业产出增长趋势发生突变的时间分布非均衡性特点较为明显。中部地区各省、自治区和直辖市工业行业产出增长趋势发生明显突变的数目在 2006 年第 3 季度—2009 年第 2 季度期间，但在 2007 年第 2 季度、2009 年第 1 季度和 2009 年第 2 季度三个季度发生趋势突变的行业数量较多。

综合东部、中部和西部情况来看，工业行业产出增长发生趋势改变起始时间点分布情况具有如下几个特点：首先，全国各地区工业行业增长趋势发生突变的起始时间点均在 2006 年第 3 季度—2009 年第 2 季度之间；其次，各地区受冲击影响行业产出增长趋势发生突变的起始时间分布具有非均衡性，在 2009 年第 1 季度和 2009 年第 2 季度期间最多；最后，从东部、中部和西部三地区比较情况来看，较东部地区而言，中西部地区在 2007 年第 1 季度和第 2 季度发生趋势突变的行业数目相对较多。

（三）行业特征

从全球危机冲击对中国各地区工业行业产出增长趋势影响所具有的行业特征来看，不同行业增长趋势受冲击影响而发生改变的时序差异性也十分明显，一些行业产出增长趋势的改变在全球危机冲击全面爆发之前已经受到显著性影响，而有些行业则在全球金融危机全面爆发后一年才表现出较为明显的改变，同时也有一些行业产出增长趋势并没有检测出较为明显的改变（具体情况见表 8-10 和附表 5）。

第一，工业 38 个行业受冲击影响发生趋势突变的区域范围差异性十分明显。受全球金融危机冲击影响产出增长趋势发生突变区域范围最广的行业为有色金属矿采洗选业、黑色金属冶炼及压延加工业和有色金属冶炼及压延加工业，3 个行业可检测出趋势突变的区域范围内分别为 15 个、21 个和 18 个，而受冲击影响产出增长趋势发生突变区域最小的行业为农副食品加工业、烟草制品业、非金属矿物制品业和电力热力的生产和供应业，4 个行业可检测出趋势突变的区域范围均不高于 2 个，其他 31 个行业受冲击影响发生趋势突变的区域范围均在 3—15 个之间。

第二，从全国总体情况来看，行业产出增长趋势突变时序差异性较为明显，不同行业可检测出有显著性趋势突变的省、自治区和直辖市个数以及起始时间分布情况均有所不同。

首先，受全球金融危机冲击影响而较早发生趋势突变的行业相对比较集中。从行业产出增长趋势突变起始时间点来看，38 个行业中有 18 个行业在 2006 年第 3—4 季度期间即发生了明显趋势突变，但 18 个行业中只有 8 个行业区域范围超过了 2 个省、自治区和直辖市，它们分别是黑色金属矿采选业 3 个（河北、吉林和广东）、有色金属矿采选业 3 个（福建、广西和贵州）、家具制造业 3 个（山西、吉林和江西）、文教体育用品制造业 3 个（吉林、贵州和甘肃）、化学纤维制造业 2 个（贵州和陕西）、黑色金属冶炼及压延加工业 3 个（安徽、海南和云南）、仪器仪表及文化办公用机械制造业 3 个（山东、河南和宁夏）以及工艺品及其他制造业 4 个（天津、安徽、四川和西藏），表明这 8 个行业受冲击影响较早。

其次，从各行业趋势突变时序性来看，不同行业产生趋势突变的区域范围也不同，表明不同行业所处区域不同受到冲击影响而产生趋势突变的可能性和先后顺序也有所差异。以黑色金属矿采选业为例，可检测到发生趋势突变起始时间的省、自治区和直辖市先后顺序为河北、吉林、广东、山东、河南、云南、安徽、湖北、新疆、山西、江苏和西藏，发生趋势突变的起始时间分别从 2006 年第 3 季度至 2009 年第 2 季度。

第三，行业趋势突变的区域特征比较明显，不同行业趋势突变省、自治区和直辖市时间先后顺序差异性也十分明显，如果简单地从东部、中部和西部地区区域划分角度来看，不同行业趋势突变的区域范围以及区域先后顺序差异性也十分明显。

首先，从东部地区情况来看，有 17 个行业发生趋势突变所囊括的区域范围较广，且有 15 个行业产生趋势突变的起始点也相对较早；其次，从中部地区情况来看，有 18 个行业发生趋势突变所囊括的区域范围相对较广，且一些行业产出增长趋势突变的起始期也相对较早；最后，从西部地区情况来看，有28个行业发生趋势突变所囊括的区域范围相对较广，且有25个行业产出增长趋势突变起始期相对较早，单纯从该两项指标比较而言，西部地区产出增长趋势突变的区域范围相对较广且起始时间相对较早。

四、工业产出结构变化情况

按照相关产业结构变化测算指标，对中国各地区工业产出结构变化情况展开论证分析，具体情况如表8-11所示。总体来看，一方面，受冲击影响各地区工业产业结构变化阶段性特征十分明显，冲击潜伏期、冲击爆发期以及冲击过后期三阶段各地区工业产出结构变化较为明显；另一方面，从地区差异性来看，不同地区间在全球金融危机冲击前后三个阶段产出结构变化程度非均衡性也较为明显。

（一）产业结构变化方向情况

根据式（8-3）和式（8-4）分别对中国31个省、自治区和直辖市在全球金融危机冲击爆发前后各时间段产业结构变化情况进行测算，得到不同时间段省、自治区和直辖市工业的产业结构绝对向差度指数值和产业结构变化方向指数值，具体结果如表8-11所示。从该表所给出的数据来看，在全球金融危机冲击爆发前后各时期，中国各省、自治区和直辖市工业产业结构阶段性变化特征较为明显。

1.总体情况分析

从31个省、自治区和直辖市在全球金融危机冲击爆发期间，三阶段之间CTS指数情况来看，大部分地区产业结构阶段性变化程度较为明显，冲击潜伏期、爆发期和过后期三阶段产业结构变化方向相关程度都较低或者相反。

第一，除了9个省、自治区和直辖市外，大部分冲击潜伏期与爆发期工业产业结构变化方向相关程度较弱或者为负，表明冲击爆发期各地区产业结构变化趋势发生了较为明显的改变。根据中国31个省、自治区和直辖市在冲击潜伏期与冲击爆发期工业产业结构变化相关系数指数值情况来看，只有9个省、自治区、直辖市（山东、甘肃、河北、河南、辽宁、内蒙古、江西、山西和福建）超过了0.30，表现出较强的相关程度之外，有19个省、自治区和直辖市两阶段产业结构变化相关系数值均较低，呈现出较弱的相关性，剩余的新疆、上海和湖北则表现出较强的负相关性。

第二，从冲击爆发期和过后期两阶段31个省、自治区和直辖市工业产业结构变化相关系数值情况来看，只有少数省、自治区和直辖市的工业结构变化趋势相关程度较高。根据全国各省、自治区和直辖市在冲击爆发期与过后期两阶段工业产业结构变化相关系数值的情况来看，31个省、自治区和直辖市中只有11个省、自治区和直辖市CTS指数值超过了0.30，14个省、自治区和直辖市的CTS指数值在0.22—–0.26之间，6个省、自治区和直辖市CTS指数值介于–0.38—0.78之间，表明除了一小部分省、自治区和直辖市外，大多数省、自治区和直辖市在冲击爆发期与过后期两阶段工业产业结构变化趋势差异性较为明显。

第三，从冲击过后期与潜伏期两阶段情况来看，各省、自治区和直辖市两阶段产业结构变化趋势差异程度较高。根据两阶段工业CTS值情况来看，31个省、自治区和直辖市中，北京、福建、海南和甘肃的CTS值超过了0.3，16个省、自治区和直辖市的CTS值在–0.29—0.27之间，11个省、自治区和直辖市的CTS值低于–0.3，表明大部分省、自治区和直辖市工业产业结构变化趋势发生明显的改变。

第四，从东部、中部和西部地区层面来看，东部各省、自治区和直辖市工业产业结构变化趋势阶段差异性较小，中部各省、自治区和直辖市则相对较高，而西部省、自治区和直辖市最高。从各地区平均水平来看，东部12个省、自治区和直辖市CTS值要相应地高于中部9个省、自治区和直辖市，而中部9个省、自治区和直辖市要明显高于西部10个省、自治区和直辖市，表明在全球金融危机爆发前后三个阶段，东部地区工业产业结构变化趋势阶段性差异性最小，中部相对较高，而西部则最高。

2.东部地区情况分析

从东部12个省、自治区和直辖市三阶段工业产业结构变化趋势情况来看，一方面，大部分工业产业结构变化趋势存在较为显著的差异；另一方面，不同地区间差异程度也相对明显。

第一，大部分地区工业产业结构变化趋势在两阶段发生较为明显的改变，且不同地区改变程度差异性也十分明显。从东部地区两阶段CTS值情况来看：福建、辽宁、河北和山东4个省、自治区和直辖市的CTS值超过了0.3，两阶段工业产业结构变化趋势表现出较高相关度；7个省、自治区和直辖市的CTS值在 −0.2—0.22 之间波动，两阶段工业产业结构变化趋势相关程度较弱。

第二，在冲击爆发期与过后期两阶段，东部12个省、自治区和直辖市工业产业结构变化趋势也有较大程度的变化，且不同地区间差异性也十分明显。从12个省、自治区和直辖市在冲击爆发期和过后期两阶段工业CTS值所反映的情况来看，有5个省、自治区和直辖市超过0.3，5个省、自治区和直辖市在 −0.1—0.26 之间波动，2个省、自治区和直辖市小于 −0.56，表明一半以上的省、自治区和直辖市在两阶段工业产业结构变化趋势相关度较小，而且其中两个具有极强的负相关性。

第三，冲击过后期与潜伏期两阶段工业产业结构变化趋势差异性同样十分明显。从各省、自治区和直辖市在冲击过后期与冲击潜伏期两阶段的工业CTS值来看，东部地区12个省、自治区和直辖市中有3个超过了0.50，6个省、自治区和直辖市在 −0.18—0.21 之间波动，剩余的3个省、自治区和直辖市则小于 −0.43，表明大部分省、自治区和直辖市工业产业结构变化趋势均发生了较明显的改变。

3.中西部地区情况分析

从中西部19个省、自治区和直辖市三阶段工业产业结构变化情况来看，基本与东部地区相同：冲击导致各省、自治区和直辖市大部分工业产业结构变化趋势发生了较明显的改变，且不同省、自治区和直辖市间差异性也较为明显。

第一，在冲击潜伏期与爆发期两阶段，大部分省、自治区和直辖市工业产业结构变化趋势均具有较为明显的差异，同时各省、自治区和直辖市间差异性也十分明显。从中西部19个省、自治区和直辖市冲击潜伏期与爆发期两阶段工业CTS值情况来看，有5个省、自治区和直辖市超过了0.3，呈现出两阶段较强的正相关性，有12个省、自治区和直辖市在0—0.29，呈现出两阶段较弱的相关性，有2个省、自治区和直辖市低于 -0.43，呈现出两阶段较强的负相关性。

第二，在冲击爆发期与过后期两阶段，大部分省、自治区和直辖市工业产业结构趋势变化同样表现出较强的差异性，且不同省、自治区和直辖市间差异也较明显。中西部19个省、自治区和直辖市中，冲击爆发前与过后期两阶段工业产出结构变化趋势，相关性或者同向性较强的有6个（黑龙江、吉林、甘肃、重庆、河南和新疆，两阶段工业CTS值均超过了0.46），相关性或同向性较弱的9个省、自治区、直辖市，其CTS值在 -0.22—0.26之间，剩余的5个省、自治区和直辖市则表现出较为明显的负相关性。

第三，在冲击过后期与潜伏期两阶段，所有省、自治区和直辖市工业产业结构变化趋势都有较大程度的改变，且省、自治区和直辖市间变化程度也有差异。从中西部地区19个省、自治区和直辖市两阶段工业CTS指数值情况来看，其中12个省、自治区和直辖市在 -0.3—0.3之间波动，剩余的7个省、自治区和直辖市均小于 -0.3，这表明对于中西部地区来说两阶段工业产业结构变化趋势相关性较弱，且部分省、自治区和直辖市呈现出较强负相关性，即冲击爆发后，中西部大部分省、自治区和直辖市的工业产出结构变化趋势发生了较为明显的改变，且冲击过后这种改变也并没有消失。

（二）产业结构向差度变化情况

根据表 8-11 所给出的中国 31 个省、自治区和直辖市各阶段工业产业结构绝对向差度指标值，可发现中国大部分省、自治区和直辖市在全球金融危机冲击爆发期间，产业结构变化趋势有了明显的改变，这表明：全球金融危机冲击的爆发改变了大多数省、自治区和直辖市工业产业结构变化固有趋势。从各地区不同阶段的工业产出结构绝对向差度指数 ASD 值来看，全国 31 个省、自治区和直辖市工业产业结构在冲击爆发前后趋势变化比较明显，且不同地区趋势变化程度差异性也较为显著。

第一，全国 31 个省、自治区和直辖市工业产出结构变化趋势阶段性差异程度十分明显。从冲击潜伏期、爆发期和过后期与整体时间段（2003年第 1 季度—2015 年第 3 季度）的工业 ASD 值来看，各省、自治区和直辖市各阶段与整体阶段工业产出结构变化趋势的差异性较为明显：在冲击潜伏期，各省、自治区和直辖市工业 ASD 值最高的为青海（4.83），最低的为陕西（1.43），说明在冲击潜伏期各省、自治区和直辖市阶段性工业产出结构变化趋势与整体时间段上的变化趋势差异性十分明显；在冲击爆发期，各省、自治区和直辖市工业 ASD 值最高的为浙江（6.48），最低的为河南（1.5），均明显高于 1，说明在冲击爆发期各省、自治区和直辖市工业产出结构变化趋势与整体时间段上的差异程度也十分明显；在冲击过后期，各省、自治区和直辖市工业 ASD 值最高的为吉林（5.32），最低的为辽宁（1.45），也均明显高于 1，说明在冲击过后期各省、自治区和直辖市在工业产业结构变化趋势较为明显。

第二，从 31 个省、自治区和直辖市三阶段工业产出结构趋势偏离整体发展趋势的程度来看，冲击爆发期最高，其次是冲击过后期，而冲击潜伏期最低：根据表 8-11 所给出的数据，31 个省、自治区和直辖市在冲击潜伏期、冲击爆发期和过后期工业 ASD 均值分别为 3.1、3.7 和 3.0，表明各省、自治区和直辖市在冲击爆发期工业产出变化趋势平均偏离程度最高；同时，从 31 个省、自治区和直辖市三阶段工业 ASD 的最大值与最小值情况来看，冲击爆发期两项值（最高值为 6.48，最低值为 1.5）均高于其冲击潜伏期（最高值为 4.83，最低值为 1.43）和冲击过后期（最高值为 5.32，最低值为 1.45）；最后从 31 个省、自治区和直辖市三阶段 ASD 值高低情况来看，分别有 16 个和 17 个省、自治区和直辖市冲击爆发期 ASD 值要远高于冲击潜伏期与冲击过后期。因而从这三项指标比较情况来看，基本上可以大体判断出，冲击爆发期工业产业结构变化趋势与整体阶段的变化趋势偏离度要高于其他两个阶段。

第三，从东部、中部和西部地区比较情况来看，东部 12 个省、自治区和直辖市各阶段与整体阶段工业产业结构变化趋势偏离程度要高于中西部地区。从表 8-11 所给出的数据来看，东部地区冲击潜伏期、爆发期和过后期对整体阶段工业 ASD 均值分别为 2.94、3.35、3.15，而中西部地区三阶段 ASD 均值则分别为 2.49、2.36 和 1.52，表明东部地区三阶段工业产出结构变化趋势的平均偏离程度高于中西部地区水平，同时从各地区三阶段 ASD 值比较情况来看，东部地区也明显高于中西部地区，因而基本上可以判断东部地区工业产出结构三阶段偏离程度均高于中西部地区。

综合来看，在全球金融危机冲击爆发期间，中国各省、自治区和直辖市产业结构变化趋势有了明显的改变：首先，冲击影响具有较强的广泛性与持续性，冲击打破了大多数省、自治区和直辖市工业产出结构固有的变化趋势，而在冲击过后并没有得以恢复，即冲击对中国各省、自治区和直辖市工业产出结构变化趋势的影响具有长期持续性；其次，冲击对工业产出结构变化趋势影响具有明显的省、自治区和直辖市特点，即全球金融危机冲击对东部、中部和西部各地区工业产出结构变化趋势的影响具有明显的区域差异性，相比较而言东部地区工业产出结构趋势变化受到的冲击影响较强，中部次之，而西部相对较弱；同时，从冲击对工业产出结构变化趋势影响的阶段性特征来看，冲击爆发期受影响程度最高，其次是冲击过后期，而冲击潜伏期工业产出结构变化趋势则相对平稳。

第三节　各地区工业出口变化情况

全球金融危机爆发后，由于国际需求市场的波动变化引起了中国各地区工业出口发展趋势的变化，大部分地区出口增长趋势以及结构变化趋势均发生了较为明显的变化，同时更进一步的实证分析也表明，各地区工业行业受冲击影响的区域特征和行业特征也十分明显。

一、各省、自治区和直辖市工业出口总体发展情况

根据表 8-12 所提供的数据，可发现中国 31 个省、自治区和直辖市在 2003—2015 年期间出口增长率均有较为明显的阶段性变化，大部分省、自治区和直辖市出口在 2003—2007 年均保持高速持续的增长，在 2007 年之后各省、自治区和直辖市出口增长陆续出现下滑现象，2010 年后有所回升，但之后则呈现出大幅度波动变化趋势。

表 8-12　中国各省、自治区和直辖市历年出口增长率变化情况

单位：%

地区	年份												
	2003	2004	2005	2006	2007	2008	2009	2010	2011	2012	2013	2014	2015
北京	34	47	77	36	29	−6	−14	8	−7	−1	1	−7	−12
天津	24	47	21	17	26	−6	−23	13	16	13	3	3	−3
河北	29	37	22	21	37	24	−26	51	23	7	4	11	−8
山西	36	51	17	20	49	0	−52	31	11	70	16	20	−6
内蒙古	43	31	43	38	0	14	−35	37	17	19	−16	−21	−12
辽宁	18	35	24	23	27	10	−14	28	3	3	7	−5	−14
吉林	22	51	27	21	36	17	−26	36	25	18	12	8	−20
黑龙江	45	17	−28	26	54	20	−14	25	2	−7	−3	−12	−54
上海	51	44	31	17	25	7	−14	22	2	−5	−3	−4	−7
江苏	54	40	36	27	27	19	−1	25	15	3	1	4	−1

续表

地区	年份												
	2003	2004	2005	2006	2007	2008	2009	2010	2011	2012	2013	2014	2015
浙江	42	34	31	27	22	6	−12	25	2	1	5	4	1
安徽	25	37	29	47	34	17	−17	41	45	16	16	35	3
福建	22	37	17	15	19	11	−3	23	18	7	10	6	0
江西	43	94	64	86	44	44	10	40	29	14	7	27	3
山东	26	31	31	28	24	13	−8	20	9	3	5	4	0
河南	41	36	26	30	22	12	−31	22	88	86	35	22	9
湖北	27	31	40	50	25	22	−8	36	43	24	3	17	10
湖南	20	50	13	48	25	21	−28	39	33	18	43	5	−4
广东	29	32	30	23	17	9	−10	24	10	−1	6	8	0
广西	31	48	26	30	36	23	−21	38	31	33	14	7	15
海南	6	79	45	24	91	−26	46	8	−2	25	36	26	−15
重庆	45	28	25	36	24	15	−18	49	137	81	35	22	−13
四川	19	2	22	32	20	31	−3	55	74	38	32	18	−26
贵州	33	46	−10	5	34	−5	−18	31	25	8	−4	13	6
云南	17	42	17	27	32	−18	−28	8	5	10	29	7	−12
西藏	50	7	27	34	47	117	−47	105	53	184	−3	−36	−72
陕西	26	16	70	29	29	13	−19	9	26	14	−3	24	6
甘肃	60	−3	21	55	0	−9	−55	48	23	4	−2	21	9
青海	81	66	−29	65	−28	9	−40	85	42	10	16	33	46
宁夏	56	18	−13	30	3	29	−27	37	24	4	7	11	−31
新疆	94	−3	22	11	66	7	−40	46	8	−29	36	−14	−25

注：本表 2003 年、2015 年、西藏历年和青海历年数据来源为"中经网"数据统计库，其他均来自"国研网"相关数据，这样做的目的是为了补充缺失数据，能更好地从更长时间段分析各地区工业出口趋势变化。

（一）阶段性变化特征

从 31 个省、自治区和直辖市工业出口年度增长率变化情况来看，各省、自治区和直辖市出口阶段性变化特征比较明显，在全球危机冲击潜伏期、爆发期和过后期三个阶段，工业出口增长率呈现出阶段性波动变化趋势。

第一，高速持续增长的冲击潜伏期。从2003—2007年的各省、自治区和直辖市工业出口增长率变化情况来看，除了黑龙江、四川、贵州、西藏和新疆，大部分省、自治区和直辖市工业出口均体现出较为明显的高速持续增长趋势，年增长率均超过20%，且历年出口增长率变化幅度也相对较小，体现出了较强的持续平稳性。

第二，大幅度震荡波动的冲击爆发期。在2007年前后，31个省、自治区和直辖市工业出口均表现出大幅度波动震荡的变化趋势，从2007年开始，各省、自治区和直辖市工业出口陆续出现大幅度下降甚至是负增长的变化态势，内蒙古、江西和湖北在2007年即表现出较为明显的大幅度下降趋势，北京、天津和辽宁则在2008年工业出口方面出现了大幅度下降趋势，到2009年工业出口增长率在全国范围内出现了大幅度下降，除了西藏其他所有省、自治区和直辖市工业出口均出现负增长趋势。

第三，波动性震荡回升的冲击过后期。从2010年开始，各省、自治区和直辖市工业出口增长趋势出现大幅度上升，之后波动性变化的态势为：一方面，大部分省、自治区和直辖市工业出口增长水平均明显高于冲击爆发期水平，波动程度也要相对较小；另一方面，与冲击潜伏期相比，除了个别省、自治区和直辖市，大部分地区工业出口增长率均相对较低。

综合来看，各省、自治区和直辖市工业出口受全球金融危机冲击影响的阶段性变化特征较为显著：冲击爆发前，大部分省、自治区和直辖市工业出口均呈现出高速持续的增长趋势，而当冲击爆发后大部分省、自治区和直辖市工业出口增长率陆续进入到大幅度下降震荡波动阶段，在冲击过后期各省、自治区和直辖市工业出口增长率开始大幅回升并呈现出波动性变化趋势。

（二）区域变化特征

从工业出口增长趋势变化的区域特点来看，不同地区受冲击影响工业出口增长趋势变化的起始终结时间以及受影响程度均有较大程度的差异性。

第一，从受冲击影响的程度来看，东部地区受冲击影响波动幅度最大，其次是中部地区，西部地区最小。东部12个省、自治区和直辖市受冲击影响工业出口增长率波动程度要明显高于中西部地区：在冲击潜伏期，东部地区工业出口增长率相对较高，除了黑龙江在2005年出口增长率偏低外，其余均明显高于中西部地区，而中部地区又明显高于西部10个省、自治区和直辖市的水平；冲击爆发期，东部地区12个省、自治区和直辖市工业出口增长率陆续出现了较大幅度的下降，2009年均为负值，且远低于中部和西部各省、自治区和直辖市工业出口增长水平；在冲击过后期，2010年以后东部12个省、自治区和直辖市工业出口增长率得以快速回升，但在2011年之后大部分省、自治区和直辖市的增长开始有较大幅度下降，保持低速甚至负增长趋势，中西部地区19个省、自治区和直辖市工业增长率水平在2010年之后也得以快速回升，同时平均水平也相对高于中部地区。

第二，不同区域间受冲击影响的起始期差异性比较明显。从各地区受全球金融危机冲击影响，工业出口增长趋势出现明显波动变化的起始时间来看，东部12个省、直辖市、自治区工业出口增长趋势均从2007年陆续开始出现较为明显的下降趋势，到了2009年大部分省、自治区和直辖市均呈现出负增长趋势，中西部19个省、自治区和直辖市基本在2008年才开始陆续出现工业增长大幅度下降趋势。

第三，不同地区受冲击影响的结束期差异性也较明显。从东部地区情况来看，12个省、自治区和直辖市在2010年工业出口增长率均有了较大幅度的提升，之后进入了一个相对缓速或负增长的变化时期；中西部19个省、自治区和直辖市在2010年工业出口增长率出现了大幅度回升，之后也进入到波动性变化阶段。

（三）总体情况分析

综合中国 31 个省、自治区和直辖市工业出口增长趋势在全球金融危机冲击前后各阶段变化情况来看，中国工业出口增长趋势受冲击影响的阶段性和区域性特征十分明显。

第一，工业出口增长趋势受全球金融危机冲击影响而发生明显的阶段性变化。首先，当全球金融危机冲击爆发后，各地区工业出口固有的高速持续增长趋势被打破，进入到一个快速下降的大幅度震荡阶段；当冲击过后，各地区工业出口增长率水平迅速回升，之后进入到低速波动变化阶段，少数地区则呈现出负增长的变化态势。

第二，冲击影响具有明显的区域非均衡性，不同地区受冲击影响趋势变化的起始结束时间和程度均具有较为明显的差异性。首先，从东部、中部和西部地区工业出口增长趋势的变化时间来看，结合季度层面数据，可以初步判断出东部地区发生趋势改变的时间要略早于中西部地区，东部地区基本在 2008 年出口增长均发生了较为明显的趋势突变，而中西部地区中有少部分省、自治区和直辖市在 2009 年之后才开始出现趋势突变；同时，从冲击影响结束期情况来看，东部地区也要稍早于中西部地区，2010 年以后工业出口增长率得以迅速回升，中西部地区虽然大部分省、自治区和直辖市在 2010 年工业出口增长率得以大幅度回升，但同时也有一些省、自治区和直辖市在 2011 年之后才出现明显的回升现象。

第三，从冲击影响的程度点来看，东部地区工业出口增长趋势下降程度相对较大。比较冲击潜伏期和冲击过后期两阶段各省、自治区和直辖市工业出口增长率水平变化，可以发现：在冲击潜伏期，东部 12 个省、自治区和直辖市增长水平要高于中西部 19 个省、自治区和直辖市，而在冲击过后期，东部地区工业出口增长水平下降幅度相对较大，北京、天津、上海和辽宁均为负增长，其他 8 个省、自治区和直辖市增长水平也极低（除了海南省，其他 7 个省、自治区和直辖市均低于 10 个百分点），而中西部地区虽然有一些省、自治区和直辖市为负增长，但大部分省、自治区和直辖市增长水平要高于同期的东部地区。

第四，从 31 个省、自治区和直辖市受冲击影响的差异性程度来看，非均衡性十分明显。一方面，从冲击影响的时序性来看，广东、内蒙古、青海等一些省、自治区和直辖市在 2007 年工业出口增长趋势即发生较明显的改变，大部分省、自治区和直辖市则是在 2008 年才发生明显的趋势改变，也有少数省、自治区和直辖市在 2010 年，甚至是 2011 年才发生了明显的趋势改变；另一方面，从受冲击影响增长趋势变化程度来看，不同省、自治区和直辖市间差异性也十分明显，与冲击潜伏期工业出口增长趋势相比，北京、内蒙古、上海和黑龙江等一些省、自治区和直辖市在冲击过后期下降幅度要明显大于其他省、自治区和直辖市。

二、出口增长两阶段趋势改变情况

根据两阶段趋势突变检验实证分析方法，对中国 31 个省、自治区和直辖市 38 个工业行业在全球金融危机冲击潜伏期和冲击过后期两阶段变化情况展开实证检验分析，具体结果如表 8-13—表 8-15 所示。从各表所给出的数据来看，除了西藏由于数据问题而无法检测到行业趋势改变情况之外，其余 30 个省、自治区和直辖市均有部分工业行业出口增长趋势受冲击影响在冲击前后两阶段发生显著性趋势改变，且不同省、自治区和直辖市发生冲击改变的行业数目以及行业发生趋势改变的区域范围差异性也十分明显。

表 8-13　中国 31 个省、自治区和直辖市工业行业出口增长率两阶段趋势改变实证分析结果

地区	发生趋势改变行业代码
北京	1,7,8,11,12,13,15,16,19,20,22,23,24,25,28,29,31,32,33
天津	2,5,7,8,9,11,12,14,15,16,17,18,20,22,23,25,26,28,29,30,31,32,33
河北	5,18,19,20,21,22,23,24,25,28,29,30,31
山西	1,18,20,24,25,26,29,32,33

续表

地区	发生趋势改变行业代码
内蒙古	5,8,13,21,25,28,30,32
辽宁	2,11,12,14,15,16,17,19,20,23,24,25,27,28,30,31,32,33,34
吉林	7,8,9,11,12,14,20,21,23,24,26,29,30
黑龙江	7,11,12,14,15,18,19,21,23,24,25,27,28,30,32,34
上海	7,11,12,13,14,15,16,17,18,19,20,21,23,24,25,26,27,28,29,30,31,32,33,34
江苏	5,7,11,12,14,15,16,17,20,21,22,23,24,25,26,27,28,29,30,31,32,33,34
浙江	7,9,10,11,13,14,15,16,17,18,20,21,22,23,24,25,26,27,28,29,30,31,32,34,36
安徽	5,8,9,12,16,20,21,23,25,28,29,30,31,32,33,34
福建	9,10,11,12,15,21,23,24,25,26,27,30,31,32
江西	8,11,12,13,14,16,18,20,22,24,25,26,27,29,30,31,32,34
山东	5,7,8,10,11,13,14,15,16,19,20,21,23,24,25,26,28,29,30,31,32
河南	1,7,13,14,15,17,21,22,23,25,26,27,28,30
湖北	2,7,8,9,13,17,20,22,25,26,28,29,30,31,32
湖南	8,9,13,20,21,24,25,26,29,31,32
广东	2,5,7,9,11,12,13,15,16,19,20,21,22,23,24,25,26,27,29,30,31,32,33,34
广西	3,8,9,13,14,15,16,21,23,25,29,30,31,33,34
海南	5,7,11,12,31,32,33
重庆	8,12,24,27,28,29,30,33,34
四川	8,9,11,12,18,20,22,25,26,27,28,29,30,32
贵州	7,8,24,27,29,32
云南	7,8,9,14,20,21,24,26,28,32,34
西藏	
陕西	5,7,8,9,12,21,25,26,27,28,29,30,31,34
甘肃	7,8,20,28,29
青海	12,28
宁夏	8,11,21,24,26,28
新疆	5,11,15,20,25,27,32

　　注：西部各地区检测出两阶段发生趋势改变的行业相对较少的重要原因之一，是由于数据不足无法进行趋势检验。

表8-14　中国31个省、自治区和直辖市工业行业出口所占比重两阶段趋势

改变实证分析结果

地区	行业出口比重发生趋势改变的代码
北京	8,9,11,13,14,16,17,19,20,23,24,25,26,27,28,29,30,31,33,34
天津	2,5,7,9,12,14,16,17,18,19,20,21,23,24,26,27,28,29,32,34,35
河北	1,8,9,12,13,14,15,16,17,18,19,21,22,23,24,25,26,32,33,34,35
山西	1,8,11,18,19,20,21,25,26,28,32,33
内蒙古	4,12,13,20,21,24,30,32
辽宁	3,4,7,8,9,10,11,12,13,14,16,19,22,23,24,25,26,27,31,33,34
吉林	7,9,11,12,13,14,15,17,20,23,24,25,26,27,29,32,33,34
黑龙江	8,11,12,13,14,15,18,19,20,21,24,25,26,27,29,30,31,32,34
上海	7,8,9,10,11,12,13,14,16,18,19,20,21,25,26,28,31,32,33,34,35
江苏	8,11,12,15,16,17,18,20,21,23,24,27,28,29,30,31,32,33,34,35
浙江	10,11,12,13,14,16,17,18,19,20,22,24,25,26,27,29,31,32,33,34,35,36
安徽	8,12,13,15,16,18,20,21,22,23,25,28,29,30,32,33,34
福建	7,8,9,11,12,13,15,16,17,18,20,21,22,23,24,26,27,28,29,30,32,34
江西	5,7,8,11,12,13,14,15,18,19,20,24,26,28,31,32,33,34
山东	1,4,5,8,11,14,15,16,17,18,19,20,22,23,24,25,26,28,30,31,32,33,34,37
河南	1,7,9,11,12,13,14,16,17,18,20,21,22,23,24,25,26,27,28,31,32,33,34,36
湖北	2,5,7,8,9,12,13,15,17,18,20,21,23,24,25,26,27,29,30,31,32,33,34
湖南	7,8,10,13,16,17,18,21,23,24,25,26,27,28,29,31,32,33
广东	2,7,10,15,16,18,19,20,21,22,23,24,25,27,28,30,32,33,34,35,36,37,38
广西	3,5,7,8,9,12,13,16,18,20,23,24,25,26,28,29,31,32,33,34,36
海南	5,7,8,9,11,12,15,16,20,23,27,31,32,33
重庆	7,8,9,11,12,13,14,16,20,21,23,24,26,27,28,29,30,32,33,34
四川	1,5,7,8,9,11,13,14,15,17,18,20,21,22,23,24,25,26,27,28,30,31,32,34
贵州	1,8,12,24,25,26,28,29,30,31,32
云南	8,9,10,11,14,17,25,26,27,28,29,30,33
西藏	
陕西	5,8,9,14,20,25,26,28,33,34
甘肃	7,8,9,19,20,21,22,24,25,28,32

地区	行业出口比重发生趋势改变的代码
青海	8,12
宁夏	1,7,8,11,13,20,23,24,26,28
新疆	5,7,12,15,25,27,28,31

表 8-15　工业 38 个行业出口增长率两阶段趋势改变实证分析结果

行业	行业发生趋势改变的代码
煤炭开采和洗选业	1,4,16
石油和天然气开采业	2,6,17,19
黑色金属矿采选业	20
有色金属矿采选业	
非金属矿采选业	2,3,5,10,12,15,19,21,27,31
其他采矿业	
农副食品加工业	1,2,7,8,9,10,11,15,16,17,19,21,24,25,27,28
食品制造业	1,2,5,7,12,14,15,17,18,20,22,23,24,25,27,28,30
饮料制造业	2,7,11,12,13,17,18,19,20,23,25,27
烟草制品业	11,13,15
纺织业	1,2,6,7,8,9,10,11,13,14,15,19,21,23,30,31
纺织服装、鞋、帽制造业	1,2,6,7,8,9,10,12,13,14,19,21,22,23,27,29
皮革、毛皮、羽毛（绒）及其制品业	1,5,9,11,14,15,16,17,18,19,20
木材加工及木、竹、藤、棕、草制品业	2,6,7,8,9,10,11,14,15,16,20,25
家具制造业	1,2,6,8,9,10,11,13,15,16,19,20,31
造纸及纸制品业	1,2,6,9,10,11,12,14,15,19,20
印刷业和记录媒介的复制业	2,6,9,10,11,16,17
文教体育用品制造业	2,3,4,8,9,11,14,23
石油加工炼焦及核燃料加工业	1,3,6,8,9,15,19
化学原料及化学制品制造业	1,2,3,4,6,7,9,10,11,12,14,15,17,18,19,23,25,28,31
医药制造业	3,5,7,8,9,10,11,12,13,15,16,18,19,20,25,27,30
化学纤维制造业	1,2,3,10,11,14,16,17,19,23

续表

行业	行业发生趋势改变的代码
橡胶和塑料制品业	1,2,3,6,7,8,9,10,11,12,13,15,16,19,20
非金属矿物制品业	1,3,4,6,7,8,9,10,11,13,14,15,18,19,22,24,25,30
黑色金属冶炼及压延加工业	1,2,3,4,5,6,8,9,10,11,12,13,14,15,16,17,18,19,20,23,27,31
有色金属冶炼及压延加工业	2,4,7,9,10,11,13,14,15,16,17,18,19,23,25,27,30
金属制品业	6,8,9,10,11,13,14,16,19,22,23,24,27,31
通用设备制造业	1,2,3,5,6,8,9,10,11,12,15,16,17,22,23,25,27,28,29,30
专用设备制造业	1,2,3,4,7,9,10,11,12,14,15,17,18,19,20,22,23,24,27,28
交通运输设备制造业	2,3,5,6,7,8,9,10,11,12,13,14,15,16,17,19,20,22,23,27
电气机械及器材制造业	1,2,3,6,9,10,11,12,13,14,15,17,18,19,20,21,27
通信设备、计算机及其他电子设备制造业	1,2,4,5,6,8,9,10,11,12,13,14,15,17,18,19,21,23,24,25,31
仪器仪表及文化办公用机械制造业	1,2,4,6,9,10,12,19,20,21,22
工艺品及其他制造业	6,8,9,10,11,12,14,19,20,22,25,27
废弃资源和废旧材料回收加工业	
电力、热力的生产和供应业	11
燃气生产和供应业	
水的生产和供应业	

（一）总体情况分析

根据表 8-13—表 8-15 所提供的数据可知，在全球金融危机冲击爆发前后两个阶段几乎所有的省、自治区和直辖市均有部分或大部分工业行业出口增长趋势检测到了显著的改变，表明冲击打破了各省、自治区和直辖市工业行业固有发展趋势，并在冲击过后重新进入了一个新的发展趋势。

第一，从出口增长趋势发生改变程度的角度来看，省、自治区和直辖市间发生趋势改变的行业数目以及行业间发生趋势改变的区域范围差异性十分明显。

首先，不同省、自治区和直辖市间出口增长趋势发生改变的行业数目差异较为明显。从表 8-15 所给出的数据，可以发现不同省、自治区和直辖市出口增长趋势在两阶段发生显著性改变的行业数目差异性十分明显，其中浙江、上海、广东、天津、江苏、山东、北京和辽宁 8 个省、自治区和直辖市分别有 25、24、24、23、23、21、19 和 19 个行业出口增长趋势发生了改变，而山西、重庆、内蒙古、海南、新疆、贵州、宁夏、甘肃、青海和西藏 10 个省、自治区和直辖市出口增长趋势发生改变的行业相对较少，均不足 10 个，其他 14 个省、自治区和直辖市出口增长趋势发生改变的行业数目基本在 10 —18 个之间，表明不同省、自治区和直辖市间工业行业受冲击影响发生趋势改变的数量差异十分明显。

其次，不同行业出口增长发生改变的区域范围差异也十分明显。有 14 个行业出口增长趋势发生改变的区域范围均超过了 16 个省、自治区、直辖市，有 16 个行业受冲击影响出口增长趋势发生改变的区域范围不足 10 个省、自治区和直辖市，而其他剩余行业受冲击影响而发生趋势改变的范围基本都在 10—15 个省、自治区和直辖市之间。

第二，从出口比重变化趋势发生改变程度的角度来看，不同省、自治区和直辖市发生趋势改变的行业数目以及不同行业趋势发生改变的区域范围差异性也十分明显。

首先，31 个省、自治区和直辖市受冲击影响工业行业出口所占比重变化趋势发生改变的行业数目差异性十分明显，表明不同省、自治区和直辖市受冲击影响行业发生趋势改变的范围具有十分明显的差异。受冲击影响行业发生趋势改变最多的为山东、河南、四川、广东、湖北、浙江、福建、上海、天津、辽宁、广西、河北、江苏、北京和重庆等 15 个省、自治区和直辖市，均有不低于 20 个行业的出口所占比重变化趋势发生了显著性改变；受冲击影响而发生趋势改变行业数目最少的有内蒙古、新疆、青海和西藏 4 个省和自治区，发生趋势改变行业数目均低于 8 个；

其他 12 个省、自治区和直辖市出口所占比重发生明显趋势改变的工业行业数目基本都在 10—19 个之间波动。

其次，38 个工业行业受冲击影响而发生趋势改变的区域范围差异性也十分明显。38 个工业行业出口所占比重变化趋势发生改变的省、自治区和直辖市最多的为通信设备、计算机及其他电子设备制造业、化学原料及化学制品制造业、食品制造业、非金属矿物制品业、有色金属冶炼及压延加工业、黑色金属冶炼及压延加工业、通用设备制造业、纺织服装鞋帽制造业和工艺品及其他制造业等 9 个行业，这些行业均有不少于 20 个的省、自治区和直辖市发生了趋势改变。

第三，就出口增长趋势与出口所占比重趋势改变情况来看，两项指标的实证检验结果均表明：冲击对工业行业固有发展趋势具有显著的影响，不同省、自治区和直辖市发生趋势改变的行业与不同行业发生趋势改变的区域范围均具有较为明显的差异性。一方面，两项指标检验结果基本一致，不论是出口增长趋势还是出口比重变化趋势，不同省、自治区和直辖市受冲击影响发生改变的行业数目均具有明显的差异特征；另一方面，从行业受冲击影响发生趋势改变的区域来看，不同行业间差异性也十分明显，因而两项指标检测结果均表明冲击对中国工业行业出口发展趋势具有十分明显的影响而且非均衡性特征也十分明显。

（二）冲击影响的区域特征

受全球金融危机冲击的影响，中国 31 个省、自治区和直辖市的部分工业行业出口趋势相继都发生了明显的改变（具体情况见表 8-13 和表 8-15 相关数据），且不同地区间发生趋势改变的行业数目差异性也十分明显。

第一，受冲击影响工业行业出口增长趋势发生改变的区域差异性特征十分明显，单纯从发生趋势改变行业的数量来看，东部最多、中部次之，而西部地区相对最少，同时地区内部各省、自治区和直辖市发生趋势改变行业数目的差异程度也十分明显。

　　首先，从东部、中部和西部各地区受冲击影响出口增长趋势发生改变的行业数目来看，东部地区最多，12个省、自治区和直辖市中发生趋势改变行业数目最多的为浙江（25个），最少为海南（7个），其他10个省、自治区和直辖市大部分都超过19个行业；中部地区要明显少于东部地区，9个省、自治区和直辖市中发生趋势改变行业数目最多的为江西（18个），最少的为内蒙古（8个），其他7个省、自治区和直辖市发生趋势改变的行业数目基本在9—16个之间波动；西部10个省、自治区和直辖市受冲击影响出口增长趋势发生改变的行业数目明显低于中西部水平，行业出口增长趋势发生改变数量最多的为四川与陕西（均为14个），最少的为西藏和青海，剩余省、自治区和直辖市发生趋势改变的行业数量基本在5—11个之间。

　　其次，从各地区内部各省市受冲击影响发生趋势改变的行业数目来看，差异程度也十分明显。东部12个省、自治区和直辖市发生趋势改变行业最多的浙江省与发生趋势改变行业最少的海南省之间相差18个行业，其他10个省、自治区和直辖市相互间差异也十分明显；中部9个省、自治区和直辖市受冲击影响发生趋势改变行业最多的与最少的差了10个行业，且9个省、自治区和直辖市发生趋势改变的行业数目差异也十分明显；西部地区11个省、自治区和直辖市差异性也十分明显，出口增长趋势发生改变行业最多与最少的差异也达到了14个行业。

　　第二，受冲击影响行业出口所占比重变化趋势发生改变的区域差异也十分明显，基本情况大体与出口增长趋势改变情况相类似，东部最多、中部次之、西部最少，且区域间和区域内部省、自治区和直辖市间差异性较为明显。

　　首先，从三个地区受冲击影响出口所占比重变化趋势发生改变情况来看，东部地区行业数目最多，12个省、自治区和直辖市中除了海南省为14个行业外，其他11个省、自治区和直辖市发生趋势改变的行业数目都在20个或以上，表明东部地区受冲击影响各地区行业出口所占比重变化趋势改变行业的数量几乎都在一半以上；中部9个省、自治区和直辖市明显低于东部地区，其中河南行业出口所占比重变化趋势改变的数量最多达到24个行业，内蒙古和陕西最少分别为8个和12个行业，其他6个省、自治区和直辖市出口所占比重变化趋势发生改变的行业数目基本在17—18个之间波动，从总体平均水平来看要明显低于东部12个省、自治区和直辖市的水平；西部10个省、自治区和直辖市出口所占比重变化趋势发生改变的行业总体平均水平明显低于东部和中部地区，趋势发生改变最多的为四川（24个行业）和重庆（20个行业），最少的为新疆、青海和西藏数目均不高于8个，其他6个省、自治区和直辖市发生趋势改变行业的数目基本在10—13个之间波动。

其次，地区间和地区内部之间差异性十分明显。东部地区12个省、自治区和直辖市出口所占比重变化趋势发生改变的行业数量最多的与最少的相差10个行业，东部地区9个省、自治区和直辖市发生趋势改变行业最多的与最少的均为16个，而西部地区10个省、自治区和直辖市之间趋势发生改变行业数最多的与最少的相差了24个行业，这表明不同区域之间以及区域内部各省、自治区和直辖市之间，受冲击影响出口所占比重变化趋势发生改变的行业数目差异十分显著。

第三，从出口增长趋势和出口比重变化趋势两项指标发生改变的实证检验结果来看，一方面，二者检验结果均表明中国工业行业出口发展趋势受冲击影响区域特征十分明显；另一方面，两项指标检验结果也具有一定的差异性。

首先，两项指标检验结果均表明，东部、中部和西部地区受冲击影响出口发展趋势发生改变的行业数目差异十分明显。东部地区受冲击影响而发生趋势改变的行业数目最多，中部地区发生趋势改变的行业数目相对较少，而西部发生趋势改变的行业范围或数目最低；同时，地区间和地区内部各区域受冲击影响出口发展趋势发生改变的行业范围差异性也十分明显，不论是东部地区，还是中西部地区内部省、自治区和直辖市之间发生趋势改变的行业数目差距同样十分明显，表明即使在同一个地区的不同省、自治区和直辖市受冲击影响而发生趋势改变的行业数目和范围也具有一定的差异性。

其次，两项指标检验结果虽然总体结论具有一致性，但就具体细节方面仍有部分差异性。一方面，两项指标检测结果的大体情况基本一致，受冲击影响各省、自治区和直辖市出口趋势发生改变的行业数目以及数目高低排名基本相一致，表明不论是用行业出口增长趋势两阶段突变检验方法还是用行业出口所占比重变化趋势两阶段突变检验方法均能证明中国 31 个省、自治区和直辖市工业行业出口发展趋势改变都具有明显的区域特征；另一方面，两种检验方法又具有一定的差异性，31 个省、自治区和直辖市中，只有浙江、上海、江苏、天津和广东等 5 个省和直辖市出口增长趋势发生改变的行业数略微高于出口比重变化趋势发生改变的行业数，而其他 26 个省、自治区和直辖市出口增长趋势发生改变的行业数要明显低于出口比重变化趋势发生改变的行业数，表明不同指标检测出的结果也会有所差异。

（三）冲击影响的行业特征

表 8-16 和表 8-17 为中国工业 38 个行业出口增长率与出口比重变化趋势的改变情况，从两表所给出的数据来看，在全球金融危机冲击爆发前后，不同行业出口发展趋势产生改变的区域范围差异性十分明显。

表 8-16　工业 38 个行业出口所占比重两阶段趋势改变实证分析结果

行业	行业发生趋势改变的代码
煤炭开采和洗选业	3,4,15,16,23,24,30
石油和天然气开采业	2,17,19
黑色金属矿采选业	6,20
有色金属矿采选业	5,6,15
非金属矿采选业	2,14,15,17,20,21,23,27,31
其他采矿业	

行业	行业发生趋势改变的代码
农副食品加工业	2,6,7,9,13,14,16,17,18,19,20,21,22,23,28,30,31
食品制造业	1,3,4,6,8,9,10,12,13,14,15,17,18,20,21,22,23,24,25,27,28,29,30
饮料制造业	1,2,3,6,7,9,13,16,17,20,21,22,23,25,27,28
烟草制品业	6,9,11,18,19,25
纺织业	1,4,6,7,8,9,10,11,13,14,15,16,21,22,23,25,30
纺织服装、鞋、帽制造业	2,3,5,6,7,8,9,10,11,12,13,14,16,17,20,21,22,24,29,31
皮革、毛皮、羽毛（绒）及其制品业	1,3,5,6,7,8,9,11,12,13,14,16,17,18,20,22,23,30
木材加工及木、竹、藤、棕、草制品业	1,2,3,6,7,8,9,11,14,15,16,22,23,25,27
家具制造业	3,7,8,10,12,13,14,15,17,19,21,23,31
造纸及纸制品业	1,2,3,6,9,10,11,12,13,15,16,18,19,20,21,22
印刷业和记录媒介的复制业	1,2,3,7,10,11,13,15,16,17,18,23,25
文教体育用品制造业	2,3,4,8,9,10,11,12,13,14,15,16,17,18,19,20,23
石油加工炼焦及核燃料加工业	1,2,3,4,6,8,9,11,14,15,19,28
化学原料及化学制品制造业	1,2,4,5,7,8,9,10,11,12,13,14,15,16,17,19,20,21,22,23,27,28,30
医药制造业	2,3,4,5,8,9,10,12,13,16,17,18,19,22,23,28
化学纤维制造业	3,6,11,12,13,15,16,19,23,28
橡胶和塑料制品业	1,2,3,6,7,10,12,13,15,16,17,18,19,20,21,22,23,30
非金属矿物制品业	1,2,3,5,6,7,8,10,11,13,14,15,16,17,18,19,20,22,23,24,28,30
黑色金属冶炼及压延加工业	1,3,4,6,7,8,9,11,12,15,16,17,18,19,20,23,24,25,27,28,31
有色金属冶炼及压延加工业	1,2,3,4,6,7,8,9,11,13,14,15,16,17,18,20,22,23,24,25,27,30
金属制品业	1,2,6,7,8,10,11,13,16,17,18,19,21,22,23,25,31
通用设备制造业	1,2,4,9,10,12,13,14,15,16,18,19,20,22,23,24,25,27,28,30,31
专用设备制造业	1,2,7,8,10,11,12,13,17,18,20,22,24,25
交通运输设备制造业	1,5,8,10,12,13,15,17,19,22,23,24,25

行业	行业发生趋势改变的代码
电气机械及器材制造业	1,6,8,9,10,11,14,15,16,17,18,20,21,23,24,31
通信设备、计算机及其他电子设备制造业	2,3,4,5,7,8,9,10,11,12,13,14,15,16,17,18,19,20,21,22,23,24,28
仪器仪表及文化办公用机械制造业	1,3,4,6,7,9,10,11,12,14,15,16,17,18,19,20,21,22,25,27
工艺品及其他制造业	1,2,3,6,7,8,9,10,11,12,13,14,15,16,17,19,20,22,23,27
废弃资源和废旧材料回收加工业	2,3,9,10,11,19
电力、热力的生产和供应业	11,16,19,20
燃气生产和供应业	15,19
水的生产和供应业	19

表 8-17　各省、自治区和直辖市工业行业出口增长趋势突变情况

地区	出口增长率趋势突变发生时间先后顺序	出口增长率受冲击影响持续时长排序
北京	19,27,7,9,17,22,24,16,20,1,10,28,33	16,28,10,1,20,27,22,17,19
天津	35,14,27,24,5,22,7,17,26,29,32,20,25,31	29,25,24,5,17,27,22,26,35
河北	26,29,31,32,13,5,22,25,18,33,8,17,1,14	1,33,8,5,22,29,25,32,26
山西	21,9,25,28,7,11,24,19,20	20,11,7,24,25
内蒙古	4,8,13,26,34,29,15,20,24,28	20,15,13,4
辽宁	3,18,28,9,27,30,16,20,33,15,26,13,23,29	20,15,26,16,9,27,3
吉林	9,33,17,5,25,26,28,13,18,24,30,16	16,30,25,26,5,9,33
黑龙江	33,9,27,29,12,18,2,21,24,13,8,15,19	13,33,27,2,9,18,29,24,12
上海	7,16,37,19,33,35,22,14,24	22,19,35,37
江苏	33,15,14,5,29,8,23	5
浙江	26,35,32,10,19,25,22,15	32,19,22,35,10,25,26
安徽	10,14,17,26,34,30,5,25,20,27,32,21,9,16,28	16,20,25,34,30,14,26
福建	20,26,25,22,16,17,24,28,5,27,30	20,5,22,26,25
江西	22,25,26,5,14,34,33,8,15,17,21	21,15,17,8,33,22,25,14
山东	9,16,4,17,37,5,8,10,14,22,26,36,29,30,25,15,32	30,25,36,26,16,17,5,22,9,37,4
河南	29,36,25,33,24,12,14,20,26,7,9,22,13,31,32	14,31,20,7,22,12,26,24,25

续表

地区	出口增长率趋势突变发生时间先后顺序	出口增长率受冲击影响持续时长排序
湖北	13,10,17,29,9,31,8,28,22,5,23	17,5,31,22,8,9
湖南	4,13,21,32,33,5,10,12,23,7,26	12,7,21,10,13
广东	2,25,22,29,19,26	26,19,2,22,25
广西	30,29,31,16,7,28,18,8,23,34,13,25	13,8,25,23,7,18,30,29
海南	8,21,16,30,15,27,29,24	30,29,16,8
重庆	16,24,12,26,33,7,32,27,8,9,30	30,9,27,12
四川	16,27,29,2,22,32,36,13,10,33,1,14,12,17,24,31,5,11,26	10,13,5,24,31,2,27,12,17,32
贵州	1,29,12,10,18,30,28,32,33	10,32,18,30
云南	23,25,26,29,9,11,17,10,13,14,20,28	13,10,20,29,11,28,9,23,26
西藏		
陕西	20,34,5,25,12,24,28,32,26,30	30,26,24,5,28,34,25
甘肃	22,28,8,11,19,21,23,24,26,18,25,30	25,11,18,21
青海	25,33	
宁夏	26,11,24,12,20,32,23,27,9,28	11,24,20,26
新疆	7,24,20,25,11,21,12	7,12,20,11

第一，出口增长趋势改变的行业特征。从表8-15所给出的中国工业38个行业出口增长趋势改变情况来看，不同行业受冲击影响发生趋势改变的区域范围十分明显。

首先，38个行业中受冲击影响出口增长趋势发生改变区域范围最广的为黑色金属冶炼及压延加工业、通信设备、计算机及其他电子设备制造业、交通运输设备制造业、通用设备制造业和专用设备制造业，分别在22个、21个、20个、20个和20个省、自治区和直辖市的区域范围内行业出口增长趋势发生了改变。

其次，出口增长趋势发生改变区域范围最小的13个行业，受冲击影响发生趋势改变的区域范围均小于10个省、自治区和直辖市。文教体育用品制造业、印刷业和记录媒介的复制业、石油加工炼焦及核燃料加工业、石油和天然气开采业、煤炭开采和洗选业、烟草制品业、黑色金属矿采选业、电力热力的生产和供应业、废弃资源和废旧材料回收加工业、有色金属矿采选业、燃气生产和供应业、其他采矿业及水的生产和供应业受冲击影响出口增长趋势发生改变的区域范围较小均低于10个省、自治区和直辖市。

最后，其他剩余20个行业受冲击影响发生趋势改变的区域范围基本在10—19个省、自治区和直辖市之间波动。从剩余20个行业情况来看，有一半行业受冲击影响出口增长趋势发生改变的区域范围大部分超过15个省、自治区和直辖市，而剩下一半行业则在10—14个省、自治区和直辖市范围波动，表明行业出口增长趋势受冲击影响而发生改变的区域范围较广。

第二，出口所占比重增长趋势改变的行业特征。从表8-16所给出的数据来看，工业行业出口所占比重变化受冲击影响发生改变的行业特征也十分明显。

首先，受冲击影响行业出口所占比重变化趋势发生改变区域范围较广的行业主要有通信设备、计算机及其他电子设备制造业、化学原料及化学制品制造业、食品制造业、非金属矿物制品业、有色金属冶炼及压延加工业、黑色金属冶炼及压延加工业、通用设备制造业、纺织服装鞋帽制造业、工艺品及其他制造业和仪器仪表及文化办公用机械制造业共12个行业，受冲击影响趋势发生改变的区域范围均不低于20个省、自治区和直辖市，表明这些行业受冲击影响出口所占比重变化趋势较易发生改变。

其次，受冲击影响出口所占比重变化趋势发生改变区域范围相对较小的行业有非金属矿采选业、煤炭开采和洗选业、烟草制品业、废弃资源和废旧材料回收加工业、电力热力的生产和供应业、石油和天然气开采业、有色金属矿采选业、黑色金属矿采选业、燃气生产和供应业、水的生产和供应业和其他采矿业等 11 个行业，这些行业受冲击影响出口所占比重变化趋势发生改变的省、自治区和直辖市均少于 10 个，如果单纯从发生趋势改变的区域范围来看，这些行业属于不易受冲击影响而发生趋势改变的行业。

最后，剩余 17 个行业受冲击影响而发生趋势改变的区域范围基本都在 10—18 个省、自治区和直辖市之间，且一半以上行业趋势发生改变的区域范围超过了 15 个省、自治区和直辖市，表明这些行业受冲击影响出口所占比重变化趋势也较容易发生改变。

第三，综合两项指标检测结果来看，一方面表明受冲击影响中国工业出口发展趋势改变具有明显的行业特征；另一方面也表明不同指标检测结果也具有一定的差异性。

首先，两项指标的检测结果均表明全球金融危机冲击对中国行业出口发展趋势的影响具有显著的行业特点，不同行业受冲击影响出口发展趋势发生改变的区域范围具有明显的差异性，一些行业趋势发生改变的区域范围超过了全国三分之二的地区，而一些行业趋势改变的区域范围只有少数几个省、自治区和直辖市。

其次，从两项指标检测结果来看同样具有一定的差异。一方面，各行业受冲击影响出口增长趋势与出口所占比重变化趋势发生改变的区域范围并不完全相同，38 个行业中有 7 个行业出口增长趋势发生改变的省、自治区和直辖市数要明显高于后者，有 3 个行业出口增长趋势与出口所占比重变化趋势发生改变的省、自治区和直辖市个数相同，而剩下的 28 个行业出口增长趋势发生改变的省、自治区和直辖市数要小于行业出口比重变化趋势发生改变的省、自治区和直辖市数；另一方面，从各行业出口增长趋势与出口所占比重变化趋势发生改变的省、自治区和直辖市数排序情况来看，差异性也较为明显。

三、各地区工业出口增长趋势突变情况

根据向前（向后）滚动趋势突变经验方法，对中国 31 个省、自治区和直辖市的 38 个工业行业出口增长趋势在全球金融危机冲击期间发生突变的起始时间展开实证检验分析，具体结果如表 8-17、表 8-18 和附表 5 所示。从三个表格所给出的数据来看：一方面，全球金融危机冲击具有普遍性，冲击对几乎所有的省、自治区和直辖市及行业的出口增长趋势均产生了显著的影响；另一方面，不同行业、不同省、自治区和直辖市受冲击影响趋势发生改变的起始期以及持续时长均具有明显的差异。

（一）整体情况

随着全球金融危机冲击的爆发，各省、自治区和直辖市部分工业行业出口增长趋势陆续发生了趋势突变，当冲击过后又重新进入到新的增长趋势中。

第一，受冲击影响各省、自治区和直辖市工业行业出口增长趋势发生突变现象十分明显。首先，31 个省、自治区和直辖市均有部分行业出口增长趋势受冲击影响而发生显著性趋势突变，有 23 个省、自治区和直辖市受冲击影响可检测到的趋势突变的行业数均超过了 10 个，剩余 8 个省、自治区和直辖市也均有部分行业出口增长趋势发生显著性突变，表明全球金融危机冲击对各省、自治区和直辖市工业行业出口增长趋势的影响具有一定的普遍性和广泛性；其次，从冲击影响的持续时长来看，实证检验结果表明各省、自治区和直辖市工业行业受冲击影响具有明显的阶段持续性特征。

第二，行业间趋势突变的时序差异性较为明显，不同省、自治区和直辖市不同行业受全球危机冲击影响出口增长发生突变的先后顺序差异性十分明显，有些行业出口增长趋势发生变化的时间要早于全球金融危机爆发期，而有些行业则要明显晚于全球金融危机冲击爆发期。

首先，受冲击影响行业出口增长趋势发生突变最早的时间点为 2006

年第 3 季度，即在美国"次贷危机"爆发期间，中国部分行业的出口已经受到了明显的影响并导致增长趋势发生了改变。例如，黑色金属冶炼及压延加工业、专用设备制造业、有色金属矿采选业、农副食品加工业、饮料制造业、造纸及纸制品业等这些行业趋势发生改变的区域范围均不低于 2 个省、直辖市或自治区，表明中国工业出口增长趋势变化要早于全球金融危机爆发期。

其次，受冲击影响行业出口增长趋势发生突变最晚的时间点为 2009 年第 2 季度，明显晚于全球金融危机全面爆发期，即在冲击全面爆发后仍有一些行业并没有受到冲击显著影响而发生趋势改变。直到 2009 年第 2 季度出口增长才发生趋势改变的行业主要有非金属矿采选业、家具制造业、橡胶和塑料制品业、黑色金属冶炼及压延加工业、通用设备制造业、交通运输设备制造业和通信设备、计算机及其他电子设备制造业等行业。

最后，大部分行业受冲击影响出口增长趋势发生显著突变的时间基本在全球金融危机冲击爆发前后的两年里（2007 年第 1 季度—2008 年第 4 季度），各省、自治区和直辖市各行业出口增长趋势受冲击影响发生趋势突变时间（受冲击影响的起始期）具有明显的差异性，表明全球金融危机冲击对不同省、自治区和直辖市不同行业出口增长趋势影响的时序和程度均有明显的差异性。

第三，省、自治区和直辖市间与行业间受冲击影响持续时长差异性比较明显，表 8-17 和附表 5 所给出的实证检验结果表明，不同省、自治区和直辖市的不同行业受全球金融危机冲击影响持续时长差异性也十分明显。

首先，省、自治区和直辖市行业出口增长趋势受冲击影响持续的最长时间为 17—18 个季度，即一些行业出口增长趋势受冲击影响的时间长达 4 年之久，这些行业主要包括（辽宁）黑色金属矿采选业、（北京）石油加工炼焦及核燃料加工业、（广东）黑色金属冶炼及压延加工业、（河北、安徽和宁夏）有色金属冶炼及压延加工业、（山东）有色金属矿采选业、（吉

林）饮料制造业、（安徽和江西）木材加工及木、竹、藤、棕、草制品业、
（北京）印刷业和记录媒介的复制业、（江西）黑色金属冶炼及压延加工业、
（河北）通信设备、计算机及其他电子设备制造业、（吉林）仪器仪表及
文化办公用机械制造业均超过了 16 个季度，表明冲击对一些行业出口增
长趋势的影响持续时间超过了 4 年。

其次，31 个省、自治区和直辖市，行业出口增长趋势受冲击影响持续
时间最短的仅为 1—2 个季度，即受冲击影响行业出口固有增长趋势被打
破，但在一两个季度之后又进入了一个新的稳定增长趋势。这些省、自治
区和直辖市行业包括（山东）黑色金属矿采选业、（重庆）饮料制造业、（贵
州）烟草制品业、（新疆）木材加工及木、竹、藤、棕、草制品业、（安徽
和甘肃）造纸及纸制品业、（甘肃）造纸及纸制品业、（内蒙古）化学原料
及化学制品制造业、（重庆）废弃资源和废旧材料回收加工业、（河北）煤
炭开采和洗选业、（贵州）纺织业、（山西）纺织服装和鞋帽制造业、（河南）
木材加工及木、竹、藤、棕、草制品业、（陕西和吉林）造纸及纸制品业、
（山西）化学原料及化学制品制造业、（天津）专用设备制造业、（山东和
重庆）交通运输设备制造业和（辽宁）电力热力的生产和供应业等行业。

最后，其他省、自治区和直辖市行业受冲击影响出口增长趋势持续
时长均在 3—16 个季度之间，一方面表明对于大部分行业来说冲击对行
业出口影响的持续时长基本在半年至 4 年之间；另一方面也表明不同省、
自治区和直辖市行业受全球金融危机冲击影响持续的时长差异性也十分
明显，充分证明了全球金融危机冲击对省、自治区和直辖市及行业影响
的非均衡性特征。

（二）区域特征

从东部、中部和西部地区各省、自治区和直辖市工业行业出口增长
趋势受冲击影响而发生趋势突变以及影响的持续时长来看，区域差异性
特征十分明显，相比较中西部地区而言，东部地区受冲击影响时间相对
较早，受冲击影响持续时间也相对较长，进一步表明冲击对行业出口增

长趋势影响均有明显的区域非均衡性特征。

第一，受冲击影响行业出口增长趋势突变的起始期的区域差异十分明显，较中西部地区各省、自治区和直辖市而言，东部地区工业行业受冲击影响出口增长趋势发生突变的起始期明显较早，表明东部地区出口受冲击影响而产生明显趋势突变的时间早于中西部地区。

首先，东部 12 个省、自治区和直辖市工业行业出口增长趋势受冲击影响的起始期基本集中在 2006 年第 3 季度—2007 年第 4 季度之间，受冲击影响的起始期要早于全球金融危机冲击全面爆发的时间点。从可检测到的东部地区各省、自治区和直辖市工业行业出口增长趋势突变起始点分布情况来看，三分之二的趋势突变点均在 2008 年第 1 季度之前，而 2008 年第 1 季度—2009 年第 2 季度期间行业出口增长趋势发生突变的行业不足总数的三分之一，且其中尤以 2006 年第 3 季度和 2007 年第 1 季度发生趋势突变的行业数目最多，表明东部地区各省、自治区和直辖市出口增长趋势早在 2006 年美国"次贷危机"爆发后即受到了较为明显的影响。

其次，从中西部 19 个省、自治区和直辖市的情况来看，工业行业出口增长趋势发生突变的起始期主要集中在 2007 年第 1 季度—2008 年第 3 季度，而在 2006 年第 1 季度和 2009 年第 1—2 季度的则相对较少，表明中西部地区受全球金融危机冲击影响并发生较为显著趋势改变的起始期大多数都在 2007 年以后，要明显晚于东部地区工业行业发生趋势突变的平均时间。

第二，行业出口增长趋势受冲击影响的持续时长的区域差异性也十分明显，东部总体情况要长于中西部地区，即东部工业行业出口受冲击影响的持续时长要明显高于中西部地区。

首先，从东部与中西部地区工业行业出口受冲击影响的平均持续时长来看，东部地区长于中西部地区近一个季度，表明东部地区受冲击影响的持续时长要明显长于中西部地区。根据有显著性趋势突变行业受冲击影响的持续时间来看，东部地区 12 个省、自治区和直辖市工业行业

受冲击影响平均时长为 10 个季度，而中西部 19 个省、自治区和直辖市
工业行业受冲击影响持续平均时长仅为 9.2 个季度，低于东部地区 0.8 个
季度。

其次，从工业行业受冲击影响持续时长分布情况来看，东部地区各
行业受冲击影响持续时长低于 7 个季度的行业数量要多于中西部地区，
而出口受冲击影响持续时间超过 11 个季度的行业数目要明显高于中西部
地区，同样也表明东部地区工业行业受冲击影响持续时间明显长于中西
部地区。

第三，综合来看，中国工业出口受冲击影响东部地区要明显早于和
长于中西部地区。一方面，从工业行业出口受冲击影响的起始时间来看，
东部地区工业行业要早于中西部地区；另一方面，从工业行业出口受冲
击影响的持续时长来看，东部地区也要长于中西部地区，因而可初步断
定全球金融危机爆发后，东部地区工业受到冲击影响的时间要早于中西
部地区，且受冲击影响持续时间也较长。

（三）行业特征

根据表 8-18 和附表 5 所给出的相关数据，进一步对中国工业受冲击
影响时序行业特征展开分析，可发现行业间受冲击影响的差异程度十分
明显，且即使是同一行业由于所处区域不同受冲击影响的起始时间和持
续时长也不尽相同。

表 8-18　各行业出口增长趋势突变情况

行业代码	出口增长率趋势突变发生时间排序	出口增长率受冲击影响持续时长排序
1	24,23,1,3	3,1
2	19,23,8	23,19,8
3	6	6
4	5,18,15	15,5

续表

行业代码	出口增长率趋势突变发生时间排序	出口增长率受冲击影响持续时长排序
5	14,3,7,27,15,18,2,10,12,17,13,23	2,23,3,13,17,27,15,10,7
6		
7	9,31,1,20,2,4,18,22,16	18,4,16,31,20
8	21,5,28,14,15,17,3,20,8,22,10	3,20,14,17,21
9	7,15,1,8,4,6,17,25,12,16,22,30	22,8,15,25,6,17,7
10	12,17,15,18,11,23,25,24,1	24,23,1,18,25,11
11	30,28,25,31,4,23	4,30,25,28,31
12	30,8,18,31,22,27,24,23,16	18,16,31,23,22,8
13	17,3,18,5,7,23,8,25,6,20,16	8,23,20,25,5,18
14	12,14,2,10,15,23,25,9,16,3	16,12,14
15	10,14,21,6,11,5,8,15	14,5,6
16	15,22,23,9,1,6,20,21,13,12,7	7,12,1,6,15,21
17	12,1,7,15,17,25,23,2,3,14,13	2,14,17,23,15,1
18	6,8,28,3,20,7,24	24,20,8,28
19	1,9,28,19,11,4,8,	19,9,11,1
20	27,13,30,31,1,6,25,12,16,5,4,2	4,5,12,16,13,6,25,1,31,30
21	4,18,21,28,31,8,12,14	14,18,28
22	14,28,19,1,3,23,2,9,13,15,11,17,16	9,16,19,2,11,1,3,17,13,15,14
23	25,28,18,30,20,17,6,10	20,25
24	31,22,30,1,28,2,8,16,27,4,5,7,9,13,23,21	2,30,4,23,27,16,8
25	14,19,3,4,7,13,25,27,31,16,11,29,12,28,15,20,2	2,12,15,28,20,7,16,11,3,4,27,13,14,19
26	3,11,12,14,30,13,7,25,28,5,6,15,22,2,16,18,27,19,23	19,6,16,27,2,15,11,13,7,25,3,12,30
27	1,23,6,8,2,21,30,12,22,13	2,22,23,8,1,6
28	28,6,7,4,20,17,25,27,1,5,13,24,12,30	1,25,27
29	3,16,23,19,20,8,17,24,25,5,21,10,15,2,6	2,25,21,3,8,20
30	20,6,12,21,15,24,7,28,13,22,27	15,22,21,7,27,24,20,12
31	3,20,17,23,2,16	16,23,17

行业代码	出口增长率趋势突变发生时间排序	出口增长率受冲击影响持续时长排序
32	3,18,23,30,11,27,12,22,2,24,15,16	24,11,23,3
33	7,8,10,14,18,16,9,23,6,3,29,22,1,24	3,8,14,7
34	12,14,27,5,20	12,27
35	2,11,9	11,9,2
36	16,23,15	15
37	9,15	9,15

第一，不同行业受冲击影响发生显著性趋势改变的区域范围不同，有 10 个行业受冲击影响发生趋势改变的区域范围超过了 15 个省、自治区和直辖市，而剩余行业则相对较少，表明不同行业发生趋势突变的区域范围差异十分明显。首先，可检测到行业出口增长趋势发生突变的省、自治区和直辖市数最多的行业分别为有色金属冶炼及压延加工业、黑色金属冶炼及压延加工业、非金属矿物制品业、专用设备制造业、仪器仪表及文化办公用机械制造业、饮料制造业、通信设备计算机及其他电子设备制造业、非金属矿采选业、化学纤维制造业和通用设备制造业等 10 个行业，这些行业出口增长趋势发生显著性突变区域范围达到了 31 个省、自治区和直辖市的一半以上。

其次，可检测到出口增长趋势发生显著性突变的省、自治区和直辖市数最小的行业有黑色金属矿采选业、电力热力的生产和供应业、石油和天然气开采业、废弃资源和废旧材料回收加工业、有色金属矿采选业、天燃气生产和供应业、其他采矿业及水的生产和供应业等几个行业，这些行业被检测出具有明显趋势突变的区域范围不超过 3 个省、直辖市和自治区。

第二，行业受冲击影响发生趋势突变的向后顺序差异性比较明显，从 38 个行业出口增长趋势受冲击影响而发生显著性突变的先后顺序来看，行业间差异程度十分明显。

首先，从行业出口增长趋势首次发生突变的时间来看，38个行业中有15个行业在2006年第3季度即在部分省、自治区和直辖市开始发生趋势突变，有5个行业在2006年第4季度才开始在个别省、自治区和直辖市发生了趋势突变，有9个行业则是在2007年第1季度—2007年第3季度间才开始在部分省、自治区和直辖市发生趋势突变，通用设备制造业在2008年第1季度才开始在部分省、自治区和直辖市发生趋势突变，表明不同行业发生趋势突变起始时间具有明显的差异性。

其次，从行业出口增长趋势末次发生趋势突变的时间来看，38个行业的差异程度比较明显。末次发生趋势突变较早的行业有（安徽）工艺品及其他制造业、（上海）燃气生产和供应业、（广东）石油和天然气开采业、（北京）石油加工炼焦及核燃料加工业和（黑龙江）仪器仪表及文化办公用机械制造业，所有省、自治区和直辖市均在2007年第1季度之前即已经发生了趋势突变；有12个行业出口增长趋势最晚发生趋势突变的时间在2007年第2季度—2008年第4季度之间，同时剩余的一些行业则在2009年之后所有区域才完成趋势突变。

第三，行业受冲击影响持续时长差异程度较为明显。一方面，不同省、自治区和直辖市的同一行业出口受冲击影响的持续时间差异程度比较明显，例如河北省煤炭开采和洗选业与天津市煤炭开采和洗选业出口受冲击影响持续时长分别为1个季度和16个季度，二者相差了15个季度；另一方面，不同行业出口受冲击影响的持续时长差异程度也很明显，例如各省、自治区和直辖市专用设备制造业受冲击影响的持续时间基本在10个季度以上，而烟草制品业受冲击影响的持续时间基本都低于8个季度。

第九章　结论和展望

第一节　主要结论和政策建议

一、主要结论

本书通过将动态经济学方法和企业异质性引入传统的投入产出模型，发展了一个旨在分析外部冲击对一国产业层面发展趋势非均衡性影响的动态一般均衡模型，从理论层面论证分析了外部冲击通过贸易渠道与产业关联进行传播扩散，并引起产业发展趋势的非均衡变化；同时，本书还在理论模型的基础上构建了相应的实证检验模型，检验分析了外部冲击对一国宏观和中观层面影响的特征。本书的主要结论有以下几个：

第一，本书的理论模型分析表明，外部冲击对一国经济影响具有长期非均衡性特征。一方面，在内外经济环境均处于相对稳定的状态下，各国、各行业的经济将处于一个稳定持续的发展趋势，外部冲击爆发后固有稳定的经济发展趋势将会被打破，进入到一个震荡式波动发展趋势，而当冲击过后经济将会重新进入到一个新的稳定发展趋势，但新旧两种稳定持续的发展趋势是否相同，则与冲击影响以及产业特征有关；另一方面，由于外部冲击传播渠道的不同以及行业异质性的存在，产业发展趋势受冲击的影响具有差异性，即外部冲击对一国产业层面的影响具有一定的非均衡性。

第二，世界 14 个主要国家在过去 20 年间受金融危机冲击影响进出口贸易增长趋势变化显著，且不同阶段不同国家间受冲击影响的差异程度也十分明显，冲击源起国及与其相邻或者经贸关系紧密的国家受冲击影响程度也相对较高。一方面，从 1997 年亚洲金融危机和 2008 年全球金融危机冲击过程来看，外部冲击改变了大部分国家固有的经济发展趋势，且经济受冲击影响较强的国家或地区，贸易平均倾向变化趋势波动程度也相对较强；另一方面，从两次金融危机冲击的影响程度来看，亚洲金融危机冲击对亚洲 7 国进出口贸易的影响程度要明显高于欧美等 7 国，而全球金融危机冲击对 14 国均有明显的影响，同时冲击源起国及其经贸关系紧密的国家受到冲击影响的程度也相对较高。

第三，中国整体及其 10 个主要产业和 31 个省、自治区和直辖市的经济、贸易和消费增长趋势在金融危机冲击过程中均发生较显著变化。首先，中国受两次金融危机冲击影响阶段性变化十分显著，金融危机的爆发改变了中国大部分产业和地区的固有稳定发展趋势，且在冲击过后进入到一个新的稳定发展趋势；其次，2008 年全球金融危机冲击的影响范围要明显大于 1997 年亚洲金融危机的冲击，从冲击影响的持续时长以及趋势发生变化的产业和省、自治区及直辖市数量来看，全球金融危机的影响程度均要强于亚洲金融危机的影响；从两次金融危机冲击影响的区域特征来看，东部地区受冲击影响的持续时间长以及发生趋势变化范围要明显强于中西部地区；最后，从产业受冲击影响情况来看，金融服务业更容易受到金融危机冲击的影响，其受冲击影响的起始时间相对较早，持续时间也相对较长。

第四，中国各行业平均出口倾向变化趋势受全球金融危机冲击影响具有明显的非均衡性，不同行业出口倾向受冲击影响的时序性和程度差异均十分明显。全球金融危机冲击对不同行业出口发展趋势非均衡性的影响十分明显，几乎 64 类产品的平均出口倾向变化趋势在全球金融危机冲击前后均有明显的改变，且不同行业受冲击影响起始时间、结束时间、持续时长以及受影响的程度均有较为明显的差异；冲击对行业出口发展趋势影响的非均衡程度还进一步体现在出口结构变化的改变，全球金融危机的爆发同样改变了中国出口结构的固有变化趋势，金融危机爆发后中国出口贸易结构变化程度迅速变大，且变化方向也有较为明显的改变，当冲击过后出口结构重新进入到一个相对稳定的变化阶段。

第五，金融危机冲击对中国工业产出和出口发展趋势的影响同样具有显著的非均衡性特征，且同时工业行业产出和出口结构变化趋势受冲击影响也发生了明显的改变。首先，中国工业各行业产出和出口增长趋势受全球金融危机影响十分显著，产出和出口固有发展趋势被全球金融危机所打破，在冲击爆发期间均出现了大幅度下降，而当冲击过后固有发展趋势也并没有得以恢复；其次，冲击影响的行业非均衡性特征十分明显，38 个工业行业的产出和出口增长趋势受冲击影响的起始时间、结束时间和持续时长均具有明显的差异性，表明不同行业发展趋势受冲击影响的时序非均衡性较为显著；最后，中国工业结构变化趋势受冲击影响发生较为显著的改变，冲击爆发后工业结构固有平稳的变化趋势发生了明显的改变，在冲击过后又进入到了一个新的变化趋势中，这充分体现了全球金融危机冲击影响的非均衡性和长期性。

第六，中国地区行业层面的实证分析表明，中国 31 个省、自治区和直辖市的 38 个工业行业发展趋势受全球金融危机冲击影响阶段性变化特征显著，且受冲击影响的行业与区域非均衡性特征十分明显。各地区工业行业受金融危机冲击影响阶段性变化较为明显，在冲击爆发前的冲击潜伏期，各地各工业行业均呈现出稳定的发展趋势，冲击爆发后固有发展趋势被打破，进入到震荡波动变化阶段，冲击过后则进入到一个新的稳定发展趋势；中国工业产出和出口增长趋势变化具有明显的区域和行业特征，同一地区的不同行业、不同地区的同一行业受冲击影响发展趋势改变程度以及时序性特征也具有明显的差异。

二、政策建议

改革开放以来，中国经济发展水平与对外开放程度得以不断提升，同时受外部冲击的影响程度以及与世界经济发展的协同性也在不断增强，如何应对各种类型尤其是诸如 2008 年全球金融危机此类的外部冲击，弱化或者消除它们对中国经济的负面影响尤为重要。在这样的一个发展背景下，本书通过大量理论实证研究表明外部冲击对一国经济影响具有明显的非均衡性特征，不同产业（行业）或者地区受冲击影响的时序和程度均具有明显的差异，这样的研究结果可为今后相关的理论实证研究和政策制定提供一些有裨益的启示。

第一，诸如全球金融危机带来的巨大突发性外部冲击可以得到有效的预测预防。目前大部分研究均表明外部冲击具有突发性和不可预测性的特点，但本书的理论实证研究表明，不同行业受全球金融危机冲击影响起始、结束和持续时长具有明显的差异性，一些行业受冲击影响的时间早于冲击全面爆发的时间，因而通过行业受冲击影响的非均衡性特征来预测外部冲击的爆发——密切关注各国各行业产出和出口贸易发展趋势的变化，如果在某一时间有部分行业的发展趋势发生突变情况，且后续仍有行业发展趋势不断发生突变，则表明有可能会有较高强度的外部或内部冲击要爆发。

第二，科学应对外部冲击的影响，实时制定调整有效的产业应对政策。通过构建外部冲击影响的预测系统，根据行业受冲击影响的非均衡性，在外部冲击过程中，根据行业可能受冲击影响的先后顺序、受冲击影响持续时长、严重程度，有针对性地制定相对应的产业发展政策，以减少行业受冲击影响的持续时长和程度。

第三，针对区域受冲击影响的非均衡性特征，制定科学高效的区域应对政策。在今后预测到或者遇到诸如全球金融危机等此类外部冲击的爆发，根据不同地区不同发展特征及其受外部冲击影响特点，制定有针对性的区域发展政策，对于那些易受冲击影响且受影响程度较强的地区予以政策倾斜重点扶持，减少外部冲击对中国各地区经济发展的影响。

第四，在外部冲击爆发期间，针对不同国家或地区受冲击影响的特点，制定相对应的外经贸政策。甄别出各国各地区受冲击影响的程度以及行业发展趋势变化特点，制定相对应的贸易和投资政策，尤其是对于那些冲击源起国和受冲击影响相对比较严重的国家或地区，应针对各国各地区受冲击影响时序和程度的不同，制定相对应的外经贸政策，减少这些国家或地区需求波动带来的影响。

第二节　不足之处和未来研究问题

由于本书关注的重点在于分析外部冲击对一国或地区影响的非均衡性机理和特征，因而就外部冲击在产业层面的传播途径机理、影响非均衡性的内在特征和原因等一系列问题论证也相对较少，也有很多因素没有纳入理论实证分析模型中，这既是本书研究的不足之处，也是今后仍需要进一步研究论证的重点。

第一，外部冲击通过何种渠道影响一国的产业发展，其影响又如何在产业内部之间传导，是本书没有论证说明的问题之一。虽然目前研究文献已经基本回答了外部冲击对一国不同产业影响作用机制等问题，但从整个中观层面系统论证分析外部冲击传播作用机理的研究相对较少。一方面，外部冲击对一国产业发展带来影响的机理情况，即对于不同产业外部冲击影响的渠道和影响程度的差异性；另一方面，外部冲击在一国产业内部的传播和作用机理，即行业受到冲击影响后，又是如何将这种影响传播给其他行业，以及受到冲击影响的行业间是如何相互影响的，对这两方面的研究还相对不足。

第二，相关研究表明外部冲击对一国产业层面的影响具有显著的非均衡性，但关于这种非均衡性产生原因的分析却明显不足。不同行业受外部冲击影响具有明显的差异性，然而造成行业受外部冲击影响的非均衡性内在机理和原因还有待进一步分析论证，虽然目前国内外研究已经从行业或企业类型、对外依存程度等几个方面展开研究分析，但依然没有揭示非均衡性背后的原因。

针对于此，今后的研究还应充分考虑到外部冲击的特点，从外部冲击在产业层面扩散传播的机理着手，论证分析产业所属区域特征、产业特点以及外部冲击具体情况，重点分析产业所属国家的经济政治发展特点和产业自身发展水平、产业对外开放程度、产业上下游发展情况、产业在产业链所属位置、产业内部关联程度等一系列问题，并且论证分析产业受冲击影响非均衡性的原因。

第三，还缺乏一个系统科学有效的预测系统，预测预防外部冲击的发生和传播。由于大多数外部冲击具有突发性和不可预测性，因而目前国内外对于外部冲击预测预防还处于起步阶段，正如本书所分析论证的那样，虽然大多数外部冲击具有突发性、短暂性和无法预测性，然而仍有一部分影响巨大、持续时间长、影响范围广的冲击具有一定的可预测预防性，这也是今后本书致力于延续的方向。

诸如1997年亚洲金融危机和2008年全球金融危机此类的外部冲击，在爆发前均有较为明显的征兆，尤其是全球金融危机早在2006年美国"次贷危机"爆发伊始就已经陆续有一些产业或者地区的生产和出口贸易发生趋势改变，因而针对外部冲击影响的非均衡性特征，密切监测世界主要国家在产业层面的生产和出口趋势变化，以预测类似于全球金融危机此类外部冲击的爆发，具有一定的科学性和可行性。

附　录

附表 1　各国历年资本存量

单位：10 亿美元

国家	1980	1981	1982	1983	1984	1985	1986	1987	1988
澳大利亚	4105	4288	4510	4592	4739	4937	5147	5307	5537
加拿大	6464	6847	6926	7075	7323	7631	7942	8315	8792
中国	4395	4590	4817	5131	5585	6351	7115	7898	8808
德国	32904	32658	32292	32280	32330	32364	32624	32902	33497
法国	20903	21090	21344	21398	21435	21537	21817	22203	22843
英国	13889	13688	13673	13829	14116	14437	14769	15271	16120
印度	3898	4122	4345	4558	4797	5071	5364	5637	5976
意大利	17064	17230	17347	17360	17581	17846	18169	18624	19165
日本	44994	46309	47454	48289	49383	51034	52874	55030	58263
韩国	1652	1819	1997	2213	2471	2721	2998	3349	3776
马来西亚	431	484	545	609	672	703	717	727	758
新加坡	460	515	578	645	716	761	791	828	858
泰国	1007	1070	1114	1188	1265	1326	1373	1449	1583
美国	69597	72383	73520	75415	79772	83884	87781	91690	95310
世界	379080	388829	395220	401317	411552	423276	435727	449827	467496
国家	1989	1990	1991	1992	1993	1994	1995	1996	1997
澳大利亚	5847	6146	6261	6315	6444	6617	6892	7154	7464
加拿大	9292	9600	9761	9862	9991	10225	10479	10713	11159
中国	9651	10414	11216	12223	13862	15767	18000	20324	22582
德国	34398	35620	37062	38309	39033	39849	40625	41107	41620

续表

国家	1989	1990	1991	1992	1993	1994	1995	1996	1997
法国	23684	24584	25255	25755	25844	26142	26534	26768	27054
英国	16975	17544	17814	18150	18535	19142	20225	21274	22204
印度	6324	6743	7051	7453	7768	8200	8784	9219	9815
意大利	19771	20435	21069	21569	21668	21896	22337	22715	23128
日本	61974	66032	69997	73079	75387	77113	79030	81213	83230
韩国	4288	4924	5677	6342	6992	7786	8659	9611	10353
马来西亚	812	888	1005	1117	1266	1433	1661	1887	2133
新加坡	898	960	1014	1078	1164	1240	1339	1450	1601
泰国	1751	2007	2294	2577	2875	3203	3586	3966	4138
美国	99077	102171	104079	106547	109607	113683	117749	122706	129042
世界	487447	507433	524548	538706	550227	563897	579984	597324	617181
国家	1998	1999	2000	2001	2002	2003	2004	2005	2006
澳大利亚	7836	8243	8670	8935	9278	9740	10335	10978	11643
加拿大	11580	12040	12603	13029	13452	14014	14697	15567	16482
中国	24839	27086	29344	31972	35020	38844	43291	48185	53858
德国	42360	43290	44276	44922	44979	45069	44989	44858	45213
法国	27676	28502	29588	30573	31348	32049	32955	33891	34904
英国	23340	24465	25463	26417	27234	28160	29052	29874	30805
印度	10440	11303	11997	12804	13607	14555	16029	17803	19897
意大利	23602	24169	24869	25565	26339	27040	27738	28342	29085
日本	84102	84268	84814	85093	84619	84322	84361	84396	84526
韩国	10440	10827	11960	12991	14074	15172	16244	17262	18303
马来西亚	2159	2173	2258	2304	2369	2421	2489	2542	2616
新加坡	1658	1734	1873	1918	1948	1897	1942	1979	2052
泰国	3990	3882	3821	3776	3758	3794	3882	4022	4129
美国	136385	144609	153403	159896	165675	171832	179217	187178	194842
世界	636583	656979	681061	701528	719974	740818	766398	794202	826988
国家	2007	2008	2009	2010	2011	2012	2013	2014	
澳大利亚	12366	13222	13954	14676	15441	16403	17288	17975	

续表

国家	2007	2008	2009	2010	2011	2012	2013	2014	
加拿大	17365	18180	18486	19085	19841	20624	21363	21991	
中国	60528	67787	76975	87185	98008	109280	121353	134325	
德国	45944	46637	46164	46390	47018	47109	47199	47409	
法国	36105	37159	37346	37670	38295	38715	39103	39434	
英国	31871	32456	32139	32481	32861	33254	33809	34666	
印度	22409	24691	27298	30359	33532	36471	39080	41386	
意大利	29839	30363	30194	30236	30233	29700	29111	28462	
日本	84740	84629	82770	81518	80439	79891	79519	79304	
韩国	19364	20272	20756	21685	22626	23378	24044	24804	
马来西亚	2715	2808	2856	2988	3118	3326	3538	3735	
新加坡	2154	2347	2466	2669	2872	3123	3341	3517	
泰国	4229	4362	4335	4435	4526	4701	4872	4948	
美国	200846	203999	201956	202470	203619	206224	209404	213114	
世界	862214	893617	908610	931976	959806	987614	1015404	1043245	

资料来源：笔者根据世界银行网站所提供 WDI 数据库、根据式（4-5）和式（4-6）计算而得。

附表 2　各国历年（1990—2014 年）全要素生产率

国家	1990	1991	1992	1993	1994	1995	1996	1997	1998
澳大利亚	34.88	34.23	34.08	34.92	35.49	35.60	35.99	36.32	36.59
加拿大	39.11	37.75	37.84	38.41	39.44	39.90	39.80	40.20	40.60
中国	6.76	7.01	7.53	7.86	8.13	8.24	8.36	8.44	8.53
德国	35.57	35.46	35.46	34.74	35.01	35.24	35.19	35.36	35.57
法国	37.06	36.91	36.78	36.38	36.92	37.32	37.38	38.21	38.79
英国	44.20	43.28	42.91	43.74	44.62	44.09	43.74	43.36	43.54
印度	7.49	7.29	7.35	7.44	7.60	7.78	8.05	7.98	8.08
意大利	39.13	38.76	39.14	38.57	39.44	39.99	39.99	40.26	40.33
日本	33.18	32.80	31.99	31.38	31.11	31.15	31.34	31.27	30.40
韩国	26.81	26.60	25.99	25.87	25.97	26.17	26.05	26.03	24.52

国家	1990	1991	1992	1993	1994	1995	1996	1997	1998
马来西亚	17.56	17.55	17.67	17.69	17.64	17.43	17.44	17.03	15.55
新加坡	24.97	25.37	25.89	27.32	28.77	29.11	29.18	29.41	27.75
泰国	9.43	9.39	9.41	9.55	9.72	9.77	9.62	9.15	8.42
美国	41.91	41.25	41.83	42.00	42.43	42.39	42.60	43.09	42.88
世界	20.06	19.83	19.74	19.67	19.84	19.92	20.06	20.22	20.24
国家	1999	2000	2001	2002	2003	2004	2005	2006	2007
澳大利亚	37.05	36.98	36.69	37.05	36.77	36.73	35.94	35.41	35.11
加拿大	41.31	42.09	41.33	41.30	40.63	40.59	40.06	39.45	38.79
中国	8.63	8.84	9.04	9.27	9.50	9.74	10.08	10.55	11.13
德国	35.90	36.46	36.61	36.57	36.33	36.73	36.91	37.90	38.68
法国	39.11	39.63	39.56	39.15	38.67	38.96	38.64	38.85	38.75
英国	43.37	43.84	43.83	43.97	44.68	44.77	44.93	45.25	45.28
印度	8.29	8.24	8.19	8.10	8.27	8.30	8.39	8.52	8.65
意大利	40.36	40.95	40.84	39.88	39.25	38.96	38.68	38.80	38.77
日本	30.32	30.94	30.94	31.28	31.89	32.66	33.08	33.61	34.24
韩国	26.46	26.79	26.40	26.75	26.24	26.13	26.03	26.29	26.64
马来西亚	16.30	16.98	16.64	17.23	17.79	18.44	19.08	19.64	20.18
新加坡	28.39	28.99	28.14	29.10	30.84	33.31	34.56	36.27	37.52
泰国	8.90	9.38	9.52	10.04	10.67	11.10	11.25	11.61	11.96
美国	43.12	43.16	42.28	41.92	41.87	42.31	42.23	41.90	41.91
世界	20.33	20.62	20.49	20.41	20.50	20.73	20.85	21.08	21.21
国家	2008	2009	2010	2011	2012	2013	2014		
澳大利亚	34.51	33.72	33.06	32.55	32.36	31.86	31.67		
加拿大	37.74	36.36	36.66	36.77	36.28	36.15	36.14		
中国	11.31	11.37	11.59	11.69	11.71	11.75	11.77		
德国	38.68	36.80	38.19	39.06	39.37	39.22	39.63		
法国	37.94	36.71	37.11	37.51	37.16	37.24	37.03		
英国	44.37	42.63	43.16	43.43	43.13	43.37	43.52		
印度	8.45	8.59	8.80	8.82	8.71	8.86	9.10		

续表

国家	2008	2009	2010	2011	2012	2013	2014		
意大利	37.77	35.82	36.58	36.79	35.75	35.41	35.73		
日本	33.93	32.57	34.41	34.76	35.58	36.16	36.16		
韩国	26.44	26.29	27.14	27.21	27.19	27.27	27.50		
马来西亚	20.60	19.89	20.65	20.91	21.05	20.96	21.23		
新加坡	35.41	33.62	36.38	36.45	35.34	35.02	34.68		
泰国	11.99	11.74	12.44	12.25	12.71	12.72	12.67		
美国	41.00	40.36	41.20	41.65	42.11	42.78	43.08		
世界	20.98	20.22	20.61	20.68	20.70	20.70	20.73		

资料来源：笔者根据世界银行网站所提供 WDI 数据库、根据式（4-7）和表 4-5 的结果计算整理而得。

附表 3　各国历年消费水平和消费倾向情况

年份	国家	人均 GDP（美元）	人均消费（美元）	消费增长率（%）	平均消费倾向（%）	平均消费倾向趋势项	平均消费倾向波动项
1990	澳大利亚	25000	18384.07	3.22	73.54	75.36	-1.82
	德国	28800	21882.97	4.06	75.98	75.47	0.51
	法国	28200	22218.18	2.72	78.79	77.35	1.43
	韩国	8830	6844.42	7.73	77.51	66.22	11.29
	加拿大	27900	21708.00	1.45	77.81	80.9	-3.10
	马来西亚	3150	1797.64	8.92	57.07	65.25	-8.18
	美国	33000	27112.86	2.19	82.16	80.01	2.15
	日本	31200	22204.68	4.97	71.17	66.21	4.95
	泰国	1570	1124.96	6.8	71.65	64.16	7.49
	新加坡	16600	8497.62	8.02	51.19	52.94	-1.75
	意大利	26500	21553.33	2.08	81.33	77.77	3.57
	印度	402	318.15	2.8	79.14	77.59	1.55
	英国	28800	22167.27	0.96	76.97	80.97	-4
	中国	465	332.9	3.87	71.59	61.03	10.56
	世界	5860	4456.63	2.87	76.05	77	-0.94

年份	国家	人均GDP（美元）	人均消费（美元）	消费增长率（%）	平均消费倾向（%）	平均消费倾向趋势项	平均消费倾向波动项
1991	澳大利亚	24600	18464.47	1.15	75.06	75.56	−0.50
	德国	30000	22625.00	4.48	75.42	75.57	−0.15
	法国	28500	22526.95	1.58	79.04	77.45	1.59
	韩国	9590	7325.37	8.44	76.39	66.29	10.10
	加拿大	26900	21363.85	−0.71	79.42	80.40	−0.98
	马来西亚	3360	1920.76	8.18	57.17	63.89	−6.73
	美国	32500	26852.98	0.51	82.62	79.97	2.66
	日本	32100	22663.57	2.68	70.6	67	3.60
	泰国	1690	1178.62	4.70	69.74	64.28	5.46
	新加坡	17200	8759.85	7.03	50.93	52.50	−1.57
	意大利	26900	22121.71	2.31	82.24	77.71	4.53
	印度	398	317.05	3.71	79.66	77.56	2.10
	英国	28300	21876.07	−0.72	77.3	81.00	−3.70
	中国	501	355.13	9.85	70.88	60.65	10.23
	世界	5840	4463.69	1.41	76.43	76.98	−0.55
1992	澳大利亚	24400	18685.71	0.91	76.58	75.73	0.85
	德国	30400	23327.35	3.63	76.73	75.66	1.07
	法国	28800	22835.50	1.91	79.29	77.54	1.75
	韩国	10000	7676.54	7.67	76.77	66.35	10.41
	加拿大	26800	21369.93	0.98	79.74	79.88	−0.14
	马来西亚	3560	1951.75	4.81	54.82	62.54	−7.71
	美国	33200	27315.96	3.14	82.28	79.92	2.35
	日本	32300	23117.46	2.06	71.57	67.80	3.78
	泰国	1810	1268.74	7.07	70.10	64.42	5.68
	新加坡	17800	8930.90	6.86	50.17	52.07	−1.9
	意大利	27100	22348.70	1.57	82.47	77.64	4.82
	印度	412	319.22	4.37	77.48	77.52	−0.04

续表

年份	国家	人均GDP（美元）	人均消费（美元）	消费增长率（%）	平均消费倾向（%）	平均消费倾向趋势项	平均消费倾向波动项
1992	英国	28400	22301.84	0.22	78.53	81.02	-2.49
	中国	566	401.95	14.3	71.02	60.27	10.74
	世界	5860	4504.88	2.92	76.88	76.97	-0.09
1993	澳大利亚	25100	18881.53	2.06	75.23	75.86	-0.63
	德国	29900	23255.56	0.54	77.78	75.75	2.03
	法国	28500	23071.43	1.03	80.95	77.60	3.35
	韩国	10600	8103.21	6.35	76.45	66.41	10.03
	加拿大	27200	21378.85	1.14	78.60	79.31	-0.71
	马来西亚	3810	2034.37	6.42	53.40	61.21	-7.81
	美国	33700	27737.10	2.72	82.31	79.88	2.42
	日本	32300	23381.34	1.28	72.39	68.59	3.80
	泰国	1940	1351.13	8.36	69.65	64.59	5.06
	新加坡	19400	9775.43	10.40	50.39	51.67	-1.28
	意大利	26800	21863.16	-2.70	81.58	77.58	4.00
	印度	423	327.8	9.06	77.49	77.46	0.03
	英国	29100	22864.29	2.16	78.57	81.02	-2.45
	中国	637	442.76	13.20	69.51	59.93	9.58
	世界	5870	4551.51	2.17	77.54	76.94	0.60
1994	澳大利亚	25900	19116.67	2.70	73.81	75.94	-2.13
	德国	30500	23735.89	2.28	77.82	75.83	1.99
	法国	29000	23098.84	1.38	79 65	77.63	2.02
	韩国	11400	8617.32	7.54	75.59	66.46	9.13
	加拿大	28200	21597.07	1.82	76.59	78.70	-2.11
	马来西亚	4060	2163.68	9.84	53.29	59.94	-6.65
	美国	34600	28257.30	3.28	81.67	79.85	1.82
	日本	32400	23920.00	2.56	73.83	69.37	4.46
	泰国	2100	1447.80	8.24	68.94	64.81	4.13
	新加坡	20900	10054.28	11.60	48.11	51.33	-3.22

年份	国家	人均 GDP（美元）	人均消费（美元）	消费增长率（%）	平均消费倾向（%）	平均消费倾向趋势项	平均消费倾向波动项
1994	意大利	27400	21779.49	0.96	79.49	77.52	1.97
	印度	443	335.70	5.36	75.78	77.35	−1.57
	英国	30200	23469.71	2.08	77.71	81.03	−3.31
	中国	712	462.09	6.37	64.90	59.65	5.25
	世界	5960	4607.88	2.56	77.31	76.89	0.42
1995	澳大利亚	26600	19728.33	3.63	74.17	75.98	−1.81
	德国	30900	24060.47	2.03	77.87	75.89	1.98
	法国	29500	23298.3	1.36	78.98	77.61	1.37
	韩国	12300	9297.29	10.50	75.59	66.49	9.10
	加拿大	28700	21686.71	1.25	75.56	78.07	−2.50
	马来西亚	4350	2331.91	4.99	53.61	58.76	−5.15
	美国	35100	28575.00	2.51	81.41	79.84	1.57
	日本	32900	24296.61	2.49	73.85	70.13	3.71
	泰国	2270	1543.26	9.68	67.99	65.08	2.91
	新加坡	21700	10238.53	0.43	47.18	51.06	−3.88
	意大利	28200	22031.25	0.70	78.13	77.47	0.65
	印度	467	349.47	4.85	74.83	77.19	−2.36
	英国	30800	24089.39	−1.55	78.21	81.05	−2.84
	中国	782	492.28	8.48	62.95	59.47	3.48
	世界	6040	4639.42	2.19	76.81	76.83	−0.02
1996	澳大利亚	27300	20133.07	2.93	73.75	75.98	−2.24
	德国	31100	24392.16	1.52	78.43	75.93	2.50
	法国	29800	23773.03	2.12	79.78	77.56	2.22
	韩国	13000	9799.33	8.97	75.38	66.50	8.88
	加拿大	28900	21852.04	1.48	75.61	77.45	−1.83
	马来西亚	4660	2398.18	6.32	51.46	57.69	−6.23
	美国	36100	29184.86	2.99	80.84	79.87	0.97
	日本	33700	24877.59	2.81	73.82	70.88	2.94

续表

年份	国家	人均GDP（美元）	人均消费（美元）	消费增长率（%）	平均消费倾向（%）	平均消费倾向趋势项	平均消费倾向波动项
1996	泰国	2380	1627.45	9.58	68.38	65.41	2.97
	新加坡	22400	10640.68	7.56	47.50	50.92	−3.41
	意大利	28500	22166.67	1.11	77.78	77.47	0.31
	印度	493	367.45	11.3	74.53	76.97	−2.43
	英国	31600	24730.43	3.05	78.26	81.14	−2.88
	中国	851	530.24	11.40	62.31	59.36	2.95
	世界	6150	4716.15	3.25	76.69	76.77	−0.08
1997	澳大利亚	28000	20393.06	1.97	72.83	75.97	−3.14
	德国	31600	24645.56	0.91	77.99	75.95	2.04
	法国	30400	23755.19	0.97	78.14	77.48	0.67
	韩国	13700	10094.74	6.56	73.68	66.49	7.20
	加拿大	29800	22358.34	3.23	75.03	76.85	−1.82
	马来西亚	4880	2453.81	5.05	50.28	56.8	−6.51
	美国	37200	29577.65	3.47	79.51	79.96	−0.45
	日本	34200	25074.71	0.90	73.32	71.60	1.72
	泰国	2320	1584.23	−0.79	68.29	65.79	2.50
	新加坡	23400	10897.19	3.85	46.57	50.89	−4.32
	意大利	29000	22848.48	2.61	78.79	77.51	1.28
	印度	503	375.75	2.46	74.70	76.64	−1.94
	英国	32300	25599.47	3.35	79.26	81.31	−2.06
	中国	920	556.07	6.29	60.44	59.29	1.15
	世界	6290	4772.90	2.96	75.88	76.70	−0.82
1998	澳大利亚	29000	21188.19	4.18	73.06	75.94	−2.88
	德国	32200	25003.79	1.51	77.65	75.95	1.70
	法国	31400	24422.22	2.56	77.78	77.39	0.39
	韩国	12800	8944.84	−8.31	69.88	66.45	3.43
	加拿大	30800	22818.49	2.77	74.09	76.30	−2.21
	马来西亚	4410	2146.86	−9.9	48.68	56.11	−7.43

年份	国家	人均GDP（美元）	人均消费（美元）	消费增长率（%）	平均消费倾向（%）	平均消费倾向趋势项	平均消费倾向波动项
1998	美国	38400	30792.45	4.72	80.19	80.12	0.06
	日本	33400	24931.28	−0.50	74.64	72.31	2.34
	泰国	2050	1407.34	−10.00	68.65	66.22	2.43
	新加坡	22100	10452.36	1.52	47.30	50.99	−3.70
	意大利	29500	23354.17	2.70	79.17	77.59	1.57
	印度	525	396.95	8.07	75.61	76.21	−0.60
	英国	33300	26469.23	3.78	79.49	81.57	−2.08
	中国	983	589.80	7.76	60	59.21	0.79
	世界	6360	4832.93	2.85	75.99	76.63	−0.64
1999	澳大利亚	30100	22006.33	5.62	73.11	75.89	−2.78
	德国	32800	25389.63	2.26	77.41	75.93	1.48
	法国	32300	25011.79	2.90	77.44	77.32	0.12
	韩国	14000	9682.44	−2.64	69.16	66.4	2.76
	加拿大	32000	23287.62	3.24	72.77	75.81	−3.03
	马来西亚	4570	2206.66	4.22	48.29	55.67	−7.38
	美国	39800	31947.57	4.86	80.27	80.37	−0.10
	日本	33300	25311.16	1.74	76.01	72.98	3.03
	泰国	2120	1458.11	2.99	68.78	66.68	2.10
	新加坡	23300	11270.93	5.81	48.37	51.17	−2.80
	意大利	30000	23859.65	2.25	79.53	77.71	1.82
	印度	561	417.85	3.39	74.48	75.65	−1.17
	英国	34300	27815.42	4.40	81.09	81.88	−0.79
	中国	1050	642.02	9.66	61.15	59.05	2.10
	世界	6490	4962.94	3.32	76.47	76.58	−0.11
2000	澳大利亚	30900	22639.09	3.30	73.27	75.81	−2.54
	德国	33800	25897.12	2.03	76.62	75.89	0.72
	法国	33300	25590.15	3.18	76.85	77.28	−0.44
	韩国	15200	10339.41	7.44	68.02	66.35	1.67

年份	国家	人均 GDP（美元）	人均消费（美元）	消费增长率（%）	平均消费倾向（%）	平均消费倾向趋势项	平均消费倾向波动项
2000	加拿大	33400	23898.83	3.62	71.55	75.39	−3.84
	马来西亚	4860	2383.11	7.60	49.04	55.46	−6.42
	美国	40900	32825.78	4.46	80.26	80.68	−0.42
	日本	34000	25559.16	1.57	75.17	73.63	1.55
	泰国	2190	1498.09	5.60	68.41	67.12	1.29
	新加坡	24900	12873.30	12.4	51.7	51.35	0.35
	意大利	31100	24598.87	2.66	79.10	77.85	1.25
	印度	572	422.12	5.68	73.80	74.99	−1.19
	英国	35400	28794.26	4.73	81.34	82.24	−0.91
	中国	1130	693.92	9.69	61.41	58.73	2.68
	世界	6670	5067.89	3.83	75.98	76.52	−0.54
2001	澳大利亚	31000	22915.28	2.11	73.92	75.69	−1.77
	德国	34300	26272.34	1.38	76.6	75.84	0.76
	法国	33700	25885.51	2.14	76.81	77.29	−0.48
	韩国	15700	10810.87	5.23	68.86	66.29	2.57
	加拿大	33600	24456.92	2.74	72.79	75.08	−2.29
	马来西亚	4780	2469.67	7.22	51.67	55.43	−3.77
	美国	40900	33419.15	2.72	81.71	81.04	0.67
	日本	34000	26050.93	2.21	76.62	74.23	2.39
	泰国	2220	1555.59	2.48	70.07	67.50	2.57
	新加坡	24000	13255.53	4.11	55.23	51.44	3.80
	意大利	31600	24928.89	1.46	78.89	78.01	0.88
	印度	589	437.09	2.61	74.21	74.21	0.00
	英国	36200	29941.12	3.71	82.71	82.63	0.08
	中国	1210	731.5	7.17	60.45	58.21	2.24
	世界	6710	5129.28	2.67	76.44	76.46	−0.02
2002	澳大利亚	31800	23316.61	3.71	73.32	75.52	−2.19
	德国	34200	26195.74	−0.23	76.60	75.76	0.84

年份	国家	人均 GDP（美元）	人均消费（美元）	消费增长率（%）	平均消费倾向（%）	平均消费倾向趋势项	平均消费倾向波动项
2002	法国	33900	26276.56	2.00	77.51	77.35	0.16
	韩国	16800	11655.00	8.62	69.38	66.23	3.14
	加拿大	34200	24994.77	3.40	73.08	74.86	−1.77
	马来西亚	4940	2539.40	5.30	51.40	55.54	−4.13
	美国	41300	34115.88	2.82	82.61	81.43	1.18
	日本	34000	26322.58	1.51	77.42	74.79	2.63
	泰国	2310	1607.64	4.81	69.59	67.80	1.79
	新加坡	24800	13759.23	3.43	55.48	51.36	4.12
	意大利	31600	24928.89	0.25	78.89	78.19	0.70
	印度	602	440.49	2.89	73.17	73.34	−0.17
	英国	37000	30945.45	3.97	83.64	83.02	0.61
	中国	1310	773.52	7.51	59.05	57.49	1.56
	世界	6760	5213.49	2.58	77.12	76.39	0.73
2003	澳大利亚	32400	23960.93	3.33	73.95	75.30	−1.34
	德国	34000	26228.57	0.17	77.14	75.66	1.49
	法国	33900	26509.48	1.60	78.20	77.45	0.75
	韩国	17200	11626.70	0.77	67.60	66.16	1.43
	加拿大	34500	25479.36	2.82	73.85	74.73	−0.88
	马来西亚	5130	2697.26	8.80	52.58	55.74	−3.17
	美国	42100	34853.28	2.89	82.79	81.82	0.97
	日本	34500	26520.41	0.88	76.87	75.31	1.56
	泰国	2450	1679.56	6.10	68.55	68.01	0.54
	新加坡	26300	14148.43	5.28	53.80	51.10	2.70
	意大利	31500	24886.74	0.92	79.01	78.39	0.62
	印度	638	456.62	7.50	71.57	72.42	−0.85
	英国	38400	32027.95	4.10	83.41	83.40	0.01
	中国	1440	817.30	6.88	56.76	56.59	0.17
	世界	6860	5270.87	2.59	76.83	76.30	0.53

年份	国家	人均GDP（美元）	人均消费（美元）	消费增长率（%）	平均消费倾向（%）	平均消费倾向趋势项	平均消费倾向波动项
2004	澳大利亚	33400	24900.89	4.35	74.55	75.02	−0.47
	德国	34400	26284.51	0.46	76.41	75.53	0.88
	法国	34600	26787.10	2.07	77.42	77.59	−0.17
	韩国	18000	11729.17	1.68	65.16	66.11	−0.95
	加拿大	35300	25834.60	2.63	73.19	74.70	−1.51
	马来西亚	5380	2911.53	8.10	54.12	56.04	−1.92
	美国	43300	35799.21	3.44	82.68	82.20	0.47
	日本	35300	26846.78	1.32	76.05	75.81	0.24
	泰国	2580	1770.89	6.37	68.64	68.14	0.50
	新加坡	28400	14462.52	2.28	50.92	50.67	0.25
	意大利	31800	25059.78	1.03	78.80	78.61	0.19
	印度	678	471.85	−1.03	69.59	71.50	−1.91
	英国	39100	32943.83	3.39	84.26	83.75	0.50
	中国	1570	861.96	7.84	54.90	55.57	−0.67
	世界	7060	5380.53	3.36	76.21	76.19	0.02
2005	澳大利亚	34000	25610.39	3.81	75.32	74.71	0.62
	德国	34700	26449.65	0.44	76.22	75.38	0.84
	法国	34900	27285.45	2.16	78.18	77.76	0.42
	韩国	18700	12244.54	4.73	65.48	66.07	−0.59
	加拿大	36000	26472.41	3.12	73.53	74.78	−1.24
	马来西亚	5560	3085.03	8.62	55.49	56.43	−0.95
	美国	44300	36522.14	3.01	82.44	82.58	−0.13
	日本	35800	27261.27	1.38	76.15	76.31	−0.16
	泰国	2680	1857.73	5.70	69.32	68.19	1.13
	新加坡	29900	14785.20	5.54	49.45	50.15	−0.71
	意大利	32000	25254.05	1.15	78.92	78.86	0.06
	印度	729	504.36	8.24	69.18	70.66	−1.47
	英国	39900	33774.27	2.82	84.65	84.08	0.57

续表

年份	国家	人均GDP（美元）	人均消费（美元）	消费增长率（%）	平均消费倾向（%）	平均消费倾向趋势项	平均消费倾向波动项
2005	中国	1740	927.49	6.02	53.30	54.51	−1.21
	世界	7220	5484.13	3.15	75.96	76.07	−0.11
2006	澳大利亚	34500	25995.80	3.44	75.35	74.36	0.99
	德国	36000	26878.38	1.41	74.66	75.24	−0.58
	法国	35500	27488.94	1.96	77.43	77.97	−0.53
	韩国	19500	12752.38	5.46	65.40	66.05	−0.66
	加拿大	36700	27293.70	3.76	74.37	74.96	−0.59
	马来西亚	5770	3226.64	6.38	55.92	56.95	−1.03
	美国	45100	37358.96	2.68	82.84	82.94	−0.10
	日本	36400	27476.13	0.84	75.48	76.83	−1.35
	泰国	2800	1907.03	2.80	68.11	68.18	−0.07
	新加坡	31500	14843.53	5.33	47.12	49.60	−2.48
	意大利	32500	25449.74	1.00	78.31	79.12	−0.82
	印度	784	535.29	7.78	68.28	69.95	−1.68
	英国	40800	34081.93	2.11	83.53	84.37	−0.84
	中国	1950	1013.09	7.72	51.95	53.47	−1.52
	世界	7430	5595.24	3.23	75.31	75.94	−0.63
2007	澳大利亚	35600	27000.27	4.10	75.84	74.01	1.84
	德国	37200	26866.67	0.28	72.22	75.11	−2.89
	法国	36100	27973.59	2.30	77.49	78.20	−0.71
	韩国	20500	13399.10	5.34	65.36	66.03	−0.67
	加拿大	37100	27946.64	3.91	75.33	75.24	0.08
	马来西亚	6030	3490.66	9.66	57.89	57.59	0.30
	美国	45400	37446.72	2.08	82.48	83.29	−0.80
	日本	37100	27649.26	1.01	74.53	77.39	−2.87
	泰国	2930	1938.31	2.98	66.15	68.14	−1.99
	新加坡	33000	15079.47	4.07	45.70	49.07	−3.37
	意大利	32800	25454.17	0.92	77.60	79.40	−1.80

续表

年份	国家	人均GDP（美元）	人均消费（美元）	消费增长率（%）	平均消费倾向（%）	平均消费倾向趋势项	平均消费倾向波动项
2007	印度	848	576.64	7.25	68.00	69.42	-1.42
	英国	41600	34748.24	2.29	83.53	84.63	-1.11
	中国	2220	1117.60	9.36	50.34	52.51	-2.17
	世界	7620	5703.77	3.37	74.85	75.80	-0.95
2008	澳大利亚	36200	27668.49	4.10	76.43	73.66	2.78
	德国	37700	27329.45	1.21	72.49	75.02	-2.53
	法国	35900	28129.44	0.64	78.35	78.46	-0.11
	韩国	20900	13625.98	1.83	65.20	66.01	-0.81
	加拿大	37100	28654.47	3.59	77.24	75.60	1.63
	马来西亚	6210	3711.30	8.35	59.76	58.35	1.41
	美国	44900	37306.62	0.24	83.09	83.61	-0.52
	日本	36700	27485.96	-0.76	74.89	78.01	-3.12
	泰国	3000	1995.00	3.12	66.50	68.10	-1.60
	新加坡	31800	14826.23	6.81	46.62	48.58	-1.96
	意大利	32300	25160.00	-0.57	77.89	79.70	-1.81
	印度	869	611.64	10.70	70.38	69.07	1.32
	英国	41100	34465.75	0.07	83.86	84.86	-1.01
	中国	2420	1202.44	5.91	49.69	51.66	-1.97
	世界	7640	5733.69	1.69	75.05	75.68	-0.63
2009	澳大利亚	36000	27299.23	1.25	75.83	73.33	2.50
	德国	35600	27553.42	0.82	77.40	74.97	2.43
	法国	34700	28068.44	0.77	80.89	78.74	2.15
	韩国	21000	13741.75	1.65	65.44	65.97	-0.53
	加拿大	35700	28589.75	1.00	80.08	75.99	4.09
	马来西亚	6010	3692.89	1.41	61.45	59.22	2.23
	美国	43200	36378.95	-0.46	84.21	83.89	0.32
	日本	34700	27509.91	0.33	79.28	78.67	0.61
	泰国	2930	1998.41	0.30	68.21	68.05	0.16

续表

年份	国家	人均GDP（美元）	人均消费（美元）	消费增长率（%）	平均消费倾向（%）	平均消费倾向趋势项	平均消费倾向波动项
2009	新加坡	30700	14386.86	-2.62	46.86	48.14	-1.28
	意大利	30400	24965.36	-0.98	82.12	80.00	2.13
	印度	929	652.77	6.37	70.27	68.87	1.40
	英国	39000	33382.72	-1.95	85.60	85.05	0.55
	中国	2630	1307.49	13.90	49.71	50.93	-1.22
	世界	7390	5681.25	0.24	76.88	75.54	1.33
2010	澳大利亚	36200	27524.72	1.71	76.04	73.04	3.00
	德国	37100	27825.00	0.81	75.00	74.92	0.08
	法国	35200	28436.68	1.72	80.79	79.01	1.78
	韩国	22200	14167.64	3.99	63.82	65.92	-2.10
	加拿大	36500	29200.00	3.54	80.00	76.37	3.63
	马来西亚	6350	3866.76	6.17	60.89	60.16	0.73
	美国	44000	36882.35	1.50	83.82	84.11	-0.29
	日本	36300	28181.29	2.30	77.63	79.35	-1.72
	泰国	3150	2100.00	4.91	66.67	67.99	-1.32
	新加坡	34800	15165.68	5.34	43.58	47.76	-4.18
	意大利	30800	24909.29	1.15	80.87	80.27	0.61
	印度	1010	699.67	6.97	69.27	68.81	0.47
	英国	39500	33288.31	0.12	84.27	85.17	-0.90
	中国	2890	1411.40	3.84	48.84	50.33	-1.49
	世界	7600	5765.02	2.40	75.86	75.40	0.46
2011	澳大利亚	36500	28090.69	3.58	76.96	72.78	4.18
	德国	38500	28355.56	1.83	73.65	74.87	-1.22
	法国	35800	28456.41	0.70	79.49	79.26	0.23
	韩国	22900	14503.33	2.66	63.33	65.86	-2.53
	加拿大	37200	29353.13	1.96	78.91	76.71	2.20
	马来西亚	6580	4130.00	8.76	62.77	61.16	1.60
	美国	44300	37237.68	1.25	84.06	84.28	-0.22

年份	国家	人均 GDP（美元）	人均消费（美元）	消费增长率（%）	平均消费倾向（%）	平均消费倾向趋势项	平均消费倾向波动项
2011	日本	36200	28381.43	0.43	78.40	80.05	−1.65
	泰国	3140	2123.24	1.13	67.62	67.93	−0.31
	新加坡	36200	15254.33	2.20	42.14	47.45	−5.31
	意大利	30900	24854.35	−0.48	80.43	80.51	−0.07
	印度	1060	745.19	9.66	70.30	68.86	1.44
	英国	39800	33008.73	0.11	82.94	85.25	−2.31
	中国	3150	1556.38	10.30	49.41	49.82	−0.41
	世界	7730	5829.65	2.27	75.42	75.24	0.17
2012	澳大利亚	37200	28405.67	2.79	76.36	72.55	3.81
	德国	39300	29101.90	0.73	74.05	74.83	−0.78
	法国	35700	28529.49	0.28	79.91	79.50	0.41
	韩国	23300	14696.92	2.28	63.08	65.81	−2.74
	加拿大	37400	29632.31	1.87	79.23	77.02	2.21
	马来西亚	6840	4365.23	7.54	63.82	62.21	1.61
	美国	45000	37340.43	1.31	82.98	84.40	−1.42
	日本	36900	28987.26	2.09	78.56	80.75	−2.19
	泰国	3330	2244.78	6.80	67.41	67.86	−0.45
	新加坡	36500	15202.06	3.49	41.65	47.19	−5.54
	意大利	30000	24101.12	−3.29	80.34	80.72	−0.38
	印度	1100	776.33	8.07	70.58	69.00	1.58
	英国	39800	33350.20	1.32	83.79	85.28	−1.48
	中国	3380	1682.59	8.55	49.78	49.37	0.41
	世界	7810	5864.55	1.99	75.09	75.08	0.01
2013	澳大利亚	37500	28330.45	1.46	75.55	72.36	3.19
	德国	39200	29275.95	0.75	74.68	74.80	−0.11
	法国	35800	28518.64	0.75	79.66	79.74	−0.08
	韩国	23900	15017.17	2.18	62.83	65.76	−2.93
	加拿大	37800	29842.11	1.76	78.95	77.31	1.64

年份	国家	人均GDP（美元）	人均消费（美元）	消费增长率（%）	平均消费倾向（%）	平均消费倾向趋势项	平均消费倾向波动项
2013	马来西亚	7060	4616.15	6.98	65.38	63.29	2.10
	美国	45700	37505.52	1.70	82.07	84.49	−2.42
	日本	37600	29733.89	2.00	79.08	81.45	−2.37
	泰国	3420	2275.04	1.11	66.52	67.78	−1.25
	新加坡	37500	15761.14	5.33	42.03	46.96	−4.93
	意大利	29100	23280.00	−2.20	80.00	80.91	−0.91
	印度	1160	809.66	4.90	69.80	69.18	0.62
	英国	40200	33500.00	1.02	83.33	85.28	−1.95
	中国	3620	1798.94	7.69	49.69	48.95	0.75
	世界	7900	5921.52	2.07	74.96	74.91	0.05
2014	澳大利亚	37800	28488.19	2.54	75.37	72.18	3.18
	德国	39700	29434.89	1.10	74.14	74.76	−0.61
	法国	35700	28741.53	0.89	80.51	79.97	0.53
	韩国	24600	15255.97	2.04	62.02	65.70	−3.69
	加拿大	38300	30133.09	1.99	78.68	77.60	1.08
	马来西亚	7370	4857.50	6.54	65.91	64.37	1.54
	美国	46400	37945.85	1.71	81.78	84.57	−2.79
	日本	37600	30376.79	2.16	80.79	82.15	−1.36
	泰国	3430	2276.81	0.87	66.38	67.68	−1.30
	新加坡	38100	15862.79	4.26	41.63	46.74	−5.10
	意大利	28500	22800.00	−0.03	80.00	81.09	−1.09
	印度	1240	868.00	7.69	70.00	69.38	0.62
	英国	41000	34011.36	1.87	82.95	85.28	−2.32
	中国	3870	1925.99	7.49	49.77	48.55	1.22
	世界	8000	5978.58	2.11	74.73	74.73	0.00

注：人均GDP和人均消费均为2005年价格表示的实际值，单位为美元；增长率和消费倾向指标单位为%；消费倾向趋势项和消费倾向波动项是用HP滤波法得到的。

附表 4　各省、自治区和直辖市冲击前后增长趋势两阶段突变情况汇总

行业代码	北京				天津				河北				山西			
	ge	se	gs	ss	ge	se	gs	ss	ge	se	gs	ss	ge	se	gs	ss
1	是	否	是	是	—	—	是	是	否	是	否	是	是	是	是	是
2	—	—	否	否	是	是	是	是	—	—	是	是	—	—	是	否
3	—	—	是	是					—	—	是	否	—	—	是	否
4									—	—	否	是	—	—	否	是
5	—	—	否	是	是	是	是	是	是	否	是	是	—	—	否	是
6																
7	是	否	是	是	是	是	否	是	否	否	是	是	否	否	是	是
8	是	是	否	是	是	否	是	是	是	是	是	是	是	是	是	是
9	否	是	是	否	是	是	是	是	是	是	是	是	否	否	否	是
10	否	否	是	是	—	—	是	是	—	—	是	是	—	—	否	是
11	是	是	是	是	是	否	是	否	是	是	是	是	否	是	是	是
12	是	否	是	是	是	是	是	是	否	是	否	是	—	—	否	否
13	是	是	是	否	是	是	是	是	否	是	是	是	—	—	否	是
14	否	是	是	是	是	是	是	是	是	是	是	是	—	—	是	否
15	是	否	是	否	是	是	是	否	是	是	是	是	—	—	是	是
16	是	是	是	是	是	是	是	否	是	是	是	是	—	—	是	是
17	否	是	是	是	是	是	是	否	是	是	否	是	—	—	是	是
18	否	否	否	是	是	是	是	是	是	是	否	是	是	是	否	否
19	是	是	是	否	否	是	是	否	是	是	否	是	否	是	否	是
20	是	是	否	是	是	是	是	否	是	是	是	是	是	是	是	是
21	否	是	否	是	是	是	是	是	是	是	是	是	否	是	否	是
22	是	否	否	是	是	否	是	否	是	是	是	是	—	—	是	是
23	是	是	是	是	是	是	是	是	是	是	是	是	否	否	是	是
24	是	是	是	否	是	是	是	是	是	是	是	是	是	否	是	是
25	是	是	是	是	是	否	是	是	是	是	是	是	是	是	是	是
26	否	是	是	否	是	是	是	否	否	是	否	否	否	否	否	是
27	否	是	是	否	否	是	是	否	是	是	是	是	否	否	是	否
28	是	是	是	否	是	是	是	否	是	否	是	否	否	是	是	是

续表

行业代码	北京				天津				河北				山西			
	ge	se	gs	ss	ge	se	gs	ss	ge	se	gs	ss	ge	se	gs	ss
29	是	是	是	是	是	是	否	是	是	否	否	是	是	否	是	是
30	否	是	是	是	是	否	是	是	是	否	是	是	否	否	是	否
31	是	是	是	否	是	否	是	是	是	否	是	是	否	否	否	是
32	是	否	是	是	是	是	是	是	否	是	是	是	是	是	是	否
33	是	是	是	否	是	否	是	是	否	是	是	是	是	否	是	否
34	否	是	是	否	否	是	是	是	否	是	是	是	—	—	否	是
35	—	—	否	是	否	是	否	否	—	是	是	是	—	—	—	—
36	—	—	是	否	—	—	是	是	—	—	是	是	—	—	是	是
37	—	—	否	是	—	—	否	是	—	—	否	是	—	—	否	是
38	—	—	否	否	—	—	是	是	—	—	是	是	—	—	是	否

行业代码	内蒙古				辽宁				吉林				黑龙江			
	ge	se	gs	ss	ge	se	gs	ss	ge	se	gs	ss	ge	se	gs	ss
1	—	—	是	否	—	—	是	是	—	—	是	是	—	—	是	是
2	—	—	是	是	是	—	是	是	—	—	是	是	—	—	是	是
3	—	—	是	是	—	是	是	是	—	—	是	否	—	—	是	是
4	否	是	是	是	否	是	是	是	—	—	是	是	—	—	否	否
5	是	否	是	否	否	否	是	是	否	否	否	否	—	—	是	是
6	—	—	否	是	—	—	否	是	—	—	否	是	—	—	—	—
7	否	否	是	是	否	否	是	是	是	是	是	否	是	否	是	是
8	是	否	是	是	否	是	是	是	是	否	是	否	否	是	是	是
9	—	—	是	是	否	是	是	是	否	否	否	是	—	—	是	是
10	—	—	是	是	否	是	是	是	—	—	是	是	—	—	否	否
11	否	否	是	是	是	是	是	是	是	是	是	否	是	是	是	是
12	否	是	否	是	是	是	是	是	是	是	是	是	是	是	是	否
13	是	是	是	是	否	是	是	是	否	是	是	否	否	是	是	否
14	—	否	是	否	是	是	是	是	是	是	是	否	是	是	否	否
15	—	否	是	是	是	否	是	否	否	否	是	是	是	是	是	是
16	—	—	是	是	是	是	是	是	否	否	是	否	—	—	否	是

续表

行业代码	内蒙古				辽宁				吉林				黑龙江			
	ge	se	gs	ss	ge	se	gs	ss	ge	se	gs	ss	ge	se	gs	ss
17	—	—	否	是	是	否	是	是	否	是	是	是	—	—	否	是
18	—	—	—	—	否	否	是	是	否	否	否	是	是	是	是	是
19	—	—	是	否	是	是	是	是	—	—	是	是	是	是	是	是
20	否	是	是	是	是	是	是	是	是	是	是	是	否	是	是	是
21	是	是	是	是	否	是	是	是	是	否	否	否	是	是	是	是
22	—	—	否	是	否	是	是	是	是	是	是	是	—	—	否	是
23	—	—	是	是	是	是	是	是	是	是	是	是	是	否	否	是
24	否	是	是	否	是	是	是	是	是	是	是	是	是	是	是	是
25	是	否	是	是	是	是	是	是	否	是	是	是	是	是	是	是
26	否	否	是	是	否	是	是	否	是	是	否	是	否	是	是	是
27	否	否	是	是	否	是	是	是	否	是	是	是	是	是	是	否
28	是	否	是	是	否	是	是	是	否	否	是	是	是	是	是	是
29	否	否	是	是	否	是	是	是	是	是	是	是	否	是	是	是
30	是	是	是	否	是	是	否	是	是	是	是	是	是	是	是	是
31	否	否	是	是	是	是	是	是	否	否	是	是	否	是	是	否
32	是	是	否	是	是	否	否	否	否	是	是	否	是	是	是	否
33	—	—	是	是	是	是	是	是	否	是	否	是	否	否	是	是
34	—	—	是	是	是	是	是	是	否	是	是	否	是	是	是	否
35	—	—	是	否	—	—	否	否	—	—	是	否	—	—	否	是
36	—	—	是	否	—	是	是	是	—	—	否	是	否	否	是	是
37	—	—	是	是	—	否	是	是	—	—	否	是	—	—	—	—
38	—	—	是	否	—	—	否	是	—	—	否	是	—	—	是	是

行业代码	上海				江苏				浙江				安徽			
	ge	se	gs	ss	ge	se	gs	ss	ge	se	gs	ss	ge	se	gs	ss
1	—	—	是	是	—	—	是	是	—	—	是	是	—	—	是	是
2	—	—	—	—	—	—	—	—	—	—	—	—	—	—	—	—
3	—	—	是	是	—	—	是	是	—	—	是	是	—	—	是	是
4	—	—	是	否	—	—	是	否	—	—	是	否	—	—	是	否

续表

行业代码	上海				江苏				浙江				安徽			
	ge	se	gs	ss	ge	se	gs	ss	ge	se	gs	ss	ge	se	gs	ss
5	是	否	否	是	是	否	否	是	是	否	否	是	是	否	否	是
6	—	—	—	—	—	—	—	—	—	—	—	—	—	—	—	—
7	否	否	是	是	否	否	是	是	否	否	是	是	否	否	是	是
8	是	是	是	否	是	是	是	否	是	是	是	否	是	是	是	否
9	是	否	否	是	是	否	否	是	是	否	否	是	是	否	否	是
10	否	否	是	是	否	否	是	是	否	否	是	是	否	否	是	是
11	否	否	否	否	否	否	否	否	否	否	否	否	否	否	否	否
12	是	是	否	是	是	是	否	是	是	是	否	是	是	是	否	是
13	否	是	是	是	否	是	是	是	否	是	是	是	否	是	是	是
14	否	否	否	是	否	否	否	是	否	否	否	是	否	否	否	是
15	否	是	是	是	否	是	是	是	否	是	是	是	否	是	是	是
16	是	是	否	否	是	是	否	否	是	是	否	否	是	是	否	否
17	否	否	是	是	否	否	是	是	否	否	是	是	否	否	是	是
18	否	是	否	是	否	是	否	是	否	是	否	是	否	是	否	是
19	—	—	否	是	—	—	否	是	—	—	否	是	—	—	否	是
20	是	是	是	是	是	是	是	是	是	是	是	是	是	是	是	是
21	是	是	否	是	是	是	否	是	是	是	否	是	是	是	否	是
22	否	是	否	否	否	是	否	否	否	是	否	否	否	是	否	否
23	是	是	否	否	是	是	否	否	是	是	否	否	是	是	否	否
24	否	否	是	是	否	否	是	是	否	否	是	是	否	否	是	是
25	是	是	是	是	是	是	是	是	是	是	是	是	是	是	是	是
26	否	否	是	是	否	否	是	是	否	否	是	是	否	否	是	是
27	否	否	否	是	否	否	否	是	否	否	否	是	否	否	否	是
28	是	是	是	是	是	是	是	是	是	是	是	是	是	是	是	是
29	是	是	是	是	是	是	是	是	是	是	是	是	是	是	是	是
30	是	是	是	是	是	是	是	是	是	是	是	是	是	是	是	是
31	是	否	是	是	是	否	是	是	是	否	是	是	是	否	是	是
32	是	是	是	是	是	是	是	是	是	是	是	是	是	是	是	是

续表

行业代码	上海				江苏				浙江				安徽			
	ge	se	gs	ss	ge	se	gs	ss	ge	se	gs	ss	ge	se	gs	ss
33	是	是	否	是	是	是	否	是	是	是	否	是	是	是	否	是
34	是	是	否	是	是	是	否	是	是	是	否	是	是	是	否	是
35	—	—	是	否	—	—	是	否	—	—	是	否	—	—	是	否
36	—	—	否	是	—	—	否	是	—	—	否	是	—	—	否	是
37			否	是			否	是			否	是			否	是
38	—	—	否	是	—	—	否	是	—	—	否	是	—	—	否	是

行业代码	福建				江西				山东				河南			
	ge	se	gs	ss	ge	se	gs	ss	ge	se	gs	ss	ge	se	gs	ss
1	—	—	是	是	—	—	是	是	否	是	是	是	是	是	是	是
2											是	是			是	是
3	—	—	是	否	—	—	是	是	—	—	是	否			是	否
4	—	—	是	否	—	—	是	否	否	是	是	否			是	否
5	否	否	是	是	否	是	是	是	—	—	是	否			是	否
6	—	—	—	—					—	—	是	是	—	—	是	是
7	否	是	是	是	否	是	是	否	是	否	是	是	是	是	是	否
8	否	是	是	否	是	是	是	是	是	是	是	是	否	否	是	是
9	是	是	否	是	否	是	否	否	否	是	是	否	否	是	否	否
10	是	否	否	否	—	—	是	否	是	是	否	否	否	是	否	是
11	是	是	是	是	是	是	是	是	是	是	是	是	是	是	是	是
12	是	是	是	是	是	是	否	是	否	是	是	是	是	是	是	是
13	否	是	是	是	否	是	否	是	否	是	是	是	是	是	是	是
14	否	否	是	是	是	是	是	是	是	是	是	否	是	是	是	是
15	是	是	是	否	是	是	是	否	是	是	是	是	是	是	是	是
16	否	是	是	否	是	否	是	否	是	是	是	是	否	是	是	是
17	否	是	否	是	否	否	否	否	否	是	是	否	是	是	是	是
18	否	是	是	否	是	是	否	是	是	是	否	是	否	是	否	是
19	—	—	否	是	否	是	是	是	是	是	是	是	—	—	是	是
20	否	是	否	是	是	是	是	是	是	是	是	否	否	是	是	是

续表

行业代码	福建				江西				山东				河南			
	ge	se	gs	ss	ge	se	gs	ss	ge	se	gs	ss	ge	se	gs	ss
21	是	是	是	是	否	否	是	是	是	否	是	否	是	是	是	是
22	否	是	是	是	是	否	是	是	否	是	否	否	是	是	是	是
23	是	是	是	是	否	否	是	否	是	是	是	是	是	是	是	否
24	是	是	是	是	是	是	是	是	是	是	是	是	否	是	是	否
25	是	否	是	是	是	否	是	是	是	是	是	是	是	是	是	是
26	是	是	是	是	是	是	是	是	是	是	是	是	是	是	是	是
27	是	是	是	是	是	否	是	否	否	否	是	是	是	是	是	是
28	否	是	是	否	否	是	否	是	是	是	是	否	是	是	是	是
29	否	是	是	否	是	否	是	是	是	否	是	是	否	否	是	是
30	是	是	是	是	是	否	是	是	是	是	是	是	是	否	是	是
31	是	否	是	是	是	是	是	是	是	是	是	是	否	是	是	是
32	是	是	是	否	是	是	是	是	是	是	是	是	否	是	否	是
33	否	否	否	是	否	否	否	否	否	是	是	是	否	是	是	是
34	否	是	否	是	是	是	否	是	否	是	是	是	否	是	否	是
35	—	—	是	是	—	—	是	否	否	否	是	否	—	—	是	否
36	—	—	是	是	—	—	—	—	否	否	是	否	否	是	—	—
37	—	—	否	是	—	—	—	是	否	是	是	是	—	—	是	是
38	—	—	是	是	—	—	—	否	—	—	否	否	—	—	是	是

行业代码	湖北				湖南				广东				广西			
	ge	se	gs	ss	ge	se	gs	ss	ge	se	gs	ss	ge	se	gs	ss
1	—	—	是	是	—	—	是	是	—	—	—	—	—	—	否	是
2	是	是	是	是	—	—	—	—	是	是	是	是	—	—	—	—
3	—	—	否	是	—	—	是	否	—	—	是	否	是	是	是	是
4	—	—	否	否	否	—	是	是	否	否	否	否	—	—	是	是
5	否	是	是	是	否	否	是	否	是	否	否	是	否	是	是	是
6	—	—	是	是	—	—	是	是	—	—	—	—	—	—	否	否
7	是	是	是	是	否	是	是	否	是	是	是	是	否	是	是	否
8	是	是	是	是	是	是	是	否	否	否	是	是	是	是	否	是

续表

行业代码	湖北				湖南				广东				广西			
	ge	se	gs	ss	ge	se	gs	ss	ge	se	gs	ss	ge	se	gs	ss
9	是	是	是	是	是	否	是	是	是	否	否	是	是	是	是	是
10	否	否	是	否	否	是	是	是	否	是	是	否	—	—	是	是
11	否	否	是	是	否	否	是	是	是	否	是	是	否	否	否	否
12	否	是	是	是	否	否	是	是	是	否	是	是	否	是	否	是
13	是	是	是	是	是	是	是	否	是	否	是	否	是	是	是	是
14	否	否	是	是	否	否	是	是	否	是	否	是	是	否	是	是
15	否	是	是	是	否	否	是	是	是	是	是	是	是	是	是	是
16	否	否	是	是	否	否	是	是	是	是	是	是	是	是	是	否
17	是	是	否	是	否	是	否	是	否	否	是	是	—	—	是	是
18	否	是	是	是	否	是	否	否	否	是	否	是	否	是	否	是
19	—	—	是	是	—	—	否	否	是	是	是	否	—	—	否	是
20	是	是	是	是	是	否	是	是	是	是	是	是	否	是	是	是
21	否	是	是	是	否	是	是	是	是	是	是	是	是	否	否	是
22	是	否	是	否	—	—	否	否	是	是	是	是	—	—	否	否
23	否	是	是	否	是	是	是	是	是	是	是	是	是	是	是	是
24	否	是	是	是	是	是	是	是	是	是	是	是	否	是	是	是
25	是	是	否	是	是	是	是	是	是	是	是	否	是	是	是	否
26	是	是	是	是	是	是	是	是	是	否	是	是	否	是	是	是
27	否	是	否	是	否	是	是	是	是	是	是	否	否	否	是	是
28	是	否	否	否	否	是	是	否	是	是	是	是	否	是	是	是
29	是	是	是	是	是	是	是	是	是	是	是	否	否	是	是	是
30	是	是	是	是	否	否	是	否	是	是	是	是	是	否	是	是
31	是	是	否	是	是	是	是	是	是	否	是	是	否	是	是	是
32	是	是	是	是	是	是	否	是	是	是	是	是	否	是	否	否
33	否	是	是	是	否	是	是	是	是	是	是	是	是	是	是	是
34	否	是	是	是	否	否	是	是	是	是	是	否	是	否	是	是
35	—	—	是	否	—	—	是	是	否	是	是	否	—	—	否	否
36	—	—	是	是	—	—	是	否	否	是	是	是	否	是	是	是

续表

行业代码	湖北				湖南				广东				广西			
	ge	se	gs	ss	ge	se	gs	ss	ge	se	gs	ss	ge	se	gs	ss
37	—	—	否	是	—	—	是	是	否	是	是	是	—	—	是	是
38	—	—	是	是	—	—	是	是	否	是	是	否	—	—	是	是

行业代码	海南				重庆				四川				贵州			
	ge	se	gs	ss	ge	se	gs	ss	ge	se	gs	ss	ge	se	gs	ss
1	—	—	—	—	—	—	是	是	否	是	是	是	否	是	是	是
2	—	—	是	是	—	—	否	是	—	—	是	是	—	—	—	—
3	—	—	是	是	—	—	是	是	—	—	是	是	—	—	否	是
4	—	—	否	否	—	—	是	是	—	—	是	否	—	—	是	否
5	是	是	是	是	—	—	否	是	否	是	是	是	—	—	是	是
6											是	是				
7	是	是	是	是	否	是	是	是	否	是	是	是	是	否	是	是
8	否	是	是	是	是	是	否	是	是	否	是	是	—	—	是	是
9	否	是	是	是	否	是	否	是	是	否	是	是	—	—	否	是
10	—	—	否	是	—	—	是	是	否	否	是	是	—	—	否	是
11	是	是	否	是	否	是	是	是	是	是	是	是	—	—	否	是
12	是	是	是	是	是	是	是	是	否	否	是	是	否	是	是	是
13	—	—	否	是	否	是	是	是	否	是	是	是	—	—	是	是
14	—	—	是	是	否	是	否	是	否	是	是	是	—	—	是	是
15	否	是	否	是	—	—	是	否	否	是	是	是	—	—	否	是
16	否	是	是	否	否	是	是	是	否	是	是	是	—	—	是	是
17	—	—	否	是	—	—	否	是	否	是	否	是	—	—	否	是
18	—	—	—	—	—	—	否	是	是	否	是	是	—	—	否	否
19	否	否	是	否	—	—	是	是	—	—	是	否	—	—	是	是
20	否	是	是	是	否	是	是	是	是	是	是	是	否	否	是	是
21	否	否	否	是	否	是	是	是	否	是	是	是	—	—	否	否
22	—	—	否	是	—	—	是	是	是	是	是	是	—	—	—	—
23	否	是	否	是	否	是	是	是	否	是	是	是	否	否	否	是
24	—	否	否	是	是	是	是	是	否	否	是	是	是	是	是	是

行业代码	海南				重庆				四川				贵州			
	ge	se	gs	ss	ge	se	gs	ss	ge	se	gs	ss	ge	se	gs	ss
25	—	—	是	是	否	否	否	是	是	是	是	是	否	是	是	是
26	—	—	是	是	否	是	是	是	是	是	是	是	否	是	是	是
27	否	是	是	否	是	是	否	是	是	是	是	是	是	否	否	否
28	—	—	是	是	是	是	是	是	是	是	是	是	否	是	否	否
29	否	否	否	是	是	是	是	是	是	是	是	是	是	否	是	是
30	否	否	否	否	是	是	是	是	是	是	是	否	是	否	否	否
31	是	是	否	是	否	否	是	是	否	是	是	是	否	是	否	是
32	是	是	否	否	否	是	否	是	是	是	是	是	是	是	是	是
33	是	是	否	是	是	是	否	否	否	否	否	否	否	否	否	是
34	—	—	否	否	是	是	否	是	否	是	否	否	—	—	否	是
35	—	—	—	—	—	—	是	否	—	—	是	是	—	—	—	否
36	—	—	是	否	—	—	是	否	否	否	否	否	—	—	是	是
37	—	—	否	是	—	—	是	是	—	—	—	—	—	—	—	—
38	—	—	否	否	—	—	否	是	—	—	否	是	—	—	否	是

行业代码	云南				西藏				陕西				甘肃			
	ge	se	gs	ss	ge	se	gs	ss	ge	se	gs	ss	ge	se	gs	ss
1	—	—	是	是	—	—	—	—	—	—	是	否	—	—	是	是
2	—	—	否		—	—	—	—	—	—	是	是	—	—	否	否
3	—	—	是	否	—	—	是	是	—	—	是	是	—	—	否	否
4	—	—	是	是	—	—	否	是	—	—	是	是	—	—	否	是
5	—	—	是	是	—	—	否	否	是	是	否	否	—	—	是	是
6	—	—	—	—	—	—	—	—	—	—	—	—	—	—	—	—
7	是	否	否	是	—	—	否	是	是	否	是	否	是	是	是	否
8	是	是	否	是	—	—	否	否	是	是	是	是	是	是	否	是
9	是	是	是	是	—	—	是	是	是	是	是	是	否	是	是	是
10	否	是	否	是	—	—	—	—	—	—	否	否	—	—	是	是
11	否	是	否	是	—	—	是	是	否	否	否	否	否	否	否	是
12	否	否	是	是	—	—	—	—	是	否	是	是	—	—	是	否

续表

行业代码	云南				西藏				陕西				甘肃			
	ge	se	gs	ss	ge	se	gs	ss	ge	se	gs	ss	ge	se	gs	ss
13	—	—	否	是	—	—	否	—	—	—	是	是	—	—	否	是
14	是	是	是	是	—	—	否	是	否	是	是	否	—	—	是	是
15	—	—	是	否	—	—	—	—	—	—	否	是	—	—	否	是
16	—	—	是	是	—	—	—	—	—	—	否	否	—	—	否	是
17	否	是	否	是	—	—	否	是	—	—	否	否	—	—	是	否
18	—	—	是	是	—	—	—	—	—	—	是	否	—	—	—	—
19	—	—	是	是	—	—	—	—	—	—	是	是	否	是	是	是
20	是	否	是	是	—	—	否	是	否	是	是	是	是	是	是	是
21	是	否	是	是	否	否	否	否	是	否	是	是	是	是	否	是
22	—	—	是	是	—	—	—	—	—	—	是	是	是	是	是	是
23	否	—	否	是	—	—	—	—	否	是	否	否	—	—	是	是
24	是	否	是	是	—	—	否	否	否	是	否	是	是	是	是	是
25	否	是	是	是	—	—	—	—	是	是	是	是	是	是	是	是
26	是	是	是	是	—	—	—	—	是	是	是	是	否	否	是	是
27	否	是	否	是	—	—	—	—	是	否	否	是	—	—	否	否
28	是	是	是	是	—	—	—	—	是	是	是	是	是	否	是	是
29	否	是	否	是	—	—	—	—	是	否	是	是	是	否	是	否
30	否	是	是	是	—	—	否	是	是	否	是	是	否	否	是	是
31	否	否	是	是	—	—	—	—	是	否	是	是	是	否	是	否
32	是	否	是	否	—	—	—	—	否	否	否	否	否	是	否	是
33	否	是	是	是	—	—	—	—	否	是	否	是	—	否	是	是
34	是	—	否	否	—	—	否	否	是	否	是	是	否	—	是	否
35	—	—	是	—	—	—	—	—	—	—	是	否	—	—	否	是
36	—	—	是	是	—	—	否	否	—	—	是	否	—	—	否	是
37	—	—	是	是	—	—	—	—	—	—	是	否	—	—	是	是
38	—	—	否	是	—	—	是	是	—	—	是	是	—	—	是	是

行业代码	青海				宁夏				新疆							
	ge	se	gs	ss	ge	se	gs	ss	ge	se	gs	ss				
1	—	—	是	否	否	是	是	是	—	—	否	是				

续表

行业代码	青海				宁夏				新疆						
	ge	se	gs	ss	ge	se	gs	ss	ge	se	gs	ss			
2	—	—	是	是	—	—	否	否	—	—	是	否			
3	—	—	否	否	—	—	—	—	—	—	是	否			
4	—	—	是	是	—	—	—	—	—	—	是	否			
5	—	—	否	是	—	—	是	否	是	是	是	是			
6	—	—	—	否											
7	—	—	否	是	否	是	是	是	否	是	否	是			
8	—	是	是	是	是	是	否	是	否	否	—	是			
9	—	—	是	是	否	否	是	是	否	否	是	是			
10	—	—	—	—	—	—	是	否	—	—	是	是			
11	否	否	是	否	是	是	是	否	是	否	是	是			
12	是	是	是	否	否	否	是	是	—	是	否	是			
13	—	—	—	—	是	否	是		—	—	否	是			
14	—	—	—	—	—	—	否	是	—	—	是	是			
15	—	—	否	是	—	—	否	是	是	是	是	是			
16	—	—	—	是	—	—	是	是	—	—	否	否			
17	—	—	是	是	—	—	是	是	—	—	是	是			
18	—	—	—	—	—	—	—	—	—	—	—	—			
19	—	—	否	否	—	—	否	否	—	—	是	否			
20	—	—	是	是	否	是	是	否	是	否	是	是			
21	—	—	否	是	是	否	是	是	否	否	是	是			
22	—	—	—	—	—	—	—	—	—	—	是	否			
23	—	—	否	否	否	是	是	是	否	否	是	否			
24	—	—	否	否	是	是	否	是	—	—	否	是			
25	否	否	是	是	否	否	是	是	是	是	是	是			
26	否	否	是	是	是	是	是	是	—	—	是	是			
27	—	—	否	否	否	—	否	否	是	是	是	否			
28	是	否	否	是	是	是	是	是	否	否	否	否			
29	—	—	否	否	—	—	是	是	否	否	否	是			

续表

行业代码	青海				宁夏				新疆						
	ge	se	gs	ss	ge	se	gs	ss	ge	se	gs	ss			
30	—	—	否	是	—	—	否	是	—	—	是	是			
31	—	—	否	否	—	—	否	是	否	是	是	是			
32	—	—	是	否	—	—	—	—	是	否	否	是			
33	否	否	否	否	—	—	否	否	—	—	是	否			
34	否	—	否	否	—	—	是	是	—	—	否	是			
35	—	—	否	否	—	—	—	—	—	—	否	是			
36	—	—	是	是	—	—	是	否	—	—	是	是			
37	—	—	是	否	—	—	否	否	—	—	是	是			
38	—	—	否	是	—	—	否	否	—	—	是	否			

附表 5　各行业发生趋势改变时间点实证检验结果

行业代码	北京			天津			河北			山西		
	tge	lge	tgs	tge	lge	tgs	tge	lge	tgs	tge	lge	tgs
1	2008.3	8	2007.1	2006.3	16	0	2008.4	1	2008.4	0	0	0
2	0	0	0	0	0	2009.2	0	0	2009.2	0	0	0
3	0	0	0	0	0	0	0	0	2006.3	0	0	2009.1
4	0	0	0	2007.4	0	2008.2	0	0	0	0	0	2007.4
5	0	0	0	2007.4	5	0	2007.1	7	2007.4	0	0	2009.2
6	0	0	0	0	0	0	0	0	0	0	0	0
7	2006.4	0	0	2008.1	0	0	0	0	0	2008.2	7	0
8	0	0	0	0	0	0	2008.2	6	0	0	0	2008.2
9	2006.4	0	0	0	0	0	0	0	0	2007.1	0	0
10	2008.3	6	0	0	0	0	0	0	0	0	0	0
11	0	0	0	0	0	0	0	0	0	2008.3	5	0
12	0	0	0	0	0	0	0	0	0	2009.2	1	2009.1
13	0	0	2007.1	0	0	0	2006.4	0	0	0	0	0
14	0	0	0	2007.2	0	0	2009.1	0	0	0	0	0
15	0	0	0	0	0	0	0	0	0	0	0	2006.4

行业代码	北京			天津			河北			山西		
	tge	lge	tgs	tge	lge	tgs	tge	lge	tgs	tge	lge	tgs
16	2007.2	4	0	0	0	0	0	0	0	0	0	2009.2
17	2006.4	17	0	2008.3	7	0	2008.3	0	0	0	0	0
18	0	0	0	0	0	0	2007.4	0	0	0	0	0
19	2006.3	18	0	0	0	2009.2	0	0	2007.3	2009.1	0	2008.3
20	2007.2	10	2006.4	2009.2	0	0	0	0	0	2009.1	1	0
21	0	0	0	0	0	0	0	0	0	2006.4	0	0
22	2007.1	12	2008.2	2007.4	9	2007.1	2007.1	12	0	0	0	2009.1
23	0	0	2007.4	0	0	0	0	0	0	0	0	0
24	2007.1	0	0	2007.3	5	0	0	0	0	2008.4	7	0
25	0	0	0	2009.2	3	2008.2	2007.1	15	2009.2	2007.1	15	2009.2
26	0	0	2007.2	2008.3	10	2009.1	2006.3	18	0	0	0	2008.4
27	2006.3	11	0	2007.2	8	2009.2	0	0	0	0	0	2009.2
28	2008.3	4	0	0	0	0	0	0	0	2007.2	0	2007.2
29	0	0	0	2008.4	1	2009.1	2006.3	13	0	0	0	2009.2
30	0	0	0	0	0	2007.4	0	0	0	0	0	2008.4
31	0	0	0	2009.2	0	0	2006.3	0	0	0	0	0
32	0	0	0	2008.4	0	2008.3	2006.3	17	0	0	0	2007.1
33	2009.1	0	0	0	0	2008.4	2008.1	5	2007.1	0	0	0
34	0	0	0	0	0	2006.4	0	0	0	0	0	0
35	0	0	0	2007.1	15	2009.1	0	0	0	0	0	2007.2
36	0	0	0	2007.4	0	0	0	0	0	0	0	0
37	0	0	0	2007.3	0	2007.1	0	0	0	0	0	0
38	0	0	0	2007.2	15	2007.1	0	0	0	0	0	0
行业代码	内蒙古			吉林			辽宁			黑龙江		
	tge	lge	tgs	tge	lge	tgs	tge	lge	tgs	tge	lge	tgs
1	0	0	0	0	0	0	0	0	0	0	0	0
2	0	0	2008.4	0	0	0	0	0	2009.2	2007.3	11	2009.2
3	0	0	0	2006.3	18	0	0	0	2006.3	0	0	0

行业代码	内蒙古			吉林			辽宁			黑龙江		
	tge	lge	tgs	tge	lge	tgs	tge	lge	tgs	tge	lge	tgs
4	2006.3	18	2008.1	0	0	0	0	0	2008.2	0	0	2008.4
5	0	0	2009.2	0	0	2007.3	2007.1	16	0	0	0	0
6	0	0	0	0	0	0	0	0	2008.3	0	0	0
7	0	0	0	0	0	0	0	0	0	0	0	0
8	2006.4	0	0	0	0	0	0	0	2007.4	2008.4	0	0
9	0	0	0	2007.1	15	0	2006.3	17	0	2006.4	12	0
10	0	0	0	0	0	0	2006.4	0	0	0	0	0
11	0	0	0	0	0	0	0	0	2007.4	0	0	0
12	0	0	0	0	0	2008.2	0	0	2007.4	2007.2	15	0
13	2007.2	14	2007.2	2008.4	0	0	2007.2	0	0	2008.1	3	2007.4
14	0	0	0	0	0	2008.2	0	0	0	0	0	0
15	2008.3	7	0	2008.1	8	2007.1	0	0	2006.4	2009.2	0	0
16	0	0	0	2007.2	12	0	2009.2	1	2008.3	0	0	0
17	0	0	0	0	0	0	2006.4	0	0	0	0	0
18	0	0	0	2006.3	0	0	2008.2	0	2006.3	2007.2	13	2007.1
19	0	0	0	0	0	0	0	0	0	2009.2	0	0
20	2008.4	2	0	2007.4	8	0	0	0	0	0	0	0
21	0	0	0	0	0	0	0	0	0	2007.3	0	0
22	0	0	2008.1	0	0	2007.1	0	0	2008.4	0	0	0
23	2009.1	0	0	2009.2	0	0	0	0	2008.3	0	0	0
24	2009.1	0	0	0	0	0	2009.1	0	0	2007.3	14	0
25	0	0	0	0	0	0	2007.1	13	2008.2	0	0	2007.2
26	2008.1	0	2008.2	2008.1	8	0	2007.1	15	0	0	0	0
27	0	0	2008.1	2007.1	15	0	0	0	2008.1	2007.1	10	0
28	2009.1	lge	0	2006.4	0	0	2007.1	0	2007.2	0	0	2008.1
29	2008.2	0	0	2009.2	0	0	0	0	2007.2	2007.1	14	0
30	0	0	2009.2	2007.1	0	0	2009.1	7	2009.1	0	0	0
31	0	0	2007.2	0	0	0	0	0	2007.2	0	0	0

行业代码	内蒙古			吉林			辽宁			黑龙江		
	tge	lge	tgs	tge	lge	tgs	tge	lge	tgs	tge	lge	tgs
32	0	0	0	0	0	0	0	0	2007.2	0	0	0
33	0	0	2009.1	2007.4	0	0	2006.3	17	2007.1	2006.3	7	0
34	2008.1	0	0	0	0	0	0	0	2007.1	0	0	2007.1
35	0	0	2008.2	0	0	0	0	0	2006.3	0	0	0
36	0	0	0	2008.1	1	0	0	0	0	0	0	0
37	0	0	0	0	0	2009.1	0	0	0	0	0	0
38	0	0	0	0	0	0	0	0	0	0	0	0

行业代码	上海			浙江			江苏			安徽		
	tge	lge	tgs	tge	lge	tgs	tge	lge	tgs	tge	lge	tgs
1	0	0	0	0	0	0	0	0	0	0	0	2007.3
2	0	0	0	0	0	0	0	0	0	0	0	0
3	0	0	0	0	0	2009.2	2008.3	0	0	0	0	2008.2
4	0	0	0	0	0	2007.2	0	0	0	0	0	2009.2
5	0	0	2007.1	2007.4	13	0	0	0	0	2008.1	0	0
6	0	0	0	0	0	2007.1	0	0	0	0	0	0
7	2006.3	0	0	0	0	0	0	0	0	0	0	0
8	0	0	0	2009.2	0	0	0	0	0	0	0	0
9	0	0	0	0	0	0	0	0	0	2009.1	0	0
10	0	0	0	2007.2	8	0	2007.3	12	0	2006.3	0	0
11	0	0	0	0	0	0	0	0	0	0	0	0
12	0	0	0	0	0	0	0	0	0	0	0	0
13	0	0	0	0	0	0	0	0	0	0	0	0
14	2008.2	0	0	2007.3	0	0	0	0	0	2006.3	17	0
15	0	0	2007.3	2007.1	0	0	2008.2	0	2009.2	0	0	2007.2
16	2006.4	0	0	0	0	0	0	0	0	2009.1	2	0
17	0	0	0	0	0	0	0	0	0	2006.3	0	0
18	0	0	0	0	0	0	0	0	0	0	0	0
19	2007.1	7	0	0	0	0	2007.3	9	0	0	0	0

续表

行业代码	上海			浙江			江苏			安徽		
	tge	lge	tgs	tge	lge	tgs	tge	lge	tgs	tge	lge	tgs
20	0	0	0	0	0	0	0	0	0	2008.2	6	0
21	0	0	0	0	0	0	0	0	0	2008.3	0	0
22	2007.4	3	2008.1	0	0	0	2008.1	10	0	0	0	0
23	0	0	0	2009.2	0	0	0	0	0	0	0	0
24	2009.1	0	0	0	0	0	0	0	0	0	0	0
25	0	0	0	0	0	2007.4	2007.3	14	0	2008.1	7	2006.3
26	0	0	2009.2	0	0	0	2006.3	15	2009.2	2006.3	18	2008.3
27	0	0	0	0	0	0	0	0	0	2008.2	0	0
28	0	0	0	0	0	0	0	0	0	2009.2	−2	0
29	0	0	0	2008.3	0	0	0	0	0	0	0	2007.4
30	0	0	0	0	0	0	0	0	0	2007.2	13	0
31	0	0	0	0	0	0	0	0	0	0	0	0
32	0	0	2006.4	0	0	2009.2	2007.2	7	2009.1	2008.2	0	0
33	2007.3	0	0	2006.4	0	0	0	0	0	0	0	0
34	0	0	0	0	0	0	0	0	0	2006.3	10	2006.4
35	2007.3	12	0	0	0	0	2007.1	12	0	0	0	0
36	2006.4	0	0	0	0	0	0	0	2007.4	0	0	0
37	2006.4	14	0	0	0	2009.1	0	0	2009.1	0	0	2009.1
38	0	0	0	2006.3	0	0	2007.2	0	0	0	0	0
行业代码	福建			山东			江西			河南		
	tge	lge	tgs	tge	lge	tgs	tge	lge	tgs	tge	lge	tgs
1	0	0	2009.2	2008.1	4	0	0	0	0	0	0	0
2	0	0	0	0	0	0	0	0	0	0	0	0
3	0	0	0	0	0	0	2009.1	2	2007.1	0	0	2008.1
4	0	0	2006.4	0	0	0	2006.4	17	0	0	0	2009.2
5	2009.2	7	0	2006.4	0	2007.2	2007.2	13	0	0	0	2009.1
6	0	0	0	0	0	0	0	0	2008.3	0	0	2009.1
7	0	0	0	0	0	0	0	0	0	2008.4	7	0

续表

行业代码	福建			山东			江西			河南		
	tge	lge	tgs	tge	lge	tgs	tge	lge	tgs	tge	lge	tgs
8	0	0	0	2007.2	9	0	2007.2	0	0	0	0	0
9	0	0	0	0	0	0	2006.3	14	0	2009.1	0	0
10	0	0	0	2007.4	0	0	2007.2	0	0	0	0	0
11	0	0	0	0	0	0	0	0	0	0	0	0
12	0	0	0	0	0	0	0	0	0	2008.3	8	0
13	0	0	0	0	0	0	0	0	0	2009.2	−4	0
14	0	0	0	2006.4	17	0	2007.3	0	2009.2	2008.3	1	0
15	0	0	0	2007.3	6	2006.4	2009.2	0	0	0	0	2007.1
16	2008.1	0	0	0	0	0	2006.3	13	0	0	0	0
17	2009.1	0	0	2008.3	7	0	2007.1	13	0	0	0	0
18	0	0	0	0	0	0	0	0	0	0	0	2009.1
19	0	0	0	0	0	0	0	0	0	2006.4	11	0
20	2006.4	7	0	0	0	0	0	0	0	2008.3	6	0
21	0	0	0	2009.1	4	0	0	0	0	0	0	0
22	2007.4	13	0	2006.3	14	2009.2	2007.4	13	0	2009.1	7	0
23	0	0	0	0	0	0	0	0	0	0	0	0
24	2009.1	0	0	0	0	0	0	0	0	2007.4	13	0
25	2007.1	16	0	2006.3	17	0	2009.1	7	2009.1	2007.2	14	2009.2
26	2006.4	15	0	2006.3	0	2009.2	2008.1	11	2006.3	2008.3	9	0
27	2009.2	−2	0	0	0	0	0	0	0	0	0	2007.1
28	2009.1	0	0	0	0	0	0	0	0	0	0	0
29	0	0	0	0	0	0	2008.3	0	0	2006.3	0	0
30	2009.2	−4	0	0	0	0	2008.3	1	0	0	0	0
31	0	0	0	0	0	2008.1	0	0	0	2009.2	3	0
32	0	0	0	0	0	0	2009.2	−4	0	2009.2	0	0
33	0	0	0	2007.1	13	0	0	0	2006.3	2007.2	0	2006.4
34	0	0	0	2006.4	0	2008.3	0	0	0	0	0	0
35	0	0	0	0	0	0	0	0	0	0	0	2007.4

续表

行业代码	福建			山东			江西			河南		
	tge	lge	tgs	tge	lge	tgs	tge	lge	tgs	tge	lge	tgs
36	0	0	0	0	0	0	2008.2	10	0	2006.3	0	0
37	0	0	0	0	0	0	2007.1	16	2009.1	0	0	2009.1
38	0	0	0	0	0	0	0	0	0	2007.2	0	0

行业代码	湖北			湖南			广东			广西		
	tge	lge	tgs	tge	lge	tgs	tge	lge	tgs	tge	lge	tgs
1	0	0	0	0	0	0	0	0	2007.1	0	0	0
2	0	0	0	0	0	2008.4	2006.3	9	2009.2	0	0	0
3	0	0	2008.2	0	0	0	0	0	2006.4	0	0	0
4	0	0	0	2006.3	0	2008.2	0	0	0	0	0	2006.4
5	2008.4	9	0	2007.2	0	0	0	0	2007.4	0	0	2008.1
6	0	0	0	0	0	2006.3	0	0	2008.3	0	0	2007.2
7	0	0	0	2008.3	6	0	0	0	0	2007.3	11	0
8	2007.3	13	0	0	0	2007.2	0	0	0	2008.2	8	0
9	2007.2	15	0	0	0	0	0	0	0	0	0	0
10	2006.4	0	0	2007.2	8	0	0	0	0	0	0	0
11	0	0	0	0	0	0	0	0	0	0	0	0
12	0	0	2009.2	2007.2	6	2008.2	0	0	0	0	0	2008.1
13	2006.3	0	0	2007.1	15	0	0	0	0	2009.1	6	2008.2
14	0	0	0	0	0	0	0	0	0	0	0	0
15	0	0	2007.2	0	0	0	0	0	0	0	0	0
16	0	0	0	0	0	0	0	0	0	2007.2	0	0
17	2007.1	8	0	0	0	0	0	0	0	2008.4	7	0
18	0	0	2009.1	0	0	0	0	0	0	2007.4	11	2007.1
19	0	0	0	2007.2	0	0	2007.2	5	0	0	0	0
20	0	0	0	0	0	0	0	0	0	0	0	0
21	0	0	0	2007.1	7	0	0	0	0	0	0	0
22	2008.1	12	2008.4	0	0	0	2006.4	9	2007.2	0	0	2007.2
23	2009.1	0	0	2007.2	0	0	0	0	0	2008.3	9	0

行业代码	湖北			湖南			广东			广西		
	tge	lge	tgs	tge	lge	tgs	tge	lge	tgs	tge	lge	tgs
24	0	0	0	0	0	0	0	0	0	0	0	0
25	0	0	0	0	0	2009.2	2006.3	18	2009.2	2009.1	8	2009.2
26	0	0	0	2008.3	0	0	2008.4	4	0	0	0	0
27	0	0	0	0	0	0	0	0	0	0	0	0
28	2007.4	0	0	0	0	0	0	0	0	2007.3	0	2009.1
29	2007.1	0	2007.4	0	0	2008.1	2006.4	0	2009.1	2006.4	16	0
30	0	0	0	0	0	0	0	0	0	2006.3	12	0
31	2007.2	11	0	0	0	0	0	0	0	2007.1	0	0
32	0	0	0	2007.1	0	0	0	0	0	0	0	2008.1
33	0	0	0	2007.1	0	0	0	0	0	0	0	0
34	0	0	0	0	0	0	0	0	0	2008.4	0	2007.1
35	0	0	2007.2	0	0	0	0	0	0	0	0	0
36	0	0	0	0	0	0	0	0	0	0	0	0
37	0	0	0	0	0	0	0	0	2009.1	0	0	0
38	0	0	2007.1	0	0	0	0	0	0	0	0	0
行业代码	海南			重庆			四川			贵州		
	tge	lge	tgs	tge	lge	tgs	tge	lge	tgs	tge	lge	tgs
1	0	0	0	0	0	0	2008.1	0	0	2007.1	0	2009.1
2	0	0	2007.1	0	0	2008.4	2007.1	8	0	0	0	0
3	0	0	0	0	0	0	0	0	0	0	0	0
4	0	0	2007.4	0	0	2007.1	0	0	2009.1	2008.2	0	2006.4
5	0	0	0	0	0	2008.2	2009.2	6	2007.4	0	0	2007.1
6	0	0	0	0	0	0	0	0	2008.2	0	0	0
7	0	0	0	2008.3	0	0	0	0	0	0	0	0
8	2006.3	16	0	2009.1	0	0	0	0	0	0	0	0
9	0	0	2006.4	2009.1	2	0	0	0	0	0	0	0
10	2008.3	3	0	0	0	0	2007.3	3	0	2008.2	2	0
11	0	0	0	0	0	0	2009.2	-1	0	2008.1	1	0

续表

行业代码	海南			重庆			四川			贵州		
	tge	lge	tgs	tge	lge	tgs	tge	lge	tgs	tge	lge	tgs
12	0	0	0	2007.4	13	0	2008.2	10	2007.2	2008.1	0	2009.1
13	0	0	0	0	0	2009.2	2007.2	6	0	0	0	0
14	0	0	0	0	0	2008.2	2008.1	0	0	2007.4	10	2008.3
15	2007.4	0	0	2007.4	3	0	0	0	2008.3	0	0	2008.1
16	2007.2	15	0	2006.3	0	0	2006.3	0	0	2007.2	0	0
17	0	0	0	0	0	2006.3	2008.2	10	0	0	0	0
18	0	0	0	0	0	2008.3	0	0	2007.1	2008.2	4	2006.4
19	0	0	2007.1	0	0	2009.1	0	0	0	0	0	2007.3
20	0	0	2009.2	0	0	0	0	0	0	0	0	0
21	2007.1	0	0	0	0	0	0	0	0	0	0	0
22	0	0	0	0	0	0	2007.1	0	0	0	0	2006.3
23	0	0	0	0	0	0	0	0	0	0	0	0
24	2009.2	0	2008.1	2006.4	0	0	2009.1	7	0	0	0	0
25	0	0	2006.3	0	0	2009.2	0	0	0	0	0	2009.2
26	0	0	2007.4	2008.1	0	2009.1	2009.2	0	2009.1	0	0	2008.3
27	2007.4	0	0	2008.4	8	0	2006.3	9	0	0	0	2008.2
28	0	0	2009.1	0	0	0	0	0	0	2009.1	0	0
29	2008.2	11	0	0	0	0	2006.3	0	0	2007.1	0	2007.2
30	2007.3	3	2007.2	2009.2	1	0	0	0	0	2008.4	9	0
31	0	0	2008.3	0	0	0	2009.1	7	0	0	0	0
32	0	0	0	2008.3	0	2007.1	2007.1	15	0	2009.1	3	0
33	0	0	2009.2	2008.2	0	0	2007.3	0	0	2009.2	0	2007.1
34	0	0	0	0	0	0	0	0	2006.3	0	0	0
35	0	0	0	2008.1	2	0	0	0	0	0	0	2007.1
36	0	0	0	0	0	0	2007.1	0	0	0	0	0
37	0	0	0	0	0	0	0	0	0	0	0	0
38	0	0	0	0	0	0	0	0	0	0	0	0

行业代码	云南			西藏			陕西			甘肃		
	tge	lge	tgs	tge	lge	tgs	tge	lge	tgs	tge	lge	tgs
1	0	0	2008.4	0	0	2007.1	0	0	2009.1	0	0	0
2	0	0	0	0	0	0	0	0	0	0	0	2007.2
3	0	0	2008.1	0	0	2009.2	0	0	0	0	0	0
4	0	0	2008.1	0	0	0	2008.2	3	0	0	0	0
5	0	0	0	0	0	0	2007.1	12	0	0	0	2007.1
6	0	0	0	0	0	0	0	0	0	0	0	0
7	0	0	0	0	0	0	0	0	0	0	0	0
8	0	0	0	2008.1	0	0	0	0	0	2007.1	0	0
9	2007.2	14	2009.1	0	0	2007.3	0	0	0	0	0	0
10	2008.1	8	0	0	0	0	0	0	0	0	0	0
11	2007.2	11	0	0	0	2007.2	0	0	0	2007.1	12	0
12	0	0	0	0	0	2007.1	2007.4	0	2008.3	0	0	0
13	2008.1	7	2009.1	0	0	0	0	0	2007.3	0	0	2008.3
14	2008.1	0	0	0	0	2007.1	0	0	2008.1	2007.2	0	0
15	0	0	2007.1	0	0	2007.1	0	0	2007.4	0	0	0
16	0	0	0	0	0	0	2009.1	1	0	2009.1	2	0
17	2007.2	0	0	0	0	0	0	0	0	0	0	2007.3
18	0	0	2007.2	0	0	0	0	0	2008.1	2007.2	13	2006.3
19	0	0	0	0	0	0	0	0	2006.3	2007.1	0	0
20	2008.1	8	0	0	0	2008.1	2006.3	0	0	0	0	2007.4
21	0	0	0	0	0	0	0	0	0	2007.1	15	2008.4
22	0	0	0	0	0	0	0	0	2006.3	2006.3	0	2007.2
23	2006.4	16	0	0	0	0	0	0	0	2007.1	0	0
24	0	0	0	0	0	0	2008.1	10	0	2007.1	0	0
25	2007.1	0	2006.3	0	0	0	2007.1	15	2008.1	2008.1	8	2009.2
26	2007.1	16	2008.3	0	0	0	2008.3	9	0	2007.1	0	2008.3
27	0	0	0	0	0	2006.4	0	0	0	2007.4	4	2009.2
28	2008.1	12	2007.1	0	0	0	2008.1	12	0	2006.3	0	0

续表

行业代码	云南			西藏			陕西			甘肃		
	tge	lge	tgs	tge	lge	tgs	tge	lge	tgs	tge	lge	tgs
29	2007.1	11	0	0	0	2008.2	0	0	0	0	0	2007.2
30	0	0	0	0	0	2009.2	2009.2	7	0	2009.1	0	0
31	0	0	0	0	0	2007.2	0	0	0	0	0	0
32	0	0	0	0	0	0	2008.1	0	0	0	0	0
33	0	0	2008.1	0	0	0	0	0	0	0	0	0
34	0	0	0	0	0	2006.3	2006.4	15	0	0	0	2008.4
35	0	0	2008.2	0	0	0	0	0	2008.3	0	0	2007.2
36	2007.3	0	0	0	0	0	0	0	.0	0	0	0
37	0	0	0	0	0	0	0	0	0	0	0	0
38	0	0	0	0	0	0	0	0	0	0	0	0

行业代码	青海			宁夏			江西					
	tge	lge	tgs	tge	lge	tgs	tge	lge	tgs			
1	0	0	0	0	0	0	0	0	0			
2	0	0	0	0	0	0	0	0	2007.4			
3	0	0	0	0	0	0	0	0	2008.3			
4	0	0	0	0	0	0	0	0	0			
5	0	0	2007.1	0	0	0	0	0	2007.1			
6	0	0	0	0	0	0	0	0	0			
7	2007.4	11	2008.2	0	0	2008.3	2006.3	9	0			
8	0	0	0	0	0	0	0	0	0			
9	0	0	2007.1	2009.1	0	2007.2	0	0	0			
10	0	0	0	0	0	0	0	0	0			
11	0	0	0	2006.4	6	2007.1	2007.2	14	2007.4			
12	0	0	2006.3	2007.1	0	2007.1	2007.3	9	2008.1			
13	0	0	0	0	0	0	0	0	0			
14	0	0	2008.3	0	0	0	2009.1	2	2009.1			
15	0	0	2007.1	0	0	0	0	0	0			
16	0	0	2006.4	0	0	0	0	0	0			

行业代码	青海			宁夏			江西					
	tge	lge	tgs	tge	lge	tgs	tge	lge	tgs			
17	0	0	2007.4	0	0	2008.1	0	0	0			
18	0	0	0	0	0	0	0	0	0			
19	0	0	0	0	0	2007.4	0	0	0			
20	0	0	0	2007.1	15	0	2007.1	13	2008.2			
21	0	0	2007.2	0	0	0	2007.2	0	0			
22	0	0	0	0	0	2007.3	0	0	0			
23	0	0	2007.1	2008.1	0	0	0	0	2008.4			
24	2007.2	0	2007.3	2006.4	7	0	2006.3	0	0			
25	2007.4	0	2007.2	0	0	2009.1	2007.1	0	2008.3			
26	0	0	2007.1	2006.3	18	2009.1	2006.3	0	2007.1			
27	0	0	0	2008.1	0	2008.3	0	0	0			
28	0	0	2009.1	2009.2	0	0	0	0	0			
29	0	0	2006.4	0	0	0	0	0	0			
30	2006.4	6	0	0	0	0	0	0	2007.4			
31	2008.3	0	2007.1	0	0	2008.2	0	0	2009.1			
32	0	0	0	2007.1	0	2007.2	0	0	2009.2			
33	2008.1	0	2008.1	2008.4	0	2006.3	0	0	0			
34	0	0	2007.2	0	0	2008.3	0	0	0			
35	0	0	2008.1	0	0	0	0	0	0			
36	0	0	2007.2	2007.1	0	0	0	0	0			
37	0	0	0	0	0	2009.1	0	0	0			
38	0	0	0	0	0	2009.1	0	0	0			

注：表中指标 tge、lge、tgs 分别表示行业出口增长率受冲击影响起始期、出口增长趋势受冲击影响持续时长、产出增长趋势受冲击影响起始期；数值为零则该项检验结果不显著或者由于数据趋势而无法检验。

参 考 文 献

1. 毕玉江：《世界经济冲击与中国外贸波动——基于多国 VAR 模型的实证研究》，《世界经济研究》2015 年第 11 期。

2. 昌忠泽、王俊：《寻求"产出—就业"系统在外部冲击下的非线性反应机制——基于非线性动态理论的经济学方法》，《数量经济技术经济研究》2006 年第 11 期。

3. 车维汉、贾利军：《国际贸易冲击效应与中国宏观经济波动 :1978~2005》，《世界经济》2008 年第 4 期。

4. 陈昌兵：《可变折旧率估计及资本存量测算》，《经济研究》2014 年第 12 期。

5. 陈红：《证券信用交易：海外规制经验与中国制度建设》，《财贸经济》2007 年第 12 期。

6. 陈华、赵俊燕：《美国金融危机传导过程、机制与路径研究》，《经济与管理研究》2009 年第 2 期。

7. 陈守东、刘琳琳：《国际金融危机对我国进出口贸易的冲击——基于贸易方式视角的实证研究》，《吉林大学社会科学学报》2012 年第 4 期。

8. 陈学彬、徐明东：《本次全球金融危机对我国对外贸易影响的定量分析》，《复旦学报（社会科学版）》2010 年第 1 期。

9. 戴翔、张二震：《危机冲击、汇率波动与出口绩效——基于跨国面板数据的实证分析》，《金融研究》2011 年第 8 期。

10. 戴翔、张二震：《危机冲击与中国贸易"超调式"震荡的经验分析》,《国际贸易问题》2012年第1期。

11. 戴翔:《危机冲击与全球贸易波动的经验分析》,《世界经济研究》2011年第9期。

12. 杜修立、王维国:《中国出口贸易的技术结构及其变迁:1980—2003》,《经济研究》2007年第7期。

13. 樊纲、关志雄、姚枝仲:《国际贸易结构分析:贸易品的技术分布》,《经济研究》2006年第3期。

14. 高铁梅、康数隆:《外商直接投资对中国经济影响的动态分析》,《世界经济》2006年第4期。

15. 高小红、王萌、董思远:《金融深化改革背景下外部冲击的价格传导效应研究》,《上海经济研究》2015年第1期。

16. 郭绛:《美国经济波动对中国经济的影响——基于中国对外贸易的实证研究》,博士学位论文,重庆大学经济学院,2010年。

17. 郭晶、洪诗茜:《外部冲击与浙江省出口贸易——基于细分贸易方式和商品类别的实证研究》,《国际贸易问题》2010年第6期。

18. 郭凯、邢天才、谷富强:《外部冲击、输入型通胀与国内物价——基于实际贸易角度的实证分析》,《财政研究》2011年第10期。

19. 胡求光、李洪英:《金融危机对中国出口贸易影响的实证分析》,《国际贸易问题》2010年第3期。

20. 黄桂田、赵留彦:《供给冲击、需求冲击与经济周期效应——基于中国数据的实证分析》,《金融研究》2010年第6期。

21. 黄梅波、吕朝凤:《金融危机的外部冲击对东南亚国家产出的中期影响:基于日本、美国金融危机冲击的研究》,《国际贸易问题》2010年第4期。

22. 纪敏:《本轮国内价格波动的外部冲击因素考察》,《金融研究》2009年第6期。

23. 贾俊雪、郭庆旺:《经济开放、外部冲击与宏观经济稳定——基于美国经济冲击的影响分析》,《中国人民大学学报》2006 年第 6 期。

24. 江小涓:《我国出口商品结构的决定因素和变化趋势》,《经济研究》2007 年第 5 期。

25. 金洪飞、万兰兰、张翅:《国际金融危机对中国出口贸易的影响》,《国际金融研究》2011 年第 9 期。

26. 鞠国华:《"外部冲击"的国内研究综述》,《经济学动态》2009 年第 5 期。

27. 李成、马文涛、王彬:《金融市场条件与货币政策关系的解析——基于四元 VAR—GARCH (1, 1)—BEKK 模型的分析》,《经济评论》2010 年第 2 期。

28. 李德甫、赵龙成:《人民币的自由兑换与外部冲击》,《特区经济》2006 年第 4 期。

29. 李红坤:《国际游资流入冲击效应及其对策研究》,《亚太经济》2006 年第 2 期。

30. 李军:《收入差距对消费需求影响的定量分析》,《数量经济技术经济研究》2003 年第 9 期。

31. 李猛:《金融危机下中国经济系统的内外部冲击影响——基于虚实两部门一般均衡模型的研究及模拟测算》,《财经研究》2009 年第 10 期。

32. 李显戈、周应恒:《外部冲击对国内农产品价格波动影响分析》,《技术经济与管理研究》2013 年第 4 期。

33. 梁小林、李泽慧:《遭受外部冲击的随机检测模型》,《湖南大学学报 (自然科学版)》2008 年第 2 期。

34. 林跃勤:《外部冲击与新兴经济稳定持续发展——基于"金砖四国"的分析》,《经济与管理研究》2009 年第 7 期。

35. 刘金全:《现代宏观经济冲击理论》,吉林大学出版社 2000 年版。

36. 刘琳琳:《亚洲金融危机与美国次贷危机对我国进出口贸易影响的比较实证研究》,《数量经济研究》2015 年第 1 期。

37. 栾惠德、张晓峒:《协整还是协变:来自中国进出口时间序列的经验证据(1950—2004)》,《南开经济研究》2007 年第 2 期。

38. 吕剑:《外部冲击对我国进口贸易影响的实证分析》,《世界经济与政治论坛》2007 年第 2 期。

39. 马宇、王竹芹:《外部冲击、需求管理与经济增长——基于中国数据的实证研究》,《统计与信息论坛》2014 年第 1 期。

40. 潘锡泉、项后军:《人民币升值能够有效抑制通货膨胀吗? ——基于内生结构突变协整方法的汇率传递视角》,《国际金融研究》2010 年第 12 期。

41. 裴长洪:《进口贸易结构与经济增长：规律与启示》,《经济研究》2013 年第 7 期。

42. 乔为国、孔欣欣:《中国居民收入差距对消费倾向变动趋势的影响》,《当代经济科学》2006 年第 5 期。

43. 全世文、曾寅初、黄波:《外部冲击下中日贸易增长的内生性结构变化——基于 LS 单位根检验与 GH 变协整分析》,《现代日本经济》2014 年第 2 期。

44. 邵朝对:《能源价格冲击对中国贸易结构的传递效应——基于投入产出法的实证研究》,《上海经济研究》2012 年第 7 期。

45. 石红莲:《国际金融危机对我国对外贸易的传导效应》,《国际贸易问题》2010 年第 1 期。

46. 苏庆义:《贸易结构决定因素的分解:理论与经验研究》,《世界经济》2013 年 6 月。

47. 隋建利、刘金全:《我国通货膨胀结构突变及不确定性检验》,《统计研究》2011 年第 2 期。

48. 孙金秀、杨文兵:《经济增长:产业结构和贸易结构互动升级之结果》,《现代财经》2011 年第 9 期。

49. 孙立坚:《开放经济中的外部冲击效应和汇率安排》,上海人民出版社 2005 年版。

　　50. 孙一平、王翠竹、张小军：《金融危机、垂直专业化与出口增长的二元边际——基于中国 HS-6 位数出口产品的分析》，《宏观经济研究》2013 年第 5 期。

　　51. 唐衍伟：《我国国有外贸企业应对外部冲击的战略分析》，《财经问题研究》2003 年第 5 期。

　　52. 汪川：《外部冲击对通货膨胀的影响：述评与进展》，《金融评论》2013 年第 2 期。

　　53. 王朝明、丁志帆：《经济波动对不同收入群体的福利影响差异分析——基于中美两国消费数据的实证研究》，《中国经济问题》2012 年第 3 期。

　　54. 王春满、梅丽、王立军：《各国应对全球金融危机的救助政策比较》，《经济理论与经济管理》2009 年第 7 期。

　　55. 王聪、张铁强：《经济开放过程中金融危机比较研究》，《金融研究》2011 年第 3 期。

　　56. 王国静、田国强：《金融冲击和中国经济波动》，《经济研究》2014 年第 3 期。

　　57. 王立军、马文秀：《全球金融危机下的中国经济增长竞争力——基于地区层面的分析》，《当代财经》2010 年第 3 期。

　　58. 王立军、魏忠、朱春礼：《宏观调控、地区特征与技术进步策略选择——基于中国地区层面的证据》，《科学学与科学技术管理》2011 年第 10 期。

　　59. 王立军、张伯伟、朱春礼：《产业特征、宏观调控与技术创新策略选择》，《世界经济研究》2011 年第 3 期。

　　60. 王立军、张伯伟：《外部冲击与中国区域经济非稳定性增长——基于全球金融危机的视角》，《世界经济研究》2010 年第 8 期。

　　61. 王立军：《外部冲击与中国区域经济均衡稳定性——基于全球金

融危机的视角》，博士后出站报告，南开大学经济学院，2011 年。

62. 王培志、刘雯雯：《中国出口贸易结构变迁及影响因素分析——基于技术附加值的视角》，《宏观经济研究》2014 年第 10 期。

63. 王少平、李子奈：《结构突变与人民币汇率的经验分析》，《世界经济》2003 年第 8 期。

64. 王小梅：《金融危机对中国出口贸易的影响渠道研究》，博士学位论文，大连理工大学经济学院，2014 年。

65. 王晓芳、赵卫滨、杨克贲：《开放经济下中国通胀预期的决定因素研究——基于国际垂直生产结构下的价格传导效应模型》，《北京理工大学学报（社会科学版）》2014 年第 5 期。

66. 魏后凯：《金融危机对中国区域经济的影响以及应对策略》，《经济与管理研究》2009 年第 4 期。

67. 肖炼：《世界金融危机发展趋势———对中国经济的挑战与机遇》，《国际贸易》2009 年第 5 期。

68. 扬正位：《中国对外贸易与经济增长》，中国人民大学出版社 2006 年版。

69. 杨逢珉、周琳姐：《中日进出口商品结构研究》，《华东理工大学学报（社会科学版）》2011 年第 4 期。

70. 杨辉：《金融开放与利率的外部冲击——债券市场的一个新现象》，《中国货币市场》2008 年第 8 期。

71. 杨艳琳、娄飞鹏：《全球金融经济危机与保持中国经济可持续发展的对策分析》，《求是学刊》2009 年第 2 期。

72. 杨正位：《防范泡沫风险和外部冲击是当前宏观调控的重点》，《中国金融》2007 年第 19 期。

73. 杨智峰、陈霜华、汪伟：《中国产业结构变化的动因分析——基于投入产出模型的实证研究》，《财经研究》2014 年第 9 期。

74. 姚国庆：《金融危机的传导机制：一个综合解释》，《南开经济研究》2003 年第 4 期。

75. 袁吉伟:《外部冲击对中国经济波动的影响——基于 BSVAR 模型的实证研究》,《经济与管理研究》2013 年第 1 期。

76. 曾忠东、谢志超、丁巍:《美国金融危机对中国贸易影响的价格溢出效应分析》,《国际金融研究》2012 年第 2 期。

77. 张海亮、邹平:《价格变化,外部冲击与提高国民经济安全性》,《工业技术经济》2010 年第 5 期。

78. 张会清、王剑:《全球流动性冲击对中国经济影响的实证研究》,《金融研究》2011 年第 3 期。

79. 张建清、魏伟:《国际金融危机对我国各地区出口贸易的影响分析——基于贸易结构的视角》,《国际贸易问题》2011 年第 2 期。

80. 张利庠、张喜才:《外部冲击对我国农产品价格波动的影响研究——基于农业产业链视角》,《管理世界》2011 年第 1 期。

81. 张萍:《美国金融危机与中国出口贸易:机理与实证》,博士学位论文,浙江大学经济学院,2010 年。

82. 张伟进、方振瑞:《金融冲击与中国经济波动》,《南开经济研究》2013 年第 5 期。

83. 张延群:《全球向量自回归模型的理论、方法及其应用》,《数量经济技术经济研究》2012 年第 4 期。

84. 赵进文、丁林涛:《贸易开放度、外部冲击与通货膨胀:基于非线性 STR 模型的分析》,《世界经济》2012 年第 9 期。

85. 中国经济增长与宏观稳定课题组:《外部冲击与中国的通货膨胀》,《经济研究》2008 年第 5 期。

86. 仲伟周、蔺建武:《全球金融危机对我国出口贸易的影响及应对策略研究》,《国际贸易问题》2012 年第 9 期。

87. 周光友、邵锦萍、陈睿洁:《汇率波动、外部冲击与通货膨胀》,《广东金融学院学报》2012 年第 4 期。

88. 周健、李斌:《我国应对金融危机的财政政策研究综述》,《区域金融研究》2011 年第 3 期。

89. 周靖祥、曹勤:《FDI 与出口贸易结构关系研究 (1978—2005年)——基于 DLM 与 TVP 模型的检验》,《数量经济技术经济研究》2007年第 9 期。

90. 朱波、范方志:《金融危机理论与模型综述》,《世界经济研究》2005 年第 6 期。

91. 张利庠、张喜才:《外部冲击对我国农产品价格波动的影响研究——基于农业产业链视角》,《管理世界》2011 年第 1 期。

92. Ahmad Zubaidi Baharumshah, Marwan Abdul-Malik Thanoon, "Foreign Capital Flows and Economic Growth in East Asian Countries", *China Economic Review*, No.1, 2006.

93. Ahn J.B., Amiti M., Weinstein D.E., "Trade Finance and the Great Trade Collapse", *The American Economic Review*, No.3, 2011.

94. Aitken Brian, Hanson Gordon, Harrison Anne E., "Spillovers, Foreign Investment, and Export Behavior", *Journal of International Economics*, No.43, 1997.

95. Alexander Chudik, Marcel Fratzscher, "Identifying the Global Transmission of the 2007-2009 Financial Crisis in a GVAR Model", *European Economic Review*, No.3, 2010.

96. Allan W. Gregory, Bruce E. Hansen, "Residual-Based Tests for Cointegration in Models with Regime Shifts", *Journal of Econometrics*, No.1, 1996.

97. B.E.Hansen, "The New Econometrics of Structural Change:Dating Breaks in U.S.Labor Productivity", *The Journal of Economic Perspectives*, No.4, 2001.

98. Bai J., Perron P., "Computation and Analysis of Multiple Structural

Change Models", *Journal of Applied Econometrics*, No.1, 2003.

99.Bai J., Perron P., "Estimating and Testing Linear Models with Multiple Structural Changes", *Econometrica*, No.1, 1998.

100.Baig T., Goldfajn I., "Financial Market Contagion in the Asian Crisis", *IMF Staff Papers*, No.2, 1999.

101.Barry Eichengreen, Andrew Rose and Charles Wyplosz, "Contagious Currency Crises: First Tests", *The Scandinavian Journal of Economics*, No.4, 1996.

102.Bruce E. Hansen, Byeongseon Seo, "Testing for Two-Regime Threshold Cointegration in Vector Error-Correction Models", *Journal of Econometrics*, No.2, 2002.

103.Çakır M Y., Kabundi A., "Trade Shocks from BRIC to South Africa: A Global VAR Analysis", *Economic Modelling*, No.32, 2013.

104.Carmen M.Reinhart, Kennetth S.Rogoff, "The Aftermath of Financial Crisis", *NBER Working Paper*, No. 14656, 2009.

105.Carmen Reinhart, "The Economic and Fiscal Consequences of Financial Crisis", *MPRA Paper*, No. 13025, 2009 .

106.Change E. T., "Endogenous Technological Change", *Journal of Political Economy*, No.5, 1990.

107.Dan Ben-David, David H Papell, "International Trade and Structural Change", *Journal of International Economics*, No.3, 1997 .

108.David T. Coe , Elhanan Helpman, "International R&D Spillovers", *European Economic Review*, No.5, 1995.

109.De Waal A., van Eyden R., "The Impact of Economic Shocks in the Rest of the World on South Africa: Evidence from a Global VAR", *Emerging Markets Finance and Trade*, No.3, 2016.

110.Eickmeier S., "Business Cycle Transmission from the US to Germany—

A Structural Factor Approach", *European Economic Review*, No.3, 2007.

　　111.Eiichi Tomiura, "Foreign Outsourcing, Exporting, and FDI: A Productivity Comparison at the Firm Level", *Journal of International Economics*, No.1, 2007.

　　112.Elhanan Helpman, Marc J. Melitz, Stephen R.Yeaple, "Export Versus FDI with Heterogenous Firms", *American Economic Review*, No.1, 2003.

　　113.Eric Zivot, Donald W.K Andrews, "Further Evidence on the Great Crash, the Oil-Price Shock, and the Unit-Root Hypothesis", *Journal of Business & Economic Statistics*, No.1, 2002.

　　114.Berument, M. Hakan, N.N. Dincer, and Z. Mustafaoglu, "External Income Shocks and Turkish Exports: A Sectoral Analysis Original Research Article", *Economic Modelling*, No.37, 2014.

　　115.Feenstra R.C., Li Z., Yu M., "Exports and Credit Constraints under Incomplete Information: Theory and Evidence from China", *Review of Economics and Statistics*, No.4, 2014.

　　116.Frisch Ragnar, "Propagation Problems and Impulse Problems in Dynamic Eeconomics", *Economic Essays in Honour of Gustav Cassel*, No.2, 1933.

　　117.Gong S.C., Lee T.P. Chen Y.M., "Crisis Transmission: Some Evidence From the Asian Financial Crisis", *International Review of Financial Analysis*, No.4, 2004

　　118.James Davidson, Andrea Monticini, "Tests for Cointegration with Structural Breaks Based on Subsamples", *Computational Statistics and Data Analysis*, No.11, 2010.

　　119.Jewell Todd, Lee Junsoo,Tieslau Margie,Strazicich Mark C., "Stationarity of Health Expenditures and GDP: Evidence from Panel Unit Root Tests with Heterogeneous Structural Breaks", *Journal of Health Economics*,

No.2, 2003.

120.K.Jayanthakumaran,M.Pahlavani, "Australia and New Zealand CER Agreement and Breakpoints in Bilateral Trade:An Application of the Wald-Type Test", *Applied Econometrics and International Development*, No.2, 2006.

121.Kali R., Méndez F., Reyes J., "Trade Structure and Economic Growth", *The Journal of International Trade & Economic Development*, No.2, 2007.

122.Kentaro Iwatsubo,Kazuyuki Inagaki, "Measuring Ginancial Market Contagion Using Dually-Trade Stocks of Asian Firms", *Journal of Asian Economic*, No.18, 2007.

123.Kouparitsas M.A., Baxter M., "Trade Structure, Industrial Structure, and International Business Cycles", *American Economic Review*, No.2, 2003.

124.Lall S., John W., Jinkang Zhang, "The 'Sophistication' of Exports: A New Measure of Product Characteristics", *World Development*, No.2, 2006.

125.Lederman D., Maloney W.F., "Trade Structure and Growth", *World Bank Policy Research Working Paper*, No. 3025, 2003.

126.Manuscript, Lee J., Strazicich M.C., "Minimum LM Unit Root Test with One Structural Break", *Economics Bulletin*, No.33, 2013.

127.Munadi, Ernawati, M.S. Safa, "Business Cycle Transmission between the USA and Indonesia:A Vector Error Correction Model", *MPRA Paper* No.10755, 2005.

128.Pahlavani M., Harvie C., "Multiple Structural Breaks in Korea's Macroeconomic Data: An Application of the Lumsdaine and Papell Test", *The Journal of the Korean Economy*, No.3, 2008.

129.Perron P., Vogelsang T.J., "Nonstationarity and Level Shifts with an Application to Purchasing Power Parity", *Journal of Business & Economic Statistics*, No.3, 1992.

130.Perron P., "The Great Crash, the Oil Price Shock, and the Unit Root Hypothesis", *Econometrica*, No.6, 1988.

131.Sbracia M., Zaghini A., "The Role of the Banking System in the International Transmission of Shocks", *The World Economy*, No.5, 2003.

132.Shang-Chi Gong, Tsong-Pei Lee, Yea-Mow Chen, "Crisis Transmission: Some Evidence from the Asian Financial Crisis", *International Reviews of Financial Anaylysis*, No.13, 2004.

133.Taimur Baig, Ilan Goldfajn, "Financial Market Contagion in the Asian Crisis", *IMF Staff Papers*, No.2, 1999.

134.Wu Y., "Openness Productivity and Growth in the APEC Economies", *Empirical Economics*, No.3, 2004.

责任编辑:吴焰东
封面设计:王欢欢

图书在版编目(CIP)数据

外部冲击下的中国产业结构发展趋势变迁/王立军 著. —北京:人民出版社,
　2018.12
ISBN 978-7-01-019625-1

Ⅰ.①外…　Ⅱ.①王…　Ⅲ.①产业结构升级-研究-中国　Ⅳ.①F269.24

中国版本图书馆 CIP 数据核字(2018)第 173327 号

外部冲击下的中国产业结构发展趋势变迁
WAIBU CHONGJI XIA DE ZHONGGUO CHANYE JIEGOU FAZHAN QUSHI BIANQIAN

王立军　著

人民出版社 出版发行
(100706　北京市东城区隆福寺街 99 号)

北京中科印刷有限公司印刷　新华书店经销

2018 年 12 月第 1 版　2018 年 12 月北京第 1 次印刷
开本:710 毫米×1000 毫米 1/16　印张:25
字数:330 千字

ISBN 978-7-01-019625-1　定价:99.00 元

邮购地址 100706　北京市东城区隆福寺街 99 号
人民东方图书销售中心　电话 (010)65250042　65289539